秦漢簡牘法律文獻與《唐律疏議》法律用語比較研究

趙久湘 著

巴蜀書社

圖書在版編目（CIP）數據

秦漢簡牘法律文獻與《唐律疏議》法律用語比較研究/趙久湘著. -- 成都:巴蜀書社, 2025. 5. -- ISBN 978-7-5531-2415-5

Ⅰ. D90-055

中國國家版本館CIP數據核字第2025A6Y247號

Qinhan Jiandu Falü Wenxian Yu Tanglüshuyi Falü Yongyu Bijiao Yanjiu

秦漢簡牘法律文獻與《唐律疏議》法律用語比較研究　　趙久湘　著

責任編輯	黃鳳嬌
責任印製	田東洋　谷雨婷
封面設計	冀帥吉
出版發行	巴蜀書社
	四川省成都市錦江區三色路238號新華之星A座36樓
	郵編：610023
	總編室電話：（028）86361845
	營銷中心電話：（028）86361852
制　　作	成都完美科技有限責任公司
印　　刷	成都蜀通印務有限責任公司
版　　次	2025年5月第1版
印　　次	2025年5月第1次印刷
成品尺寸	170mm×240mm
印　　張	22.5
字　　數	400千字
書　　號	ISBN 978-7-5531-2415-5
定　　價	110.00元

■ 版權所有・侵權必究

本書若出現印裝質量問題，請與印刷廠聯繫調換，電話：（028）64715762

作者簡介

趙久湘（1969—），山東臨沂人，文學博士，長江師範學院人文學院教授，主要從事古代漢語的教學與研究，尤致力於簡帛語言文字方面的研究。主持完成國家社科規劃項目 2 項，獨立出版專著 2 部，與人合作出版專著 1 部，在《古漢語研究》《古籍整理研究學刊》《渤海大學學報》《西華師範大學學報》《魯東大學學報》《長江師範學院學報》等刊物發表學術論文 20 餘篇。

目　録

凡例 …………………………………………………………………… 1

第一章　秦漢簡牘法律文獻中的法律用語概貌 ………………………… 1
　　第一節　秦漢簡牘法律文獻概述 …………………………………… 1
　　第二節　秦漢簡牘法律用語的類別 ………………………………… 6
　　第三節　秦漢簡牘法律用語的音節結構 …………………………… 16
　　第四節　秦漢簡牘法律用語的特點 ………………………………… 21

第二章　《唐律疏議》中的法律用語概貌 ……………………………… 29
　　第一節　《唐律疏議》概述 ………………………………………… 29
　　第二節　《唐律疏議》法律用語的類別 …………………………… 34
　　第三節　《唐律疏議》法律用語的音節結構 ……………………… 40
　　第四節　《唐律疏議》法律用語的特點 …………………………… 44

第三章　秦漢簡牘法律文獻與《唐律疏議》律令名比較 ……………… 49
　　第一節　共同具有的律令名 ………………………………………… 49
　　第二節　名稱相似、內容相關的律令名 …………………………… 51
　　第三節　各自獨有的律令名 ………………………………………… 59

第四章　秦漢簡牘法律文獻與《唐律疏議》罪名比較 ………………… 98
　　第一節　共同具有的罪名 …………………………………………… 98
　　第二節　名稱近似、內容意義相關的罪名 ………………………… 121
　　第三節　各自獨有的罪名 …………………………………………… 138

第五章　秦漢簡牘法律文獻與《唐律疏議》刑罰名比較 …………… 199
第一節　共同具有的刑罰名 ………………………………… 199
第二節　內容相關、意義近似的刑罰名 …………………… 203
第三節　各自獨有的刑罰名 ………………………………… 210

第六章　秦漢簡牘法律文獻與《唐律疏議》一般法律用語比較 ………… 249
第一節　共同具有的一般法律用語 ………………………… 249
第二節　名稱近似及內容相關的一般法律用語 …………… 260
第三節　各自獨有的一般法律用語 ………………………… 269

第七章　秦漢至唐法律用語的發展演變研究 …………………… 317
第一節　法律用語的沿用、棄用和新增 …………………… 317
第二節　法律用語發展演變的特點和動因 ………………… 331
第三節　秦漢至唐法律思想及文化的演變 ………………… 338

主要參考文獻 ………………………………………………………… 346
後記 ……………………………………………………………………… 353

凡　例

一、本書引用秦漢簡文例句所用符號説明：

1. 簡文中的幾種符號：

□，表示無法補出的殘缺字，一"□"表示一字；

⃣（外加框），表示補出之原簡殘損字。如，甲，表示"甲"原字殘損，據上下文或其他文獻補出；

【　】，表示根據上下文或其他文獻補出之原簡脱文；

（　），表示前一字爲通假字、異體字、古字、俗字等；

〈　〉，表示改正訛誤字；

☒，表示簡殘斷處；

▨，表示文字漫滅不清、殘缺字數無法確定者；

（？），表示前一字爲釋讀不確定之字。

2. 簡文前面的大方墨塊或圓墨點是篇章名標志；簡文中的小圓點表示下文爲獨立的一個文意段落，也兼有與上文相隔斷的作用；豎綫表句讀，表示該處必須停頓，上下文不能連讀。例如：

（1）■傳食律（張家山漢簡《二年律令》238）

（2）●捕律：亡入匈奴、外蠻夷，守棄亭鄣逢隧者，不堅守降之，及從塞徼外來絳而賊殺之，皆要斬。妻子耐爲司寇，作如（敦煌漢簡983）

（3）·當之：庫當耐爲鬼薪。·庫毁（繫）。（張家山漢簡《奏讞書》159）

（4）當耐司寇而以耐隸臣誣人，可（何）論？當耐爲隸臣。｜當耐爲侯（候）罪誣人，可（何）論？當耐爲司寇。（睡虎地秦簡《法律答問》117）

3. 簡文出處中的數字表示竹（木）簡編號。

〈例〉（1）<u>鬼薪白粲</u>，羣下吏毋耐者，人奴妾居贖貲責（債）於城旦，皆赤其衣，枸櫝欙杕，將司之；其或亡之，有罪。（睡虎地秦簡秦律十八種134－135）

"134－135" 説明簡文内容在睡虎地秦簡《秦律十八種》134－135支簡上。

二、爲醒目起見，所舉簡文例句及《唐律疏議》例句均以楷體顯示。

三、所舉簡文例句難懂者（主要指睡虎地秦簡中的部分簡文）加譯句，並對一些疑難詞語作簡明解釋，易懂者則未加翻譯和注釋。

四、有些異體字，如"雜"和"襍"、"奸"和"姦"、"鬭"和"鬥"，在秦簡、《唐律疏議》和漢簡裏用法不同，爲尊重歷史事實和文獻書寫原貌，特保持了其各自本來寫法，全書未對其形體做統一。

第一章
秦漢簡牘法律文獻中的法律用語概貌

第一節 秦漢簡牘法律文獻概述

從 20 世紀初至今一個多世紀以來，我國各地陸續出土了大量簡帛文獻，其中尤以 20 世紀 70 年代以來出土的簡帛文獻最爲豐富。這些簡帛文獻，內容涉及古代社會生活的方方面面。法律文獻是其中一個重要組成部分，在出土簡帛文獻中占有重要地位。不過從目前出土情況來看，法律文獻主要存在於簡牘中，帛書中基本没有。在已出土的簡牘材料中，含有法律文獻的主要有：包山楚簡，睡虎地秦簡，青川秦代木牘，龍崗秦簡，里耶秦簡，嶽麓秦簡，江陵張家山漢簡，武威漢簡中的"王杖十簡""王杖詔書令"，三國吳簡中的嘉禾吏民田家莂、司法文書等，以及其他散見於居延漢簡、敦煌漢簡、額濟納漢簡和懸泉漢簡中的部分法律文獻。這些法律文獻中，秦簡和漢簡爲主體，内容也以刑法爲主，自成一個體系。[1]

已出土的秦漢簡牘材料中的法律文獻主要有：[2]

一、睡虎地秦簡中的法律文獻[3]

1975 年 12 月，在湖北省孝感地區雲夢縣睡虎地 11 號秦墓中發掘出了一大批竹簡，這就是著名的"睡虎地秦墓竹簡"（簡稱爲"睡虎地秦簡"或"睡

---

[1] 當然，衆所周知，中國古代法律諸法合體，刑民不分，其中也包含了一些行政法、民法、經濟法的内容；但總體來看，還是以刑法爲主。

[2] 本課題於 2018 年獲准國家社科立項，彼時尚有一批包含法律文獻的簡牘材料未正式公布，比如雲夢睡虎地 77 號漢墓竹簡、荆州胡家草場 12 號漢墓竹簡、《張家山漢墓竹簡》（336 號墓）等。在課題開展研究過程中，又趕上新冠疫情肆虐，由於條件限制，難以及時獲取第一手資料，故以上數種材料未及收集。

[3] 此處内容參考了張顯成先生《簡帛文獻學通論》，中華書局 2004 年版，第 70—72 頁，特此致謝。

簡"）。這是我國第一次發現秦簡，對瞭解秦漢法律制度具有十分重大的意義。總計有簡 1155 枚（另有殘片 80 枚），內容以法律文獻爲主，另有編年記、語書、日書等。其中的法律文獻有《秦律十八種》《效律》《秦律雜抄》《法律答問》《封診式》等。《秦律十八種》共 202 簡，包括《田律》等 18 種，內容涉及農業、倉庫、貨幣、貿易、徭役、置吏、軍爵、手工業等方面。每種律文均爲摘錄，非全文。《效律》共 61 簡，對核驗縣和都官物資賬目作了詳細規定，律中對兵器、鎧甲、皮革等軍備物資的管理尤爲嚴格，也對度量衡的制式、誤差作了明確規定。《秦律雜抄》共 42 簡，包括《除吏律》等墓主人生前抄錄的 11 種律文，其中與軍事相關的律文較多。《法律答問》共 210 簡，以問答形式對秦律的條文、術語及律文的意圖所作解釋，相當於現在的法律解釋；主要是解釋秦律的主體部分（刑法），也有關於訴訟程式的說明。《封診式》共 98 簡，簡文分 25 節，每節第一簡簡首寫有小標題，包括《治獄》等 23 個，還有 2 個小標題字跡模糊無法辨認。《封診式》是關於審判原則及對案件進行調查、勘驗、審訊、查封等方面的規定和案例。

二、青川秦代木牘中的法律文獻

1979 年，在四川省青川縣郝家坪 50 號戰國墓中發掘出了兩枚秦代的木牘。其中一枚文字已無法辨認，另一枚文字清楚可識，雙面書寫，近 150 字，正面 120 多字，內容爲律文，或稱爲《更修田律》，或稱爲《爲田律》。"其重要性在於它反映了秦武王時期的土地制度，可以補充雲夢睡虎地秦簡的不足。通過它，可以深入瞭解當時秦國的田畝制度，因此對商鞅改革的內容也有了更明晰的認識。"[1]

三、龍崗秦簡中的法律文獻

1989 年 10—12 月，由湖北省文物考古研究所主持，孝感地區博物館和雲夢縣博物館組成的考古隊，在雲夢龍崗配合工程建設發掘中，共發掘了九座秦漢墓葬。其中從雲夢縣城東南郊龍崗 6 號秦墓中出土了一批秦代竹簡和木牘，內容屬秦代律文，這是繼 1975 年雲夢睡虎地秦墓竹簡之後有關秦代律文的又一重要考古發現，一般簡稱爲"龍崗秦簡"。龍崗秦簡在時代上晚於睡虎地秦簡。所出土的竹簡有 293 枚，另有 138 枚殘片。由於龍崗秦簡殘斷嚴重，且無完整律名，《雲夢龍崗秦簡》（1997）將全部簡文分爲禁苑、馳道、馬牛

---

[1] 趙超：《簡牘帛書發現與研究》，福建人民出版社 2005 年版，第 122 頁。

羊、田贏、其他五類，其中有關"禁苑"的律文爲龍崗秦簡的主要内容。所出土的木牘有 1 枚，講了一個簡短的案例。

四、里耶秦簡中的法律文獻①

2002 年 6 月初，湖南省考古研究所的考古隊伍在湘西龍山縣里耶鎮考古發掘中，發現古井多口。在"1 號井"的清理過程中，第一批竹簡、木牘被發現，出土的簡牘的數量多達 37000 枚。里耶秦簡屬秦代當地官署文書，紀年從嬴政二十五年至二世二年（前 222－前 208），一年不少，其内容涉及秦代政治、軍事、農桑、百工、貨殖、賦稅、徭役、法律、財政、郵政、地理、交通、民族、文化、職官、曆法等方面，其中有若干屬於法律文獻。馬怡《里耶秦簡選校》曾將這些簡按年排列，無明確紀年者置於文末。②

五、嶽麓秦簡中的法律文獻

2007 年 12 月，湖南大學嶽麓書院從香港古董市場搶救了一批秦簡，這批簡共編號 2098 個，其中比較完整的簡有 1300 餘枚。另外，2008 年 8 月，香港一收藏家將其所購藏的少量竹簡捐贈嶽麓書院，這些簡（76 個編號，較完整的有 30 餘枚）的形制、書體和内容都與前批秦簡相同，應屬同一批出土。這批秦簡絕大部分爲竹簡，祇有少量木簡（30 多個編號）。竹簡文字都抄寫於竹黄一面，經過初步整理，這批秦簡的主要内容大致可以分爲《日誌》《官箴》《夢書》《數書》《奏讞書》《律令雜抄》六大類。③ 其中的《奏讞書》和《律令雜抄》屬於法律文獻。

六、江陵張家山漢簡中的法律文獻④

20 世紀 70 年代以來，在湖北省江陵多次發現漢簡，一般多稱這裏發現的漢簡爲"江陵漢簡"。迄今爲止，以 1983 年底至 1984 年初在張家山第 247 號西漢墓所出竹簡爲最多，計有 1236 枚（不含殘片）。竹簡内容爲漢代典籍，有《曆譜》《二年律令》《奏讞書》《脈書》《算數書》《蓋廬》《引書》和《遣

---

① 該部分内容及下面"嶽麓秦簡""王杖十簡""王杖詔書令册""散見漢簡"的介紹，主要參考了李明曉、趙久湘《散見戰國秦漢簡帛法律文獻整理與研究》（西南師範大學出版社 2011 年版）相關部分。
② 馬怡：《里耶秦簡選校》，載《中國社會科學院歷史研究所學刊》第四集，商務印書館 2007 年版，第 133－186 頁。
③ 這些秦簡被收進陳松長主編《嶽麓書院藏秦簡》系列，以下簡稱《嶽麓秦簡》。
④ 此處内容參考了張顯成先生《簡帛文獻學通論》，中華書局 2004 年版，特此致謝。

策》共八種，涉及漢代法律、軍事、曆法、醫藥、科技諸多方面，具有較高的學術價值，均爲佚書。其中法律文獻有《二年律令》和《奏讞書》。《二年律令》共有竹簡 526 枚，是呂后二年施行的法律，共整理出賊律、盜律、具律、告律、捕律、亡律、收律、襍律、錢律、置吏律、均輸律、傳食律、田律、□市律、行書律、複律、賜律、户律、效律、傅律、置後律、爵律、興律、徭律、金布律、秩律、史律和津關令，含有 27 種律和 1 種令。簡文包含了漢律的主要部分，内容涉及西漢社會、政治、軍事、經濟、地理等方面。《奏讞書》共有竹簡 228 枚，是議罪案例的彙編，包含春秋至西漢時期的 22 個案例，是供官吏工作參考或學者閲讀應用的文書。案例的編排順序，由近及遠，大體是越早的越排在後面。大部分案例屬漢初，另有 3 條屬秦始皇時期，2 條屬春秋時期。

七、王杖十簡中的法律文獻

1959 年秋在甘肅省武威市新華鄉纏山村磨咀子 18 號漢墓中出土了木簡 10 枚，其中有數枚出土時還繫在鳩杖上。從殘存的跡象看，10 枚木簡當初應皆繫在鳩杖的一端，爲一完整的册書。據整理研究，其内容爲西漢宣帝、成帝時期關於"年始七十者授之以王杖"的兩份詔書和受杖老人受辱之後裁決犯罪者的案例，以及墓主人受王杖的行文等，是關於王杖授受之律令。這也就是後來人們習稱的著名的"王杖十簡"。此部分簡亦收於《武威漢簡》（北京：文物出版社，1964）一書。

八、王杖詔書令册中的法律文獻

1981 年 9 月，甘肅省武威市文物管理委員會在保護調查重點文物時，新華鄉纏山大隊社員袁德禮交出了近年他在挖土時掘得的木簡 26 枚。這是繼 1959 年秋出土《王杖十簡》後又一次重要發現。該批木簡出土的情况不明，經查與《王杖十簡》同出一墓地，即當爲武威磨咀子 18 號漢墓之物，亦即該墓中與"王杖十簡"内容有别的另一種律令。今見該册木簡漢隸書寫，字跡清晰，每簡背面署有編碼"第一"至"第廿七"，惜"第十五"已遺失，可見原册實有 27 簡。該册記載有關尊敬長老，撫恤鰥寡、孤獨、殘疾者以及高年賜杖、處决毆辱受杖主者等五份詔書，末簡署"右王杖詔書令"六字。

九、其他漢簡中散見的法律文獻

居延漢簡、敦煌漢簡、懸泉漢簡和額濟納漢簡中也有部分法律文獻。另外，在其他地方也陸續出土了一些零散的含有法律文獻的漢簡，如銀雀山漢簡守法守令等十三篇、青海大通縣上孫家寨 115 號漢墓木簡中的法律文獻、湖北荊州松柏漢簡中的法律文獻、揚州胥浦先令券書、長沙東牌樓東漢簡牘中的法律文獻、甘肅武威旱灘坡東漢木簡等。①

除上述已公布者外，目前還有未完全公布的雲夢睡虎地 77 號漢墓竹簡、荊州胡家草場 12 號漢墓竹簡上的法律文獻，② 以及 2023 年初（2023 年 3 月 1 日）始由荊州博物館整理、文物出版社正式出版的《張家山漢墓竹簡〔三三六號墓〕》，其中有較完整的法律文獻《漢律十六章》。

2006 年 11 月清理的雲夢睡虎地 77 號漢墓，與早先發掘的 11 號秦墓鄰近，出土有 2100 多枚簡牘。其中律兩卷，第一卷 15 篇 306 枚簡，卷名殘失；第二卷 24 篇 544 枚簡，卷名爲"旁律"。同墓隨葬的質日（注：在曆譜上記事，類似於日記），始於漢文帝前元十年（前 170），止於文帝后元七年（前 157）。後者大概是墓主卒年，也就是律篇抄寫的時間下限。律典無《收律》，但尚有斬、宮、劓、黥等肉刑，行用年代應該在文帝十三年廢除肉刑之前。

2018 年 11 月，荊州胡家草場 12 號漢墓出土簡牘 4600 多枚，內有律令 3000 餘枚，包括三卷律和兩卷令。律的第一卷 14 篇，與睡虎地漢律第一卷對應，未見卷名；第二卷 17 篇，第三卷 13 篇，卷名分別是"旁律甲"和"旁律乙"，可能修訂於文帝后元元年（前 163）。

張家山三三六號漢墓發掘於 1985 年，但直到 2022 年《文物》第 9 期纔有概述性介紹。該墓與二四七號漢墓相距僅 400 米，年代同爲西漢早期，上限爲漢文帝前元七年（前 173），較二四七號漢墓晚十餘年。墓中出土了 827 枚竹簡，其中 375 枚爲律令簡。現存 15 個律章名，分別爲盜律、告律、具律、囚律、捕律、亡律、錢律、效律、廄律、興律、雜律、複律、遷律、關市律和朝律，另有不見章名簡的賊律條文，原應有 16 個律章名，故擬題爲《漢律十六章》。《二年律令》爲呂后二年（前 186）施行的律法，與《漢律十六章》相較可知，《漢律十六章》的囚律、遷律、廄律、朝律不見於《二年律令》，相同律條也多有增刪。其中最爲明顯的是，所有律條中皆刪去"收"和"收孥相坐"的刑罰，並在刪除處保留空白，這是漢文帝前元二年（前 178）"盡除收律、相坐法"的直接反映。故可推測《漢律十六章》的抄寫年代當在漢文帝前元二年至七年（前 178－前 173）。與時代爲漢文帝后期的睡虎地 M77 和胡家草場 M12 漢簡相比，本篇没有卷題，也没有"正律""旁律"的

---

① 詳情請參見拙著《秦漢簡牘法律用語研究》，人民出版社 2017 年版，第 7—11 頁。
② 參見陳偉《簡牘再現秦至西漢早期的律典》，載《光明日報》2022 年 12 月 11 日 05 版。

大標題。《漢律十六章》上承《二年律令》，下啟睡虎地、胡家草場漢律，處於漢文帝改革中的關鍵節點。本篇是繼《二年律令》之後，完整公布的第二批西漢初期法律文獻，對研究西漢早期法律篇章布局和律家思想發展具有重要價值。

需要指出的是，在上述秦漢簡牘法律文獻中，睡虎地秦簡和張家山漢簡占了主體部分，保存也相對完整，是研究秦漢法律的主要材料。[①] 而其餘的或殘損嚴重，或較零散，都沒有前二者那麽系統、完好。不過，它們可以用來補充和互證。

第二節　秦漢簡牘法律用語的類別

秦漢簡牘法律用語數量龐大，經仔細梳理，共得 1000 餘個。[②] 這些法律用語產生的時間可能並不整齊劃一，但先後跨度不是很大。秦漢兩代前後緊鄰，且秦存在的時間較短，加上"漢承秦制"，漢代法律基本上繼承了秦律的絕大部分內容。所以，這些法律用語，基本上能集中反映這個歷史階段的法律語言面貌。從其所表達的法律意義來劃分，這些法律用語可以分爲"律令名""罪名""刑罰名""其他法律用語"四大類，其中有的大類下面又可分爲幾個小類。

一、律令名

秦漢簡牘法律文獻中的律令名共 59 個，其中大部分是律名，共 55 個；令名較少，僅 4 個。[③] 律與令的主要區別爲：在漢代，律是基本的法律形式，

[①] 《張家山漢墓竹簡〔三三六號墓〕》於 2023 年初（2023 年 3 月 1 日）始由文物出版社正式出版，彼時本課題已臨近結題。由於信息不暢、條件所限，未能及時獲得第一手資料，而獲得時已來不及爬梳，儘管其中含有《漢律十六章》這樣極爲重要的法律文獻，惜未納入本課題的研究範圍，不能不說是一大憾事，而且該部分法律文獻的缺失無疑也會影響到本書某些結論的可靠性和可信度。對此，筆者只好抱憾地留待後續研究中再行深入完善。

[②] 由於每個人的學力和認識有別，對於同一批材料，得出的數據可能並不完全一致。筆者才疏學淺，所得數據難免有不確之處，唯盼方家予以是正。另，由於許多簡牘已殘缺不全，簡文本身已不能完全反映原貌，故而過分糾纏於法律用語的確切個數似乎也無太大意義。

[③] 據後續公布的簡牘法律文獻材料，《張家山漢墓竹簡〔三三六號墓〕》中《漢律十六章》的囚律、遷律、厩律、朝律不見於此前公布的二四七號墓的《二年律令》，該 4 種律當補收。如此，律名則達 59 個；另據學者陳松長等研究，僅在嶽麓秦簡中有 20 多種令存在，〔這些令多存在於後續公布的《嶽麓秦簡》（肆）（伍）（陸）中。參見陳松長《嶽麓秦簡與秦代法制史的研究價值》，光明網 2023-06-17；《新見秦代史治律令探論——基於〈岳麓書院藏秦簡〉（陸）的秦令考察》，《政法論壇》2020 年第 1 期等，而《張家山漢墓竹簡〔三三六號墓〕》還有"功令"存在。如此，令名則達 30 個。

即通常所説的"法典",其内容比較廣泛,它不是針對某一事項頒布的,也不是隨時修訂的,所以具有相對的穩定性和適用的普遍性;令,即皇帝的命令,也叫"詔"或"詔令",是根據需要,隨時頒布的單行法規,較律具有靈活性,並可補律之不足,它的法律效力高於律,可以變更或代替律的有關規定。①《漢書·宣帝紀》地節四年文穎注:"天子詔所增損,不在律上者爲令。"秦時律與令的區別尚未如此明顯,經常並列使用,如睡虎地秦簡《語書》中多次出現"修法律令""法律令已具""法律令已布"等詞語。

(一)律名

共有 55 個,包括田律、厩苑律、倉律、金布律、關市律、工律、工人程律、均工律、繇(徭)律、興律、司空律、軍爵律、置吏律、效律、傳食律、行書律、内史雜律、尉雜律、辟律、屬邦律、除吏律、游士律、除弟子律、中勞律、臧(藏)律、公車司馬獵律、牛羊課律、傅律、敦(屯)表律、捕盗律、戍律、魏户律、魏奔命律、爲田律、奉(奔)敬(警)律、賊律、盗律、具律、告律、捕律、亡律、收律、襍律、錢律、均輸律、□市律、復律、賜律、户律、置後律、爵律、秩律、史律、囚律、祠律。

(二)令名

共 4 個:津關令、厩令、兵令、卒令。②

二、罪名

所謂罪名,顧名思義,即指所犯罪行的名稱。

秦漢簡牘法律文獻中的罪名大約 157 個,它們有的屬於危害中央集權罪,有的屬於侵犯人身安全罪,有的屬於侵犯財産罪,有的屬於妨害社會管理秩序罪,有的屬於官吏瀆職罪,有的屬於妨害婚姻家庭秩序罪,有的屬於誣告罪,有的屬於詐僞罪,有的屬於賄賂罪,還有的屬於其他罪,等等。

(一)危害中央集權、侵犯皇帝尊嚴類犯罪

這類犯罪主要有:謀反、大逆不道、大不敬、降敵、投書、假託王令,等等。如:謀反(見於張家山漢簡《二年律令》)、反〔見於里耶秦簡秦始皇

---

① 葉孝信主編:《中國法制史》(新編本),北京大學出版社 1996 年版,第 85 頁。
② 陳松長在《嶽麓秦簡與秦代法制史的研究價值》(光明網 2023-06-17)一文中指出:"經整理,這批秦簡中出現的令名就有 20 餘種:内史郡二千石官共令、内史官共令、内史倉曹令、内史户曹令、内史旁金布令、四謁者令、四司空共令、四司空卒令、安台居室共令、卜祝酎及它祠令、辭式令、尉郡卒令、郡卒令、廷卒令、卒令、縣官田令、食官令、給共令、遷吏令、捕盗賊令、黔首挾兵令。"由於獲取資料不夠及時,也來不及仔細爬梳,筆者未能及時收入。據此,筆者此處結論有待修正。

二十六年 J1（12）10 背面、張家山漢簡《二年律令》]、逆不道（見於王杖十簡、王杖詔書令冊）、大逆不道（見於王杖十簡、旱灘坡東漢木簡）、大逆無道（見於居延新簡、額濟納漢簡）、不敬（見於張家山漢簡《二年律令》、居延漢簡《合校》）、降諸矦（侯）（見於張家山漢簡《二年律令》）、投書（見於睡虎地秦簡《法律答問》、張家山漢簡《二年律令》等）、撟（矯）令（見於睡虎地秦簡《法律答問》）、撟（矯）制（見於張家山漢簡《二年律令》），等等。

（二）侵犯人身安全類犯罪

這類犯罪主要有：故意殺人、故意傷害、強奸①，等等。

如：賊傷人（見於睡虎地秦簡《法律答問》）、賊殺人（見於睡虎地秦簡《法律答問》，張家山漢簡《二年律令》及居延漢簡、敦煌漢簡等）、賊殺傷（見於睡虎地秦簡《法律答問》，張家山漢簡《二年律令》）、挌（格）殺（見於睡虎地秦簡《法律答問》）、殺子（見於睡虎地秦簡《法律答問》）、強與主奸（見於睡虎地秦簡《法律答問》）、強奸（見於張家山漢簡《二年律令》、懸泉漢簡II）、強與奸（見於張家山漢簡《二年律令》）、毆（見於睡虎地秦簡《法律答問》，又見於張家山漢簡、王杖十簡、懸泉漢簡等）、毆治（笞）（見於睡虎地秦簡《法律答問》，張家山漢簡《二年律令》）、毆擊（見於王杖十簡、王杖詔書令冊、旱灘坡東漢木簡等）、毆辱（見於王杖詔書令冊）、略賣（見於張家山漢簡《二年律令》），等等。

（三）侵犯財產類犯罪

這類犯罪主要有：盜竊、搶奪等。

如：盜（見於睡虎地秦簡《法律答問》，張家山漢簡《二年律令》，還見於龍崗秦簡、懸泉漢簡、居延漢簡等）、盜主（見於睡虎地秦簡《法律答問》）、被盜（見於睡虎地秦簡《法律答問》）、盜埱厓（見於睡虎地秦簡《法律答問》）、群盜（見於睡虎地秦簡《法律答問》、張家山漢簡《二年律令》）、盜發冢（家）（見於張家山漢簡《二年律令》、居延新簡）、奪錢（見於張家山漢簡《奏讞書》），等等。

（四）妨害社會管理秩序類犯罪

這類犯罪主要有：逃避賦稅、逃避徭役、逃避兵役、私鑄作錢、穿越邊界，等等。

如：盜徙封（見於睡虎地秦簡《法律答問》）、履錦履（見於睡虎地秦簡

---

① 秦漢簡牘中作"奸"，《唐律疏議》中作"姦"。"奸"本表"奸淫"義，"姦"本表"姦詐"義，后來混同，文中不同時期所用"奸"字不同，故不統一，以表示漢字演化過程。

《法律答問》）、逋事（見於睡虎地秦簡《法律答問》《封診式》、張家山漢簡《二年律令》）、乏繇（徭）（見於睡虎地秦簡《法律答問》、張家山漢簡《二年律令》）、匿戶（見於睡虎地秦簡《法律答問》）、敖童弗傅（見於睡虎地秦簡《法律答問》）、盜鑄錢（見於睡虎地秦簡《封診式》、張家山漢簡《二年律令》）、匿田（見於睡虎地秦簡《法律答問》、龍崗秦簡、旱灘坡東漢木簡）、毀封（見於張家山漢簡《二年律令》）、擅賦斂（見於張家山漢簡《二年律令》）、越塞（見於張家山漢簡《二年律令》、居延漢簡、居延新簡）、闌（蘭）出入（見於張家山漢簡《二年律令》和《奏讞書》、居延漢簡、居延新簡），等等。

（五）官吏瀆職類犯罪

這類犯罪主要有：斷案不公、放走罪犯、出入人罪、擅離崗位，等等。

如：不直（見於睡虎地秦簡《法律答問》、張家山漢簡《二年律令》、懸泉漢簡等）、失刑/失（見於睡虎地秦簡《法律答問》、張家山漢簡《二年律令》）、縱囚/縱（見於睡虎地秦簡《法律答問》、張家山漢簡《奏讞書》）、出入人罪/出入罪（見於張家山漢簡《二年律令》、居延漢簡、居延新簡）、擅移獄（見於居延新簡）、去署（見於睡虎地秦簡《法律答問》、張家山漢簡《二年律令》、居延漢簡等），等等。

（六）妨害婚姻家庭秩序類犯罪

這類犯罪主要有：和奸、棄妻不書、不孝、教人不孝，等等。

如：和奸（見於張家山漢簡《二年律令》和《奏讞書》、懸泉漢簡等）、棄妻不書（見於睡虎地秦簡《法律答問》）、不孝（見於睡虎地秦簡《法律答問》、張家山漢簡《二年律令》和《奏讞書》、額濟納漢簡）、教人不孝（見於張家山漢簡《二年律令》和《奏讞書》），等等。

（七）誣告類犯罪

這類犯罪主要有：誣告、控告不實、栽贓陷害、告盜駕（加）臧（贓），等等。

如：誣人（見於睡虎地秦簡《法律答問》、張家山漢簡《二年律令》）、誣告人（見於睡虎地秦簡《法律答問》、張家山漢簡《二年律令》）、誣言（見於懸泉漢簡）、告不審（見於睡虎地秦簡《法律答問》、張家山漢簡《二年律令》）、臧（贓）人（見於睡虎地秦簡《法律答問》）、告盜駕（加）臧（贓）（見於睡虎地秦簡《法律答問》），等等。

（八）詐僞類犯罪

這類犯罪主要有：爲酢（詐）僞、僞寫印/璽、爲僞書、（詐）紿、詿上、證不言請（情），等等。

如：爲酢僞（見於睡虎地秦簡《秦律雜抄》），又作"爲詎僞"（見於睡虎地秦簡《法律答問》），又作"爲詐（詐）僞"（見於龍崗秦簡、張家山漢簡《二年律令》）、僞寫印（見於睡虎地秦簡《法律答問》、張家山漢簡《二年律令》）、僞寫璽（見於張家山漢簡《二年律令》）、爲僞書（見於張家山漢簡《二年律令》）、證不言請（情）（見於張家山漢簡《二年律令》，又見於居延漢簡、居延新簡），又作"證不請"（見於居延新簡）、詑（詑）上（見於張家山漢簡《奏讞書》）、詑（詐）紿（見於張家山漢簡《二年律令》），等等。

（九）賄賂犯罪

這類犯罪比較明確，主要有行賄罪和受賄罪。

如：行賕（見於張家山漢簡《二年律令》）、行賕枉法（見於張家山漢簡《奏讞書》）、受賕（見於張家山漢簡《二年律令》）、受賕以枉法（見於張家山漢簡《二年律令》，又見於敦煌漢簡），等等。

（十）軍職人員犯罪

這類犯罪的主體特定，特指軍職人員，非是一般百姓。這裏的軍職人員，包括軍隊的將士，也包括官府專管捕捉盜賊的官吏等。這類犯罪主要有：譽敵、儋乏不鬥、逗留畏愞等。

如：譽適（敵）（見於睡虎地秦簡《法律答問》）、儋乏不鬥（見於張家山漢簡《奏讞書》）、逗留畏愞（見於張家山漢簡《二年律令》）、畏愞（見於張家山漢簡《二年律令》），等等。

（十一）其他犯罪

除上述幾類犯罪外，秦漢簡牘法律文獻中還有其他一些犯罪。

如：不仁邑里（見於睡虎地秦簡《法律答問》）、甯毒言（見於睡虎地秦簡《法律答問》《封診式》）、毒言（見於睡虎地秦簡《法律答問》《封診式》）、橋（驕）悍（見於睡虎地秦簡《封診式》）、悍（見於睡虎地秦簡《法律答問》《封診式》，又見於張家山漢簡《二年律令》）、恐猲（見於張家山漢簡《二年律令》）、失期（見於張家山漢簡《二年律令》、居延漢簡、居延新簡、敦煌漢簡），等等。

三、刑罰名

所謂刑罰名，即指各種刑罰的名稱。

這裏所說的"刑罰"是廣義的，不僅包括我們今天所說的刑事處罰，還包括一些民事處罰、行政處罰等。我國古代法制的實情是諸法合體，刑民不分，因此法律處罰也未嚴格區分類別。

秦漢簡牘法律用語中的刑罰名可分爲八大類：（一）死刑；（二）肉刑；（三）徒刑（勞役刑）；（四）恥辱刑；（五）經濟刑；（六）身份刑；（七）流放刑；（八）拘禁刑。

除此之外，我們還將包括兩種以上刑罰並用的，稱作複合刑，并單獨另列爲第九類。

秦漢簡牘法律文獻中的刑罰名大約 128 個，它們分屬於我們所分的九大類。

（一）死刑類

死刑是最重、最嚴厲的刑罰。秦漢簡牘法律文獻中這類刑罰主要有：戮、斬、磔、絞、定殺、生埋、棄市、腰斬、梟首等。

如：翏（戮）（見於睡虎地秦簡《法律答問》）、磔（見於睡虎地秦簡《法律答問》、張家山漢簡《二年律令》）、斬（見於睡虎地秦簡《法律答問》、銀雀山漢簡《守法守令等十三篇》）、斬首（見於睡虎地秦簡《秦律雜抄》）、定殺（見於睡虎地秦簡《法律答問》）、生埋（見於睡虎地秦簡《法律答問》）、棄市（見於睡虎地秦簡《法律答問》、張家山漢簡《二年律令》和《奏讞書》、龍崗秦簡、王杖十簡、王杖詔書令册）、要（腰）斬（見於張家山漢簡《二年律令》和《奏讞書》）、梟首（見於張家山漢簡《二年律令》）、絞（見於額濟納漢簡），等等。

（二）肉刑類

肉刑是"斷支（肢）體，刻肌膚"[1]的刑罰，即殘害受刑者的肢體、器官或破壞其生理機能的懲罰。它源於奴隸制時代，在秦朝被廣泛運用。漢初在文帝刑制改革前也基本沿用了秦的肉刑。秦漢簡牘法律文獻中的肉刑主要有：黥、劓、斬左止（趾）、斬右止（趾）、腐（宫）、刑、笞，等等。

如：黥（見於睡虎地秦簡《法律答問》、張家山漢簡《二年律令》）、黥刑（見於銀雀山漢簡《守法守令等十三篇》）、劓（見於張家山漢簡《二年律令》、上孫家寨漢簡）、黥劓（見於睡虎地秦簡《法律答問》《封診式》、張家山漢簡《奏讞書》）、斬左止（趾）（見於睡虎地秦簡《法律答問》、龍崗秦簡、張家山漢簡《二年律令》）、斬右止（趾）（見於張家山漢簡《二年律令》）、鋈足（見於睡虎地秦簡《法律答問》《封診式》）、府（腐）（見於張

---

[1] 見《漢書卷二十三·刑法志第三》。

家山漢簡《二年律令》）、刑（見於睡虎地秦簡《法律答問》，張家山漢簡《二年律令》）、笞（見於睡虎地秦簡《秦律十八種》《法律答問》、張家山漢簡《二年律令》），等等。

（三）徒刑類

徒刑，秦時也稱其爲作刑，是剥奪罪犯人身自由、强制服勞役的刑罰，因此也叫做勞役刑。秦漢簡牘法律文獻中的徒刑主要有：城旦、舂、鬼薪、白粲、隸臣、隸妾、隸臣妾、司寇，等等。

如：城旦（見於睡虎地秦簡《秦律十八種》《法律答問》、龍崗秦簡）、舂（見於睡虎地秦簡《秦律十八種》）、鬼薪（見於睡虎地秦簡《秦律雜抄》《秦律十八種》、里耶秦簡、懸泉漢簡、張家山漢簡《二年律令》等）、白粲（見於睡虎地秦簡、里耶秦簡、張家山漢簡、懸泉漢簡等）、隸臣（見於睡虎地秦簡《秦律十八種》《法律答問》）、隸妾（見於睡虎地秦簡《秦律十八種》）、隸臣妾（見於睡虎地秦簡《秦律十八種》《法律答問》、張家山漢簡《二年律令》、里耶秦簡等）、司寇（見於睡虎地秦簡《法律答問》、張家山漢簡《二年律令》、里耶秦簡、旱灘坡東漢木簡、懸泉漢簡等）、作如司寇（見於懸泉漢簡）、城旦司寇（見於睡虎地秦簡）、舂司寇（見於睡虎地秦簡）、城旦舂之司寇（見於睡虎地秦簡）、居（見於睡虎地秦簡《秦律十八種》）、作（見於睡虎地秦簡《秦律十八種》《秦律雜抄》）、復作（見於懸泉漢簡、居延漢簡、居延新簡等）、候（見於睡虎地秦簡《秦律雜抄》），等等。

（四）恥辱刑類

恥辱刑，即帶有羞恥侮辱性質的刑罰，主要包括髡、耐、完等象徵肉刑的刑罰。"髡"即剃光頭髮，"耐"即剃除須鬢，"完"即保持完好身軀。這類刑罰在秦漢簡牘法律文獻中很常見，尤其是"耐"和"完"。在古人看來，人之髮膚，受之父母，爲上天所賜，不敢毀傷。爲人的形狀必須完整，否則就是極大的恥辱。這幾種刑罰一般不能獨立運用，多是作爲徒刑的附加刑與之一併使用，形成一種複合刑。

如：髡（見於睡虎地秦簡《法律答問》、居延漢簡）、髡鉗（見於居延漢簡、懸泉漢簡）、耐（見於睡虎地秦簡《秦律雜抄》《法律答問》、龍崗秦簡、張家山漢簡《二年律令》《奏讞書》）、完（見於睡虎地秦簡《法律答問》、張家山漢簡《二年律令》《奏讞書》）。

（五）經濟刑類

經濟刑是剝奪犯罪人財產的刑罰，主要包括罰、没、貲、贖幾類。在秦漢簡牘法律文獻中，主要有罰金、没入公、貲、貲徭以及各種贖刑，包括贖死、贖罷（遷）、贖黥、贖劓黥、贖宮、贖斬、贖城旦舂，等等。此外，責令賠償類的處罰也當算作經濟刑類，包括債、償、負等。

如：罰金（見於張家山漢簡《二年律令》《奏讞書》、旱灘坡東漢木簡、懸泉漢簡、居延漢簡、居延新簡等）、入公（見於睡虎地秦簡《秦律十八種》《法律答問》、龍崗秦簡）、沒入公（見於睡虎地秦簡《秦律十八種》）、貲（見於睡虎地秦簡《秦律十八種》、龍崗秦簡、里耶秦簡、嶽麓秦簡、張家山漢簡等）、貲徭（見於睡虎地秦簡《法律答問》）、贖（見於張家山漢簡《二年律令》、懸泉漢簡、居延新簡等），等等。

（六）身份刑類

身份刑即剝奪違法者官職、爵位，或對其訓斥等，以降低其身份地位的處罰。嚴格說來，此種處罰當屬行政處罰。秦漢簡牘法律文獻中的身份刑主要有：誶、奪爵、廢、收，等等。

如：誶（見於睡虎地秦簡、龍崗秦簡）、奪爵（見於睡虎地秦簡、張家山漢簡、上孫家寨漢簡、居延漢簡等）、法（廢）（見於睡虎地秦簡）、收（見於睡虎地秦簡、張家山漢簡等），等等。

（七）流放刑類

流放刑即將受刑者強制遣送指定地區服役落戶，不准擅自遷回原處的刑罰。秦漢簡牘法律文獻中的流放刑主要有：遷、謫、冗邊、繇戍、戍、戍邊，等等。

如：罷（遷）（見於睡虎地秦簡、龍崗秦簡、嶽麓秦簡、張家山漢簡等）、適（謫）（見於睡虎地秦簡）、冗邊（見於睡虎地秦簡）、繇（徭）戍（見於睡虎地秦簡、張家山漢簡等）、戍（見於睡虎地秦簡、龍崗秦簡、張家山漢簡等）、戍邊（見於張家山漢簡、懸泉漢簡），等等。

（八）拘禁刑類

拘禁刑即將犯罪人拘禁關押，限制其人身自由的刑罰。秦漢簡牘法律文獻中的拘禁刑主要有：繫、錮，等等。

如：毄（繫）（見於睡虎地秦簡、龍崗秦簡、張家山漢簡、王杖詔書令册、懸泉漢簡等）、錮（見於張家山漢簡），等等。

總之，這類刑罰在秦漢簡牘中並不多見。

（九）複合刑類

所謂複合刑，是指包含了兩種及以上的刑罰。秦漢簡牘法律文獻中的複合刑較多，且多是肉刑與徒刑或恥辱刑組合。其中徒刑爲主刑，肉刑或恥辱刑爲附加刑。肉刑加徒刑和恥辱刑加徒刑代表了複合刑的兩種基本的、主要的類型。除此之外，還有一類是拘禁刑加徒刑的，也是以徒刑爲主，拘禁刑爲附加刑。

肉刑加徒刑的，如：斬左止爲城旦（見於睡虎地秦簡、張家山漢簡等）、黥（以）爲城旦（見於睡虎地秦簡）、黥爲城旦（見於睡虎地秦簡、張家山漢簡等）、黥城旦（見於睡虎地秦簡）、黥爲城旦舂（見於龍崗秦簡、張家山漢簡）、黥以爲城旦舂（見於張家山漢簡）、刑爲城旦（見於睡虎地秦簡）、刑城旦（見於睡虎地秦簡）、刑爲隸臣（見於睡虎地秦簡）、刑隸臣（見於睡虎地秦簡）、刑鬼薪（見於睡虎地秦簡）、刑爲鬼薪（見於睡虎地秦簡）；

恥辱刑加徒刑的，如：耐爲侯（候）（見於睡虎地秦簡）、耐爲隸臣（見於睡虎地秦簡、張家山漢簡）、耐隸臣（見於睡虎地秦簡、嶽麓秦簡）、耐爲隸妾（見於張家山漢簡）、耐爲隸臣妾（見於龍崗秦簡、張家山漢簡）、耐爲鬼薪（見於睡虎地秦簡、張家山漢簡、上孫家寨漢簡）、耐以爲鬼薪白粲（見於張家山漢簡）、耐爲司寇（見於龍崗秦簡、張家山漢簡、懸泉漢簡、敦煌漢簡、旱灘坡東漢木簡）、耐司寇（見於王杖詔書令册）、完城旦（見於睡虎地秦簡、懸泉漢簡）、完爲城旦（見於睡虎地秦簡、居延新簡、敦煌漢簡、上孫家寨漢簡、居延漢簡、額濟納漢簡等）、完爲城旦舂（見於龍崗秦簡、張家山漢簡、懸泉漢簡）、完城旦舂（見於龍崗秦簡、居延新簡）、完以爲城旦舂（見於張家山漢簡）；

拘禁刑加徒刑的，如：毄（繫）城旦舂（見於睡虎地秦簡、張家山漢簡）、毄（繫）城旦六歲（見於睡虎地秦簡）、毄（繫）城旦舂六歲（見於張家山漢簡），等等。

四、其他法律用語

凡是不屬於上述律令名、罪名、刑罰名的那些法律用語，都歸入該類，共 650 個左右。它們主要是些秦漢時期的法律習用語，其內容包括了與法律有關的各個方面，有表示人物法律身份的，有表示刑具的，有表示犯罪主觀方面故意或過失的，有表示與定罪量刑有關或享受法律照顧的疾病的，有用於司法審判的，等等。此外，還有其他一些法律用語。

（一）表示人物法律身份的

這種身份，是指與法律有關的身份，不是普通身份。

如：求盜（見於睡虎地秦簡、里耶秦簡、張家山漢簡）、葆子（見於睡虎地秦簡）、嗇夫（見於睡虎地秦簡、張家山漢簡）、校長（見於睡虎地秦簡、張家山漢簡）、吏徒（見於睡虎地秦簡）、伍人（見於睡虎地秦簡、龍崗秦簡、張家山漢簡）、伍老（見於睡虎地秦簡）、里典（見於睡虎地秦簡）、人臣（見於睡虎地秦簡）、人妾（見於睡虎地秦簡），等等。

（二）表示刑具的

如，枸櫝纍杕：四者均爲刑具，見於睡虎地秦簡。枸、櫝應爲木械，如枷或桎梏之類。纍，讀爲縲（音雷），繫在囚徒頸上的黑索。杕，讀爲釱（音第），套在囚徒足脛的鐵鉗。

（三）表示犯罪主觀方面故意或過失的

如，端：故意，見於睡虎地秦簡、張家山漢簡《奏讞書》等；

不端：非故意，見於睡虎地秦簡；

故：故意，見於龍崗秦簡、居延新簡等；

失：過失，見於龍崗秦簡、張家山漢簡、懸泉漢簡，等等。

（四）表示與定罪量刑有關或享受法律照顧的疾病及傷殘的

如，癘：麻風病，見於睡虎地秦簡；

痍（癃）/罷痍（癃）：意爲廢疾，見於睡虎地秦簡、張家山漢簡；

大痍：重傷，見於睡虎地秦簡；

疻痏：毆腫或毆傷，見於睡虎地秦簡、張家山漢簡，等等。

（五）司法審判用語

如，論：義爲判處、論處，論罪、定罪，見於睡虎地秦簡、龍崗秦簡、龍崗秦簡、張家山漢簡、里耶秦簡、王杖詔書令册、旱灘坡東漢木簡、懸泉漢簡、居延漢簡、居延新簡等；

讞：議罪，見於睡虎地秦簡、張家山漢簡、王杖十簡、王杖詔書令册等；

鞫：審訊問罪，窮治罪人，見於睡虎地秦簡；又指對已經判決的案件做重新調查，見於龍崗秦簡、里耶秦簡、張家山漢簡、懸泉漢簡、居延漢簡，等等。

（六）法律習語

如，課：義爲考核，見於睡虎地秦簡、張家山漢簡、銀雀山漢簡《守法守令》、居延漢簡等。又義爲徵收租賦，見於懸泉漢簡；

不從令：義爲違反法令，見於睡虎地秦簡、龍崗秦簡、嶽麓秦簡、張家山漢簡；

亡：一義爲逃亡，見於睡虎地秦簡、張家山漢簡、長沙東牌樓漢簡、居延漢簡、敦煌漢簡；又義爲丟失，見於睡虎地秦簡、里耶秦簡、嶽麓秦簡、張家山漢簡、懸泉漢簡等；

告：一義爲報告、通知，見於睡虎地秦簡；又一義爲控告、告發，見於睡虎地秦簡、嶽麓秦簡、張家山漢簡、王杖詔書令册、額濟納漢簡、敦煌漢簡；

  以律：按法律規定，見於睡虎地秦簡、嶽麓秦簡、懸泉漢簡等；

  不如令：不按法令規定，見於睡虎地秦簡；

  不從律：不照法律辦，見於龍崗秦簡、張家山漢簡；

  不審：不實、不準確，不當，見於睡虎地秦簡、張家山漢簡、懸泉漢簡；

  同論：同樣論罪，處同樣的罪，見於睡虎地秦簡；

  同罪：同樣論罪，見於睡虎地秦簡；

  與同罪：與罪犯處同樣的罪，見於睡虎地秦簡、龍崗秦簡、張家山漢簡；

  與同法：與犯罪者連坐，按同罪處置，見於龍崗秦簡；

  反其罪：指誣告反坐，見於睡虎地秦簡；

  聽：受理，見於睡虎地秦簡、張家山漢簡；

  勿聽：不予受理，見於睡虎地秦簡、張家山漢簡；

  告不聽：對控告不予受理，見於睡虎地秦簡；

  更言：改變口供，見於睡虎地秦簡；

  名事邑里/名事里/名事關：意爲姓名、身份、籍貫，見於睡虎地秦簡；

  敢讞之：義爲冒昧地請示，見於嶽麓秦簡、張家山漢簡；

  敢言之：謹告，公文用語，見於上行文書；見於睡虎地秦簡、里耶秦簡、張家山漢簡、懸泉漢簡、長沙東牌樓漢簡、居延漢簡、居延新簡、額濟納漢簡、敦煌漢簡等；

  敢告主：公文用語，意謂"謹告主管人"，見於睡虎地秦簡、里耶秦簡；

  以辜死：在保辜期限內死亡，見於睡虎地秦簡、張家山漢簡、居延新簡，等等。

第三節 秦漢簡牘法律用語的音節結構[①]

  秦漢簡牘法律用語的結構，我們主要是從音節方面來探討的。其語音結

[①] 在結項鑒定意見中，有匿名專家質疑筆者對法律用語進行音節分析的意義何在。對此筆者想說的是：我們對秦漢簡牘法律文獻中的法律用語和《唐律疏議》中的法律用語都做了音節分析，一方面是用數據說明在各自文獻中何種音節形式占據主體，從而從一個側面反映該時段的詞彙面貌；另一方面也是爲了將兩種文獻的法律用語音節比重進行比較，從而揭示出從秦漢至唐代漢語詞彙在音節形式方面的變化趨勢。

構形式有三類：單音節結構、雙音節結構和多音節結構。共有1020個左右。①

一、單音節結構

單音節法律用語，絕大多數是法律習用語，也有少量刑罰用語和少數罪名，但基本沒有律令名。② 共218個，約占總數的21.4%。例如：

（一）表罪名的

燔、匿、偽、盜、誣、賊、縱、殺、毆、鬭③、傷、悍、失、反、誘、略、姦、奪，等等。

（二）表刑罰的④

辟、治（笞）、舂、居、作、贖、貲、收、耐、毄（繫）、適（謫）、罨（遷）、戍、黥、完、劓（戮）、斬、刑、髡、磔、耤、徙、劖、鋼、倡、絞，等等。

（三）法律習用語（一般法律用語）

論、課、斥（訴）、致、亡、省、殿、膚（臚）、最、責、謁、診、效、詣、出、備、負、如、稟、移、傳（zhuàn）、免、許、數、籍、善、惡、當（平聲）、當（去聲）、坐、繇（徭）、逯、瀹、問、除、賜、拜、雜、罪、法（廢）、占、請、姑（娛）、臧（贓）、比、得、捕、智（知）、獄、議、鞫、端、重、輕、赦、購、沒、斷、覺、賞、發、審、聽、廷、執、環、真、任、伍、租、官（意爲曾經官府認可）、復、循、貣（貸）、請（情）、訊、詘、詰、解、報、封、直、徵、叚（假）、讓、徒、故、詿（詐）、劾、央（決）、謾、譖、舉、盈、治、匀（徇）、害、誤、避、詔、謀、婢、變、罟、令、索

---

① 這個數據比前面所說的總數在1000個多出了些，這是因爲有少數法律用語，從音節方面看有不同形式，但其實從意義上看又是一回事，如"戍/戍邊""徙/徙邊""失/失刑"等，在單音節裏統計一次，在雙音節裏又統計一次；"行書/行其書""從事/從事公/從事官府""畀主/畀其主""除罪/除其罪""毒言/寧毒言""強姦/強與姦""戲殺/戲而殺人"等，在雙音節裏統計一次，在多音節裏又統計一次。這樣，從音節方面說，同一個法律用語存在重複統計的情況，所以就比從意義方面統計的數量稍多些。但這種情況畢竟是少數，總共不過20個，所以從總體來看，不會影響我們的研究結論。
② 睡虎地秦簡《秦律十八種》的律名有時用省稱，如"倉律"省作"倉"，"工律"省作"工"，"效律"省作"效"，"司空律"省作"司"，"内史雜律"省作"内"，等等。但我們認爲這些只是一種省寫形式，不是這些法律用語的本來面貌，因此，我們不將這種情況看作單音節法律用語。
③ 秦漢時期多用"鬭"字，唐代多用"鬥"字，出土秦漢簡牘多用"斲"字，寫成"鬭"可直觀呈現通假關係，故書中不做統一處理。
④ 如前所述，這裏的"刑罰"是廣義的，不僅包括我們今天所說的刑事處罰，還包括一些民事處罰、行政處罰等。我國古代法制的實情是諸法合體，刑民不分，因此法律處罰也未嚴格區分別類，可籠統稱爲刑罰。

（索）、辟、擅、計、會、副、傅、掾、秩、闌、畀、減、律、案、薄（簿）、首、賦、奏、忽、督、法、驗、證、貸、犯、械，等等。

二、雙音節結構

雙音節法律用語，有律令名，有罪名，有刑罰用語，有法律習用語，可以説，包含了各種法律用語，但仍然是以法律習用語占大多數。共572個，占總數的56.1%。其中，絕大多數是詞，也有一部分是短語。例如：

（一）表律令名的

田律、金布、倉律、均工、繇（徭）律、司空、尉雜、屬邦、效律、傅律、工律、興律、辟律、戍律、臧（藏）律、賊律、盜律、具律、告律、捕律、亡律、收律、雜律、錢律、復律、賜律、戶律、爵律、秩律、史律、囚律、祠律、厩令、兵令，等等。

（二）表罪名的

養匿、不直、犯令、法（廢）令、盜主、邦亡、祓盜、失刑、誣告、賊殺、賊傷、闌亡、譽適（敵）、縱囚、挌（格）殺、斲（鬭）殺、斲（鬭）傷、盜殺、殺人、擅殺、殺子、牧殺、伐殺、不孝、傷人、殺傷、群盜、通事、乏繇（徭）、匿户、臧（贓）人、橋（驕）悍、穴盜、通亡、縱火、匿租、匿田、攻盜、謀反、流殺、撟（矯）制、毀封、戲殺、鬭傷、毆詈、受賕、行賕、強盜、恐猲、略賣、劫人、強奸、強質、和奸、失期、乏事、越塞、去亡、來誘、舍匿、勢（敖）悍、通錢、臧（藏）贓、毒言、越院、盜傷、賊刺、盜奪、毆擊、闌入、爲閒、失火、不道、不敬、強奪、逆亂，等等。

（三）表刑罰的

入公、隸妾、城旦、司寇、白粲、贖刑、收人、鬼薪、贖死、冗邊、贖䙴（遷）、斬首、贖耐、奪爵、黥剄（劓）、贖黥、棄市、鋈足、贖宮、府（腐）罪、定殺、生埋、沒入、贖責、要（腰）斬、罰金、負償、黥額、戍邊、貲繇（徭）、贖斬、黥舂、白徒、徙邊、髠鉗、繫獄、復作、奪勞、遷徙，等等。

（四）法律習用語

法律、大罪、舉劾、行書、比殿、重殿、用書、隸臣、雜封、不備、稱議、委賜、傳食、告歸、從事、免老、期足、不盈/未盈、雜實、不善、如式、不行、以律、行錢、行布、移書、如令、同居、久書、葆繕、作務、公事、代賞（償）、不審、令曰、將司、葆子、同姓（生）、如律、上會、羈（羇）請、毋（勿）敢、不正（不準確）、有劾、命書、削籍、除籍、不得、贏律、上宿（到崗位值宿警衛）、如辭、憲盜/害盜、駕（加）罪、求盜、前謀、謀遣、人臣、人妾、畀主、畀夫、自告、分臧（贓）、同論、見智（知）、曹人、曹長、同罪、假父、假子、伍人、伍老、里典、嗇夫、士五（伍）、應律、未斷、不覺、真罪、上造、鞫審、撟（矯）令、有秩、僞書、僞傳、將上、罪人、勿聽、後子、自殺、疕痏、不致、辟罪、四鄰、州告、家罪、勿治、聽治、乞鞫/乞鞫、自出、捕告、符券、蘬火、奇祠、不會/弗會、衛（率）敫、僞使、更人、旬人、纍人、集人、人貉、署人、旅人、室人、貿傷（易）、賣玉、匧面、介人、大癃、大誤、羊毆、治獄、從跡、治（笞）諒（掠）、訊獄、更言、不服、爰書、治（笞）訊、覆問、敢告、幾訊、更守、縛詣、捕索（索）、校長、吏徒、恒書、經死、出子、捕校、名事、爲戶、毋（勿）敢、符傳、不當、亡人、盜賊、追捕、朁（智）請（情）、毋（無）罪、劾論、弗得、捕詗〈詗〉、勿令、巨（詎）罪、失臧（贓）、受臧（贓）、紿（詒）假、吏論、自尚、具獄、覆獄、謁報、興徭、踐更、校券、謁追、史議、奔敬（警）、制書、除繇、署書、令曰、券書、除罪、詞告、同產、偏（遍）捕、毋害、賞賜、過失、庶人、奴婢、變出、毋得、捧（拜）爵、捕斬、縛守、弗智（知）、頗捕、符致、私自、假僦（貸）、斷獄、瀸（讖）獄、治論、反罪、告劾、覆治、隱官、自訟、置後、誅斬、產捕、購賞、減罪、臨計、字貸、博戲、變事、受（授）爵、案致、津關、䌛（徭）使、期會、代戶、貿賣、占年、完封、計饒、孽子、縣料、出實、脫實、睆老、死事、任占、奔命、平賈（價）、除事、視事、制詔、致書、詰訊、實錢、存吏、診問、疑罪、縣論、吏當、廷報、名數、占數、吏議、獄治、馬傳、訊問、復治、覆視、掾獄、校上、譣求、謙（廉）視、謙（廉）問、訡（研）詞、收訊、譣問、訊碟、奏讞、復除、養謹、獄訟、制曰、桀黠、蠱室、奪戶、辭訟、詔書、致案、辨治、奏當、雜診、審證、辨告、證任、捕繫（繫）、案事、施刑（弛刑）、案劾、毋忽、驗問、赦令、詔曰、詔條、公人、請許、自言、證驗、正處、桉橄、考（拷）問、實核、賜論、賜爵、聽事、賜勞、名籍、犯法、行法、賦課、捕驗、移獄、拘校、推索、點謀、作治、疑獄、貰賣、品約、如品、如約、狀辤、作錢、推辟、科別、生捕、增秩、如比、異居、詰問、獄訊、徵逮、上計、伏辜、賦臧、減刑，等等。

三、多音節結構

多音節結構，是指三個及三個以上音節的結構。多音節法律用語，也是有律令名，有罪名，有刑罰用語，有法律習用語，包含了各種法律用語，但仍然是以法律習用語占大多數，其次是刑罰用語，也不少。多音節法律用語共有 230 個左右，約占總數的 22.5%。其中，大部分是短語，也有少數是詞，還有個別是凝固小句。例如：

（一）表律令名的

厩苑律、金布律、關市律、工人程、軍爵律、置吏律、傳食律、行書律、內史雜、除吏律、游士律、除弟子律、中勞律、公車司馬獵律、牛羊課、敦（屯）表律、捕盜律、魏戶律、魏奔命律、爲田律、奉（奔）敬（警）律、□市律、均輸律、置後律、津關令，等等。

（二）表罪名的

告不審、匿敖童、爲酤（詐）僞/爲詛僞、盜椒垂、賊殺傷、告盜駕（加）臧（贓）、僞寫印、不仁邑里、盜徙封、強與主奸、擅強質、履錦履、敖童弗傅、相與奸、盜鑄錢、寧毒言、不從令、不從律、爲僞書、戲而殺人、教人不孝、臾訽詈、縣（懸）人書、亡從群盜、盜殺傷、盜發冢（塚）、鞫獄故不直、鞫獄故縱、證不言請（情）、出入罪人、強與奸、逗留畏耎、擅賦斂、受賕枉法、行賕枉法、儋乏不鬪、逆不道/大逆不道、降諸侯（候）、不從法、私鑄作錢、擅移獄、捶殺人，等等。

（三）表刑罰的

没入公、罰二月、從事公/從事官府、小隸臣、城旦司寇、小隸臣妾、大隸臣妾、舂司寇、城旦舂之司寇、冗隸妾、更隸妾、耐爲侯（候）、鯢（繫）城旦舂、鯢（繫）城旦六歲、隱官工、處隱官、斬左止、斬左止爲城旦、黥（以）爲城旦、黥顔頯、刑爲城旦/刑城旦、城旦黥、完城旦/完爲城旦、耐爲隸臣/耐隸臣、黥爲城旦舂/黥城旦舂、黥爲城旦/黥城旦、耐以爲鬼薪鋈足、刑爲隸臣/刑隸臣、刑鬼薪/刑爲鬼薪、耐鬼薪、贖鬼薪鋈足、耐卜隸、耐史隸、斬以爲城旦、城旦舂、鬼薪白粲、完爲城旦舂/完城旦舂、耐爲隸臣妾、耐城旦舂、耐爲隸妾、梟其首市、免爲庶人、没入爲官奴、刑城旦舂、耐以爲鬼薪白粲、斬右止（趾）、斬爲城旦、黥爲舂、贖城旦舂、贖斬宫、贖劓黥、鐵顙其足、完爲舂、作如司寇、髡鉗城旦、髡鉗左止（趾）、髡鉗城旦舂、髡爲城旦舂，等等。

（四）法律習用語

法律令、行其書、同居所、枸櫝欙杕、不如律、以律論、與盜同法、畀其主、與同罪、反其罪、公祠未闋、祠未闋、王室祠、私賣用、廷行事、并臧（贓）以論、有秩吏、已斷已令、告不聽、以肽死/以辜死、公室告、非公室告、亡券而害、和受質、宫均人、宫更人、宫狡士、外狡士、宦者顯大夫/

顯大夫、名事邑里/名事里/名事關、敢告主、無它坐/毋（無）它坐罪、牢隸臣、敢言之、叚（假）門逆呂（旅）、贅壻後父、參辨券、與同灋（法）、令終身毋得、駕（加）其罪、巨（岠）於罪、論之如律、罪減一等、獄未央（決）、令自尚、聽書從事、以律令從事、它如律令、敢讞之、除其罪、與賊同法、智（知）其請（情）、同居數、反其罪、不勝任、爲律令、代其户、宅園户籍、年細籍、田比地籍、田命籍、田租籍、賈（價）以減償、制曰：可、它縣論、謁以聞、得微難獄、受王杖、爵里名姓、如律令、爲詔獄、亡人命者、罪死不赦、先令券書、畀付弹處罪法、自相和從、捕盜史、如詔書、爰書自證/自證爰書、劾狀辭、官獄徵事、罪當死、謁言官、以律從事、案驗未竟、治其罪人/治其罪者、與計偕，等等。

由以上舉例分析可以看出，在秦漢簡牘法律用語中，雙音節結構占絕對優勢，數量最多，而單音節和多音節的都不多，尤其是單音節的更少些。這一方面説明了從上古到秦漢時期，漢語詞彙由單音節向雙音節的發展趨勢；另一方面，更重要的原因是，法律用語雖然來源於全民通用語，但其中的絕大多數不是從全民用語中直接挪用的，而是借用了全民語言的構詞材料而新造出來的。這些新造的詞語大多是兩個單音節構詞材料相加，如此，以雙音節結構居多也就不足爲怪了。

第四節　秦漢簡牘法律用語的特點

秦漢簡牘法律用語，是秦漢時期的一種行業用語，也是當時的一個社團方言。與當時的全民用語相比，有其自身的特點；與當今漢民族共同語相比，更有顯著的差異。通過仔細分析，我們認爲它們主要有這樣一些特點：簡潔生動；常用省稱；多罪刑共名；多一詞多義；雙音節結構占絕對優勢等。以下分別論述。

一、簡潔生動

秦漢簡牘法律用語中的不少詞語，借助於全民用語中的構詞材料構成新詞。它們往往不是兩個構詞語素意義的簡單相加，而是重新合成了具有特定法律含義的新義，顯得其簡潔凝練，生動形象。

（一）高度簡潔凝練的：

1. 城旦

刑徒名，男爲城旦，女爲舂。《漢舊儀》："城旦者，治城也；女爲舂，舂者，治米也，皆作五歲。"《漢書·惠帝紀》："上造以上及內外公孫耳孫有罪當刑及當為城旦舂者，皆耏為鬼薪白粲。"顏師古注引應劭云："城旦者，旦起行治城；舂者，婦人不豫外繇，但舂作米，皆四歲刑也。"

可見，"城旦"是對服一種勞役刑的男性犯人的稱呼，這種犯人要早起去幹築城的苦活。這樣含義豐富的內容，僅用兩個字就準確地表達出來。而且"城旦"也不是"城"和"旦"兩個構詞語素各自含義的簡單相加，兩語素結合後產生出更加豐富、更具專業性的含義，充分體現了秦漢簡牘法律用語的簡潔凝練的特點。

"城旦"是秦漢簡牘法律文獻中一個常見的高頻率法律用語。見於睡虎地秦簡。

"城旦"和"舂"屬於同等級別的刑罰，只是性別的不同。所以二者連用的情況在秦漢簡牘各法律文獻中更常見。

2. 鬼薪

刑徒名，男為鬼薪，女為白粲，《漢舊儀》："鬼薪者，男當為祠祀鬼神伐山之薪蒸也；女為白粲者，以為祠祀擇米也，皆作三歲。"《漢書·惠帝紀》："上造以上，及內外公孫耳，孫有罪當刑，及當為城旦舂者，皆耏為鬼薪白粲。"顏師古注引應劭云："取薪給宗廟為鬼薪，坐擇米使正白為白粲，皆三歲刑也。"

可見，鬼薪就是一種男犯刑徒，他所要服的勞役就是為宗廟打柴，用以燒火做飯，供祭祀鬼神之用。古時鬼神不分家，用一個"鬼"字，實際也指代了"神"（此指祭祀者們的祖先）。這樣豐富的含義，僅用"鬼"和"薪"兩個構詞語素的組合就準確傳達出來，很簡潔，很凝練。而且，"鬼薪"也不是"鬼"和"薪"兩個構詞語素各自含義的簡單相加，它已具有了法律專業性的含義。

"鬼薪"也是秦漢簡牘法律文獻中一個常見的高頻率法律用語。見於睡虎地秦簡、懸泉漢簡等。

3. 白粲

如上所述，"白粲"是和"鬼薪"同等級別的刑罰，只是性別不同。"白粲"用於女犯，其所要服的勞役就是為宗廟選擇正白之米，以供祭祀鬼神之用。

"白粲"和"城旦""鬼薪"一樣，也是秦漢簡牘法律文獻中一個常見的高頻率法律用語。見於睡虎地秦簡。

"白粲"一詞也不是"白"和"粲"兩個構詞語素各自含義的簡單相加，

也是具有豐富而專業化的法律含義，很是簡潔凝練。

"白粲"是和"鬼薪"連用的情況比其單用更常見，見於睡虎地秦簡、里耶秦簡、張家山漢簡、懸泉漢簡等。

4. 棄市

死刑的一種，殺於市，即在市場中當衆處死。《釋名》："市死曰棄市。市，衆所聚，與衆人共棄之也。"《禮記·王制》："刑人於市，與衆棄之。"《漢書·景帝紀》："[中元]二年……改磔曰棄市，勿複磔。"顏師古注："棄市，殺之於市也，謂之棄市者，取刑人於市，與衆棄之也。"沈家本："棄市，此秦法也。秦法棄市爲何等？刑書無明文，以漢法推之，當亦斬刑。"[1] 而張建國、曹旅寧、李均明則釋爲絞刑。[2]

可見，棄市就是在人衆聚集的鬧市將犯人處死，並將屍體抛棄在那裏示衆。

"棄市"在秦漢簡牘法律文獻中也是一個高頻出現的法律用語，睡虎地秦簡、龍崗秦簡、張家山漢簡、王杖十簡、王杖詔書令册中都很多見。

"棄市"僅用兩個字就傳達出極其豐富的法律含義，把一個複雜的行刑方式用一個十分簡短的語言形式傳神地表現出來，也充分體現了秦漢簡牘法律用語簡潔凝練的特點。其法律含義也不是兩個構詞語素含義的簡單相加，"市"並非"棄"的對象，而是"棄"的地點、場所，"棄市"就是"棄之（人）於市"的緊縮形式。

5. 免老

因年老而免除一些法定義務。按秦漢法律規定，達到一定年齡的老人，可享有免除徭役、兵役等的特權。一般指六十歲以上老人。秦制：無爵男子年六十免老，不再服封建政府規定的兵役和徭役。《漢舊儀》："秦制二十爵，男子賜爵一級以上，有罪以減，年五十六免。無爵爲士伍，年六十乃免老。"

可見，免老就是達到一定年齡後依法免除徭役兵役賦稅等義務，是法律賦予的特權，是古代社會尊老的一個體現。

"免老"見於睡虎地秦簡、張家山漢簡等。

"免老"也是僅用兩字就傳達了豐富的法律含義，體現了簡潔凝練的特點。其意義也不是兩個語素意義的相加，"老"不是"免"的對象，而是

---

[1] 沈家本：《歷代刑法考》，鄧經元、駢宇騫點校，中華書局，1985年版，第139頁。
[2] 張建國：《秦漢棄市非斬刑辨》，《北京大學學報》1996年第5期；曹旅寧：《從天水放馬灘秦簡看秦代的棄市》，《廣東社會科學》2000年第5期；李均明：《張家山漢簡所見刑罰等序及相關問題》，《華學》第六輯，紫禁城出版社，2003年版。

"免"的原因。

（二）簡潔凝練且形象生動的：

1. 穴盜

挖洞行竊，重在説明盜竊的方式，見於睡虎地秦簡《封診式》73：穴盜。

此處用作簡首小標題，下面的正文詳細描述了行盜者掘洞入室，盜走他人衣物的情形。這段文字有近600字，標題以"穴盜"一詞對這一事件進行概括，雖僅短短兩字，却是既簡練，又生動形象。

2. 經死[①]

上吊而死。《公羊傳・昭公十三年》："靈王經而死。"徐彦疏："經者，謂懸縊而死也。"見於睡虎地秦簡《封診式》63。"經死"雖僅短短兩字，却能令人腦海中浮現出某人頭懸梁，脚離地，身體懸空，脖子上套着繩索等的情形，很形象，很生動，也很簡潔。

3. 定殺

據簡文意爲淹死。傅榮珂指出：此種死刑爲秦以前律典所不載，初次見於秦簡。至若"定殺"之刑名，雖古籍未載，但若其義將人投入水中淹死之類似刑名，如"沈河""沈淵"之刑，則典籍有載。如《吕氏春秋・恃君覽・行論》："趙簡子沈鸞徼於河，曰：'吾嘗好聲色矣！而鸞徼致之。吾嘗好宫室臺榭矣！而鸞徼爲之。吾嘗好良馬善御矣！而鸞徼來之。今吾好士六年矣！而鸞徼未嘗進一人也。是長吾過而絀善也。'"[②]見於睡虎地秦簡。

"定殺"一詞僅見於睡虎地秦簡，且僅兩例。由於缺乏可資比對的旁證材料，因而對該詞的解説也是衆説紛紜，莫衷一是。其實簡文對何爲定殺已經作了回答——"生定殺水中之謂殹（也）"。從這句話裏，我們至少可以明確這樣幾點信息：（1）將犯人放入水中淹死；（2）是活生生地放入水中；（3）在水中要定住，不能隨水漂流。至於如何固定，簡文未詳説。但據某些邊遠地區的一些民俗做法，很可能是在罪人身上綁附重物，比如在腰間捆綁大石塊等，使之沉入水底。

從以上分析可以看出，"定殺"一詞，語言形式簡短，但含義豐富，形象生動。

---

① 毛遠明先生認爲，經死不能算作法律用語；筆者認爲睡虎地秦簡《封診式》中講到的情況，涉及法醫到現場驗屍及據此斷案等問題，因與法律密切相關，算作法律用語似乎也無不妥。此暫存議。

② 傅榮珂：《睡虎地秦簡刑律研究》，臺灣商鼎文化出版社1992年版，第82頁。

二、常用省稱

秦漢簡牘法律用語的另一個特點是常用省稱。例如：

（一）斬爲城旦——"斬左止爲城旦"的省稱

"斬左止爲城旦"見於睡虎地秦簡、張家山漢簡等。即砍掉左脚，再去服築城牆的勞役。左脚雖然没有了，但命還在，還能支撐着去幹活，只是幹起來比較艱難，這也是對罪犯的一種懲罰。

在秦漢簡牘法律文獻中，除了"斬左止"與"爲城旦"搭配外，没有其他斬刑與"城旦"搭配。可見，"斬爲城旦"就是"斬左止爲城旦"。（不可能是"斬右止爲城旦"，因爲斬止之刑源於古時的刖刑，而據沈家本考證，"古者之刖，初犯刖左足，復犯刖右足。"[①] 是故斬右止必定是在斬左止之後，只要有左止在，就輪不到右止。如果犯罪達到斬右止的程度，那就意味着雙脚都不在了，也就幹不了築城牆的活了，也就成不了"城旦"；而秦漢簡牘法律文獻中也未見有"斬右止爲城旦"的用例）

（二）罰二月——"罰貲勞二個月"的省稱

"罰二月"見於睡虎地秦簡《秦律十八種》。"二月"表示時間段，意思是"兩個月"，"罰二月"就是罰兩個月。時間又怎麼能罰呢？原來古時勞績常以日計算，有功時即"賜勞"若干日，有過時則罰若干日。"罰二月"其實就是罰去兩個月的勞績，也就是"罰貲勞二個月"。（"賜牛長日三旬"與此同理）

（三）典——"里典"的省稱

秦里設里正，見《韓非子·外儲説右下》，睡虎地秦簡簡文作"里典"，當係避秦王政諱而改。當時以鄉里中豪强有力的人爲里正，如《公羊傳》宣公十五年注："一里八十户……選其耆老有高德者，名爲父老；其有辯護伉健者爲里正，皆受倍田，得乘馬。"里典（正）、伍老，相當後世的保甲長。

睡虎地秦簡中有"里典"，但更多情況下是簡作"典"。

（四）老——"伍老"的省稱

如上所述，"伍老"和"里典"一樣，都相當於後世的保甲長。"伍老"可能就是上述《公羊傳》宣公十五年注里所説的"父老"，推選鄉里中"耆老有高德者"充任。

在睡虎地秦簡中，"伍老"多簡作"老"。

此外還有"免老"有時簡作"老"，"去署"簡作"去"，"去夏"簡作

---

① 沈家本：《歷代刑法考》，第 199 頁。

"夏","越院"簡作"院"等。①

總之,在秦漢簡牘法律文獻中,特別是睡虎地秦簡中,使用省稱是一種常見現象。

三、多罪刑共名

所謂罪刑共名,即罪行和刑罰共用一名,實際是指用犯罪行為應受的刑罰之名來指稱罪名。例如,"耐"本是一種刑罰,有時又說"耐罪";"腐"本指宮刑,有時又說"腐罪";"刑"本指施加肉刑,有時又說"刑罪"等。他例如死罪,實際是説該種罪行該處死刑。例如:

(一) 耐

是古代一種輕刑,意思是剃去鬚鬢,古書或作耏。《漢書·高帝紀下》:"令郎中有罪耐以上,請之。"顏師古注引應劭云:"輕罪不至於髡,完其耏鬢,故曰耏。古耐字從彡,髮膚之意也。杜林認為法度字皆從寸,後改如是。"《史記·趙奢傳》注引漢令:"完而不髡曰耐,是以耐即不髡。"見於睡虎地秦簡、張家山漢簡。"耐"有時又表示罪名。《禮記·禮運》正義:"古者犯罪以髡其鬚,謂之耐罪。"這種用法也見於睡虎地秦簡、張家山漢簡、王杖十簡。例如:

《法律答問》177:"真臣邦君公有罪,致耐罪以上,令贖。"可(何)謂"真"? 臣邦父母產子及產它邦而是謂"真"。

(二) 刑

表示刑罰,意思是施加肉刑。"刑"這種刑罰是具體指某一種刑罰,還是一種籠統的稱呼,尚不確定,一般認為是各種肉刑的統稱,見於睡虎地秦簡、張家山漢簡等。

"刑"又用來表示罪名。見於睡虎地秦簡,例如:

《法律答問》125—126:"群盜赦為庶人,將盜戒(械)囚刑罪以上,亡,以故罪論,斬左止為城旦,後自捕所亡,是謂'處隱官'。"

(三) 黥城旦

是一種複合刑罰。"黥"是一種肉刑,在面額上刺刻並塗墨。"城旦"是一種徒刑,如前所述,適用於男犯,早起去築城牆。"黥城旦"就是先在犯人面額上刺刻並塗墨,再讓他去服築城牆的勞役。

見於睡虎地秦簡、張家山漢簡。

---

① 詳參拙著《秦漢簡牘法律用語研究》,人民出版社,2017年版,第120—125頁。

"黥城旦"有時又用來指稱罪名，見於睡虎地秦簡，例如：

《法律答問》183："甲誣乙通一錢黥城旦罪，問甲同居、典、老當論不當？不當。"

（四）府（腐）

府，通假字，讀作"腐"，肉刑的一種，即宮刑。《周禮·司刑》："司刑掌五刑之法，以麗萬民之罪。墨罪五百，劓罪五百，宮罪五百，刖罪五百，殺罪五百。"注："宮者，丈夫則割其勢，女子閉於宮中，今宦男女也。"《漢書·景帝紀》："秋，赦徒作陽陵者死罪；欲腐者，許之。"注："蘇林曰：'宮刑，其創腐臭，故曰腐也。'如淳曰：'腐，宮刑也。丈夫割勢，不能復生子，如腐木不生實。'師古曰：'如說是。腐音輔。'"應當說，如淳的理解是正確的，顏師古也贊同如淳的説法。

見於張家山漢簡。

"府（腐）"有時又用作罪名，見於睡虎地秦簡，例如：

《法律答問》113－114：可（何）謂"贖鬼薪鋈足"？可（何）謂"贖宮"？臣邦真戎君長，爵當上造以上，有罪當贖者，其爲群盜，令贖鬼薪鋈足；其有府（腐）罪，【贖】宮。其它罪比群盜者亦如此。

從以上舉例分析可以看出，一些本來是表示刑罰名的法律用語有時又被用來指稱罪名，這種現象我們姑且稱其爲"罪刑共名"。當然，它們用作表刑罰的情況更多些，而用作指稱罪名的情況僅是少數。"罪刑共名"，體現了秦漢法律用語的一個特點，很有特色，類似於修辭手法中的借代。

四、多一詞多義

我們通過對秦漢簡牘中的大量法律用語進行分析研究，發現其中存在着很多一詞多義現象。當然，這些法律用語，多是借自全民用語，它們只是一般法律用語，即法律習語，不是專門的法律術語。例如，"亡"有兩個法律義位：一義爲逃亡，又一義爲丟失。"告"有兩個法律義位：一義爲報告、通知，又一義爲控告、告發。"備"有三個法律義位：一義爲足數，又一義爲期限已滿，又一義爲防備、巡查。"免"有兩個法律義位：一義爲免罪、免刑，又一義爲免職。"行"有兩個法律義位：一義爲執行罪行、施行，又一義爲（錢、布等）流通、通行。"坐"有三個法律義位：一義爲承擔罪責、追究，又一義爲犯，又一義爲連坐。"收"有三個法律義位：一義爲收孥，即收孥罪犯妻子，没爲官奴婢；又一義爲没收；又一義爲收藏。"出"有兩個法律義位：一義爲出帳、銷帳、報銷，又義爲免除、出罪、判無罪。"除"有三個法律義位：一義爲任用，又義爲免罪，又義爲懲辦。"償"有兩個法律義位：一義爲賠償，又義爲抵償罪行。"得"有兩個法律義位：一義爲被拿獲，又義爲可以。"復"有三個法律義位：一義爲寬免，又一義爲奸污，又一義爲復除徭役、免除徭賦。"罪"有三個法律義位：一爲名詞，義爲罪行；又爲動詞，義爲論罪；又義爲認罪。"課"有兩個法律義位：一義爲考核，又義爲徵收租賦，等等。

五、雙音節占絶對優勢

通過前面對秦漢簡牘法律用語的音節結構的分析可以看出，其中的雙音節結構占絶大多數，約占總數的 56.1%，而單音節的僅占 21.4% 左右，多音節的也不過 22.5% 左右。這些數據充分説明，在秦漢簡牘法律用語中，以雙音節結構占絶對優勢。如前所述，這説明了從上古到秦漢時期，漢語詞彙形式由單音節向雙音節的發展演變趨勢。

第二章
《唐律疏議》中的法律用語概貌

第一節　《唐律疏議》概述

　　《唐律疏議》，又名《故唐律疏議》，唐高宗時長孫無忌等奉皇帝之命編撰。《唐律疏議》實際上由兩部分組成，即唐律的律文部分及長孫無忌等人對律文的疏釋部分。因爲文中疏釋部分以"議曰"二字開頭，所以被人們稱爲《唐律疏議》，或者《唐律疏義》。它是中國現存第一部内容完整的法典，也是中國古代法典的楷模和中華法系的代表作，在世界法制史上具有很高的聲譽和地位。

　　《唐律疏議》是唐朝刑律及其疏注的合編，亦爲中國現存最古老、最完整的封建刑事法典，共三十卷。

一、編撰歷程

　　《唐律疏議》又稱《永徽律疏》，是唐高宗永徽年間完成的一部極爲重要的法典。

　　唐律因隋《開皇律》而來，《開皇律》則"近承北齊，遠祖後魏"，繼承了前代的法律。唐律對隋律又有所損益，集戰國秦漢魏晉南北朝至隋以來封建法律遞遭變化之大成。

　　武德四年（621），唐高祖命裴寂等撰《武德律》，大略以《開皇律》爲準，除其苛細五十三條。

　　唐太宗貞觀初，又命長孫無忌、房玄齡等重加刪定，前後費時十餘年，修成《貞觀律》。《貞觀律》對比《武德律》有較大的修改，如增設加役流，縮小連坐處死的範圍，確定了五刑、十惡、八議以及類推等原則與制度。修訂的《貞觀律》，基本上確定了唐律的主要内容和風格，對後來的《永徽律》

及其他法典的制訂有很深的影響。《貞觀律》成爲唐律的定本。

高宗永徽二年（651），長孫無忌、李勣等人在《貞觀律》的基礎上修訂律令，如將原《貞觀律》名例篇中的"言理切害"，更爲"情理切害"，並作鄭重說明："舊律云言理切害，今改爲情理切害者，蓋欲原其本情，廣思慎罰故也。"最終，奏上新撰律十二卷，是爲《永徽律》，這部法典基本上是《貞觀律》的翻版，沒有太大變化。

永徽三年（652），鑒於當時中央、地方在審判中對法律條文理解不一，每年科舉考試中明法科考試也無統一的權威標準的情況，唐高宗又令長孫無忌等對《永徽律》的精神實質和律文進行逐條逐句疏證解釋，以闡明律條文義，並通過問答形式，剖析內涵，說明疑義，撰成《律疏》三十卷。

永徽四年（653）十月，經唐高宗批准，官府將疏議分附於律文之後頒行。計分十二篇，共三十卷，稱爲《永徽律疏》，亦即《唐律疏議》。

《永徽律疏》撰定後，歷經高宗、武后、中宗、玄宗等朝，又做過一些修改，但正如律自貞觀定後沒有大的變化一樣，《永徽律疏》的變化只有個別的內容上的增改或個別的文字上的修訂。從唐律的發展和《永徽律疏》的沿革過程看，《永徽律疏》並非只是永徽或開元一朝之典，而是有唐一代之典。

該法典至元代後，人們以疏文皆以"議曰"字始，故又稱爲《唐律疏議》。由於疏議對全篇律文所作權威性的統一的法律解釋，給實際司法審判帶來便利，以至《舊唐書·刑法志》說當時的"斷獄者，皆引疏分析之"。疏議的作用至重，學者楊鴻烈在《中國法律發達史》一書中認爲，"這部永徽律全得疏議纔流傳至今"。

二、主要內容

第一篇《名例律》，相當於現代刑法總則，主要規定了刑罰制度和基本原則；

第二篇《衛禁律》，主要是關於保護皇帝人身安全、國家主權與邊境安全等方面的法律規定；

第三篇《職制律》，主要是關於國家機關官員的設置、選任、職守以及懲治貪官枉法等方面的法律規定；

第四篇《戶婚律》，主要是關於戶籍、土地、賦役、婚姻、家庭等，以保證國家賦役來源和維護封建婚姻家庭關係等方面的法律規定；

第五篇《厩庫律》，主要是關於飼養牲畜、庫藏管理，保護官有資財不受侵犯等方面的法律規定；

第六篇《擅興律》，主要是關於兵士徵集、軍隊調動、將帥職守、軍需供應、擅自興建和徵發徭役等，以確保軍權掌握在皇帝手中，並控制勞役徵發，緩和社會矛盾等方面的法律規定；

第七篇《賊盜律》，主要是關於嚴刑鎮壓蓄意推翻封建政權，打擊其他嚴重犯罪，保護公私財產不受侵犯等方面的法律規定；

第八篇《鬥訟律》，主要是關於懲治鬥毆和維護封建的訴訟制度等方面的法律規定；

第九篇《詐偽律》，主要是關於打擊欺詐、騙人的犯罪行爲，維護封建社會秩序等方面的法律規定；

第十篇《雜律》，凡不屬於其他"分則"的都在此規定；

第十一篇《捕亡律》，主要是關於追捕逃犯和兵士、丁役、官奴婢逃亡，以保證封建國家兵役和徭役徵發和社會安全等方面的法律規定；

第十二篇《斷獄律》，主要是關於審訊、判決、執行和監獄管理等方面的法律規定。

三、法典特色

《唐律疏議》作爲封建法典，有着濃厚的封建思想意識，體現着封建統治階級的階級意志。它反映了禮制、君主專制、等級制度和宗法制度等內容。《唐律疏議》的法律思想有以下兩個特色：第一，"德禮爲政教之本，刑罰爲政教之用"，倫理道德和法律相結合，前者爲主，後者爲輔。第二，簡化法律條文，減輕刑罰。如《貞觀律》中的刑罰，與隋律相比，去掉了死刑92條，減流爲徒者71條，其餘變重爲輕者也很多。

唐律是秦漢以來封建專制時代較爲寬簡的法律。《唐律疏議》首篇的《名例律》如同現代法律的總則，表達了唐律的基本精神和基本原則。其餘11篇相當於現代刑法的分則，具體規定了什麼行爲構成犯罪以及犯罪後如何處罰的各種條款。

《唐律疏議》不僅完整保存了唐律，還保存了大量唐代的令、格、式的內容。同時記載了大量有關唐代政治、社會經濟的資料，是研究唐代階級關係、等級關係以及官制、兵制、田制、賦役制的重要依據。所以，清代學者王鳴盛稱《唐律疏議》爲"稀世之寶"。

四、版本系統

《唐律疏議》的版本，就目前所見，大致有三個系統：

一是滂熹齋本系統，包括殘宋本（存卷十一、十三、十四各卷零葉，藏上海圖書館）、元大字本（存卷十五、二十四、二十六至三十，藏北京圖書館）、元刻本（藏北圖）、清蘭陵孫氏覆宋抄本（藏上圖）以及四部叢刊本。

二是至正本系統，包括元至正崇化余志安勤有堂刻本（存十五卷，藏北圖）、清嘉慶十三年孫星衍刊，顧廣圻校，岱南閣叢書本，以及諸可寶重刊本、江蘇書局本和光緒十六年沈家本重校刻本。北圖藏的明鈔本、清乾隆丁酉曲阜孔氏鈔本和北京大學圖書館藏的清乾隆丁卯曲阜孔氏鈔本等都屬於這一系統。

三是文化本系統，包括日本文化二年官版本以及商務萬有文庫本和國學基本叢書本。

五、影響意義

中國法制已有了兩千多年經驗的積纍。自夏朝開始正式確立法制以後，每個朝代都建立了自己的法制，而且還不斷總結經驗，推進法制的發展。早在西周時就已提出了"三典"的理論，即"刑新國，用輕典；刑平國，用中典；刑亂國，用重典"。以後，又在法典的體例和內容等方面不斷發展。從體例上看，自戰國時《法經》的六篇，經過漢朝《九章律》等的演進，到隋朝的《開皇律》已形成十二篇及其篇名，並爲《武德律》以及以後的《唐律疏議》所繼受。

《唐律疏議》是中國現存第一部內容完整的法典，也是中國古代法典的楷模和中華法系的代表作，在世界法制史上具有很高的聲譽和地位，可以説是世界中世紀法典的傑作。唐律的內容承前啟後，是在總結前人的立法成果和經驗的基礎上形成的，並且開創了中國古代法典中法律與歷史結合的先河。

唐律之義疏自高宗時作成頒行後，終唐之世，一直沒有廢止過。玄宗開元二十二年對律令格式進行過一次大規模的刪修，結果是"總成律十二卷，律疏三十卷"，義疏仍與單行律並行。

其後，義疏以兩條管道發揮着影響。

其一，義疏被後世徑直沿用。五代後梁太祖時，法律有"律疏三十卷"，一仍唐舊；後周世宗時有司奏事，言法律"今朝廷之所行用者"，"律疏三十卷"，因當時尚未定法，所用皆唐之舊典；甚至到顯德年間《大周刑統》（即《顯德刑統》）編成，仍然是"與律疏、令、式通行"，義疏並未廢除。宋代建隆年間制訂《宋刑統》，鑑於《大周刑統》未能遍引《唐律》之義疏，重取唐代律、疏作法，從而使《宋刑統》成爲《永徽律疏》的翻版。竇儀在《進刑統表》中所說的"舊（指《大周刑統》）疏議節略，今悉備文"，即指此事。金代之律，據《金史·刑法志》說："歷采前代刑書宜於今者，以補遺厥，取《刑統》疏文以釋之，著爲常法。"則唐律之義疏，經宋而再傳於金。明代置元代之後，重又仿唐律立制，不惟篇章、條文，義疏也多本於唐。清沿明制，《清史稿·刑法志》記曰："諸臣以律文昉自《唐律》，辭簡意賅，易致舛訛，於每篇正文後，增用總注，疏解律義。"當然，這已經是新的"義疏"了。

其二，義疏的方法被用在其他立法上。後周的《大周刑統》，據載："其所編集者，用律爲主，辭旨之有難解者，釋以疏意；義理之有易了者，略其疏文。式令之有附近者次之，格敕之有廢置者又次之。事有不便於令，該説未盡者，別立新條於本條之下；其有文理深古，慮人疑惑者，別以朱字訓釋。"這個"朱字訓釋"，就是新的義疏。《宋刑統》仿照此法，也增加"釋曰"條目訓釋難解者及需參見者。至於《清律》的"總注"，實亦此類也。

總之，由唐代首創的義疏，一直沿用到封建社會之季世。道理在於義疏是律文具體化、細密化的一種必要手段，是統一理解和執行法律的有力保證。而實際上，律文必須是"辭簡義賅"的，這就使疏解成爲經常的、當然的要求。唐律義疏的得力之處正在這裏。而它所代表的普遍性，也就變成人所共睹的普遍現象存在。

《永徽律疏》不僅是一部唐朝的法典，還是一部包括唐前期在內的中國法制史著作。其中的一些內容經過長期發展，達到了完備的程度。閱讀《永徽律疏》，不僅可以知曉唐朝法制的內容，亦可瞭解包括唐朝前期在內的中國法制史的一些內容，獲得中國重要制度建立的理論依據方面的知識。

唐律集封建法律之大成，被稱爲世界五大法系之一的中華法系的代表，在中國以及東南亞法制史上具有深遠影響。唐律的完備，標誌着中華法系走向成熟。中華法系以中國封建時代的唐律爲內涵，以周邊封建國家法律爲外延，構建了區域性的法律系統。中華法系與世界其他四大法系並稱爲世界五大法系。法系是指根據法律的歷史傳統，對法律所作的分類。凡具有同一歷史傳統的法律就構成同一個法系。中華法系與其他法系既有共通之處，又有自身固有的特點。它以自己獨特的風采影響着亞洲及與其有交往的各地，在世界法制史上占有重要地位。

在中國法制史上，唐律居於承前啟後的重要地位。無論是立法思想、原則、篇章體例，還是法律內容，都承襲了以往各代立法的成果，是前朝立法之集大成者，同時又有所發展和創新，使唐律融封建法典之共性與自身發展完善之特性於一體，以"一準乎禮，而得古今之平"著稱於世，成爲完備的封建法律形態。唐律不僅對唐代的政治經濟起到了巨大的促進作用，而且直接影響了後代中國封建法制的發展，成爲後世封建立法的典範。元代人在《永徽律疏序》中説："乘之（指唐律）則過，除之則不及，過與不及，其失均矣。"即對唐律的修改，隨意乘除增删不是有過就是不及，都將影響其完整性、嚴密性。

唐律正是以其嚴謹的結構、簡明的文字、精確的注疏、完備的内容，而被後世各朝奉爲修法立制的楷模，沿用不廢。五代各國立法基本上也都取法於唐。宋朝的《宋刑統》，就律文而言，只是唐律的翻版。唐王朝作爲强大的封建帝國，曾是亞洲政治、經濟、文化中心，其先進的文化（包括法律），被來往於長安的各國商人、僧侣、留學生傳播到四方，是故唐律對古代東南亞等國也產生了重大影響，成爲東南亞各國封建立法的淵源。古代日本、朝鮮、越南等國的立法，大都摹仿《唐律》。國際法制史學者將《唐律疏議》與歐洲的《羅馬法》相提並論，並視之爲古代"中國（華）法系"的代表著作。

六、歷史地位

《唐律疏議》總結了漢魏晉以來立法和注律的經驗，不僅對主要的法律原則和制度作了精確的解釋與説明，而且儘可能引用儒家經典作爲律文的理論根據。《唐律疏議》的完成，標誌着中國古代立法達到了最高水準。

作爲中國封建法制的最高成就，《唐律疏議》全面體現了中國古代法律制度的水準、風格和基本特徵，成爲中華法系的代表性法典，對後世及周邊國家產生了極爲深遠的影響。同時，因此前的《貞觀律》等至今都已佚失，所以，《唐律疏議》成爲中國歷史上迄今保存下來的最完整、最早、最具有社會影響的古代成文法典。在中國古代立法史上占有最爲重要的地位。

第二節 《唐律疏議》法律用語的類別

通過對《唐律疏議》文獻的逐字逐句的爬梳，從中共得法律用語680餘個。其中律令格式名共計51個，約占總數的7.5%；罪名226個，約占總數的33.2%；刑罰名36個，約占總數的5.3%；一般法律用語約370個，約占總數的54.4%。可以看出，一般法律用語所占比重最大，其次是罪名，而律令名和刑罰名較少。

作爲中國古代重要的法律文獻，《唐律疏議》和秦漢簡牘法律用語一樣，其中的法律用語從大的方面也可分爲律令名、罪名、刑罰名、一般法律用語四大類。

一、律令名

唐代的律令，還包括格、式。《唐律疏議》中可見的律、令、格、式名共計51個。

律名計有12個：名例律①、衛禁律、職制律、户婚律、厩庫律、擅興律、賊盜律、鬥訟律、詐僞律、雜律、捕亡律、斷獄律。

令名計有27個：祠令、公式令、獄官令、封爵令、選舉令、官品令、户令、田令、賦役令、軍防令、假寧令、雜令、捕亡令、關市令、職員令、宫衛令、三師三公台省職令、考課令、醫疾令、儀制令、厩牧令、禄令、喪葬令、營繕令、鹵簿令、衣服令、宫衛令。

格名1個：别格。②

式名11個：刑部式、門下省式、宿衛式、監門式、主客式、職方式、庫部式、駕部式、太僕式、兵部式、禮部式。

二、罪名

《唐律疏議》中所見罪名226個，具體如下：③

十惡、謀反、謀大逆、謀叛、惡逆、謀殺、不道、殺人、支解人、造畜蠱毒、厭魅、大不敬、僞造、誣搆人罪、不孝、祝詛、不睦、毆、毆告、不義、内亂、姦、和姦、强姦、略、略人、枉法、受請枉法、受財枉法、故殺、故殺人、格殺、鬥殺、鬥殺傷、誣人、出入、出入人罪、藏匿罪人、過致資給、故縱、私鑄錢、盜、强盜、竊盜、和誘、和賣、蔽匿、擅賦斂、出罪、入罪、闌入、越垣、殺、傷、殺傷、故殺傷、不覺、私度、越度、冒度、詐、詐不實、詐不以實、上書詐不實、不實、不以實、無故不上、稽違、稽緩制書、稽程、稽留、稽期、匿不舉哀、釋服從吉、雜戲、冒榮遷任、冒榮居之、冒哀求仕、指斥乘輿、對捍制使、逃亡、罵、詛罵、告言、言告、别籍、異

---

① 嚴格説來，名例只是唐律的一個總則性説明和規定，跟後面的其他各種具體的律並不相同，應該不能算是一種律名；但爲了保持唐律的整體性和整齊劃一，我們姑且也把名例和其他各律平行並列，算作一種律名。

② "别格"可能不是一個專名，而是一個偏正短語，意思是"别的格""其他的格""另有格（可供參照）"。

③ 有些可能只是個不法行爲，還談不上犯罪；但由於這些行爲都是法律所不允許的，都要受到相應的懲罰，所以我們還是籠統地稱之爲"罪名"。

財、詐稱、恐喝、行求（賕）、曲判、曲法、受所監臨財物、坐贓、強取監臨財物、脫戶、脫口、增減年狀、違法、違律、相冒合戶、賣口分田、應言上不言上、盜耕種公私田、妄認、盜貿賣、在官侵奪私田、盜耕人墓田、應言而不言、妄言、覆檢不以實、妄冒、有妻更娶妻、欺妄、矯詐、強娶、詐欺、詐偽、巧偽、擅發兵、乏軍興、不憂軍事、爲間諜、作間諜、誣告、違限、違令、違實、非法、亡失、劫囚、竊囚、戲殺、戲殺傷、恐迫、造厭魅、造符書、殘害死屍、燒屍、造祅書、造祅言、盜官文書印、盜制書、盜符、盜鑰、盜禁兵器、盜毀天尊像佛像、發冢、自盜、故燒、凡盜、常盜、共盜、公取、竊取、略賣人、誑誘、鬥毆、髡髮、欺紿、故毆（傷）、忿爭、凡鬥、拒捍、折傷、毆傷、毆殺、毆擊、誤殺、誤殺傷、妖言、失囚、供養有闕、違犯教令、投匿名書、故入人罪、詐妄、偽寫、詐爲制書、矯制、詐爲官文書、違式、知而故縱、知而聽行、詐取、誣罔、匿脫、脫漏、詐爲瑞應、教誘、詐死、證不言情、詐偽、詐冒官司、侵、侵犯、侵損、犯夜、失時、盜決堤防、毀害、故決堤防、失火、毀、棄毀、誤毀、動事、損毀、毀損、不應得爲、逗留、拒毆、在直而亡、浮遊、浮浪、首匿、迫脅、縱囚、稽違、率斂、漏口、還壓爲賤、不固守而棄去、造立、私發印封、別式等。

它們有的屬於危害中央集權罪，有的屬於侵犯人身安全罪，有的屬於侵犯財產罪，有的屬於妨害社會管理秩序罪，有的屬於官吏瀆職罪，有的屬於妨害婚姻家庭秩序罪，有的屬於誣告罪，有的屬於詐偽罪，有的屬於賄賂罪，還有的屬於其他罪，等等。

（一）危害中央集權、侵犯皇帝尊嚴類犯罪

這類犯罪主要有：謀反、謀大逆、謀叛、大不敬、指斥乘輿、對捍制使、拒捍，等等。

（二）侵犯人身安全罪

這類犯罪主要有：毆、姦、強姦、略、略人、謀殺、殺人、支解人、故殺、故殺人、格殺、鬥殺、鬥殺傷、殺、傷、殺傷、故殺傷、詈、毆詈、恐喝、恐迫、迫脅、戲殺、戲殺傷、略賣人、故毆（傷）、折傷、毆傷、毆殺、毆擊、毆告、誤殺、誤殺傷、殘害死屍、燒屍、鬥毆、髡髮、忿爭、凡鬥、強娶、和誘、和賣、不道，等等。

（三）侵犯財產罪

這類犯罪主要有：盜、強盜、竊盜、強取監臨財物、盜耕種公私田、盜貿賣、在官侵奪私田、盜耕人墓田、自盜、凡盜、常盜、共盜、盜官文書印、盜制書、盜符、盜鑰、盜禁兵器、盜毀天尊像佛像、亡失、公取、竊取、侵、侵犯、侵損、盜決堤防、毀害、故決堤防、失火、毀、棄毀、誤毀、故燒、損毀、毀損，等等。

（四）妨害社會管理秩序罪

這類犯罪主要有：首匿、藏匿罪人、過致資給、劫囚、竊囚、蔽匿、私鑄錢、闌入、越垣、私度、越度、冒度、稽違、稽緩制書、稽程、稽留、稽期、逃亡、匿脱、脱漏、脱户、脱口、漏口、相冒合户、還壓爲賤、賣口分田、浮遊、浮浪、違限、違令、違法、違律、違實、犯夜、增減年狀、造畜蠱毒、造厭魅、造符書、造祆書、造祆言、發冢、妖言、私發印封、投匿名書、和奸，等等。

（五）官吏瀆職罪

這類犯罪主要有：出入、出入人罪、枉法、受請枉法、受財枉法、坐贓、出罪、入罪、故縱、擅賦斂、率斂、無故不上、違式、别式、應言上不言上、應言而不言、不覺、故入人罪、知而故縱、知而聽行、在直而亡、曲判、曲法、失囚、縱囚、覆檢不以實，等等。

（六）軍人犯罪

這類犯罪主要有：擅發兵、乏軍興、不憂軍事、爲間諜、作間諜、不固守而棄去、逗留，等等。

（七）詐僞類犯罪

這類犯罪主要有：偽造、詐、詐不實、詐不以實、上書詐不實、不實、不以實、欺妄、矯詐、詐稱、詐欺、詐匿、巧僞、妄認、妄言、妄冒、誑誘、欺紿、詐妄、僞寫、詐爲制書、矯制、詐爲官文書、詐爲瑞應、詐取、詐死、證不言情、詐僞、詐冒官司，等等。

（八）妨害婚姻家庭秩序罪

這類犯罪主要有：不孝、不睦、不義、内亂、匿不舉哀、釋服從吉、冒榮遷任、冒榮居之、冒哀求仕、有妻更娶妻、違犯教令、供養有闕、别籍異財、惡逆、詛詈、告言、言告、厭魅、祝詛，等等。

（九）誣告罪

這類犯罪主要有：誣搆人罪、誣人、誣告、誣罔，等等。

（十）賄賂罪

這類犯罪主要有：行求（賕）、受所監臨財物，等等。

（十一）其他類犯罪

這一類犯罪含義複雜或特徵不明，難以歸入上述各類犯罪中。主要有如下一些：

十惡、教誘、失時、不應得爲、拒毆，等等。

三、刑罰名

相比秦漢律，唐律的刑罰體系已大爲簡化，刑罰種類也大大減少，僅有笞、杖、徒、流、死五等刑罰。以下所列刑罰名，不僅包括五刑，還包括出現於《唐律疏議》中的其他刑罰。這些刑罰名主要有下列幾類：

（一）死刑類

這類刑罰名主要有絞、斬兩個。

（二）流刑類

這類刑罰名主要有流、加役流、反逆緣坐流、過失流、不孝流、會赦猶流、配流、流配等8個。

（三）勞役刑（徒刑）類

這類刑罰名主要有徒、居作兩個。

（四）肉刑類

這類刑罰名主要有笞捶、鞭撲、笞、杖、斷趾等5個。

（五）身份刑類

這類刑罰名主要有除、除名、免、免官、除爵、官當、以官當流、以官當徒、用官當徒等9個。

（六）經濟刑類

這類刑罰名主要有償、備償、徵償、償所減價、贖、收贖、留爵收贖、留官收贖、徵贖、没官等10個。

四、其他法律用語

其他法律用語，或稱一般法律用語，包括表示人物法律身份的，表示犯罪主觀方面故意或過失的，表示與定罪量刑有關或享受法律照顧的疾病及傷殘的、訴訟和審判用語、法律習語等幾大類。其中數量最多的是法律習語，其次是訴訟和審判用語，而另外幾類則數量相對較少。

（一）表示人物法律身份的

這類法律用語主要有：良人、部曲、奴、婢、奴婢、期、期親、祖免親、斬衰、齊衰、大功、小功、緦麻、八議、議親、議故、議賢、議能、議功、議貴、議勤、議賓、上請、議、請、監臨、監臨主守、監守、監臨官司、監臨主司、監當、監當官司、監當主司、官户、襍户、客女、太常音聲人，等等。

（二）表示犯罪主觀方面故意或過失的

這類法律用語主要有：故、故爲、誤、失、故失，等等。"故"表故意。"故爲"意爲故意幹某事。"誤"表認知錯誤、失誤，與"失"表意相近。"失"表過失。"故失"意爲故意或過失，是對兩種情況的合稱。

（三）表示與定罪量刑有關或享受法律照顧的疾病及傷殘的

這類法律用語主要有：篤疾、廢疾、惡疾、老免，等等。篤疾，意思是重病，在唐律中指患有惡疾、兩肢殘廢、兩目失明等有嚴重疾病的人。廢疾，謂有殘疾而不能做事。惡疾，古代特指癩病，即麻風病。老免，指因年老而免除一些法定義務，如徭役賦稅等。

（四）訴訟和審判用語

這類法律用語數量較多，主要有如下一些：

聽、聽贖、聽以贖論、論、勿論、論如律、聽……論、以……論、累科、累而科之、告、首、自首、告言、言告、科決、累決、倍贓、倍論、倍並、並倍、累論、奏劾、告劾、從重論、以其罪罪之、鞫問、勾問、斷、未斷、科斷、處決、劾、聽減、與同罪、舉劾、推劾、準枉法論、準盜論、科、科罪、坐贓論、告不審、決、決罪、翻異、訊囚、訊問、拷訊、拷掠、首實、承引、取保、未決、除其罪、引虛、斷罪、免罪、免其罪、同罪而科、拷囚、拷鞫、拷決、鞫獄、鞫、對問、推鞫、推問、反拷、捶拷、服辯、斷案、聽、聽告、聽受、受而爲理、自理訴、告舉、告發、相爲訴、越訴、對鞫、併論、聽理、推科、決斷、自訴、案問、以盜論、誣告反坐、反坐、連坐、緣坐、不用此律，等等。

（五）法律習語

這類法律用語數量最多，主要有如下一些：

動事、刑法、品式、刑憲、罪、法、律、令、式、殺罰、得罪、告、強、教、教令不覺、減科、不相須、坐、不坐、減、減罪、如法、從坐、公坐、公坐相承、造意、法式、義絕、出、蔭、私罪、公罪、準、準此、告身、獄成、疑罪、責保、參對、推勘、進丁、受田、附籍、重犯、赦原、復、復除、原、原罪、自新、追身不赴、捕首、首露、覺舉、舉稽、累輕以加重、正贓、同居、有罪相爲隱、籍、舉重以明輕、舉輕以明重、統攝、案驗、籍禁、得、不得、知、知情、不知、不知情、執捉、具狀申訴、合、不合、罪止、放免、免放、制書、有害、無害、情理切害、首、從、坐、附貫、勘檢、立案、以法、擅、違期、已成、未成、依法、不應爲重、不應爲從重、離、和、和娶、和離、違、違者、七出、三不去、妄、還正、不充、重法併滿輕法、保辜、辜内、辜外、贓、報、節級爲坐、節級連坐、不拘此律、依律、推對、犯法、留住、已上道、加功、知見、同籍、會赦、重害、累加、並贓、贓重、別居、過失、勘詰、和同、首告、受分、行、不行、專進止、降慮、追減、結正、奏決、絕時、登時、同謀、元謀、謀首、無辜、追攝、禁錄、傷重、掩捕、聽敕、常律、緣坐、規求、相容隱、爲……隱、準律、自陳首、首陳、申牒、承告、彈舉、不應爲輕、受、不受、應合、依令、勘當、監受、檢校、捕逐、追捕、推避、告報、糾、糾彈、施行、直、不直、避稽、申答、收捕、對制、關由所司、規避、造立、不應、捕攝、保任、以故、出舉、未得、行濫、較固、參市、市券、損害、損敗、拘執、捕繫、捕格、言請、自殺、自傷、勘驗、直牒、搜檢、舉牒、移囚、決罰、臨統、覆審、駁正、鍛鍊、案省、主守、主司、摘語、過所、留難、稽廢、稽乏、廢闕、（追）還合、通計爲罪、言上、盜不計贓、成錢、不平、闌遺（物）、推事、常赦所不免、常赦所不原、反逆緣坐、非法、疑獄，等等。

第三節　《唐律疏議》法律用語的音節結構

《唐律疏議》法律用語共有 680 餘個，其音節結構形式從大的方面可分爲三類：單音節結構、雙音節結構、多音節結構。現分述如下：

一、單音節結構

單音節法律用語，絕大多數是法律習用語，也有少量刑罰用語和少數罪名，但基本沒有律令名。《唐律疏議》單音節法律用語共約 70 個，約占總數的 10.3%。例如：

（一）表罪名

毆、姦、略、盜、殺、傷、詐、詈、侵、毀，等等。

（二）表刑罰[1]

絞、斬、流、徒、笞、杖、除、免、償、贖，等等。

（三）一般法律用語

罪、法、律、令、式、誤、故、告、強、教、減、期、議、請、聽、首、出、蔭、論、斷、準、奴、婢、復、原、劾、籍、得、知、合、失、首、從、

---

[1] 如前所述，這裏的"刑罰"是廣義的，不僅包括我們今天所說的刑事處罰，還包括一些民事處罰、行政處罰、經濟處罰等。我國古代法制的實情是諸法合體，刑民不分，因此法律處罰也未嚴格區分類別。

科、坐、擅、離、和、違、妄、客、贓、報、行、決、受、糾、直、鞫，等等。

二、雙音節結構

雙音節法律用語，有律令名，有罪名，有刑罰用語，有法律習用語，可以說，包含了各種法律用語，但仍然是法律習用語占大多數。《唐律疏議》雙音節法律用語共440餘個，約占總數的64.7％。其中，大多數是詞，也有一些是短語。例如：

（一）表律令名

名例、衛禁、職制、戶婚、廄庫、擅興、賊盜、鬥訟、詐偽、雜律、捕亡、斷獄、祠令、戶令、田令、雜令、祿令、別格，等等。

（二）表罪名

十惡、謀反、謀叛、惡逆、謀殺、不道、殺人、厭魅、偽造、不孝、祝詛、不睦、毆告、不義、內亂、和姦、強姦、略人、不直、枉法、故殺、格殺、鬥殺、鬥傷、誣人、出入、故縱、強盜、竊盜、和誘、和賣、蔽匿、出罪、入罪、闌入、越垣、殺傷、不覺、私度、越度、冒度、不實、稽違、稽程、稽留、稽期、逃亡、詛罵、告言、言告、別籍、異財、詐稱、恐喝、行求（賕）、曲判、曲法、坐贓、脫戶、脫口、違法、違律、妄認、侵奪、妄言、妄冒、欺妄、矯詐、強娶、詐欺、詐匿、巧偽、誣告、違限、違令、違實、非法、亡失、劫囚、竊囚、戲殺、恐迫、燒屍、盜符、盜鑰、發冢、自盜、故燒、凡盜、常盜、共盜、公取、竊取、略賣人、誑誘、鬥毆、髡髮、欺紿、故毆（傷）、忿爭、凡鬥、拒捍、折傷、毆傷、毆殺、毆擊、誤殺、妖言、失囚、詐妄、偽寫、矯制、違式、詐取、誣罔、匿脫、脫漏、教誘、詐死、詐偽、侵犯、侵損、犯夜、失時、毀害、失火、棄毀、誤毀、損毀、毀損、逗留、拒毆、浮遊、浮浪、首匿、迫脅、縱囚、率斂、漏口、別式，等等。

（三）表刑罰

配流、流配、居作、笞捶、鞭撲、斷趾、除名、免官、除爵、官當、備償、徵償、收贖、徵贖、沒官，等等。

（四）一般法律用語

刑法、品式、刑憲、殺罰、得罪、故為、減科、不坐、減罪、八議、議親、議故、議賢、議能、議功、議貴、議勤、議賓、期親、上請、聽贖、如法、從坐、自首、故失、公坐、反坐、連坐、緣坐、造意、法式、義絕、勿論、勾問、未斷、私罪、公罪、科斷、篤疾、廢疾、準此、動事、告身、良人、部曲、奴婢、獄成、疑罪、責保、參對、推勘、老免、進丁、受田、附籍、告言、言告、累科、科決、累決、重犯、廢疾、赦原、處決、復除、原罪、自新、推鞫、捕首、聽減、首露、覺舉、舉稽、監臨、監當、監守、鞫問、正贓、倍贓、倍論、倍並、並倍、累論、同居、統攝、案驗、籍禁、不得、知情、不知、奏劾、告劾、執捉、不合、罪止、放免、免放、失者、制書、有害、無害、斬衰、齊衰、大功、小功、緦麻、舉劾、推劾、科罪、附貫、勘檢、立案、以法、違期、已成、未成、依法、和娶、和離、違者、七出、惡疾、官戶、褾戶、還正、不充、保辜、辜內、辜外、依律、推對、犯法、留住、加功、知見、同籍、會赦、重害、累加、並贓、贓重、別居、過失、勘詰、和同、首告、受分、不行、降慮、追減、結正、奏決、絕時、登時、同謀、元謀、謀首、無辜、追攝、禁錄、傷重、掩捕、聽敕、決罪、未決、常律、引虛、緣坐、聽告、規求、告舉、告發、準律、推科、自陳首、首陳、申牒、聽受、承告、彈舉、越訴、不受、應合、聽理、依令、勘當、監受、檢校、捕逐、追捕、推避、告報、糾彈、施行、避稽、申答、收捕、對制、規避、不應、捕攝、保任、以故、出舉、未得、行濫、較固、參市、市券、損害、損敗、斷罪、免罪、拘執、捕繫、捕格、言請、自殺、自傷、翻異、訊囚、訊問、拷訊、拷掠、首實、承引、取保、拷囚、拷鞫、拷決、勘驗、反拷、捶拷、直牒、鞫獄、對問、推鞫、推問、搜檢、舉牒、對鞫、併論、移囚、決罰、臨統、覆審、駁正、服辯、斷案、鍛鍊、案省、主守、主司、摘語、過所、留難、稽廢、稽乏、廢闕、（追）還合、言上、自訴、案問、成錢、不平、闌遺（物）、決斷、推事、非法、疑獄，等等。

三、多音節結構

多音節結構，是指三個及三個以上音節的結構。多音節法律用語也是有律令名，有罪名，有刑罰用語，有法律習用語，包含了各種法律用語。其中以罪名為最多，其次是法律習用語，最少的是刑罰用語。《唐律疏議》多音節法律用語共有 170 餘個，約占總數的 25%。其中，大部分是短語，也有少數是詞。例如：

（一）表律令名

公式令、獄官令、封爵令、選舉令、官品令、賦役令、軍防令、假寧令、捕亡令、關市令、職員令、宮衛令、考課令、醫疾令、儀制令、廐牧令、喪葬令、營繕令、鹵簿令、衣服令、三師三公台省職令、刑部式、門下省式、宿衛式、監門式、主客式、職方式、庫部式、駕部式、太僕式、兵部式、禮部式，等等。

（二）表罪名

謀大逆、大不敬、詐不實、不以實、告不審、擅賦斂、私鑄錢、盜貿賣、擅發兵、乏軍興、爲間諜、作間諜、造厭魅、造符書、造祅書、造祅言、盜制書、支解人、故殺人、鬥殺傷、故殺傷、戲殺傷、誤殺傷、出入人罪、藏匿罪人、過致資給、匿不舉哀、釋服從吉、冒榮遷任、冒榮居之、冒哀求仕、指斥乘輿、對捍制使、供養有闕、違犯教令、投匿名書、故入人罪、知而故縱、知而聽行、受請枉法、受財枉法、證不言情、詐不以實、詐爲制書、詐冒官司、詐爲瑞應、造畜蠱毒、盜決堤防、故決堤防、誣搆人罪、盜禁兵器、稽緩制書、殘害死屍、不應得爲、無故不上、在直而亡、不憂軍事、還壓爲賤、私發印封、相冒合户、賣口分田、增減年狀、上書詐不實、盜官文書印、盜耕人墓田、應言而不言、有妻更娶妻、詐爲官文書、受所監臨財物、強取監臨財物、不固守而棄去、應言上不言上、盜耕種公私田、盜毀天尊像佛像，等等。

（三）表刑罰

加役流、過失流、不孝流、以官當流、以官當徒、用官當徒、會赦猶流、償所減價、留爵收贖、留官收贖、反逆緣坐流，等等。

（四）一般法律用語

不知情、以……論、不相須、袒免親、相爲訴、三不去、免其罪、爲……隱、聽……論、自理訴、以盜論、準盜論、坐贓論、論如律、已上道、專進止、除其罪、相容隱、與同罪、從重論、誣告反坐、節級爲坐、節級連坐、不用此律、不拘此律、準枉法論、監當官司、監當主司、監臨官司、監臨主司、監臨主守、受而爲理、關由所司、追身不赴、情理切害、具狀申訴、不應爲輕、不應爲重、不應爲從重、同罪而科、通計爲罪、累而科之、盜不計贓、反逆緣坐、聽以贖論、公坐相承、教令不覺、太常音聲人、常赦所不免、常赦所不原、以其罪罪之、有罪相爲隱、舉重以明輕、舉輕以明重、重法並滿輕法，等等。

由以上列舉各例可以看出，跟秦漢簡牘法律用語一樣，在《唐律疏議》法律用語中，也是以雙音節結構的占絕對優勢，數量最多，而單音節和多音節的都不多，尤其是單音節的更少些。這說明了從秦漢到隋唐，漢語詞彙由單音節向雙音節的發展趨勢更加明顯了。

第四節 《唐律疏議》法律用語的特點

通過對《唐律疏議》中法律用語進行仔細分析，我們認爲它們主要有如下一些特點：

一、雙音節占絕對優勢

前面我們分析了《唐律疏議》中的法律用語音節結構構成情況，通過這些分析可知，在我們所收集的 680 餘個法律用語中，單音節法律用語共約 70 個，約占總數的 10.3%；雙音節法律用語共 440 餘個，約占總數的 64.7%；多音節法律用語共 170 餘個，約占總數的 25%。這些數據充分說明，在《唐律疏議》法律用語中，雙音節結構占了絕對優勢。

二、有不少成對的肯定否定形式詞語

肯定與否定形式相對立的詞語，表達的意思正好相反，但它們又不能稱爲反義詞。因爲反義詞不僅是詞語表示的意思相反，而且還要求音節相等，即字數一樣多。而一對肯否形式的詞語，否定形式總是比肯定形式多出一個否定詞，如"好—不好"。

在《唐律疏議》中，有不少這種成對的肯否形式的法律用語。例如：

1. 合—不合

"合"的意思是應該、應當。如：

(1)【疏】議曰：假有一人，身是皇后小功親，合議減；又父有三品之官，合請減；又身有七品官，合例減。(卷二名例 14 疏議)

(2) 問曰：此條內有毆告大功尊長、小功尊屬者，合以贖論否？(卷三名例 21 疏議問答)

(3) 其於期親以上尊長犯過失殺傷應徒，及故毆凡人至廢疾應流，併合官當。(卷二名例 11 疏議)

(4) "若欺妄而娶"，謂有妻言無，以其矯詐之故，合徒一年半。女家既不知情，依法不坐。(卷十三戶婚 177 疏議)

"不合"的意思是不應該、不應當。如：

(1)【疏】議曰：議、請、減以下人，身有官者，自官當、除、免，不合留官取蔭收贖。(卷二名例 11 疏議)

(2) 答曰：緣坐之法，唯據生存。出養入道，尚不緣坐，既已先死，豈

可到遣除名。理務弘通，告身不合追毀。告身雖不合追毀，亦不得以爲蔭。（卷二名例 18 疏議問答一）

(3)【疏】議曰：常赦所不原者，謂雖會大赦，猶處死及流，若除名、免所居官及移鄉之類。此等既赦所不原，故雖捕首，亦不合免。（卷五名例 38 疏議）

(4) 雖是監臨主司，於法不合行罰及前人不合捶拷，而捶拷者，以鬥殺傷論，至死者加役流。（卷三十斷獄 483）

在《唐律疏議》中，"合"與"不合"都是高頻使用詞語。

2. 得—不得

"得"的意思是"可以、允許"，"不得"的意思是"不可以、不允許"。如：

(1) 其男夫居喪娶妾，合免所居之一官；女子居喪爲妾，得減妻罪三等：並不入"不孝"。（卷一名例 6"七曰不孝"疏議）

(2) 若從坐減、自首減、故失減、公坐相承減，又以議、請、減之類，得累減。（卷二名例 14 疏議）

(3) 其婦人犯夫及義絕者，得以子蔭雖出，亦同。（卷二名例 15）

(4) 即疑獄，法官執見不同者，得爲異議，議不得過三。（卷三十斷獄 502）

(5) 其犯十惡者，死罪不得上請，流罪以下不得減罪，故云"不用此律"。（卷二名例 8 疏議）

(6) 其加役流、反逆緣坐流、子孫犯過失流、不孝流、及會赦猶流者，各不得減贖，除名、配流如法。（卷二名例 11）

(7) 即毆告大功尊長、小功尊屬者，亦不得以蔭論。（卷二名例 15）

在《唐律疏議》中，"得"與"不得"都是高頻使用詞語，"得"的使用頻次更高些。

3. 覺—不覺

"覺"的意思是"察覺、發覺"，"不覺"的意思是"未察覺、未發覺"。如：

(1) "先盜後強"，謂先竊其財，事覺之後，始加威力：如此之例，俱爲"強盜"。（卷十九賊盜 281 疏議）

(2) 若分更當直之時，有賊盜經過所直之處，而宿直者不覺，笞五十。若覺而聽行，自當主司故縱之罪。（卷二十六雜律 406 疏議）

(3) 主司不覺，減二等；知而聽行，與同罪。（卷七衛禁 62）

(4) 其仗衛主司依上例：故縱與同罪，不覺減二等。（卷七衛禁 74 疏議）

(5) 諸緣邊城戍，有外奸內入謂非衆成師旅者，內奸外出，而候望者不覺，

徒一年半；主司，徒一年。（卷八衛禁89）

（6）諸有人從庫藏出，防衛主司應搜檢而不搜檢，笞二十；以故致盜不覺者，減盜者罪二等。若夜持時不覺盜，減三等。（卷十五厩庫210）

通觀全書，"不覺"的使用頻次遠遠高於"覺"。

4. 知（情）—不知（情）

"知情"就是知道實情，"不知情"就是不知道實情。有時簡作"知"和"不知"。這一對肯否形式常常一起使用。如：

（1）主司不覺，減二等；知而聽行，與同罪。（卷七衛禁62）

（2）將領主司知者，與同罪；不知者，各減一等。（卷七衛禁65）

（3）主司及關司知情，各與同罪；不知情者，不坐。（卷八衛禁83）

（4）諸私度有他罪重者，主司知情，以重者論；不知情者，依常律。（卷八衛禁85）

（5）諸增乘驛馬者，一匹徒一年，一匹加一等應乘驛驢而乘馬者減一等。主司知情與同罪，不知情者勿論。（卷十職制127）

在《唐律疏議》中，"知（情）"與"不知（情）"也是使用頻率較高的詞語。

除了以上所舉幾例外，《唐律疏議》中這種成對的肯否形式的詞語還有一些，如"斷—未斷""成—未成"等。限於篇幅，此從略。

三、有許多同素異序詞

所謂"同素異序詞"，是指兩個相同詞素相反詞序構造的、意義相同或相近的雙音詞。這類詞大多屬於並列結構。這類同素反序雙音詞反映了兩個同義語素結合初期的隨意性和不穩定性。① 這類詞出現很早，先秦文獻中已見用例。② 直到今天的現代漢語中，我們仍能見到這樣的詞，比如：演講—講演、辯論—論辯、互相—相互、感情—情感，等等。也有一些詞，在普通話裏沒有跟它對應的異序詞，但在有些方言中却能看到有同素異序詞，比如"熱鬧"，在有的方言裏叫做"鬧熱"。這類詞在古代漢語中稱作"同義複合詞"，一般是由兩個同義詞組合凝固而成。兩個詞的順序可調換，説明在那個時代，由該二詞合成的同義符合詞還處在凝固過程中，還沒有最終定型。只有當其中一個被保留，另一個被捨棄，纔説明該合成詞最終定型了。比如"疾病"

---

① 董志翹：《〈入唐求法巡禮行記〉詞彙研究》，中國社會科學出版社，2000年版。
② 丁勉哉：《同素詞的結構形式和意義的關係》，載《學術月刊》，1957年第2期。伍宗文：《先秦漢語中字序對換的雙音詞》，載《漢語史研究集刊》（第三輯），巴蜀書社，2000年版。

開始也作"病疾"（如《墨子·天志》："人之所不欲者何也？曰：病疾禍祟也。"），"埋葬"開始也作"葬埋"（如《墨子·兼愛》："是故退睹其萬民，饑即食之，寒即衣之，疾病侍養之，死喪葬埋之。"），"人民"開始也作"民人"（如《墨子·所染》："君臣離散，民人流亡。"）；但最終都是保留了前者，淘汰了後者，使各該詞最終定型。

《唐律疏議》中有不少這樣的同素異序詞，其中也包括一些法律用語。例如：

1. 告言—言告

（1）【疏】議曰：已發者，謂已被告言；其依令應三審者，初告亦是發訖。（卷四名例 29 疏議）

（2）即遣人代首，若於法得相容隱者為首及相告言者，各聽如罪人身自首法。緣坐之罪及謀叛以上本服期，雖捕告，俱同自首例。（卷五名例 37）

（3）【疏】議曰：謂犯罪之人，聞有代首、為首及得相容隱者告言，於法雖復合原，追身不赴，不得免罪。（卷五名例 37 疏議）

（4）【疏】議曰：稱"緦麻、小功"，即外姻有服者亦是。其相隱既得減罪，有過不合告言，故雖得實，合杖八十。（卷二十四鬥訟 347 疏議）

（5）又問：蔽匿之事，限內未首及應改正，簿帳未通，乃有非是物主，傍人言告，未知告者得罪以否？（卷四名例 36 疏議問答）

（6）若被人決水入家，放火燒宅之類，家人及親屬言告者，亦不反拷告人。（卷二十九斷獄 478 疏議）

上舉 6 例中，前 4 例用"告言"，後 2 例用"言告"。細玩文意，發現二者在意思上並無明顯區別，都是"揭露、告發；訴訟、控告"之義，這說明構詞順序的不同並未影響其意義的穩定，二者仍是同義詞。不過通觀《唐律疏議》全篇，"告言"的使用頻率還是比"言告"要高得多。

2. 損毀—毀損

（1）諸毀人碑碣及石獸者，徒一年；即毀人廟主者，加一等。其有用功修造之物，而故損毀者，計庸，坐贓論。各令修立。誤損毀者，但令修之，不坐。（卷二十七雜律 443）

（2）"即毀人廟主者，加一等"，徒一年半。"其有用功修造之物"，謂樓、觀、垣、塹之類，而故損毀者，計修造功庸，"坐贓論"。（卷二十七雜律 443 疏議）

（3）至於被人毀損，在法豈宜異制。（卷二十一鬥訟 305 疏議問答）

（4）"亡失"，謂不覺遺落及被盜；"誤毀"，謂誤致毀損，破失文字：各

减二等。(卷二十七杂律 438 疏议)

(5) 若误毁损者，但令修立，不坐。(卷二十七杂律 443 疏议)

上举 5 例中，前 2 例用"损毁"，后 3 例用"毁损"，其实它们在意义上是没有多大差别的，都是"破坏、毁坏；损伤、损坏"之义。可见，构词顺序的不同并未影响其意义的稳定，二者仍是同义词。通观《唐律疏议》全篇，"毁损"的使用频次略多于"损毁"。

3. 配流—流配

(1) 其加役流、反逆缘坐流、子孙犯过失流、不孝流、及会赦犹流者，各不得减赎，除名，配流如法。(卷二名例 11)

(2) 若犯十恶、五流，各依本犯除名及配流，不同此条赎法，故云"不用此律"。(卷二名例 16 疏议)

(3) 答曰：会赦犹流，常赦所不免，虽会赦、降，仍依前除名、配流。(卷二名例 18 疏议问答四)

(4) 即本犯不应流而特配流者，三载以后亦听仕。(卷三名例 24 疏议)

(5) 除名者，免居作。即本罪不应流配而特配者，虽无官品，亦免居作。(卷二名例 11 注)

(6)【疏】议曰：犯五流之人，有官爵者，除名，流配，免居作。"即本罪不应流配而特流配者，虽无官品，亦免居作"，谓有人本犯徒以下，及有荫之人本法不合流配，而责情特流配者，虽是无官之人，亦免居作。(卷二名例 11 疏议)

(7) 诸流配人在道会赦，计行程过限者，不得以赦原。谓从上道日总计，行程有违者。(卷三名例 25)

(8) 若夫、子犯流配者，听随之至配所，免居作。(卷三名例 28)

上举 8 例中，前 4 例用"配流"，后 4 例用"流配"，其实它们在意义上是没有多大差别的，都是"把犯人流放、发配到边远地方"之义。可见，构词顺序的不同并未影响其意义的稳定，二者仍是同义词。通观《唐律疏议》全篇，"配流"的使用频次高于"流配"。

实际上，在《唐律疏议》中，类似这样的同素异序词还有很多，如"知觉—觉知""诈欺—欺诈""倍并—并倍""触犯—犯触""勘检—检勘""放免—免放""陈首—首陈"等，限于篇幅，此从略。详可参曹小云《〈唐律疏议〉词汇研究》第三章。①

---

① 曹小云：《〈唐律疏议〉词汇研究》，安徽大学出版社，2014 年版。

第三章
秦漢簡牘法律文獻與《唐律疏議》律令名比較

秦漢簡牘法律文獻中的律令名，與《唐律疏議》中的律令名，完全相同者不多，但內容有聯繫者却不少。從對兩者的比較中可以窺見其中的繼承和發展關係。

第一節　共同具有的律令名

在秦漢簡牘法律文獻和《唐律疏議》中，存在一些名稱相同的律令名，而且表示的意義也基本相同。

一、共同具有的律名

在秦漢簡牘法律文獻和《唐律疏議》中，相同的律名很少，僅見一《雜律》。

張家山漢簡和《唐律疏議》中均有《雜律》。例如：

■襍律（二年律令 196）

張家山漢簡《雜律》內容見於《二年律令》簡 182—196。

李學勤：雜律內容確較龐雜，例如越院垣、擅賦斂、博戲相奪錢財、有債強質等，均在其列。其中較集中的是奸罪，對強奸、和奸、強略人妻之類都有專條。[1] 王偉：第五部分是《雜律》《置吏律》《行書律》《□市律》《復律》《均輸律》，對其出土位置不能解釋，不能確定各篇在《二年律令》中的

---

[1] 李學勤：《論張家山 247 號墓漢律竹簡》，[日] 大庭修編《漢簡研究的現狀與展望》174—179 頁，關西大學出版部，1993 年 12 月。

位置。① 彭浩等認爲，原《盜律》77—79 號簡是關於假貸公家財物的律文，與《晉書·刑法志》所記《雜律》"假借"的内容相符，應從《盜律》分出，歸於《雜律》；195 號簡從《雜律》中分出，歸入《復律》。②《釋讀本》③（162頁）便從彭説，將 195 號簡歸入《復律》。

《雜律》是中國封建法律篇名之一，專列性質不宜列入其他各篇的法規，故以雜名。

《雜律》亦爲唐律第十篇名。雜，指"班雜不同"，是各式各樣不一致的意思，指不便歸爲一個類型的犯罪行爲。如國忌作樂，私鑄錢幣，城内走馬，負債不償，賭博，錯認良人爲奴婢，侵街巷道路，犯夜，奸罪，私造度量衡器，決堤和度量不公等，皆受相應刑罰。戰國魏李悝《法經》中即有雜法，北周改稱雜犯律，隋稱雜律，唐因之。【疏】議曰：里悝首制《法經》，而有雜法之目。遞相祖習，多歷年所。然至後周，更名雜犯律。隋又去犯，還爲雜律。諸篇罪名，各有條例。此篇拾遺補闕，錯綜成文，班雜不同，故次詐僞之下。共 2 卷 62 條。凡不屬於其他篇的，"拾遺補闕，錯綜成文"，皆入此律。説明《雜律》一篇，内容龐雜。如商品交換、市場管理、錢幣鑄造、借貸、負債、手工業管理、水利管理、城市治安管理等。李悝《法經》6 篇，《雜法》爲第五。秦改稱雜律，後代相沿，至明清律亦有列雜記門。

綜上，唐律繼承和保留了漢律中的《雜律》名稱，且律名含義也相同，當然，這種傳承也不是簡單的照搬。隨着時代向前發展，唐律中的《雜律》與漢律中的《雜律》内容並不完全相同。

二、共同具有的令名

在前期公布的秦漢簡牘法律文獻中，令名很少，未發現有和《唐律疏議》相同的令名；但在後續公布的出土材料《嶽麓秦簡》（陸）中，發現還是有不少的令名。據學者陳松長等研究，僅在《嶽麓秦簡》中就有 20 多種令存在，其中就包括了"祠令"。④ 而《唐律疏議》中也有"祠令"。可見，"祠令"是秦漢簡牘法律文獻和《唐律疏議》共有的令名。

---

① 王偉：《張家山漢簡〈二年律令〉編聯初探——以竹簡出土位置爲綫索》，簡帛研究網 2003 年 12 月 21 日 (http://www.bamboosilk.org/admin3/html/wangwei01.htm)。
② 彭浩：《談〈二年律令〉中幾種律的分類與編連》，《出土文獻研究》第六輯 61—69 頁，上海：上海古籍出版社，2004 年版。
③ 彭浩、陳偉、[日] 工藤元男主編：《二年律令與奏讞書》（張家山二四七號漢墓出土法律文獻釋讀），上海：上海古籍出版社，2007 年版。下不贅釋。
④ 詳參陳松長：《嶽麓秦簡與秦代法制史的研究價值》，光明網，2023 年 6 月 17 日。

祠令，見於《嶽麓秦簡》①，也見於《唐律疏議》。係唐時關於祭祀典制的法令。其祭祀對象有四，一曰天神（稱祀），二曰地祇（稱祭），三曰人鬼（稱享），四曰先聖先師（稱釋奠）。天神包括昊天上帝、五方（東西南北中）上帝及日月星辰等；地祇包括社稷及名山大川等；人鬼包括太廟、先代帝王等；先聖指孔子，先師指顏回，另有齊太公姜尚，亦得釋奠。令文散見於《唐六典》《唐律疏議》《通典》《開元禮》諸書。日本養老時代（717—723）的《神祇令》亦可資參考。另，該令還見於日本學者仁井田陞輯錄的《唐令拾遺》。

《唐律疏議》中用例如：

（1）【疏】議曰：大祀者，依祠令："昊天上帝、五方上帝、皇地祇、神州、宗廟等為大祀。"（卷一名例 6 "六曰大不敬" 疏議）

（2）【疏】議曰：依祠令："在天稱祀，在地為祭，宗廟名享。"（卷九職制 98 疏議）（參見《唐令拾遺》祠令第 1 條）

（3）【疏】議曰："棄毀大祀神御之物。"祠令："天地、宗廟、神州等為大祀。"（卷二十七雜律 435 疏議）

第二節　名稱相似、內容相關的律令名

在秦漢簡牘法律文獻和《唐律疏議》中，有些律令名雖然並不完全相同，但它們在內容上明顯存在著不少的相同或相關之處，具有一脈相承的關係。

一、名稱相似、內容相關的律名

在秦漢簡牘法律文獻和《唐律疏議》中，內容上存在著相同或相關之處、具有傳承關係的律名，共有七組。

（一）秦漢簡牘中的《魏戶律》《戶律》與《唐律疏議》中的《戶婚律》

睡虎地秦簡中的《魏戶律》見於《為吏之道》簡 16 伍－21 伍。《魏戶律》，戰國時魏國魏安釐王二十五年（前 252）頒布的法規。原文早已失傳，1975 年，在湖北省雲夢縣秦墓出土的秦代竹簡中發現。《睡虎地秦墓竹簡》在其《為吏之道》的末尾，附抄了兩條魏國法律，其中之一是 "魏戶律"，主要內容是嚴格限制假門（即賈門，商賈之家）、逆旅（客店；旅，通 "旅"）、

---

① 由於條件有限，筆者對後期公布的《嶽麓秦簡》材料關注不及時，故不能詳述其具體簡文及簡號。詳情可參《嶽麓秦簡》（肆）（伍）（陸）及陳松長《嶽麓秦簡與秦代法制史的研究價值》等文。

贅婿（因家貧而入贅者）、後父（招贅於有子之寡婦者），禁止他們單獨定居，不分給他們土地房屋，三世之內不准做官等。這條法律對秦漢法律具有重要影響，如商鞅有"廢逆旅"的法令。

張家山漢簡中的《戶律》見於《二年律令》簡305—346。《釋讀本》（215頁）：《戶律》包括編戶組織、田宅授予標準與轉移、戶籍管理等內容。《戶律》是中國古代有關戶籍管理、婚姻家庭和財產繼承方面的法律。據記載，戶籍管理的規定早在戰國時就已出現了，《史記·秦始皇本紀》："獻公十年（前375），爲戶籍相伍"。《商君書·境內》："大夫女子皆有名於上，生者著，死者削。"秦律還有關於戶籍遷移的規定。漢律戶律是漢高祖時頒行的有關戶籍、賦役的法律，由丞相蕭何參考秦代法律制定，爲《九章律》中的一章，原文已失傳。張家山漢簡《二年律令》的發現，使亡佚已久的漢律得以重現，這不僅使秦漢律的對比研究成爲可能，而且它是系統研究漢、唐律的關係及其對中國古代法律影響的最直接的資料。其中的《戶律》多達20餘條，占42枚竹簡，內容非常豐富，能基本反映出漢律《戶律》的概貌。漢時，勞動力名數和財產的登記制度皆依據戶律。

北齊以後，戶律以婚事附之，又稱"戶婚律"。隋唐循而未改。

《戶婚律》，唐律第四篇篇名。戶，戶口；婚，婚姻。唐律之《戶婚律》分上中下三篇。上篇是嚴禁戶口逃脫法；中篇是禁止諸戶占田過限和盜種公私田的法律；下篇是有關家族尊卑的法律，大抵依仿漢制。【疏】議曰："戶婚律者，漢相蕭何承秦六篇律後，加厩、興、戶三篇，爲九章之律。迄至後周，皆《名戶律》。北齊以婚事附之，名爲《婚戶律》。隋開皇以戶在婚前，改爲《戶婚律》。既論職司事訖，即戶口、婚姻，故次職制之下。"可見，《戶婚律》是有關婚姻家庭的立法。漢《九章律》（見漢代法規）以戶律規定婚姻、戶籍、賦稅等。三國、兩晉、南北朝，上承漢制而有所增減，魏律（見三國法規）、晉律（見晉代法規）中均有戶律。北齊律以婚事附於戶，改稱婚戶律；北周律則分列婚姻、戶禁兩篇（見北朝法規）。南朝諸國基本上沿用晉律。隋（《開皇律》）將婚戶合而爲一，名《戶婚律》。《大業律》再次分爲戶律和婚律（見隋代法規）。到了唐代，中國封建社會的婚姻立法臻於完備。現存的《永徽律》（見唐代法規）名因隋《開皇律》以《戶婚》爲第四篇，計3卷46條，不僅是以後各代婚姻立法的藍本，而且遠播域外，對周圍一些國家也有相當的影響。

唐律《戶婚律》主要內容是關於戶籍、土地、賦役、婚姻、家庭等，以保證國家賦役來源和維護封建婚姻家庭關係。唐律全面確認和維護封建包辦買賣婚姻，對主婚權、禁婚條件、結婚程式、違律嫁娶等都作了具體規定，規定尊長可爲卑幼包辦婚姻，卑幼不從者杖一百；父母也可强迫守寡之女改嫁。户婚律還對婚姻作種種限制，嚴禁同姓爲婚，嚴禁良賤通婚。在夫妻關係方面，明確規定納妾合法，離婚以"七出"和義絶作爲條件。在家庭關係方面，確認家長的絶對地位，强制家族中卑幼執行對尊長"有罪相爲隱"的原則，使封建法治和禮治統一起來，通過鞏固封建尊長的統治地位，進而穩定封建的社會秩序。

由上比較可知，秦漢簡牘中的《魏户律》《户律》與《唐律疏議》中的《户婚律》在内容上是有聯繫的，其中都涉及户籍、土地、賦役等方面的法律規定；不同之處是，唐律中增加了有關婚姻、家庭關係等方面的内容。這從一個方面説明唐律對秦漢律既有傳承又有發展。

（二）睡虎地秦簡中的《廄苑律》與《唐律疏議》中的《廄庫律》

睡虎地秦簡中的《廄苑律》見於《秦律十八种》簡14—20，其中第20簡律名殘泐不識，但根據其內容分析應屬《廄苑律》。《廄苑律》内容爲管理、飼養牲畜的廄圈和苑囿的法律條文，簡文也稱爲《廄律》。漢《九章律》有《廄律》，爲漢高祖時相國蕭何所定。在古代，牲畜既是重要的生産資料，又是重要的戰爭工具和祭祀用品，統治者對牲畜的飼養、管理和使用非常重視。《九章律》早佚，但從《漢書·刑法志》關於蕭何"摭秦法，取其宜於時者"而制定《九章律》的記載看，可知漢代《廄律》的内容與秦《廄律》相去不遠。漢武帝時，爲適應對匈奴用兵的需要，鼓勵馬匹繁殖，曾修《馬復令》，規定民養馬可以減免徭賦。此外，漢律以重刑懲治盜竊牛馬的犯罪，規定"盜馬者死，盜牛者枷"，知情不舉發也要受懲治。漢以後，《魏律》十八篇未設廄律。《晉律》二十篇有《廄牧律》。自宋及梁，法典篇名復稱《廄律》。後魏太和中更名《牧産律》，至正始年復名《廄牧律》，北齊、後周未再更改。隋《開皇律》把庫律同廄律合併起來更名爲《廄庫律》，後爲唐、宋律所沿用。

《唐律疏議》有《廄庫律》，爲唐律第五篇名。即關於官署牲畜飼養使用、倉庫管理、官物保管的刑法。廄，飼養牲畜的棚圈；庫，儲存武器財物的房舍。【疏】議曰："廄庫律者，漢制九章，創加廄律。魏以廄事散入諸篇。晉以牧事合之，名爲廄牧律。自宋及梁，復名廄律。後魏太和年名牧産律，至正始年復名廄牧律。歷北齊、後周，更無改作。隋開皇以庫事附之，更名《廄庫律》。廄者，鳩聚也，馬牛之所聚；庫者，舍也，兵甲財帛之所藏，故齊魯謂庫爲舍。户事既終，廄庫爲次，故在户婚之下。"共1卷28條。主要內容是關於飼養牲畜、庫藏管理，保護官有資財不受侵犯等。即關於官署牲畜飼養使用、倉庫管理、官物保管的刑法。如牧養官家畜產死失、課數不足，乘官畜私馱物，官馬不調習（訓練），故殺官私牛馬；主管倉庫失盜，假借官物不還，主管貸用官物及以官物借人等，皆處以相應刑罰。北魏名《厩牧》，隋更名《厩庫》，唐因之。

由上比較可知，睡虎地秦簡中的《厩苑律》與《唐律疏議》中的《厩庫律》在內容上是有聯繫的，其中都涉及官署牲畜的飼養使用及管理等方面的法律規定；不同之處是，唐律中增加了有關倉庫管理、官物保管等方面的內容。這從一個方面說明唐律對秦漢律既有傳承又有發展。

（三）秦漢簡牘中的《興律》與《唐律疏議》中的《擅興律》

王偉指出：睡虎地秦簡《秦律十八種》中的簡 115 應標點爲："御中發徵，乏弗行，貲二甲；失期三日到五日，誶；六日到旬，貲一盾；過旬，貲一甲；其得殹（也）及詣水雨，除。興"。"興"是簡 115 所屬律篇的篇名。"其得殹（也）及詣水雨，除"的意思是：爲朝廷徵發徭役"乏弗行"和"失期"的地方官吏，如果能夠捕獲服役者或者是因遇水雨而導致"乏弗行"和"失期"，就可以免罪。這樣解釋，簡 115 的文義脈絡清晰。"御中發徵，乏弗行，貲二甲；失期三日到五日，誶；六日到旬，貲一盾；過旬，貲一甲"，是對違法官吏根據不同情況而加以處罰的規定。"其得殹（也）及詣水雨，除"，則是針對兩種特殊情況的免罪規定。

綜上所述，簡 115 是迄今爲止我們所見到的唯一一條秦《興律》。《秦律十八種》一篇實際上至少包括十九種秦律，其篇題應改爲《秦律十九種》。[①] 即，《興律》實已見於睡虎地秦簡，當作：

興（秦律十八種 115）

又見於張家山漢簡簡 396—406，例如：

■興律（二年律令 406）

李學勤認爲，張家山漢簡中的《興律》是針對當成、當奔命、已徭及車牛當徭使而不盡義務，和守隧不負責任的人。[②]

《擅興律》，唐律第六篇名。擅，擅權，如越權發兵；興，興造、營造、修繕工程等。《擅興律》是中國古代法典中關於懲治擅自興兵和營造方面的法律。漢《九章律》始創《興律》。魏附以擅事，名爲《擅興律》。晉又去"擅"

---

① 王偉：《〈秦律十八種・徭律〉應析出一條〈興律〉說》，《文物》2005 年第 10 期。
② 李學勤：《論張家山 247 號墓漢律竹簡》，載《當代學者自選文庫・李學勤卷》，安徽教育出版社 1999 年版。

改爲《興律》。北齊稱《興擅律》。隋《開皇律》變爲《擅興律》。唐沿隋律名，共1卷24條。唐律《擅興律》是關於軍隊的調發、軍事物資的供應、兵丁徵調、將校作戰違犯軍律等，以及營繕、興造的奏請和徭役徵調方面的法律。其主要內容是關於兵士徵集、軍隊調動、將帥職守、軍需供應、擅自興建和徵發徭役等，以確保軍權掌握在皇帝手中，並控制勞役徵發，緩和社會矛盾等。【疏】議曰："擅興律者，漢相蕭何創爲《興律》。魏以擅事附之，名爲《擅興律》。晉復去擅爲興。又至高齊，改爲《興擅律》。隋開皇改爲《擅興律》。雖題目增損，隨時沿革，原其旨趣，意義不殊。大事在於軍戎，設法須爲重防。厩庫足訖，須備不虞，故此論兵次於厩庫之下。"

由上比較可知，秦漢簡牘中的《興律》與《唐律疏議》中的《擅興律》在內容上是有聯繫的，其中都涉及戍守及徵發徭役等方面的法律規定；不同之處是，唐律中增加了有關擅權發兵、擅自興建等方面的內容。這從一個方面說明唐律對秦漢律既有傳承又有發展。

（四）張家山漢簡中的《賊律》《盜律》與《唐律疏議》中的《賊盜律》

張家山漢簡中的《賊律》見於《二年律令》簡1—54。《晉書·刑法志》引張斐《律表》："無變斬擊謂之賊。"漢代《賊律》源於戰國時期李悝編訂的《法經》中的《賊法》。《法經》有六法，其中《盜法》居首，《賊法》第二。"殺人不忌爲賊"，指的是犯上作亂和對他人人身侵犯，是有關危及政權穩定和人身安全的法律。秦改法爲律，《賊律》在法律體系中的位置未變。《唐律疏議》卷一《名例》疏議："周衰刑重，戰國異制，魏文侯師於里悝，集諸國刑典，造《法經》六篇。一盜法，二賊法，三囚法，四捕法，五雜法，六具法。商鞅傳授，改法爲律，漢相蕭何，更加悝所造《戶》《興》《厩》三篇，謂《九章之律》。"沈家本《歷代刑法考·漢律摭遺卷三》："據此諸說，是殺人也，傷害也，害也，皆爲賊。"其大致包括大逆無道（謀反大逆）、欺謾、詐僞、踰封、矯制、賊伐樹木、殺傷人畜產、諸亡印、盜章等律目。

張家山漢簡中的《盜律》見於《二年律令》簡55—81。《晉書·刑法志》中對盜的解釋爲：取非其物謂之盜。《盜律》是保護封建私有財產的法律。用白話文表述爲：危害國家安全、危害他人及財產安全的法律。爲李悝所著《法經》六篇之一。李悝認爲：王者之政莫急於盜賊，故其律始於《盜》《賊》。睡虎地秦簡雖無《盜律》名目，但涉及"盜"及相應的處罰規定，却透露出《盜律》的切實存在。漢承秦制，張家山漢簡中有明確的《盜律》名目，更是驗證了秦律存在。其中漢律與秦律相互對照，可以看出沿襲的痕跡。秦漢至北朝後魏，法典中都有"賊律""盜律"，北齊遂合"賊律"，"盜律"

爲"賊盜律"，隋、唐沿襲不改。

《賊盜律》，唐律第七篇名。賊指謀反及殺人，盜指偷竊財物。如謀反，謀叛、部曲奴婢謀殺主人，謀殺人，劫獄，造畜蠱毒，造妖書妖言；盜供神物，盜御寶，發冢，强盜，竊盜；略誘人及略賣人等，各處以相應刑罰。該律是關於懲治反叛、大逆、殺人、劫盜等犯罪方面的法律。李悝首創《法經》六篇就有《盜法》《賊法》兩篇，秦更法爲律稱《盜律》《賊律》，漢至北魏不改。北齊將兩篇合併爲《賊盜律》，北周爲《劫盜律》，複有《賊叛律》。隋《開皇律》合爲《賊盜律》。唐沿此名，共 4 卷 54 條。主要内容是關於嚴刑鎮壓蓄意推翻封建政權，打擊其他嚴重犯罪，保護公私財產不受侵犯等。【疏】議曰：賊盜律者，魏文侯時，里悝首制《法經》，有盜法、賊法，以爲法之篇目。自秦漢逮至後魏，皆名《賊律》《盜律》。北齊合爲《賊盜律》。後周爲《劫盜律》，復有《賊叛律》。隋開皇合爲《賊盜律》，至今不改。前禁擅發兵馬，此須防止賊盜，故次擅興之下。

由上比較可知，秦漢簡牘中的《賊律》《盜律》與《唐律疏議》中的《賊盜律》在内容上是有聯繫的，主要體現在：唐律將秦漢律《賊律》《盜律》合二爲一，即《賊盜律》。當然，這種合併並非簡單相加，其具體内容也不完全相同。這從一個方面說明唐律對秦漢律既有傳承又有發展。

（五）秦漢簡牘中的《捕盜律》《捕律》《亡律》與《唐律疏議》中的《捕亡律》

睡虎地秦簡中的《捕盜律》見於《秦律雜抄》簡 38－39，是關於緝捕盜賊的單行法律。其中規定：命求盜從事其職務以外的事，貲二甲；將所捕的人轉交他人，借以騙取爵位者，處以耐刑。據《晉書·刑法志》及《唐六典》注，李悝、商鞅所制訂的法律中都有"捕法"，此處《捕盜律》可能與之有關。

張家山漢簡中的《捕律》見於《二年律令》簡 137－156。周波：《捕律》的頒行年代可能在吕后二年七月以後。① 睡虎地秦簡《秦律雜抄》中有《捕盜律》，《法律答問》中也有關於捕事的法律疑難問題解答。張家山漢簡《二年律令》的《捕律》有 10 條，李學勤先生認爲，這些條文説明了"捕得輕重罪人的各等獎金，以及追捕罪人的組織方式、獎懲辦法"。② 其他簡牘資料也發

---

① 周波：《從三種律文的頒行年代談〈二年律令〉的"二年"問題》，《二年律令錢、田、□市、賜、金布、秩律諸篇集釋》，武漢大學碩士學位論文，2005 年 5 月。
② 李學勤：《論張家山 247 號墓漢律竹簡》，載《當代學者自選文庫·李學勤卷》，安徽教育出版社 1999 年版。

現有漢《捕律》條文，如居延漢簡《合校》395.11和敦煌漢簡983。這些顯然都是戰國時期李悝所編《法經》中《捕法》的遺制。秦漢時期《捕律》主要從兩方面對"捕"事加以規範：一是禁止性的規範，主要針對"應捕人"明文規定若干罪名，並設置相應的刑罰，這一點與唐律《捕亡律》極爲相似；二是鼓勵性的規範，主要針對"非應捕人"設置相關賞格。①

張家山漢簡中的《亡律》見於《二年律令》簡157—173。《釋讀本》（153頁）：《亡律》是對非法脱離户籍管轄的吏民、私自脱離主人的奴婢、脱逃的刑徒和隱匿逃亡者的處罰規定。《奏讞書》中有多起逃亡案例，是《亡律》實施的部分記載。在睡虎地秦墓竹簡中也有與"亡"相關的内容。張家山漢簡《二年律令》中有《亡律》簡一共16枚，它是張家山漢簡中所抄録的27種律名中的一種。睡虎地秦簡的《封診式》和《法律答問》中雖多有關於秦代逃亡的記載，但在正式的律文中尚没有正式署名的《亡律》和相關的法律條文，因此，有學者曾指出：秦代逃亡罪名及相應刑罰的設立雖由來已久，但仍没有充分的資料證明其時已出現了單篇的《亡律》。因此，就目前掌握的資料來看，漢《亡律》屬首次發現。2015年12月出版的《嶽麓書院藏秦簡》（肆）中收録了一組與逃亡有關的法律條文，這組簡共有106枚，簡長均爲29.5釐米，三道編繩，大致是兩位書手所抄寫，其中第1991號簡的簡背上部清晰地題寫了"亡律"二字，因此，我們根據其簡的形制和内容來判斷，這一組簡就是秦代法律文本中的《亡律》簡。嶽麓秦簡《亡律》可與張家山漢簡《亡律》的相同内容互相補充，在這種内容互補的比較中，既可瞭解秦漢律令一脈相承的基本屬性，又可尋繹秦漢律文的細微差異，很有助於我們對秦漢法律文本的深入解讀。②

有逃亡就有逮捕，因此後世《捕亡律》由《捕律》和《亡律》兩章組成，如《唐律疏議》中即有《捕亡律》。

《捕亡律》，唐律第十一篇名。捕，捕繫，逮捕監禁；亡，逃亡，逃脱。《捕亡律》即關於追捕逃犯及逃亡軍士、工匠的刑法。如將吏不及時追捕逃犯，罪犯持杖拒捕，道路行人不助捕逃犯，從軍逃亡，宿衛士逃亡，丁夫雜匠逃亡，官户奴婢逃亡，浮浪外地不歸，知情藏匿罪人等，皆受相應刑罰。
【疏】議曰："捕亡律者，魏文侯之時，里悝制《法經》六篇，《捕法》第四。至後魏，名《捕亡律》，北齊名《捕斷律》，後周名《逃捕律》，隋復名《捕亡

---

① 閆曉君：《秦漢時期的捕律》，《華東政法大學學報》2009年第2期。
② 陳松長：《嶽麓秦簡〈亡律〉初論》，"中研院"史語所《古文字與古代史》（第五輯），2017年4月。

律》。然此篇以上，質定刑名，若有逃亡，恐其滋蔓，故須捕繫，以實疏網，故次雜律之下。"唐因隋名，共1卷18條。主要內容是關於追捕逃犯和兵士、丁役、官奴婢逃亡，以保證封建國家兵役和徭役徵發和社會安全等。

由上比較可知，秦漢簡牘中的《捕盜律》《捕律》《亡律》與《唐律疏議》中的《捕亡律》在內容上是有聯繫的，主要體現在：唐律將秦漢律《捕律》《亡律》合二為一，即《捕亡律》。當然，這種合併並非簡單相加，其具體內容也不完全相同。這從一個方面說明唐律對秦漢律既有傳承又有發展。

二、名稱相似、內容相關的令名

在秦漢簡牘法律文獻和《唐律疏議》中，內容有關的令名並不多，僅見一組，即敦煌懸泉漢簡中的《廄令》與《唐律疏議》中的《廄牧令》。

《廄令》見於懸泉漢簡。例如：

（1）馬以節，若使用傳信、及將兵吏邊言變□以驚聞，獻□寫駕者匹將以……以除候，其以教令及……孝武皇帝元鼎六年九月辛巳下，凡六百一十一字。廄令。(87—89C：9)

《廄令》是有關廄苑養馬及傳置的律令。另，漢代主管馬廄與車輛的官吏亦稱"廄令"。睡虎地秦簡中有"廄苑律"，漢《九章律》有《廄律》，內容應有關聯。敦煌懸泉漢簡記有兩條"廄令"，其中一條在簡文之後冠以"廄令"之名，內容都與馬政有關，其中的文本形式恰好可以反映漢代"令"與"律"之間的轉化關係。

《廄牧令》是唐時關於官家牲畜管理的法令。牲畜包括象、馬、駝、牛、騾、羊等。對牲畜的飼養、繁殖、死耗、使用等有詳細的規定。令文散見於《唐六典》《唐律疏議》諸書。日本養老時代的《廄牧令》亦可資參考。另，該令還見於日本學者仁井田陞輯錄的《唐令拾遺》。[①]

《唐律疏議》中用例如：

（1）依《廄牧令》："乘官畜產，非理致死者，備償。"（卷十職制128疏議）

（2）【疏】議曰：《廄牧令》："諸牧雜畜死耗者，每年率一百頭論，駝除七頭，騾除六頭，馬、牛、驢、羖羊除十，白羊除十五。從外蕃新來者，馬、牛、驢、羖羊皆聽除二十，第二年除十五；駝除十四，第二年除十；騾除十二，第二年除九；白羊除二十五，第二年除二十；第三年皆與舊同。"（卷十

---

① 根據匿名評審專家意見：其實包括"廄牧令"在內的諸多唐令在北宋《天聖令》中以"右令不行"的方式，部分存在。

五廄庫 196 疏議)

（3）【疏】議曰：依《廄牧令》："府內官馬及傳送馬驢，每年皆刺史、折衝、果毅等檢揀。其有老病不堪乘用者，府內官馬更對州官揀定，京兆府管內送尚書省揀，隨便貨賣。"（卷十五廄庫 197 疏議）

（4）【疏】議曰：依《廄牧令》："官畜在道，有羸病不堪前進者，留付隨近州縣養飼療救，粟草及藥官給。"（卷十五廄庫 198 疏議）

（5）【疏】議曰："應給傳送"，依《廄牧令》："官爵一品，給馬八匹；嗣王、郡王及二品以上，給馬六匹。"（卷二十六雜律 408 疏議）

由上比較可知，敦煌懸泉漢簡中的《廄令》與《唐律疏議》中的《廄牧令》在內容上存在聯繫：《廄令》是漢時有關廄苑養馬及傳置的律令，因出土材料可能不全，不能反映全貌，不知除馬之外還是否涉及其他牲畜；《廄牧令》是唐時關於官家牲畜管理的法令，牲畜包括象、馬、駝、牛、騾、羊等，其中包括了馬，而且馬也應該是其中最重要的牲畜。總之，該兩種令之間的聯繫和傳承關係是不可否認的。

第三節　各自獨有的律令名

各自獨有的律令名，指名稱不相同者。秦漢簡牘法律文獻中有很多的律名和個別令名，不見於《唐律疏議》中；同樣，《唐律疏議》中也有幾個律名和不少令名，不見於秦漢簡牘法律文獻中。

一、秦漢簡牘法律文獻獨有的律令名[①]

秦漢簡牘法律文獻獨有的律令名，也包括個別式名，如睡虎地秦簡法律文獻中有"封診式"。

（一）秦漢簡牘法律文獻獨有的律名

在秦漢簡牘法律文獻中，有下列一些律名不見於《唐律疏議》：

1. 田律

見於睡虎地秦簡，例如：

田律（秦律十八種 3/7/9/10/12）

---

① 這裏所說的"獨有"，不是說除了秦漢簡牘法律文獻外，其他時代法律文獻中沒有，而是說不見於《唐律疏議》中。因爲這裏比較的對象僅是這兩種法律文獻，並不涉及其他法律文獻，未將其他法律文獻納入比較之中；否則超出比較範圍來理解，就會犯許多歷史性錯誤，不合史實。後文提到的"新增"也是如此。下同，後不贅釋。

又見於嶽麓秦簡，例如：

田律曰：黔首居田舍者，毋敢（酤）酒。有不從令者遷之。田嗇夫、工吏、吏部弗得，貲二甲。（律令雜抄·田律0993）

又見於張家山漢簡，例如：

■田律（二年律令257）

又見於旱灘坡東漢木簡，例如：

……吏金二兩，在田律。民作原蠶，罰金二兩，令在乙第廿三（旱灘坡東漢木簡6）

睡虎地秦簡中的《田律》，主要是關於農田生產以及田獵等方面的律文。其内容有限令及時彙報雨量及旱澇風蟲災害，保護林木及幼齡鳥獸魚鱉，繳納飼草禾藁數量及手續，發放駕車馬牛飼料糧食以及禁止百姓賣酒等。張家山漢簡中的《田律》，李均明認爲是關於田畝、交納芻藁租賦及保護山林的法律。① 而嶽麓秦簡和旱灘坡東漢木簡中的《田律》，僅見片言隻語，具體内容不詳，但與睡虎地秦簡及張家山漢簡中的《田律》應是同類。

2. 倉律

見於睡虎地秦簡，又簡作"倉"。例如：

（1）倉（秦律十八種 27/28/30/33/34/36/37/39/40/42/43/44/45/46/52/53/54/56/58/59/60/62/63）

（2）倉律（秦律十八種 47/48）

《倉律》關於糧草倉的法律。《秦律十八種》中有關《倉律》的内容較多，共計26條。律文中包括了穀物入倉、發放的登記及管理等，是關於糧草、種子貯存、發放和各類人員及牲畜用糧標準的單行法律。其中對糧草的存放、保管制度和獎懲辦法有詳細規定，還對因公出差口糧發放的辦法、驛傳用馬飼料供應的標準等做出明確的規定。

3. 金布律

見於睡虎地秦簡，例如：

金布律（秦律十八種 71/75/76）

又簡稱作"金布"。見於睡虎地秦簡，例如：

金布（秦律十八種 65/66/67/68/69/71/79/81/85）

又見於張家山漢簡，例如：

■金布律（二年律令439）

---

① 李均明：《中國古代法典的重大發現——談江陵張家山247號漢墓出土〈二年律令〉簡》，《中國文物報》2002年5月3日第7版。

睡虎地秦墓竹簡整理小組指出，《金布律》是關於貨幣、財物方面的法律。因古代金與布有段時間都是貨幣，故得名。秦代金布律內容廣泛，規定布帛規格長八尺寬二尺五寸，錢十一當一布。其出入錢依黃金和布計價折算；市場買賣，官吏和商賈均不得選擇錢、布好壞。值得注意的是，在《秦律十八種·金布律》中對於當時市面上流通的錢幣品質並未特別要求，如"錢善不善，雜實之。出錢，獻封丞、令，乃發用之。百姓市用錢，美惡雜之，勿敢異。金布。"（第 64—65 簡）漢承秦法，《二年律令·錢律》亦有相應的律文："錢徑十分寸八以上，雖缺鑠，文章頗可智（知），而非殊折及鉛錢也，皆爲行錢。金不青赤者，爲行金。敢擇不取行錢、金者，罰金四兩。"（第 197—198 簡）

此外，還有關於以布帛做爲貨幣的標準，如"布袤八尺，福（幅）廣二尺五寸。布惡，其廣袤不如式者，不行。金布。"（第 67 簡）以及當時錢、布換算的比例"錢十一當一布。其出入錢以當金、布，以律。"（第 67 簡）這些資料對於瞭解秦時的貨幣制度及物價可以説是極爲重要。漢代《金布律》，或《稱金布令》，《漢書·蕭望之傳》注："金布者，令篇名也，其上有府庫金錢布帛之事，因以名篇。"《晉書·刑法志》："《金布律》有毀傷亡失縣官財物……《金布律》有罰贖入責以呈黃金爲價。"①

李學勤認爲，張家山漢簡中的金布律有稟衣用布、當食縣官馬牛的飼料供應標準，律文提到官府爲缿受錢，加以上面説的稟衣用布，説明了律名"金布"的來由。② 李均明認爲是關於會計出納的法律。③

4. 關市律

見於睡虎地秦簡，簡作"關市"。例如：

關市（秦律十八種 97）

又見於嶽麓秦簡，例如：

關市律曰：縣官有賣買也，必令令史監，不從令者，貲一甲。（律令雜抄·關市律 1265）

關市，官名，見《韓非子·外儲説左上》，管理關和市的稅收等事務。《通鑑·周紀四》胡注認爲關市即《周禮》的司關、司市，"戰國之時合爲一官"。《秦律十八種》97："爲作務及官府市，受錢必輒入其錢缿中，令市者見其入，不從令者貲一甲。"睡虎地秦簡中僅見此一條律文，此處《關市律》係

---

① 睡虎地秦墓竹簡整理小組編著：《睡虎地秦墓竹簡》釋文，文物出版社 1990 年版，第 36 頁。
② 李學勤：《論張家山 247 號墓漢律竹簡》。
③ 李均明：《中國古代法典的重大發現——談江陵張家山 247 號漢墓出土〈二年律令〉簡》。

關於關市職務的法律，是關於關、市稅收和管理的單行法律。

5. 工律

見於睡虎地秦簡，又簡作"工"。例如：

(1) 工律（秦律十八種 98/99/100/101）

(2) 工（秦律十八種 103）

《工律》關於官營手工業產品規格、損壞賠償等內容的法律。按照工律的規定，生產的產品必須統一規格，"為器同物者，其小大、短長、廣亦必等"。秦代即有工律。漢代對手工業生產的管理基本上沿襲秦制。

6. 工人程律

見於睡虎地秦簡，簡作"工人程"。例如：

工人程（秦律十八種 108/109/110）

人程，即員程，《漢書・尹翁歸傳》："責以員程不得取代，不中程輒笞督。"顏師古注："員，數也，計其人及日數為功程。"楊樹達《漢書窺管》卷八："員程謂定數之程課，如每日斫菆若干石之類。"秦簡《為吏之道》也有"員程"。漢代亦有類似法律，亦稱為"員程"。工人程，關於官營手工業生產定額的法律規定，與工律、均工律並列為管理官營手工業的法律。

7. 均工律

見於睡虎地秦簡，又簡作"均"。例如：

(1) 均工（秦律十八種 112/114）

(2) 均（秦律十八種 113）

均，《周禮・內宰》注："猶調度也。"均工，關於調度手工業勞動者的法律規定。《秦律十八種》中均工律共三條，僅有兩條有律文，另一條則只有標題而無內容。其中對新工、故工（熟練工）的訓練期限和獎懲有具體規定。

8. 繇（徭）律

見於睡虎地秦簡，例如：

繇（徭）律（秦律十八種 124）

又見於張家山漢簡，例如：

■繇（徭）律（二年律令 417）

《徭律》是關於徭役的法律。徭役是封建國家強迫人民（主要是農民）從事的無償勞役，是封建剝削的一種重要形式。《秦律十八種》中《徭律》規定，逃避徭役者處以重刑，並連及鄰伍和里典。對徭役的徵發、管理、使用、懲罰等，都有嚴格的規定：為朝廷徵發徭役，不許耽擱，必須立即應徵。官吏拖延徵發，赴徭失期，都要受法律制裁。《漢書・昭帝紀》顏師古注引如淳曰："天下人皆直戍邊三日，亦名爲更，律所謂繇戍也。"

9. 司空律

見於睡虎地秦簡，簡稱"司空"，又簡作"司"。例如：

(1) 司空（秦律十八種 125/127/129/130/132/142/143/144146/149/150/152）

(2) 司（秦律十八種 140）

《司空》關於司空職務的法律。司空，官名，金文稱司工。西周始置，爲六卿之一，即《周禮》中六官之一的冬官大司空，掌管工程建築等事。春秋戰國時，各國多沿置，後世工部尚書別稱司空。秦時工程多用刑徒，司空後逐漸成爲主管刑徒的官名，《漢書・百官表》注引如淳云："律，司空主水及罪人。賈誼曰：'輸之司空，編之徒官。'"《秦律十八種》律文中"司空"多指"縣司空"。內容分別包括工程建設（第 125－132 簡）及刑徒管理兩方面（第 133－152 簡）的法律規定。前者針對築牆的範本、橫木等建築材料的損耗，借用官府牛車損害的賠償、車輛修繕、書寫材料的搜集與儲存都有詳細規定；後者針對刑徒以勞役抵償債務、口糧發放、服裝、刑具佩帶、贖免等方面都有規定。反映出秦國對城池建築、車輛馬牛的管理、囚徒服城旦舂勞役的整體管理的規定都較詳細。

10. 軍爵律

見於睡虎地秦簡，又簡作"軍爵"。例如：

(1) 軍爵律（秦律十八種 154）

(2) 軍爵（秦律十八種 156）

"軍爵"一詞見於《商君書・境內》。《軍爵律》是中國古代軍事法律之一，是關於軍功與爵秩方面的法律規定，始見於戰國時期秦國，爲商鞅制定的諸法之一。秦商鞅變法的重要內容之一就是廢除"世卿世祿"制，實行以軍功授爵。秦代有所沿用。從《睡虎地秦墓竹簡》及其他史料中可知，《軍爵律》的內容大概有：關於確定二十等爵位的規定；關於以斬首與輸粟作爲授爵根據的規定；關於依爵級享受不同待遇的規定；關於爵位授與、剝奪及以爵抵罪的規定。《睡虎地秦墓竹簡》中的《軍爵律》不是《軍爵律》的全部，僅有兩方面規定：(1) 關於有軍功爵者死亡及犯罪後是否應授予爵位和賞賜問題；(2) 以軍功爵贖免本人及親屬的隸臣妾身份的標準和辦法問題。

11. 置吏律

見於睡虎地秦簡。例如：

置吏律（秦律十八種 158/160/161）

又見於張家山漢簡，例如：

置吏律（二年律令 224）

《置吏律》關於任用官吏的法律。睡虎地秦簡《秦律十八種》中《置吏律》規定了每年集中任免官吏的時間、前後任官吏接交手續以及禁止帶走原官府的官佐到新官府任職等內容。還規定官吏缺員時選用代理官吏的條件和原則。與秦律相似，漢律亦有關於薦舉和任用官吏的法律規定，張家山漢簡《二年律令》中的《置吏律》內容更加豐富，還規定了保舉人的連帶責任、官吏的廉潔、官吏乘傳的級別、告假日數、上書的程序等方面的要求，以及諸侯、徹侯等享受的特權等事項。

12. 效律

見於睡虎地秦簡，又簡作"效"。例如：

（1）效（秦律十八種 163/166/167/170/173/176/177/178）

（2）效律（效律1）

又見於張家山漢簡，例如：

■效律（二年律令 353）

《效律》關於核驗官府物資財產的法律。睡虎地秦簡中的《效律》規定了對核驗縣和都官物資帳目作了詳細規定，律中對兵器、鎧甲、皮革等軍備物資的管理尤爲嚴格，也對度量衡的制式、誤差做了明確規定。張家山漢簡《二年律令》中的效律還有關於官吏被免職或調任等方面的規定。

13. 傳食律

見於睡虎地秦簡，例如：

傳食律（秦律十八種 180/181/182）

又見於張家山漢簡，例如：

■傳食律（二年律令 238）

《傳食律》關於驛傳供給飯食的法律規定。其中按照過往驛傳人員職級、爵位，規定不同的伙食標準。對來往官吏及其隨從人員，按其身份等級，提供不同的食宿條件。李學勤認爲：張家山漢簡《傳食律》和秦律的類似，但更爲詳細。[1] 張伯元認爲：它是關於驛傳供應飯食的法律。[2]《釋讀本》（183 頁）：《傳食律》是對使用傳馬、傳車者供應飯食的標準。但律文中未見傳馬的供應標準。

---

[1] 李學勤：《論張家山 247 號墓漢律竹簡》，載《當代學者自選文庫·李學勤卷》，安徽教育出版社 1999 年版。

[2] 張伯元：《出土法律文獻研究》，商務印書館 2005 年版，第 29 頁。

14. 行書律

見於睡虎地秦簡，簡作"行書"。例如：

行書（秦律十八種 183/185）

又見於嶽麓秦簡，例如：

行書律曰：毋敢令年未盈十四歲者行拜官恒書，不從令者，貲一甲。（律令雜抄 1377）

又見於張家山漢簡，例如：

■行書律（二年律令 277）

《行書律》關於傳送文書的法律規定，又簡作"行書"。李均明認爲，張家山漢簡《行書律》是關於傳遞文書的法律，始見於秦漢簡牘。張家山漢簡《行書律》是此律的摘錄。① 《釋讀本》（198 頁）：《行書律》是對"郵"的設置、郵人的待遇、行書制度等的規定。

15. 内史雜律

見於睡虎地秦簡，又簡作"内"。例如：

（1）内史雜（秦律十八種 186/187/188/189/190/191/192/193/194/198）

（2）内（秦律十八種 196）

《内史雜》關於掌治京師的内史職務的各種法律規定。秦内史爲掌治京師的軍政長官。簡中所見《内史雜》律多爲官吏任免及與内史事務有關的規定。

16. 尉雜律

見於睡虎地秦簡，簡作"尉雜"。例如：

尉雜（秦律十八種 199/200）

尉，這裏指廷尉，《漢書·百官表》："廷尉，秦官，掌刑辟。"是司法的官。《尉雜》關於廷尉職務的各種法律規定。其中規定，廷尉每年要到御史處核對法律。

17. 屬邦律

見於睡虎地秦簡，簡作"屬邦"。例如：

屬邦（秦律十八種 201）

屬邦，管理少數民族的機構，見秦兵器銘文。秦朝對於歸附的較大的少數民族部落，稱作屬邦。漢代因避漢高祖劉邦諱改稱屬國、典屬國，見《漢書·百官表》。《屬邦律》是秦朝用於管理少數民族屬邦的法律。秦王朝以後，歷代中央王朝施行的一些重大民族政策都基本上是由秦王朝的民族政策逐步

---

① 李均明：《張家山漢簡〈行書律〉考》，載《中國古代法律文獻研究》第二輯，中國政法大學出版社 2004 年版，第 30—42 頁。

發展演變而來的。秦屬邦律是迄今發現的中國歷史上第一部乃至後來影響力最大的民族法律。秦設置的道是"民族區域自治"的最早雛形。在睡虎地秦簡《秦律十八種》中，屬邦律僅此一條，本條爲關於屬邦職務的法律，其中記載有各道官府輸送隸臣妾或罪犯、俘虜等具體規定。睡虎地秦簡法律中有關專門處理少數民族關係的法律材料雖然並不多，但它對於研究秦王朝的民族政策和階級關係是極其重要的。

18. 除吏律

見於睡虎地秦簡，例如：

除吏律（秦律雜抄4）

《除吏律》關於任用官吏的法律，與《秦律十八種》中《置吏律》相似，但兩者沒有共同的律文。

19. 游士律

見於睡虎地秦簡，例如：

游士律（秦律雜抄5）

《游士律》關於游士留居手續和禁止幫助秦人擅自出境的法律。其中規定："游士在，亡符，居縣貲一甲"；"有爲故秦人出，削籍，上造以上爲鬼薪，公士以下刑爲城旦"。游士，專門從事游說的人。商鞅認爲游說之士過多，會對君權造成一定的威脅，主張對游士加以限制。《商君書·農戰》："夫民之不可用也，見言談游士事君之可以尊身也。"《算地》："故事詩書游說之士，則民游而輕其君。"都主張對游士加以嚴厲限制。

20. 除弟子律

見於睡虎地秦簡，例如：

除弟子律（秦律雜抄7）

《除弟子律》關於任用弟子的法律。睡虎地秦簡中僅此一條，按秦以吏爲師，本條是關於吏的弟子的規定。

21. 中勞律

見於睡虎地秦簡，例如：

中勞律（秦律雜抄16）

中勞，常見於漢簡，如《居延漢簡甲編》一一四有"中勞二歲"，二三五九有"中勞三歲六月五日"。《中勞律》應爲關於從軍勞績的法律，其中規定：擅敢增加勞績年數的，罰一甲，並取消其勞績。

22. 臧（藏）律

見於睡虎地秦簡，例如：

藏（藏）律（秦律雜抄 16）

《藏律》關於府藏的法律。按照《藏律》的規定，貯藏的皮革被蟲咬壞，罰該府庫的嗇夫一甲，令、丞一盾。

23. 公車司馬獵律

見於睡虎地秦簡，例如：

公車司馬獵律（秦律雜抄 26—27）

公車司馬，朝廷的一種衛隊，《漢書·百官表》屬衛尉，注："《漢官儀》云公車司馬掌殿司馬門，夜徼宮中，天下上事及闕下凡所徵召皆總領之，令秩六百石。"《公車司馬獵律》是中國秦漢時期皇室衛隊田獵方面的法律。根據《漢官儀》記載：公車司馬是執掌宮殿司馬門的衛士，白天負責警衛宮門，夜間巡視宮廷及傳述上奏文書和宮中徵召命令。睡虎地秦簡中的此篇，記載了皇帝衛隊田獵的有關法令。規定田獵時車隊的構成，捕獵猛獸的規則以及違制的處罰等問題。

24. 牛羊課律

見於睡虎地秦簡，例如：

牛羊課（秦律雜抄 31）

課：考核、考課。《牛羊課》關於考核牛羊的畜養的法律。其中規定：成年母牛十頭，其中六頭不生小牛，罰嗇夫、佐各一盾。母羊十頭，其中四頭不生小羊，罰嗇夫、佐各一盾。

25. 傅律

見於睡虎地秦簡，例如：

傅律（秦律雜抄 33）

又見於張家山漢簡，例如：

■傅律（二年律令 366）

《傅律》關於傅籍的法律。傅，傅籍，男子成年時的登記手續。《漢書·高帝紀》注："傅，著也，言著名籍，給公家徭役也。"睡虎地秦簡中規定，傅籍不實者，里典、伍老及同伍之人皆應受罰。漢律對傅籍亦有規定。《漢書·高帝紀》顏師古注引如淳曰："律，年二十三傅之疇官，各從其父疇學之，高不滿六尺二寸以下爲罷癃。《漢儀注》云，民年二十三爲正，一歲爲衛士，一歲爲材官騎士，習射御騎馳戰陳。又曰年五十六衰老，乃得免爲庶民，就田里。"《釋讀本》（230 頁）：《傅律》是對成年人向政府登記名籍、給公家徭役和年老、殘疾者減免勞役年齡的規定。

26. 敦（屯）表律

見於睡虎地秦簡，例如：

敦（屯）表律（秦律雜抄 36）

敦，通"屯"。屯，屯防。表，疑指烽表。《屯表律》關於駐屯應役和邊防事宜的軍律。《屯表律》規定，凡服役期未到，謊稱期滿返鄉者，罰居邊服役四個月；對作戰不勇敢，報告弄虛作假者，罰處耐刑；知情不報者，罰一甲或二甲等。

27. 戍律

見於睡虎地秦簡，例如：

●戍律曰：同居毋并行，縣嗇夫、尉及士吏行戍不以律，貲二甲。（秦律雜抄 39）

《戍律》戰國時秦國徵發百姓駐守邊防的法律。睡虎地秦簡《戍律》主要是規定了地方官吏役使民力築城戍邊及違反制度的處罰。其一是規定同居者不要同時徵發戍邊；二是戍邊築城、修城者，對所修築的城垣有一年的擔保期，如有毀壞，除受罰外，還要將毀壞部分修繕補好。

嶽麓秦簡中也有《戍律》，其條文或有承襲睡虎地秦簡《戍律》，這也是秦律文本穩固性的表徵之一。[1]

28. 魏奔命律

見於睡虎地秦簡，例如：

魏奔命律（爲吏之道 28 伍）

奔命，一種軍隊的名稱。《漢書·昭帝紀》注："舊時郡國皆有材官騎士，以赴急難……聞命奔走，故謂之奔命。"《魏奔命律》戰國時魏國魏安釐王二十五年（前 252）頒布的法規，軍事法律的一種。原文早已失傳，1975 年，在湖北省雲夢縣秦墓出土的秦代竹簡中發現。《睡虎地秦墓竹簡》在其《爲吏之道》的末尾，附抄了兩條魏國法律，其中之一是《魏奔命律》，內容規定，凡贅婿、後父和經商開店者都要從軍，其生活待遇應低於普通軍士，並被派遣從事有危險的敵前作業。

29. 爲田律

見於青川秦牘，例如：

二年十一月己酉朔＝（朔朔）日，王命丞相戊（茂）、内史區：民臂更修爲田律。（青川秦牘正）

---

[1] 參見周海鋒：《嶽麓秦簡〈戍律〉及相關問題研究》，刊於《簡牘學國際學術研討會論文集》，上海古籍出版社，2017 年版。

第三章　秦漢簡牘法律文獻與《唐律疏議》律令名比較 | 069

　　青川秦牘《爲田律》反映了戰國時期秦國授田制下的新型田畝規制。秦畝寬1步，長240步，每畝劃分成兩個長條形田區——畛，畛間的小路爲畷道。百畝爲頃，頃間道路爲阡陌。頃田邊際設有疆界標識——封，整齊的頃間田畝不會設有埒這種疆界標識，廣泛使用封埒的應是零星不整之田。戰國秦甚至其他各國基本實行授田制，這是各國變法以來典型的國有制土地形式，漢初依然實施，但已入末路。西漢武帝以後，土地完全私有化，進入地主所有的私有制時期。①

　　30. 奉（奔）敬（警）律

　　見於嶽麓秦簡，例如：

　　奉（奔）敬（警）律曰：先鄰黔首當奔敬（警）者，爲五寸符，人一，右在□，左在黔首，黔首佩之。節（即）奔敬（警），諸挾符者皆奔敬（警），故徼外盜徹所，合符焉，以潠（選）伍之。黔首老弱及瘦（癃）病，不可令奔敬（警）者，牒書署其故，勿予符。其故徼縣道各令，令守城邑害所，豫先分善署之，財（裁）爲置將吏而皆令先智（知）所主；節（即）奔敬（警），各亟走，所主將吏善辨治之。老弱瘦（癃）病不足以守└，豫遺重卒期足以益守，令先智（知）所主。（律令雜抄1252・奉（奔）敬（警）律）

　　奔警，意爲聞警而奔。律文要求符合條件的黔首"皆奔敬（警）故徼外盜徹所"，"徹"可訓爲"達"，這裏是説"黔首奔警"的目的地是"故徼外盜"所到之處。奔警者到達目的地後要聽從"故徼縣道"的命令，具體任務是"守城邑害所"，而"故徼縣道"需要爲奔警者分配將吏作爲指揮官。從奔警者聽命於"故徼縣道"來看，簡文所説的"故徼外盜徹所"應當就是"故徼外盜"所侵犯的"故徼縣道"，而奔警者的主要任務就是守衛這些"故徼縣道"的"城邑害所"。②

　　31. 具律

　　見於張家山漢簡，例如：

　　■具律（二年律令125）

　　張家山漢簡《具律》見於《二年律令》簡82—125，詳細規定了治獄量刑的各個方面。《具律》在内容上與《唐律疏議》中的《名例律》《斷獄律》都有聯繫，詳見後文"《唐律疏議》獨有的律名"。

———————

① 南玉泉：《青川秦牘〈爲田律〉釋義及戰國秦土地性質檢討》，《中國古代法律文獻研究》2016年第1期。
② 尚宇昌：《"故塞""故徼"的由來與秦并天下》，《中國邊疆史地研究》2022年第1期。

32. 收律

見於張家山漢簡，例如：

■收律（二年律令 181）

李學勤：《收律》指對罪人妻子和財產田宅的沒收，可參看秦簡《封診式》的"封守"條。① 高敏認爲，《收律》有可能制定於漢高祖五年（前 205）前和其在文帝前元二年（前 178）被廢除。② 王偉據竹簡出土位置判斷，《收律》當在《捕律》之後，《捕律》《收律》應在《史律》之前。③ 張家山漢簡中有漢初《收律》5 條，當爲文帝所廢除之《收律》，在景帝時恢復。漢《收律》應從秦律直接繼承而來，內容雖嫌不足，但却是研究秦漢《收律》的第一手資料。④

33. 錢律

見於張家山漢簡，例如：

■錢律（二年律令 209）

《錢律》關於貨幣管理制度的法律，定於漢初。《史記·漢興以來將相名臣年表》記載，文帝五年（前 175）實行任民鑄錢政策，曾廢除《錢律》（《漢書·文帝紀》記爲"除盜鑄錢令"）。景帝中元六年（前 144）又定《鑄錢僞黃金棄市律》，可知此時又恢復《錢律》。李學勤認爲：《錢律》規定了行錢即流通錢幣的標準，對行金也有規定，而不再像秦律那樣有布的規定，可見布（作爲貨幣的布帛之布）早已退出流通了。律文多數是打擊私鑄錢的，一律科以嚴刑。⑤

34. 均輸律

見於張家山漢簡，例如：

■均輸律（二年律令 227）

均輸，《漢書·百官公卿表》注引孟康曰："均輸，謂諸當所有輸於官者，皆令輸其地土所饒，平其所在時賈，官更於它處賣之。輸者既便，而官有利也"。亦捷認爲，均輸制度至遲在戰國時已有，見《越絕書》。先秦的均輸是指政府按距輸所遠近增減各地貢輸數量以均勞費。參見《中國大百科全書·

---

① 李學勤：《論張家山 247 號墓漢律竹簡》。
② 高敏：《〈張家山漢墓竹簡·二年律令〉中諸律的制作年代試探》，《史學月刊》2003 年第 9 期。
③ 王偉：《張家山漢簡〈二年律令〉編聯初探——以竹簡出土位置爲綫索》，簡帛研究網 2003 年 12 月 21 日（http://www.bamboosilk.org/admin3/html/wangwei01.htm）。
④ 閆曉君：《論張家山漢簡〈收律〉》，《華東政法學院學報》2006 年第 3 期。
⑤ 李學勤：《論張家山 247 號墓漢律竹簡》，載《當代學者自選文庫·李學勤卷》，安徽教育出版社 1999 年版。

秦漢史》"均輸"條目。① 胡平生認爲：張家山漢簡《二年律令》中的《均輸律》或與阜陽雙古堆簡《算術書》記載的"均輸"算題殘文及《九章》中反映的"均輸"問題有關係。②《釋讀本》（181 頁）：《均輸律》現有簡三枚，其中一枚的內容爲篇題，而另外兩枚則殘缺不全，字跡漫漶，文意不完整，是否屬於《均輸律》，還可研究。

35. □市律

見於張家山漢簡，例如：

□市律（二年律令 263）

本簡原可見"市律"二字，現磨滅。李學勤認爲：與《睡虎地秦墓竹簡・秦律十八種》對比，律名近似的有秦律的《關市律》和漢律的《市律》，秦律的《軍爵律》和漢律的《爵律》，但實際未必相同。③《釋讀本》（194 頁）：此簡殘斷，上端用於標記律名的黑色墨塊失去，現依例補。第一字痕跡模糊，另兩字是"市律"。彭浩據《睡虎地秦墓竹簡・秦律十八種》97 號簡"爲作務及官府市，受錢必輒入其錢缿中，令市者見其入，不從令者貲一甲。關市"，推斷第一字很可能是"關"字，律名應是《關市律》。④ 但睡虎地秦簡中僅此一條，內容不多，與張家山漢簡《二年律令》中的"□市律"的內容並不相同，斷定"□市律"就是《關市律》似乎也不牢靠。

36. 復律

見於張家山漢簡，例如：

■復律（二年律令 281）

彭浩：律文中所列出的兄弟、男弟兄子、季父、伯父，皆與淫亂的男方有親密的血緣關係，因而不同於一般的"和奸（通奸）"。《二年律令》中的《復律》應是禁止近親（按男性血統）之間不正當性關係的律名，195 號簡應從《雜律》中分出，歸入《復律》。而原屬於《復律》條文的 278－280 號簡或當歸入《徭律》。⑤

37. 賜律

見於張家山漢簡，例如：

---

① 亦捷：《西漢均輸官確有經商職能——與王子今同志商榷》，《首都師範大學學報》1994 年第 3 期。
② 胡平生：《阜陽雙古堆漢簡數術書簡論》，載《出土文獻研究》第四輯，中華書局 1998 年版，第 16－18 頁。
③ 李學勤：《論張家山 247 號墓漢律竹簡》。
④ 彭浩：《談〈二年律令〉中幾種律的分類與編連》，載《出土文獻研究》第六輯，上海古籍出版社 2004 年版，第 61－69 頁。
⑤ 彭浩：《談〈二年律令〉中幾種律的分類與編連》。

■賜律（二年律令 304）

李學勤：賜律詳述各種賞賜的實際內容，如史書常見的賜衣、賜酒食、賜棺槨等，都可據此具體解釋。[1] 2018 年 11 月，荆州胡家草場 12 號漢墓出土簡牘 4600 多枚，内有律令 3000 餘枚，包括三卷律和兩卷令，其中亦有《賜律》，且内容與張家山漢簡《二年律令》中的《賜律》基本吻合。

38. 置後律

見於張家山漢簡，例如：

■置後律（二年律令 391）

《釋讀本》235 頁：《置後律》是對家庭户主、財產、爵位繼承次序及特例的規定。張家山漢簡《二年律令》中的《置後律》共有 17 條，占簡 25 枚，其中保存着西漢初一些關於繼承法的法律條文，與現行的法律相較，可以看到西漢初繼承法的一些特點：爵位繼承、重視血緣關係甚於婚姻關係。其與現行法也有相似處：一定程度上男女繼承權的平等、對因公殉職者遺屬的優待。婦女在置後制度中可以被確定爲"爵後""户後"的合法繼承人，但在實際代户的過程中只能繼承家庭財產，不能繼承爵位，證明古書古注中女子"不沾爵"的説法是正確的。

39. 爵律

見於張家山漢簡，例如：

■爵律（二年律令 395）

李均明認爲：《爵律》，界定授爵位條件的法律。[2] 律文規定爵位未正式拜賜而犯罪時，取消除賜資格，與秦律之規定稍異，秦簡《秦律十八種·軍爵律》："從軍當以勞論及賜，有罪法耐遷其後；及法耐遷者，皆不得受其爵及賜。其已拜，賜未受而死及法耐遷者，鼠（予）賜。"漢律之規定當嚴於秦律。[3] 張家山漢簡《二年律令》中的《爵律》共有 3 條，占簡 3 枚，主要規定了因犯某罪而被取消拜爵和賞賜的情況、不能拜爵予錢補償的標準、以欺詐行爲用爵免除自己或他人的罪行應受到的處罰等内容。

40. 秩律

見於張家山漢簡，例如：

■秩律（二年律令 473）

---

[1] 李學勤：《論張家山 247 號墓漢律竹簡》。
[2] 李均明：《中國古代法典的重大發現》，《中國文物報》2002 年 5 月 3 日第 7 版。
[3] 李均明：《張家山漢簡所反映的二十等爵制》，《中國史研究》2002 年第 2 期。

李學勤認爲：《秩律》講的是朝內外各種官員的祿秩。① 《釋讀本》257頁：《漢書·文帝紀》顏師古注引臣瓚有"漢《秩祿令》"，或與《秩律》有關。張家山漢簡《二年律令》中的《秩律》內容較多，共有 11 條，占簡 34 枚，對各種秩級及其相應的俸祿規定得比較詳細具體。

41. 史律

見於張家山漢簡，例如：

■史律（二年律令 487）

《史律》是漢初關於"史"的教育、考試、入仕的法律規定（秦也應該如此）。"史"是一種世代相傳的職業。李學勤認爲，《史律》的出現，說明《說文·敘》所引"尉律"確是泛稱。《漢書·藝文志》所引律文言"蕭何草律"也證明《史律》是漢初蕭何所造《九章律》中的內容。呂后二年已施行這些律文，《漢志》的記述應當是可信的。② 張伯元認爲：《睡虎地秦墓竹簡》的秦律將"史子"入學室的規定放在《內史雜》中，漢初《二年律令》則獨立《史律》一目，而《說文·敘》所引律文則又置於《尉律》中。這表明漢代立法者對它的歸目還把握不準，處在反覆斟酌的不定過程中。③ 廣瀨薰雄認爲：有根據可以證明本律就是《尉律》（即《說文》引用本律稱《尉律》，《律說》所引《尉律》的內容與本律有關）。那麼僅從律文的內容來看，本律是《尉律》的可能性比它是《史律》的可能性更大。④

42. 囚律

見於懸泉漢簡，例如：

●囚律：劾人不審爲失，以其贖半論之。（懸泉漢簡Ⅰ0112①：1）

又見於居延新簡，例如：

囚律：告劾毋輕重，皆關屬所二千石官。（EPT10：2A）

《囚律》漢九律之一，有詐僞生死、告劾、傳覆、繫囚、鞫獄、斷獄等律目。其內容與《唐律疏議》中的《斷獄律》有關聯，詳見後文"《唐律疏議》獨有的律名"。

43. 祠律

見於敦煌漢簡，例如：

---

① 李學勤：《論張家山 247 號墓漢律竹簡》。
② 李學勤：《試說張家山簡〈史律〉》，《文物》2002 年第 4 期 69－72 頁。
③ 張伯元：《〈漢律摭遺〉與〈二年律令〉比勘記》，《出土法律文獻研究》37－38 頁，北京：商務印書館，2005 年 6 月。
④ [日]廣瀨薰雄：《〈二年律令·史律〉札記》，《楚地簡帛思想研究（二）》422－433 頁，武漢：湖北教育出版社，2005 年 4 月。

祠律（499）

《祠律》關於規範祭祀活動方面的法律。祠，《說文·示部》："春祭曰祠，品物少，多文辭也。从示，司聲。仲春之月，祠不用犧牲，用圭璧及皮幣。"曹旅寧：里耶秦簡中有《祠律》及秦遷陵縣祭祀先農等神祇的記載，爲瞭解秦的宗教信仰及宗教管制政策提供了珍貴材料，也反映出當時宗教祭祀儀式已是中央及地方行政的組成部分，是各級官員的法定職責及義務。據此還可確定睡虎地秦簡《法律答問》中有關宗教祭祀的解釋應是對秦《祠律》條文的解釋。①

（二）秦漢簡牘法律文獻獨有的令名

在漢代還沒有形成完整形式的令典。漢令的內容均是由皇帝詔書轉化而來，結合日常使用的情況進行刪減整合而形成的，進而轉化爲"律"。其發展過程大致可以分爲由"詔"向"令"的轉化和由"令"向"律"的轉化兩個過程。令典的形成應是自東漢末年應劭整合律、令開始，魏晉時期則最終成型。②秦漢簡牘法律文獻中令名較少，但有些令名，不見於後世的《唐律疏議》中，比如下列令名：

1. 津關令

見於張家山漢簡，例如：

■津關令（二年律令 525）

《津關令》見於張家山漢簡《二年律令》簡 488－525，占簡 38 枚，是呂后二年（前 186）以制詔形式頒發的法律之一，完整記載了西漢初期的關津管理辦法，是我國現存最早的通關管理制度文物。根據《津關令》記載，漢代關、津設於水陸交通要塞，設關都尉等負責關津的日常管理，在檢查行人和違禁物品、徵收關稅、緝拿罪犯、軍事防禦等方面起着重要作用。漢代實行嚴格的通關管理制度，吏民出入關津須攜帶"符""傳"等有效證件，否則不予放行；對闌（即走私）出入關塞、詐僞符傳、偷運馬匹黃金銅鐵等禁限物品予以相應刑罰，並明確界定了守關吏卒失職、瀆職的行爲及其處罰。當時還重點通過武關、函谷關、臨晉關等關隘與沿黃河渡口構築起由南而北的軍事屏障拱衛關中地區，確保長安作爲全國政治、經濟、軍事中心的安全。結合漢初社會形勢，對照這些詳盡的記載，不難看出頒布《津關令》的直接目的在於通過控制人口來維護統治，以"黃金"爲抓手來穩定經濟秩序，以

---

① 曹旅寧：《里耶秦簡〈祠律〉考述》，《史學月刊》2008 年第 8 期。
② 于洪濤：《論敦煌懸泉漢簡中的"廄令"——兼談漢代"詔""令""律"的轉化》，《華東政法大學學報》2015 年第 4 期。

"馬匹""銅鐵"爲突破口整頓軍備。而這一切的原因，除了通常認爲的以"強本弱末之術"防備原關東諸國舊貴族勢力捲土重來之外，更有爲防備匈奴做軍事準備的考量。李學勤認爲：《津關令》輯錄了有關津關的制詔，各條原有編號，共二十三條。①《釋讀本》305頁：《津關令》現有編號10個，編號不清或因殘損失去編號共8個，令文20條。

2. 兵令

見於懸泉漢簡，例如：

兵令十三：當占緡錢，匿不自占，【占】不以實，罰及家長戍邊一歲。（Ⅱ0114③：54）

《兵令》適用於軍人的律令彙編。

需要指出的是：銀雀山漢簡《守法守令等十三篇》中也有《兵令》，但其内容主要是論述治軍之道，涉及軍隊的作用、軍隊建設及嚴明軍紀、軍法的必要性等問題，與傳本《尉繚子·兵令》相合，基本屬兵書，不屬於律令性質。

3. 卒令

見於嶽麓秦簡，例如：

（1）·恒、署書皆以郵行。·卒令丙二（律令雜抄·行書律1173）

（2）令曰：書當以郵行，爲檢，令高可以旁見印章，堅約之，書檢上應署令□，負以疾走。不從令，貲一甲。·卒令丙三（律令雜抄·行書律1162+1169）

簡末分別署"卒令丙二""卒令丙三"，似乎説明前面是《卒令》的内容，但仔細分析，這些内容又講的是《行書律》的東西。《卒令》具體是一種什麽法令，尚不清楚。

另據學者後續研究，發現在《嶽麓秦簡》（陸）中還存在很多令名。陳松長在《嶽麓秦簡與秦代法制史的研究價值》（光明網2023—06—17）一文中指出："經整理，這批秦簡中出現的令名就有20餘種：内史郡二千石官共令、内史官共令、内史倉曹令、内史户曹令、内史旁金布令、四謁者令、四司空共令、四司空卒令、安台居室共令、卜祝酎及它祠令、辭式令、尉郡卒令、郡卒令、廷卒令、縣官田令、食官共令、給共令、遷吏令、捕盜賊令、黔首挾兵令。"據此，秦漢簡牘法律文獻中令名當還有如下一些（續前編序）：

4. 内史郡二千石官共令

5. 内史官共令

---

① 李學勤：《論張家山247號墓漢律竹簡》。

6. 內史倉曹令
7. 內史戶曹令
8. 內史旁金布令
9. 四謁者令
10. 四司空共令
11. 四司空卒令
12. 安台居室共令
13. 卜祝酹及它祠令
14. 辭式令
15. 尉郡卒令
16. 郡卒令
17. 廷卒令
18. 縣官田令
19. 食官共令
20. 給共令
21. 遷吏令
22. 捕盜賊令
23. 黔首挾兵令

由於筆者獲取資料不夠及時，也來不及仔細爬梳，故不能詳述其具體簡文及簡號。詳情可參《嶽麓秦簡》（肆）（伍）（陸）及陳松長《嶽麓秦簡與秦代法制史的研究價值》等文。

（三）秦漢簡牘法律文獻獨有的式名

秦漢簡牘法律文獻獨有的式名較少，僅有一個《封診式》，見於睡虎地秦簡。

《封診式》竹簡共有 98 枚，標題寫在最後一支簡的背面。簡文分 25 節，每節第一簡簡首寫有小標題，包括：《治獄》《訊獄》《封守》《有鞫》《覆》《盜自告》《□捕》《盜馬》《爭牛》《群盜》《奪首》《告臣》《黥妾》《遷子》《告子》《癘》《賊死》《經死》《穴盜》《出子》《毒言》《奸》《亡自出》等，還有兩個小標題字跡模糊無法辨認。《封診式》是關於審判原則及對案件進行調查、勘驗、審訊、查封等方面的規定和案例。

"式"是秦朝的一種法律形式，是關於國家機關在某些專門工作中的程式、原則及有關公文程式的法律文件。《封診式》是"雲夢秦簡"中的一部分，它屬於"式"的一種，是關於司法審判工作的程式、要求以及訴訟文書程式的法律文檔。其中，除了兩則關於"治獄"和"訊獄"的一般原則規定外，還有"封守""覆""有鞫"等有關法律文書程式的規定以及選編的典型式例。

所謂"封診式"，在秦律裏，指不同的司法行爲和執行要求。"封"即查封，"診"是勘查、檢驗，"式"就是司法規範；如驗屍即屬於"診"的一部分，這原本就是令史的工作。

《封診式》的内容與活檢和屍檢相關。例如《經死》爰書要求"令史某往診，令史某爰書：與牢隸臣某即甲……"令史以官方身份出赴現場，在牢隸臣等人的協助下完成封查現場並診斷現場的工作，這一整套程式即謂"封診式"，最終形成一份勘驗記錄作爲呈堂證供，稱之爲"爰書"。《封診式》以甲乙丙丁來表述案例，供其他官員效法。秦代司法者通過典型案例加上容易操作的文書格式，來傳授司法檢驗的技藝，以確保公平斷獄，頗爲用心。而且，在檢驗的過程中，以刑徒即隸臣妾等人作爲協助者和見證者，確保檢驗公正。

二、《唐律疏議》獨有的律令名

在《唐律疏議》中，有些律令名不見於秦漢簡牘法律文獻中。特別是其中提到了大量的令名，都是在秦漢簡牘法律文獻中所不曾見到的。

（一）《唐律疏議》獨有的律名

唐律在前朝歷代法律的基礎上不斷完善，不斷更新。律名雖已大爲減少，但有些律名也不見於秦漢簡牘法律文獻中。需要指出的是，其名稱雖然與前代不同，但在内容上仍有割捨不斷的聯繫。

1. 名例律

在秦漢簡牘各法律文獻中均尚未見到《名例律》，但張家山漢簡中有《具律》，它們名稱雖然不同，不過在内容上却是有源流關係的。

《名例律》，爲唐律首篇名。《唐律疏議·名例》："名者，五刑之罪名；例者，五刑之體例。"名，即笞、杖、徒、流、死五刑名目；例，即根據犯罪者身分等級、犯罪情節等，決定處以相應刑罰的體例。《名例律》爲全律的總則，共6卷，57條。此名始自北齊，隋唐因之。唐律的《名例律》相當於現代刑法總則，主要規定了刑罰制度和基本原則。其主要内容包括五刑、十惡、八議、請（上請）、減、贖、官當，老、幼、篤、廢疾減免刑、公私罪、數罪並罰、自首、共犯、故意與過失、更犯、同居有罪相爲隱、類推、化外人相犯等定罪量刑原則。

《名例律》的產生是由戰國時期著名的改革家李悝編撰《法經》中的《具

法》演化來的。《法經》共六篇：一爲《盜法》，二爲《賊法》，三爲《網法》，四爲《捕法》，五爲《雜法》，六爲《具法》。《具法》位居最後一篇，其作用相當於近代法典中的總則部分。戰國時期，秦國商鞅變法中，商鞅改法爲律，成爲《具律》。漢承秦制，蕭何作《九章律》，裏面就有《具律》。魏國在漢律的基礎上制定《魏律》（也叫《曹魏律》），將《具律》改成"刑名"，置於律首。《晉律》在刑名之後加上"法例"一篇。《北齊律》又把"刑名"和"法例"合成《名例》一篇，豐富了總則，精簡了分則。這種"總則在前，分則在後"的模式對後世影響很大。其主要內容是按犯罪情節的輕重給予加刑或減刑的法律規定。《大清律例》的結構、體例、篇目與《大明律》基本相同，名例律置首，後爲吏律、户律、禮律、兵律、刑律、工律。

　　由以上比較分析可知，從李悝《法經》中的《具法》，到商鞅改法爲律，成爲《具律》，再到漢《九章律》中的《具律》，一直到《唐律疏議》中的《名例律》，它們之間存在着一脈相承的關係。當然。這種繼承也並非是簡單的照搬，而是有保留，有捨棄，有新增，其內容並不完全相同。

　　2. 衛禁律

　　《衛禁律》，唐律第二篇篇名。衛，警衛，對内安全問題；禁，關禁，對外安全問題。【疏】議曰："衛禁律者，秦漢及魏未有此篇。晉太宰賈充等，酌漢魏之律，隨事增損，創制此篇，名爲衛宫律。自宋泪於後周，此名並無所改。至於北齊，將關禁附之，更名《禁衛律》。隋開皇改爲《衛禁律》。衛者，言警衛之法；禁者，以關禁爲名。但敬上防非，於事尤重，故次名例之下，居諸篇之首。"《衛禁律》是中國古代關於皇室、宮廷警衛和州鎮、城戍、關津要塞的保衛的軍事法律。中國古代一向以編制綜合性法典爲傳統，漢承秦制作律九章，但並無這方面的法律，秦漢及魏均無衛禁篇名。由於不能滿足形勢發展需要，漢武帝命張湯作《越宫律》27篇，成了《衛禁律》的開始。晉代太宰賈充以漢律爲基礎，酌古論今，創制《宫衛律》列入《晉律》之中。《北齊律》又將關禁内容附之，定名爲《禁衛律》。隋代《開皇律》更名爲《衛禁律》。唐律相沿不改，《衛禁律》成爲《唐律》十二篇之一篇，共 2 卷，33 條。主要是關於保護皇帝人身安全、國家主權與邊境安全方面的法律規定，如對闌入（不應入而入）太廟、宮門，私度關津，宿衛上番不到，烽候不警（不按規定舉烽火）等，皆處以相應刑罰。宋元相襲不變，明清時又將《衛禁律》分爲宫衛與關津列於七篇之中的《兵律》篇。

　　3. 職制律

　　《職制律》，唐律第三篇篇名，規定官吏供職方面違法犯罪之處罰。【疏】

議曰："職制律者，起自於晉，名爲《違制律》。爰至高齊，此名不改。隋開皇改爲《職制律》。言職司法制，備在此篇。宮衛事了，設官爲次，故在衛禁之下。"秦、漢、魏律均無其篇。西晉泰始中定律，因事創制，始設《違制》之篇，宋、齊、梁、陳及後魏、後周、北齊諸律並沿用之。隋開皇三年（583）修律，改《違制》爲《職制》，專"言職司法制"之事，篇名始於隋，唐因之。主要內容是關於國家機關官員的設置、選任、職守以及懲治貪官枉法等，即關於官吏在職守上所犯行政錯誤和罪行的刑法，如官員署置超過規定名額，諸州貢舉科舉人員不當，刺史、縣令私出管界，官吏無故不上班，公文收發誤期，奏事犯宗廟諱，地名、官名犯祖、父名而不避位，受賄枉法等，皆處以相應刑罰。共 3 卷 58 條（有一條誤爲二條）。明、清律將職制篇內容歸入吏律，作爲其中一門。

唐律《職制律》中有部分內容與秦漢律中的《置吏律》有關聯。

《置吏律》，關於任用官吏的法律。睡虎地秦簡《秦律十八種》中《置吏律》規定了每年集中任免官吏的時間、前後任官吏接交手續以及禁止帶走原官府的官佐到新官府任職等內容。還規定官吏缺員時選用代理官吏的條件和原則。與秦律相似，漢律亦有關於薦舉和任用官吏的法律規定，張家山漢簡《二年律令》中的《置吏律》內容更加豐富，還規定了保舉人的連帶責任、官吏的廉潔、官吏乘傳的級別、告假日數、上書的程序等方面的要求，以及諸侯、徹侯等享受的特權等事項。

4. 鬭訟律

《鬭訟律》，唐律第八篇名。鬭，鬬毆。相爭爲鬭，相擊爲毆。訟，訴訟，告狀。鬭訟律主要是關於罵人、打架鬭毆和訴訟方面的法律。從秦漢至晉律未設此篇。李悝編纂《法經》六篇，中列《網》（《囚》）、《捕》二篇，主要內容是關於逮捕和囚禁犯人的規定。至秦有《封診式》，漢有與訴訟相關的篋令，魏晉律始見《告劾》《捕律》《繫訊》《斷獄》等名。【疏】議曰："鬭訟律者，首論鬭毆之科，次言告訟之事。從秦漢至晉，未有此篇。至後魏太和年，分《繫訊律》爲《鬭律》。至北齊，以訟事附之，名爲《鬭訟律》。後周爲鬭競律。隋開皇依齊鬭訟名，至今不改。賊盜之後，須防鬭訟，故次於賊盜之下。"《鬭訟律》共 4 卷 60 條。主要內容是關於懲治鬭毆和維護封建的訴訟制度等。即關於鬭毆、誣告等刑法。如鬭毆傷人、殺人，部曲、奴婢毆良人，妻妾毆詈其夫，弟、妹毆兄、姊，過失殺傷人；對謀反大逆不告或誣告，告祖父母、父母，部曲、奴婢告主，投匿名書告人罪等，皆受相應刑罰。明清律將鬭訟內容併入《刑律》，分鬭毆門與訴訟門。

張家山漢簡中的《告律》見於《二年律令》簡 131—136。彭浩認爲：《告律》之名不見於李悝《法經》和漢以後的法律，其來源或與秦律有關，漢初承襲秦律，仍然保留了這部分内容。① 閆曉君認爲：張家山漢簡中首次發現漢代的《告律》，可以改變人們對漢代法律的認識。唐代有關著述都認爲漢律中有關告劾之事包括在《囚律》之中，但根據張家山漢簡有關資料來看，漢初《告律》是單純的有關告訴之事的法律，而《囚律》則是單純的斷獄之法。漢《囚律》演變爲唐之《斷獄律》，而《告律》則爲唐《鬥訟律》中"訟事"之源。秦漢律關於告訴的法律可分三個部分：一是設立各種罪名及相應的刑事責任來規範告訴；二是規定對某些告訴司法官員可以依法勿聽；三是鼓勵人們告奸及自告但又嚴格區別誣告與告不審。②

由上比較可知，張家山漢簡中的《告律》與《唐律疏議》中的《鬥訟律》在内容上是有聯繫的，漢律《告律》爲唐《鬥訟律》中"訟事"之源，其中都涉及訴訟、告狀等方面的法律規定；不同之處是，漢初《告律》是單純的有關告訴之事的法律，而唐律中則增加了有關罵人、打架鬥毆等方面的内容。這從一個方面説明唐律對秦漢律既有傳承又有發展。

5. 詐僞律

《詐僞律》，唐律第九篇名。即關於僞造憑證及欺詐行爲的刑法。如僞造皇帝寶璽，僞寫官文書印，僞寫宮殿門符；詐僞詔書，詐假得官，詐僞及改竄官文書，妄認良人爲奴婢或部曲，詐僞瑞應，詐乘驛馬，詐病及死傷等，皆受相應刑罰。【疏】議曰："《詐僞律》者，魏分《賊律》爲之。歷代相因，迄今不改。既名《詐僞》，應以詐事在先；以御寶事重，遂以'僞造八寶'爲首。鬥訟之後，須防詐僞，故次《鬥訟》之下。"《詐僞律》共 1 卷 27 條。主要内容是關於打擊欺詐、騙人的犯罪行爲，維護封建社會秩序等。該律始於北魏，魏律將漢律《賊律》中有關欺謾、詐僞、踰封、矯詔的内容與《囚律》中有關詐僞生死的内容合併，始創《詐僞律》。此後，晉至元歷代法律均有此篇。至明朝因律書體裁改變，始將《詐僞律》作爲一門，編入《刑律》篇内。

從疏議中"《詐僞律》者，魏分《賊律》爲之"一句可知，唐律中的《詐僞律》名稱雖不見於秦漢簡牘法律文獻中，但其内容却是從《賊律》中分出來的，與張家山漢簡中的《賊律》在内容上是相關的。

---

① 彭浩：《談〈二年律令〉中幾種律的分類與編連》，《出土文獻研究》第六輯，上海：上海古籍出版社 2004 年版。

② 閆曉君：《張家山漢簡〈告律〉考論》，《法學研究》2007 年第 6 期。

6. 斷獄律

《斷獄律》，唐律第十二篇名。斷，決也，審判的意思；獄，确也，堅固的意思，指監獄囚禁犯人不能使其跑掉。刑事案件也叫獄。《斷獄律》爲"決斷之法"，即關於監禁、審訊、判決的刑法。【疏】議曰："《斷獄律》之名，起自於魏，魏分里悝《囚法》而出此篇。至北齊，與《捕律》相合，更名《捕斷律》。至後周，復爲《斷獄律》。釋名云：'獄者，确也，以實囚情。皋陶造獄，夏曰夏臺，殷名羑里，周曰圜土，秦曰囹圄，漢以來名獄。'然諸篇罪名，各有類例，訊舍出入，各立章程。此篇錯綜一部條流，以爲決斷之法，故承衆篇之下。"《斷獄律》共 2 卷 34 條。主要内容是關於審訊、判決、執行和監獄管理等。如因應禁而不禁，訊囚不察辭理即行拷掠，決罰囚犯不合法，斷罪不引律令，官司出入人罪，拷決孕婦不合時等，皆受相應刑罰。

張家山漢簡《具律》見於《二年律令》簡 82－125。李學勤認爲，《具律》詳細規定了治獄量刑的各個方面。律文中還專門就贖刑金數、刑徒或奴婢犯罪等情況作了規定。[①] 李均明認爲，《具律》涉及控告、調查、審判、上訴、復核等有關訴訟程式的内容，當包含"囚律"的條文，應分出《囚律》。但未見《囚律》律名簡，僅見《具律》標題。[②]《釋讀本》123 頁：各家對《具律》的分合意見不一。張家山漢簡研讀班和李均明認爲，原《具律》應分爲《具律》和《囚律》。[③] 彭浩認爲，原《具律》和《告律》應調整、重分爲《告律》《囚律》和《具律》。[④] 王偉，[⑤] 張伯元[⑥]認爲，原《具律》應一分爲二，一部分仍在《具律》，一部分合入原《告律》。

《囚律》見於懸泉漢簡，例如：

●囚律：劾人不審爲失，以其贖半論之。（Ⅰ0112①：1）

又見於居延新簡，例如：

囚律：告劾毋輕重，皆關屬所二千石官。（EPT10：2A）

[①] 李學勤：《論張家山 247 號墓漢律竹簡》。
[②] 李均明：《〈二年律令・具律〉中應分出〈囚律〉條款》，《鄭州大學學報》，2002 年第 3 期 8－10 頁。
[③] 張家山漢簡研讀班：《張家山漢簡〈二年律令〉校讀記》，《簡帛研究二〇〇二、二〇〇三》，廣西師範大學出版社，2005 年 6 月。
[④] 彭浩：《談〈二年律令〉中幾種律的分類與編連》，《出土文獻研究》第六輯，上海古籍出版社，2004 年版。
[⑤] 王偉：《張家山漢簡〈二年律令〉編聯初探——以竹簡出土位置爲綫索》，簡帛研究網 2003 年 12 月 21 日（http：//www.bamboosilk.org/admin3/html/wangwei01.htm）。
[⑥] 張伯元：《〈二年律令〉編聯札記（四則）》，《出土法律文獻研究》，商務印書館，2005 年版，第 77－81 頁。

《囚律》，漢九律之一，有詐僞生死、告劾、傳覆、繫囚、鞫獄、斷獄等律目。戰國時魏文侯相李悝創《法經》六篇，第三篇名《囚（網）法》，內容爲有關劾捕盜賊的規定。至秦，商鞅改法爲律，稱《法經》六篇爲六律，《囚法》亦改稱《囚律》。漢律因之。任亞愛認爲：《囚律》篇存於漢律除了文獻的記載外，還有出土簡牘可以直接證明，應爲信史。《囚律》篇自《魏律》起已解體分散於其他篇中，自後世不再存。作爲成文法的一部，《囚律》篇僅存漢一世是確鑿無疑的。①

由上比較可知，張家山漢簡中的《具律》與《唐律疏議》中的《斷獄律》在內容上是有聯繫的，據前述學者考證，漢簡《具律》中包含了《囚律》的內容；懸泉漢簡、居延新簡中也有《囚律》，雖內容殘缺不全，但足以説明漢律中《囚律》的存在。而漢之《囚律》演變爲唐之《斷獄律》。當然，這種演變也並非簡單的照抄照搬，其具體內容也不完全相同。這從一個方面説明唐律對秦漢律既有傳承又有發展。

(二)《唐律疏議》獨有的令名

令是以詔令方式頒布，具有極大權威性，並且成爲法律的淵源之一的法律形式。《唐律疏議》中的令名，有些雖未明確指出爲哪種令，但據所引內容，也能夠確定爲哪種令。《唐律疏議》中可見的令名，有以下幾種：

1. 公式令

唐時關於詔書及其他公文程式的法令。還包括璽（寶）印符契的使用，驛乘的遣派，文武官朝參的班序，公文收發結案的程限，水陸里程的規定等。令文散見於《唐六典》《通典》《唐律疏議》《唐會要》及敦煌發現的《開元公式令》殘卷諸書。日本養老時代（717—723）的《公式令》亦可資參考。另，該令還見於日本學者仁井田陞輯錄的《唐令拾遺》。

《唐律疏議》中用例如：

（1）【疏】議曰：依《公式令》："三后及皇太子行令。"（卷六名例 51 疏議）

（2）依《公式令》："下制、敕宣行，文字脱誤，於事理無改動者，勘檢本案，分明可知，即改從正，不須覆奏。其官文書脱誤者，諸長官改正。"（卷九職制 114 疏議）（參見《唐令拾遺》公式令第 42 條）

（3）【疏】議曰：依《公式令》："下魚符，畿內三左一右，畿外五左一右。左者在內，右者付外。行用之日，從第一爲首。後更有事須用，以次發

---

① 任亞愛：《〈囚律〉篇存亡考》，《法制博覽》2018 年第 34 期。

之，周而復始。"（卷十六擅興 226 疏議）

（4）依《公式令》："神寶，寶而不用；受命寶，封禪則用之；皇帝行寶，報王公以下書則用之；皇帝之寶，慰勞王公以下書則用之；皇帝信寶，徵召王公以下書則用之；天子行寶，報番國書則用之；天子之寶，慰勞番國書則用之；天子信寶，徵召番國兵馬則用之。皆以白玉爲之。"（卷二十五詐偽 362 疏議）

2. 獄官令

中國古代有關司法審判和監獄管理的專門法令，也是中國歷史上關於監獄囚禁事宜比較集中、系統的重要法規形式。始於漢、晉，隋、唐繼承，《唐律疏儀》《宋刑統》沿用。漢朝律令繁多，《獄令》是其一。唐律有該令，是對犯罪者的刑事訴訟法令，包括對犯人的審判程式、刑罰執行手續、贖法、赦法及監獄法規等。令文散見於《唐律疏議》《唐六典》諸書。日本養老時代的《獄令》亦可資參考。另，該令還見於日本學者仁井田陞輯錄的《唐令拾遺》。

《唐律疏議》中用例如：

（1）從見任解者，敘法在《獄官令》。（卷二名例 17 問答二）

（2）又準《獄官令》："囚告密者，禁身領送。"即明知謀叛以上，聽告；餘準律不得告舉。（卷二十四鬥訟 352 疏議）

（3）【疏】議曰：《獄官令》："禁囚：死罪枷、杻，婦人及流以下去杻，其杖罪散禁。"又條："應議、請、減者，犯流以上，若除、免、官當，並鎖禁。"（卷二十九斷獄律 469 疏議）

（4）【疏】議曰：依《獄官令》："察獄之官，先備五聽，又驗諸證信，事狀疑似，猶不首實者，然後拷掠。"（卷二十九斷獄 476 疏議）

3. 封爵令

唐令篇名，關於王公貴族爵位分封、繼承制度的法令，規定封爵制度，包括爵位之設置、等級、食邑及封授、嫡承等。晉令有《王公侯》篇，宋、齊、梁、陳皆襲之。隋開皇二年（582）定令，改稱《封爵》，而與《俸廩》合著一篇，名《封爵俸廩令》。唐初修令，一分爲二，置《封爵令》。令文散見於《唐六典》《唐律疏議》《唐會要》諸書。日本養老時代的《繼嗣令》亦可資參考。另，該令還見於日本學者仁井田陞輯錄的《唐令拾遺》。

《唐律疏議》中用例如：

（1）依令："無嫡子及有罪疾，立嫡孫；無嫡孫，以次立嫡子同母弟；無母弟，立庶子；無庶子，立嫡孫同母弟；無母弟，立庶孫。曾、玄以下准此。"（卷十二户婚 158 疏議）（參見《唐令拾遺》封爵令第二條乙款。）

（2）注云"若親王財物"，依令："皇兄弟、皇子爲親王。"監守自盜王家財物，亦同官物之罪。（卷十九賊盜 283 疏議）（參見《唐令拾遺》封爵令第一條。）

（3）【疏】議曰：依《封爵令》："王、公、侯、伯、子、男，皆子孫承嫡者傳襲。"以次承襲，具在令文。其有不合襲爵而詐承襲者，合徒二年。（卷二十五詐僞 371 疏議）

上舉前 2 例，文中雖未明言"封爵令"，但依據所述內容，均爲《封爵令》，相關內容可參見《唐令拾遺》對應條款。

4. 選舉令

唐時關於官吏的選拔、升遷、恩蔭、退休以及科舉貢士等制度的法令。科舉考試辦法則在考課令中。令文散見於《唐六典》《唐律疏議》《通典》《唐會要》諸書。日本養老時代的《選敘令》亦可資參考。另，該令還見於日本學者仁井田陞輯録的《唐令拾遺》。

《唐律疏議》中用例如：

（1）"一依出身法"，犯除名人年滿之後，敘法依《選舉令》。（卷三名例 21 疏議）

（2）依《選舉令》："官人身及同居大功以上親，自執工商，家專其業者，不得仕。其舊經職任，因此解黜，後能修改，必有事業者，三年以後聽仕。其三年外仍不修改者，追毀告身，即依庶人例。"（卷二十五詐僞 370 疏議）

5. 官品令

唐令篇名，關於各級職官品級的法令，規定官員品級制度，包括流內文武職官、文武散官、勳官、封爵及流外官之品階等級。共分正、從九品。自四品至九品，每品又分上下二階，通稱九品三十階。自唐初至玄宗時，曾幾度改定，各官的品級有所升降。漢有《品令》，晉沿之，名《官品令》。南朝宋、齊、梁、陳皆同，北朝後魏改稱《職品令》。隋開皇二年（582）修令，復名《官品令》，唐沿之。唐代官品令令文散見於《唐六典》《唐律疏議》《通典》《唐會要》《舊唐書·職官志》諸書。另，該令還見於日本學者仁井田陞輯録的《唐令拾遺》。

《唐律疏議》中用例如：

"視品官"，依《官品令》："薩寶府薩寶、祅正等，皆視流內品。"（卷二名例 15 疏議）（相關內容可參《唐令拾遺》"官品令"一條丙款。）

6. 戶令

唐時關於戶口的法令。包括按年齡的定名（如黃、小、中、丁、老等）、按戶口數目編制的政區（如鄰、保、鄉、里、縣、州等）、戶籍的編定、財產的繼承以及婚姻法等。令文散見於《唐六典》《唐律疏議》《通典》等書。日本養老時代的《戶令》亦可資參考。另，該令還見於日本學者仁井田陞輯錄的《唐令拾遺》。

《唐律疏議》中用例如：

（1）問曰：依《戶令》："疑有姦欺，隨狀貌定。"若犯罪者年貌懸異，得依令貌定科罪以否？（卷六名例55疏議問答）

（2）【疏】議曰：依《戶令》："無子者，聽養同宗於昭穆相當者。"（卷十二戶婚157疏議）

（3）同姓之人，即嘗同祖，爲妻爲妾，亂法不殊。戶令云："娶妾仍立婚契。"即驗妻、妾，俱名爲婚。依準禮、令，得罪無別。（卷十四戶婚182疏議問答）

7. 田令

關於農田和土地制度的法令，戰國時已有此稱。《睡虎地秦墓竹簡·南郡守騰文書》：南郡郡守騰"修法律令、田令"，後代亦有沿用者，唐代即稱《田令》。包括對百姓土地（永業、口分田）的授還、買賣條令以及親王、百官的永業田、公廨田、職分田和國家屯田的授受管理規定。令文散見於《唐六典》《通典》《唐律疏議》諸書。另，該令還見於日本學者仁井田陞輯錄的《唐令拾遺》。

《唐律疏議》中用例如：

（1）"即應合賣者"，謂永業田家貧賣供葬，及口分田賣充宅及碾磑、邸店之類，狹鄉樂遷就寬者，準令並許賣之。（卷十二戶婚163疏議）（參見《唐令拾遺》田令第十五、二十條。）

（2）依令："受田悉足者爲寬鄉，不足者爲狹鄉。"（卷十三戶婚164疏議）（參見《唐令拾遺》田令第十二條。）

（3）依令："田無文牒，輒賣買者，財沒不追，苗子及買地之財併入地主。"（卷十三戶婚166疏議）（參見《唐令拾遺》田令第十七條。）

上舉幾例，文中雖未明言"田令"，但依據所述内容，均爲《田令》，相關内容可參見《唐令拾遺》對應條款。

8. 賦役令

唐時關於賦稅、力役的法令，主要爲對租庸調徵收内容及辦法的規定

（不包兩稅法）。令文散見於《唐六典》《唐律疏議》《通典》《唐會要》諸書。日本養老時代的《賦役令》亦可資參考。另，該令還見於日本學者仁井田陞輯錄的《唐令拾遺》。

《唐律疏議》中用例如：

（1）【疏】議曰：依《賦役令》："文武職事官三品以上若郡王期親及同居大功親，五品以上及國公同居期親，並免課役。"（卷十二戶婚161疏議）

（2）【疏】議曰：依《賦役令》："每丁，租二石；調絁、絹二丈，綿三兩，布輸二丈五尺，麻三斤；丁役二十日。"（卷十三戶婚173疏議）（參見《唐令拾遺》賦役令第一條、四條。）

9. 軍防令

唐代關於府兵制度的法令，是關於軍事防衛方面的法令，它是唐代軍事法的重要內容。令文定有府兵的徵調、編制、裝備、番上、征行、差發以及軍府將官的配備、授勳等。原件已佚失，但在唐律中尚有引用。令文散見於《唐六典》《唐律疏議》《通典》諸書。日本養老時代的《軍防令》亦可資參考。另，該令還見於日本學者仁井田陞輯錄的《唐令拾遺》。

《唐律疏議》中用例如：

（1）又，《軍防令》："勳官犯除名，限滿應敘者，二品於驍騎尉敘，三品於飛騎尉敘，四品於雲騎尉敘，五品以下於武騎尉敘。"（卷三名例21疏議）（參見《唐令拾遺》軍防令第十九條。）

（2）【疏】議曰：依《軍防令》："每一旅帥管二隊正，每一校尉管二旅帥。"（卷十六擅興228疏議）（參見《唐令拾遺》軍防令第一條。）

（3）【疏】議曰：依《軍防令》："防人番代，皆十月一日交代。"（卷十六擅興239疏議）（參見《唐令拾遺》軍防令第三五條。）

（4）【疏】議曰：依《軍防令》："防人在防，守固之外，唯得修理軍器、城隍、公廨、屋宇。各量防人多少，於當處側近給空閑地，逐水陸所宜，斟酌營種，并雜蔬菜，以充糧貯及充防人等食。"（卷十六擅興239疏議）（參見《唐令拾遺》軍防令第三六條。）

（5）依《軍防令》："闌得甲仗，皆即輸官。"（卷十六擅興243疏議）

（6）依令應送還本鄉者，《軍防令》："征行衛士以上，身死行軍，具錄隨身資財及屍，付本府人將還。無本府人者，付隨近州縣遞送。"（卷二十六雜律407疏議）

10. 假寧令

唐時關於官吏節假日休假的法令。假寧，即是休假歸寧，即休假回家省親。《假寧令》即是設立各種給假的名目、範圍和日數的令文。由《假寧令》及其他相關的令、格、式、律、敕，共同規定着唐宋時代的休假制度。《舊唐書·職官志二》："內外官吏，則有假寧之節，行李之命。"宋王禹偁《野興亭記》："至若假寧著令，休沐得告，絳騶騑騑，言適於野。"假日範圍包括元旦、冬至諸大節令及紀念日、皇帝生日，田假（在五月）、授衣假（在九月），婚喪嫁娶、掃墓及外官任命後的製裝假等。令文散見於《開元禮》《唐六典》《唐律疏議》、敦煌發現的《唐職官表》諸書。日本養老時代的《假寧令》亦可資參考。另，該令還見於日本學者仁井田陞輯錄的《唐令拾遺》。

《唐律疏議》中用例如：

（1）準令："臨時應給假者及前有阻難，不可得行，聽除假。"（卷三名例25疏議）（參見《唐令拾遺》假寧令第十七條。）

（2）【疏】議曰：依令，之官各有裝束程限。限滿不赴，一日笞十，十日加一等，罪止徒一年。其替人已到，淹留不還，準不赴任之程，減罪二等。其有田苗者，依令"聽待收田訖發遣"。無田苗者，依限須還。（卷九職制96疏議）（參見《唐令拾遺》假寧令第一四條。）

（3）其改嫁者，唯止服期，依令不合解官，據禮又無心喪，雖曰子孫，唯準期親卑幼，若犯此母，亦同期親尊長。（卷二十三鬥訟345疏議問答二）（參見《唐令拾遺》假寧令第五條丙款。）

上舉幾例，文中雖未明言"假寧令"，但依據所述內容，均爲《假寧令》，相關內容可參見《唐令拾遺》對應條款。

11. 雜令

唐時不便歸爲一類的法令。如度量衡的標準，斷屠月（正、五、九月）的規定，礦物私采的准許，公私放債月息的限額，官、私地得宿藏物的分配法，畜產傷人的懲治法，五品職事官因私事外出投驛住宿的規定等。令文多與《唐律疏議》之《雜律》相關。散見於《唐六典》《唐律疏議》《唐會要》《通典》《舊唐書·食貨志》諸書。日本養老時代的《雜令》亦可資參考。另，該令還見於日本學者仁井田陞輯錄的《唐令拾遺》。

《唐律疏議》中用例如：

（1）【疏】議曰：依《雜令》："畜產觝人者，截兩角；踶人者，絆足；齧人者，截兩耳。"（卷十五廄庫207疏議）

（2）【疏】議曰："不應入驛而入者，笞四十"，《雜令》："私行人，職事五品以上、散官二品以上、爵國公以上，欲投驛止宿者，聽之。邊遠及無村店之處，九品以上、勛官五品以上及爵，遇屯驛止宿，亦聽。並不得輒受供

給。"（卷二十六雜律 409 疏議）

（3）其校法，《雜令》："量，以北方秬黍中者，容一千二百爲龠，十龠爲合，十合爲升，十升爲斗，三斗爲大斗一斗，十斗爲斛。秤權衡，以秬黍中者，百黍之重爲銖，二十四銖爲兩，三兩爲大兩一兩，十六兩爲斤。度，以秬黍中者，一黍之廣爲分，十分爲寸，十寸爲尺，一尺二寸爲大尺一尺，十尺爲丈。"（卷二十六雜律 417 疏議）

12. 捕亡令

唐時關於追捕逃亡人的法令。包括逃亡的囚犯、征人、防人、流人、移鄉人、奴婢、謀爲"寇賊"和"盜賊"者、殺傷人者。對追捕的辦法，捕獲盜賊、奴婢的賞例以及闌遺物（失物）的招領辦法亦有規定。令文散見於《唐律疏議》之《捕亡律》《鬥訟律》《賊盜律》。日本養老時代的《捕亡令》亦可資參考。另，該令還見於日本學者仁井田陞輯錄的《唐令拾遺》。

《唐律疏議》中用例如：

（1）【疏】議曰：依《捕亡令》："囚及征人、防人、流人、移鄉人逃亡，及欲入寇賊，若有賊盜及被傷殺，並須追捕。"（卷二十八捕亡律 451 疏議）

（2）依《捕亡令》："有盜賊及傷殺者，即告隨近官司、村坊、屯驛。聞告之處，率隨近軍人及夫，從發處追捕。"（卷二十八捕亡律 456 疏議）

13. 關市令

關市，關隘與市場。古代指設在交通要道的集市，後來專指設在邊境同外族或外國通商的市場。《關市令》爲唐代關於關津及市場管理的法令。如度關及津（渡口）須有過所（通行證），錦、綾、絲、布、金、銀、鐵等不得度西北邊諸關，市場啟閉時間，物價、度量衡管理制度等。令文散見於《唐六典》《唐律疏議》諸書。日本養老時代的《關市令》亦可資參考。另，該令還見於日本學者仁井田陞輯錄的《唐令拾遺》。

《唐律疏議》中用例如：

（1）【疏】議曰：依《關市令》："錦、綾、羅、縠、紬、綿、絹、絲、布、氂牛尾、真珠、金、銀、鐵，並不得度西邊、北邊諸關及至緣邊諸州興易。"（卷八衛禁 87 疏議）（參見《唐令拾遺》關市令第 4 條）

（2）【疏】議曰："校斛斗秤度"，依《關市令》："每年八月，詣太府寺平校，不在京者，詣所在州縣平校，並印署，然後聽用。"（卷二十六雜律 417 疏議）

14. 職員令

唐代關於各統治機構官員數目、職掌的法令。具體區分爲三師三公台省職員令、寺監職員令、衛府職員令、東宮王府職員令、州縣鎮戍岳瀆關津職員令、內外命婦職員令等六項，可視爲各級政府的組織法。令文散見於《唐六典》《通典》《唐律疏議》《舊唐書·職官志》諸書，敦煌曾發現唐《職員令》殘卷。另，該令還見於日本學者仁井田陞輯錄的《唐令拾遺》。

《唐律疏議》中用例如：

【疏】議曰：在令，置官各有員數。員外剩置，是名"過限"。（卷四名例35疏議）（參見《唐令拾遺》職員令第1條）

上所舉例，文中雖未明言"職員令"，但依據所述內容，確爲職員令，相關內容可參見《唐令拾遺》對應條款。

15. 宮衛令

中國古代關於宮廷警衛方面的法令。宮衛指皇宮的保衛工作。《後漢書·齊武王縯傳》："宗尊爲小君，宮衛周備，出有輜軿之飾，入有牖戶之固。"《左傳·文公元年》"掌環列之尹"，晉杜預注："環列之尹，宮衛之官，列兵而環王宮。"唐代《宮衛令》是關於長安城門（包括京城門、皇城門、宮城門、宮門、殿門等）的啟、閉和保衛規定的法令。令文散見於《唐六典》《唐律疏議》諸書。日本養老時代的《宮衛令》亦可資參考。另，該令還見於日本學者仁井田陞輯錄的《唐令拾遺》。

《唐律疏議》中用例如：

（1）其宿次未到而輒宿而輒宿；及籍在東門而從西門入者，依令："非應從正門入者，各從便門著籍。"（卷七衛禁64疏議）（參見《唐令拾遺》宮衛令第2條）

（2）【疏】議曰：應出宮殿，謂改任、行使、假患、番下、事故等，依令"門籍當日即除"。（卷七衛禁68疏議）（參見《唐令拾遺》宮衛令第2條）

上舉二例，文中雖未明言"宮衛令"，但依據所述內容，均爲《宮衛令》，相關內容可參見《唐令拾遺》對應條款。

16. 三師三公台省職令

唐令篇名，屬於職員令中的一種。唐代以太師、太傅、太保爲三師，太尉、司徒、司空爲三公。唐代尚書省稱中台，門下省稱東台，中書省稱西台，統稱台省。令文見於《唐律疏議》中的零散引用，還見於日本學者仁井田陞輯錄的《唐令拾遺》。

《唐律疏議》中用例如：

（1）【疏】議曰："官有員數"，謂內外百司，雜任以上，在令各有員數。（卷九職制91疏議）（參見《唐令拾遺》三師三公台省職令第1條）

（2）"侍臣"，謂中書、門下省五品以上，依令應侍從者，加罪一等。（卷九職制 97 疏議）（參見《唐令拾遺》三師三公台省職令第 4 條以下）

（3）【疏】議曰：御厨造膳，從造至進，皆有監當官司。依令："主食升階進食。"（卷九職制 107 疏議）（參見《唐令拾遺》三師三公台省職令第 6 條）

上舉幾例文中所提到的"令"，雖未明言"三師三公台省職令"，但依據所述內容，均爲《三師三公台省職令》，相關內容可參見《唐令拾遺》對應條款。

17. 考課令

《考課令》爲考核銓敘官吏的法令，是唐代關於官吏的考核制度及科舉取士的考試辦法的法令。令文散見於《唐六典》《通典》《唐會要》諸書，也見於《唐律疏議》中的零散引用。日本養老時代的《考課令》亦可資參考。另，該令還見於日本學者仁井田陞輯錄的《唐令拾遺》。

《唐律疏議》中用例如：

（1）其"課試"，謂貢舉之人藝業伎能，依令課試有數。（卷九職制 92 疏議）（參見《唐令拾遺》考課令第 49、50、51、52 條）

（2）"負殿應附不附"者，依令："私坐每一斤爲一負，公罪二斤爲一負，各十負爲一殿。"（卷九職制 92 疏議）（參見《唐令拾遺》考課令第 38 條）

上舉二例文中所提到的"令"，雖未明言"考課令"，但依據所述內容，均爲《考課令》，相關內容可參見《唐令拾遺》對應條款。

18. 醫疾令

唐時關於醫藥診療的法令。如爲皇帝配藥的程式，各科醫生學習及考試制度等。令文散見於《唐六典》《唐律疏議》諸書。日本養老時代的《醫疾令》亦可資參考。另，該令還見於日本學者仁井田陞輯錄的《唐令拾遺》。

《唐律疏議》中用例如：

"監當官司"，依令："合和御藥，在內諸省，省別長官一人，并當上大將軍、將軍、衛別一人，與尚藥、奉御等監視。藥成，醫以上先嘗。"（卷九職制 102 疏議）（參見《唐令拾遺》醫疾令第 1 條）

上所舉例，文中雖未明言"醫疾令"，但依據所述內容，確爲《醫疾令》，相關內容可參見《唐令拾遺》對應條款。

19. 儀制令

據史料記載，《儀制令》起源於唐代，盛行於宋代。儀制是朝廷頒布的法規禮節，即社會奉行的禮儀制度，令即命令，是根據禮儀制度而下達的命令，帶有法律的強制性。唐代《儀制令》是關於貴族官僚公私生活禮節的法令。

如臣子對皇帝的各種尊稱、朝參、表賀規定，對日蝕、月蝕、祥瑞事物出現時的措施，文武官按品級高下陳設，建立不同數目的門戟和家祠，乘不同式樣的車，低級見高級官吏致拜以及行路時賤避貴、少避老、輕避重、去避來的規定等。令文散見於《唐律疏議》《唐六典》《開元禮》《通典》《唐會要》諸書。日本養老時代的《儀制令》亦可參考。另，該令還見於日本學者仁井田陞輯錄的《唐令拾遺》。

《唐律疏議》中用例如：

（1）依《儀制令》："皇帝踐阼及加元服，皇太后加號，皇后、皇太子立及赦元日，刺史若京官五品以上在外者，並奉表疏賀，州遣使，餘附表。"（卷十職制 125 疏議）（參見《唐令拾遺》儀制令第 8 條）

（2）車者，《儀制令》："一品青油纁，通幰，虛偃。"（卷二十六雜律 403 疏議）

（3）【疏】議曰："令有禁制"，謂《儀制令》"行路，賤避貴，去避來"之類，此是"令有禁制，律無罪名"，違者，得笞五十。（卷二十七雜律 449 疏議）

20. 祿令

唐時關於百官俸祿的法令。令文散見於《唐六典》《通典》《唐律疏議》及敦煌發現的《唐職官表》諸書。日本養老時代的《祿令》亦可資參考。另，該令還見於日本學者仁井田陞輯錄的《唐令拾遺》。

《唐律疏議》中用例如：

（1）【疏】議曰：應食祿者，具在《祿令》。（卷十一職制 138 疏議）

（2）【疏】議曰：其物未應出給者，依令："應給祿者，春秋二時分給。"未至給時而給者，亦依前坐贓科罪。（卷十五廄庫 222 疏議）（參見《唐令拾遺》祿令第 2 條）

上所舉第二例，文中雖未明言"祿令"，但依據所述內容，確爲《祿令》，相關內容可參見《唐令拾遺》對應條款。

21. 喪葬令

《喪葬令》是唐時關於喪葬禮節制度的法令，是關於社會各個階層人口死亡之後如何處理的法律，涵蓋各階層人口死亡報官流程及死者財產繼承的相關問題。令文對王公百官以至庶人的喪葬儀制，諸如死亡名稱（薨、卒、死）、衣衾棺槨、墳墓碑碣、明器、石人石獸以及出殯儀仗等均有詳細規定。令文散見於《開元禮》《唐六典》《唐律疏議》《通典》諸書。日本養老時代的《喪葬令》亦可資參考。另，該令還見於日本學者仁井田陞輯錄的《唐令拾遺》。

《唐律疏議》中用例如：

(1)《喪葬令》："使人所在身喪，皆給殯殮調度，遞送至家。"（卷二十六雜律 407 疏議）

(2)【疏】議曰：《喪葬令》："五品以上聽立碑，七品以上立碣。塋域之內，亦有石獸。"（卷二十七雜律 443 疏議）

22. 營繕令

營繕：修繕；修建。《營繕令》爲唐代關於土木建築的法令。如修城郭築堤防，須計人功多少，經尚書省批准；王公以下至庶人房舍形式及間數各有規格等。令文散見於《唐律疏議》《唐六典》諸書。日本養老時代的《營繕令》亦可資參考。另，該令還見於日本學者仁井田陞輯錄的《唐令拾遺》。

《唐律疏議》中用例如：

(1)【疏】議曰：修城郭，築堤防，興起人功，有所營造，依《營繕令》："計人功多少，申尚書省聽報，始合役功。"（卷十六擅興 240 疏議）

(2)【疏】議曰：營造舍宅者，依《營繕令》："王公以下，凡有舍屋，不得施重栱、藻井。"（卷二十六雜律 403 疏議）

(3)【疏】議曰：依《營繕令》："近河及大水有堤防之處，刺史、縣令以時檢校。若須修理，每秋收訖，量功多少，差人夫修理。若暴水泛溢，損壞堤防，交爲人患者，先即修營，不拘時限。"（卷二十七雜律 424 疏議）

23. 鹵簿令

鹵簿，古代帝王駕出時扈從的儀仗隊。宋葉夢得《石林燕語》卷四："唐人謂鹵，櫓也，甲楯之別名。凡兵衛以甲楯居外爲前導，捍蔽其先後，皆著之簿籍，故曰'鹵簿'。"《鹵簿令》爲古代關於儀仗隊伍的法令。如唐代對皇帝、皇室（皇后、太子、太子妃等）、王公、四品以上職事官、二品以上散官等出行，京官五品以上婚葬時應配備的儀仗隊伍編制，有詳細的規定。令文散見於《唐律疏議》《開元禮》《唐會要》諸書。另，該令還見於日本學者仁井田陞輯錄的《唐令拾遺》。

《唐律疏議》中用例如：

注云"部伍，謂入導駕儀仗中者"，依《鹵簿令》："駕行，導駕者：萬年縣令引，次京兆尹，總有六引。"（卷二十四鬥訟 359 疏議）

24. 衣服令

唐代關於皇帝、皇后、皇太子以及文武百官等衣服、冠冕制度的法令。令文散見於《唐律疏議》《唐六典》《通典》《開元禮》《舊唐書·輿服志》諸書。另，該令還見於日本學者仁井田陞輯錄的《唐令拾遺》。

《唐律疏議》中用例如：

服者，《衣服令》："一品袞冕，二品鷩冕。"（卷二十六雜律403疏議）

（三）《唐律疏議》獨有的格名：別格

在秦漢簡牘法律文獻中尚未有"格"這種法律形式，而在《唐律疏議》中可見到一個"別格"。例如：

（1）問曰：私鑄錢事發，所獲作具及錢、銅，或違法殺馬牛等肉，如此之類，律、令無文，未知合没官以否？

答曰：其肉及錢，私家合有，準如律、令，不合没官。作具及錢，不得仍用，毀訖付主，罪依法科。其鑄錢見有別格，從格斷。餘條有別格見行破律者，並準此。（卷四名例32疏議問答）

（2）又，準別格："諸蕃人所娶得漢婦女爲妻妾，並不得將還蕃內。"（卷八衛禁88疏議）

（3）注云"供己求輸庸直"，謂有公案者，不坐。別格聽收庸直者，不拘此例。（卷十一職制143疏議）

（4）問曰：妄認良人爲隨身，妄認隨身爲部曲，合得何罪？答曰：依別格："隨身與他人相犯，並同部曲法。"即是妄認良人爲部曲之法。其妄認隨身爲部曲者，隨身之與部曲，色目略同，亦同妄認部曲之罪。（卷二十五詐偽375疏議問答）

從上舉諸例來看，"別格"應該不是一個專用詞，而是一個短語，意思是"別的格""其他的格""另有格（可參照）"。

"格以禁違正邪"，即國家機關的行政法規，爲官吏必須遵行的各種單行敕令、指示的彙集，通常是禁人違反的法律條例。格不僅涉及的範圍廣泛，而且比較具體。格的演變，據《唐六典》載：漢有建武律、令、故事上中下三篇，晉賈充撰律令並刪定當時制詔之條爲故事三十卷，與律並行。梁易故事爲科。後魏以格代科，於麟趾殿刪定，名爲《麟趾格》。北齊因魏立格，撰權格，與律令並行。唐代法典中格經常編修，有《武德格》《貞觀格》《永徽格》《神龍格》《開元格》等。格的來源是詔敕。詔敕是皇帝臨時頒發交由國家機關執行的各種單行法規與指示，內容駁雜，有屬律的範圍的，也有屬令的範圍的，但在未編入格以前，都是臨時性的，由於其量時立制的性質，因而唐代"諸制敕斷罪，臨時處分，不爲永格者，不得引爲後比。"詔敕經挑選、修改、整理入格以後，以一般的法律形式出現，便算是永久性的"永格"了。

（四）《唐律疏議》獨有的式名

式的含義比較廣泛，有典禮儀式、公文程式等，但唐式最主要的內容則是指圍繞律令的執行所規定的細則以及百官諸司的辦事章程。唐代見於記載最早的式是貞觀十一年和律、令、格一起公布的《貞觀式》，共三十三篇，分二十卷，以尚書省二十四司及秘書、太常、司農、光祿、太僕、太府、少府、監門宿衛、計帳爲其篇名。其後多次刪定，因此又有《永徽式》十四卷，《垂拱式》《神龍式》《開元式》等各二十卷，篇數則均爲三十三篇。唐式以官府命篇名，可能是沿襲曹魏末年的老辦法，把有關各種制度的細則規定按性質歸口，分別由官府機構掌握，負責貫徹執行。唐式的佚文散見於《唐律疏議》《白氏六帖》《唐會要》《宋刑統》及日本文獻中亦不少，敦煌發現的唐《水部式》殘卷則是目前所能看到的字數最多的唐式原文。內容是關於灌溉設施的使用、維修，水道運輸、橋梁和津渡的管理辦法等具體規定。

"式以軌物程事"，即官府機構的辦事章程。如《水部式》（羅振玉《鳴沙石室佚書》收載），規定關於水利設施的使用維修，水道運輸和橋梁、津渡的管理維修等章程；《職方式》中有關於烽燧的舉放數目、各烽聯絡辦法等規定。律、令創始於秦，格、式創始於東魏、西魏，至隋並行，唐沿用而更加完備。四者密切聯繫，互相配合，構成嚴密的統治制度和法典體系，對後世影響甚大。

《唐律疏議》中所見的式有如下幾種：

1. 刑部式

例如：

先已去任，本罪不至解官，奉敕解者，依《刑部式》，敘限同考解例。本犯應合官當者，追毀告身。（卷二名例17疏議問答二）

《刑部式》爲唐式篇名，規定司法管理之細則，如判決之申覆，獄囚之詳慮，上請之奏裁，冤濫之平反等。由尚書省刑部司掌握執行。原式已佚。

2. 門下省式

例如：

【疏】議曰：尚書省應奏之事，須緣門下者，以狀牒門下省，準式依令，先門下錄事勘，給事中讀，黃門侍郎省，侍中審。（卷五名例40疏議）

上舉例中的"式"，雖未明言是"門下省式"，但據其內容，確爲《門下省式》。

門下省是中央政權體系中的三省之一，主要負責審查詔令內容。除門下省以外，中央政權體系中還有負責草擬和頒發皇帝詔令的中書省，以及負責執行國家重要政令的尚書省。其中，中書省和門下省爲決策機構，尚書省則爲執行機構。

《門下省式》，即規定門下省官府機構的辦事章程。

3. 宿衛式

例如：

（1）【疏】議曰：依式："衛士以上，應當番宿衛者，皆當衛見在長官，割配於職掌之所，各依仗衛次第坐立。"（卷七衛禁 70 疏議）

（2）答曰：依式："三衛去京二千里外，六十日上；嶺南爲季上。"三十四日罪止，爲包遠道生文。（卷七衛禁 70 疏議問答）

以上兩例中的"式"，雖未明言是"宿衛式"，但據其內容，確爲《宿衛式》。

宿衛即在宮禁中值宿，擔任警衛。《宿衛式》，即在宮禁中值宿、擔任警衛方面的章程。

4. 監門式

例如：

（1）【疏】議曰："奉敕以合符夜開宮殿門"，依《監門式》："受敕人具錄須開之門，併入出人帳，宣敕送中書，中書宣送門下。"（卷七衛禁 71 疏議）

（2）【疏】議曰：依《監門式》："駕在大內，宮城門及皇城門鑰匙，每去夜八刻出閉門，二更二點進入。京城門鑰，每去夜十三刻出閉門，二更二點進入。"（卷七衛禁 71 疏議）

（3）又依《監門式》："京城每夕分街立鋪，持更行夜。鼓聲絕，則禁人行；曉鼓聲動，即聽行。若公使齎文牒者，聽。其有婚嫁，亦聽。"（卷八衛禁 81 疏議）

（4）《監門式》："皇城內諸街鋪，各給木契。京城諸街鋪，各給木魚。"（卷十六擅興 226 疏議）

《監門式》爲唐監門衛辦事章程，爲關於宮殿城門出入、啟閉等的管理制度。全文已佚。《唐律疏議・衛禁・奉敕夜開宮殿門》及《擅興・應給發兵符不給》中尚保存部分佚文。

5. 主客式

例如：

又準《主客式》："蕃客入朝，於在路不得與客交雜，亦不得令客與人言語。州、縣官人若無事，亦不得與客相見。"即是國內官人、百姓，不得與客交關。（卷八衛禁 88 疏議）

《主客式》爲唐尚書省禮部主客司辦事章程。式文已佚。上例即《唐律疏議・衛禁・越度緣邊關塞》中保存的一條關於蕃客入朝在路，國內百姓、官人不得與客交關的式文。

6. 職方式

例如：

(1)【疏】議曰：依《職方式》："放烽訖而前烽不舉者，即差腳力往告之。"（卷八衛禁90疏議）

(2)【疏】議曰：依式："望見煙塵，即舉烽燧。"（卷八衛禁90疏議）

上舉第（2）例中的"式"，雖未明言是"職方式"，但據其內容，確爲《職方式》。

"職方"指國家六部機關之一的兵部中一個所屬機構。《職方式》，則規定該機關工作活動一些細則、公文程式等。職方式爲唐式篇名，是唐尚書省兵部職方司辦事章程，規定疆域邊防管理之細則，如地圖之繪製保管，鎮戍之廢置分布，烽堠之調整節制等，由尚書省兵部職方司掌握執行。原式已佚，大致內容可參閱《大唐六典》卷五職方郎中員外郎條及注。上舉兩例即《唐律疏議·衛禁·烽候不警》中略引此式中關於烽候放烽規定的條文。

7. 庫部式

例如：

其甲非皮、鐵者，依《庫部式》，亦有聽畜之處，其限外剩畜及不應畜而有者，亦準禁兵器論。（卷十六擅興243疏議）

《庫部式》爲唐尚書省兵部庫部司辦事章程。式文已佚。上例即《唐律疏議·擅興·私有禁兵器》中引本式對甲非皮、鐵者允許私有的一條規定。

8. 駕部式

例如：

又準《駕部式》："六品以下前官、散官、衛官，省司差使急速者，給馬。使回及餘使，並給驢。"（卷十職制127疏議）

《駕部式》爲唐尚書省兵部駕部司辦事章程。式文已佚。上例即《唐律疏議·職制·增乘驛馬》中引此式關於驛傳給馬、給驢的一條規定。

9. 太僕式

例如：

【疏】議曰：依《太僕式》："在牧馬，二歲即令調習。每一尉配調習馬人十人，分爲五番上下，每年三月一日上，四月三十日下。"（卷十五廐庫202疏議）

《太僕式》爲唐代太僕寺辦事章程。式文已佚。上例爲《唐律疏議·廐庫·官馬不調習》所引此式中關於牧馬調習的一條規定。太僕：官名。周官有太僕，掌正王之服位，出入王命，爲王左馭而前驅。秦漢沿置，爲九卿之一，爲天子執御，掌輿馬畜牧之事。南朝不常置。北齊始稱太僕寺卿、少卿。歷代沿置，清廢。

10. 兵部式

例如：

從行，準《兵部式》："從行身死，折衝賻三十段，果毅二十段，別將十段，并造靈轝，遞送還府。隊副以上，各給絹兩匹，衛士給絹一匹，充殮衣，仍並給棺，令遞送還家。"（卷二十六雜律407疏議）

《兵部式》爲唐代尚書省兵部司辦事章程。式文已佚。上例爲《唐律疏議·雜律·從征從行身死不送還鄉》中所引本式關於從行身死的府兵軍官、衛士的身後處理辦法的一條規定。兵部爲古時官署名，掌管全國武官選用和兵籍、軍械、軍令之政，長官爲兵部尚書，有時稱爲武部，清末改爲陸軍部。

11. 禮部式

例如：

"別式減一等"，謂《禮部式》"五品以上服紫，六品以下服朱"之類，違式文而著服色者，笞四十，是名"別式減一等"。物仍沒官。（卷二十六雜律449疏議）

《禮部式》爲唐代尚書省禮部司辦事章程。式文已佚。上例爲《唐律疏議·雜律·違令》中保存的本式"五品以上服紫，六品以下服朱"的一條規定。禮部，是中國古代官署之一。北魏始置，隋朝以後爲中央行政機構六部之一，掌管五禮之儀制及學校貢舉之法。考吉、嘉、軍、賓、凶五禮之用；管理全國學校事務，科舉考試，藩屬和外國之往來事。長官爲禮部尚書，其後歷代相沿不改。隋至宋屬尚書省，元屬中書省，明、清爲獨立機構，直接聽命於皇帝。隋置尚書一人。

第四章
秦漢簡牘法律文獻與《唐律疏議》罪名比較

在秦漢簡牘法律文獻與《唐律疏議》中，既有一些相同的罪名，也有一些不同的罪名。當然，秦漢簡牘法律文獻中所獨有的罪名更多一些。有些罪名名稱儘管不盡相同，但它們在內容意義上卻是有關聯的。總之，兩種法律文獻中的罪名既有聯繫又有區別，體現出它們之間的繼承和發展關係。

第一節　共同具有的罪名

在秦漢簡牘法律文獻與《唐律疏議》中，有一些罪名是相同的。這說明，唐律繼承沿用了秦漢律的一些罪名。

（一）危害中央集權、侵犯皇帝尊嚴類犯罪

這類犯罪共有的罪名主要有謀反、矯制等。

1. 謀反

見於張家山漢簡，例如：

（1）以城邑亭障反，降諸侯，及守乘城亭障，諸侯人來攻盜，不堅守而棄去之若降之，及謀反者，皆要（腰）斬。（二年律令1—2）

（2）其坐謀反者，能偏（遍）捕，若先告吏，皆除坐者罪。（二年律令1—2）

謀反，謀劃造反，圖謀反叛。在封建社會被列爲重罪，要處極刑。

"謀反"還見於懸泉漢簡、居延新簡、額濟納漢簡、敦煌漢簡等，是漢代常見罪名，此不贅舉。

《唐律疏議》中也有"謀反"罪名，且被列爲"十惡"之首，深爲統治者所恨，對之施以極刑。"謀反"一詞在《唐律疏議》中凡47見，例如：

（1）十惡：一曰謀反。（謂謀危社稷）（卷一名例6）

(2) 爲子爲臣，惟忠惟孝。乃敢包藏凶慝，將起逆心，規反天常，悖逆人理，故曰"謀反"。（卷一名例6疏議）

(3) 答曰：謀反、大逆，罪極誅夷，污其室宅，除惡務本。罪人既不會赦，緣坐亦不合原，去取之宜，皆隨罪人爲法。（卷四名例32疏議問答）

(4) 諸謀反及大逆者，皆斬；父子年十六以上皆絞，十五以下及母女、妻妾子妻妾亦同、祖孫、兄弟、姊妹若部曲、資財、田宅並没官。（卷十七賊盜248）

(5) 諸知謀反及大逆者，密告隨近官司，不告者，絞。（卷二十三鬥訟340）

(6) 諸聞知有恩赦而故犯，及犯惡逆，若部曲、奴婢毆及謀殺若強姦主者，皆不得以赦原。即殺小功尊屬、從父兄姊及謀反大逆者，身雖會赦，猶流二千里。（卷三十斷獄489）

可見，在漢簡和《唐律疏議》中都有"謀反"罪名，謀反一直以來都威脅到統治者政權的穩固，是他們的心頭大患，所以自古都被列爲重罪，罪犯被處以極刑，這一點是一脈相承的。

2. 矯制

見於張家山漢簡，作"撟"，通假字。例如：

撟（矯）制，害者，棄市；不害，罰金四兩。（二年律令11）

矯制，《漢書·高五王傳》："撟制以令天下。"注："撟，託也，託天子之制詔也。"害，指造成不良後果。孫家洲指出：同爲"矯制"之罪，只因客觀后果的不同（害與不害），在定罪量刑上就有"棄市"與"罰金四兩"的強烈反差，這體現出漢代立法的理性精神，實際上強調了根據案件的客觀效果來定罪量刑。①

"矯制"也見於《唐律疏議》中，例如：

其收捕謀叛以上，不容先聞而矯制，有功者，奏裁；無功者，流二千里。（卷二十五詐偽367）

可見，在漢簡和《唐律疏議》中都有"矯制"這一罪名，體現出這種犯罪的連貫性和法律用語的傳承性。

（二）侵犯人身安全類犯罪

這類犯罪共有的罪名主要有格殺、鬥殺、鬥傷、恐喝、強姦、毆、毆擊、略賣等。

---

① 孫家洲：《再論"矯制"——讀〈張家山漢墓竹簡〉札記之一》，載《張家山漢簡〈二年律令〉研究文集》，廣西師範大學出版社2007年版，第226—237頁。

1. 格殺

見於睡虎地秦簡，作"挌殺"。例如：

求盜追捕罪人，罪人挌（格）殺求盜，問殺人者爲賊殺人，且斷（鬭）殺？斷（鬭）殺人，廷行事爲賊。（法律答問 66）

（求盜追捕罪犯，罪犯擊殺求盜，問殺人者應作爲賊殺人論處，還是作爲鬭殺人論處？係鬭殺人，但成例以賊殺人論處。）

挌（格）殺，擊殺。挌，《説文・手部》："擊也。从手各聲。"古書也寫作格、敆。格殺，見《後漢書・董宣傳》："乃駐車叩馬，以刀畫地，大言數主之失，叱奴下車，因格殺之。"

"格殺"也見於《唐律疏議》，凡 5 見。例如：

（1）【疏】議曰："夜無故入人家"，依刻漏法：晝漏盡爲夜，夜漏盡爲晝。謂夜無事故，輒入人家，笞四十。家者，謂當家宅院之内。登於入時，被主人格殺之者，勿論。（卷十八賊盜 269 疏議）

（2）諸捕罪人而罪人持仗拒捍，其捕者格殺之及走逐而殺走者，持仗、空手等。若迫窘而自殺者，皆勿論。（卷二十八捕亡 452）

（3）【疏】議曰：謂罪人空手，雖相拒捍，不能爲害，而格殺之者，徒二年。（卷二十八捕亡 452 疏議）

（4）"捕格法，準上條"，持仗拒捍，其捕者得格殺之；持仗及空手而走者，亦得殺之。（卷二十八捕亡 453 疏議）

可見，"格殺"罪名自秦漢至隋唐一直存在，體現出該種行爲具有一慣性和連續性。

當然，格殺很多時候也不算是罪名，有時就是一種正當防衛行爲，比如上面例（1）中的家主格殺夜闖民宅者無罪，例（4）中罪人持仗頑抗而依法追捕者有權格殺之，這些都是合法正當行爲。

2. 鬭殺

見於睡虎地秦簡，作"斷殺"。斷，通"鬭"；鬭，同"鬥"。例如：

求盜追捕罪人，罪人挌（格）殺求盜，問殺人者爲賊殺人，且斷（鬭）殺？斷（鬭）殺人，廷行事爲賊。（法律答問 66）

又見於張家山漢簡，例如：

（1）賊殺人、鬭而殺人，棄市。其過失及戲而殺人，贖死；傷人，除。（二年律令 21）

（2）□□□□發及鬭殺人而不得，官嗇夫、士吏、吏部主者，罰金各二兩，尉、尉史各一兩。（二年律令 147）

鬭殺，意思是由於毆鬥、打架而殺死人，其罪比賊殺人輕。《晉書·刑法志》引張斐《律表》："兩訟相趣謂之鬭。"

"鬭殺"也見於《唐律疏議》，凡 26 見。例如：

（1）若犯十惡；反逆緣坐；及殺人者，謂故殺、鬭殺、謀殺等殺訖，不問首從。（卷二名例 9 疏議）

（2）其畜產殺傷人，仍作他物傷人，保辜二十日，辜內死者，減鬭殺一等。（卷十五廐庫 207 疏議）

（3）諸殘害死屍謂焚燒、支解之類、及棄屍水中者，各減鬭殺罪一等緦麻以上尊長不減。（卷十八賊盜 266）

（4）假如鬭殺弟妹徒三年，殺子孫徒一年半；若略賣弟妹爲奴婢，同鬭殺法徒三年，賣子孫爲奴婢徒一年半之類。（卷二十賊盜 294 疏議）

上舉各例中，"鬭殺"的意思也是由於毆鬥、打架而殺死人。

可見，《唐律疏議》中的"鬭殺"和秦漢簡牘法律文獻中的"鬭殺"意思是一樣的，它們之間應有一脈相承的傳承關係，前者應來源於後者。

3. 鬭傷

見於睡虎地秦簡，作"斲傷"。斲，通"鬭"；鬭，同"鬥"。例如：

甲賊傷人，吏論以爲鬭傷人，吏當論不當？當辟。（法律答問 119）

又見於張家山漢簡，例如：

鬭傷人，而以傷辜二旬中死，爲殺人。（二年律令 24）

斲傷、鬭傷，後來寫作鬥傷，意思是因鬥毆而致對方受傷，其罪比賊傷人輕。

"鬭傷"也見於《唐律疏議》，凡 9 見。例如：

（1）諸於宮內忿爭者，笞五十；聲徹御所及相毆者，徒一年；以刃相向者，徒二年。殿內，遞加一等。傷重者，各加鬭傷二等。（卷二十一鬭訟 311）

（2）諸拒州縣以上使者，杖六十；毆者，加二等；傷重者，加鬭傷一等。（卷二十二鬭訟 319）

（3）罪人本犯應死而殺者，加役流。即拒毆捕者，加本罪一等；傷者，加鬭傷二等；殺者，斬。（卷二十八捕亡 452）

（4）"失者，各減二等"，謂未產而失拷、決，於杖一百上減二等；傷重，於鬭傷上減二等。若產後限未滿而拷決者，於杖九十上減二等；傷重者，於鬭傷上減三等。（卷三十斷獄 495 疏議）

上舉各例中，"鬭傷"的意思也是因鬥毆而致對方受傷。

可見，《唐律疏議》中的"鬭傷"和秦漢簡牘法律文獻中的"斲傷""鬭傷"，其含義是一樣的，它們之間存在着一脈相承的傳承關係，前者來源於後者。

4. 恐猲

見於張家山漢簡，例如：

群盜及亡從群盜，毆折人枳（肢）、胅體及令彼（跛）蹇（蹇），若縛守將人而強盜之，及投書、縣（懸）人書恐猲人以求錢財，盜殺傷人，盜發冢，略賣人若已略未賣，橋（矯）相以爲吏，自以爲吏以盜，皆磔。（二年律令 65—66）

恐猲，亦作"恐愒"；亦作"恐喝"；亦作"恐曷"。恫嚇威脅。《戰國策·趙策二》："是故横人日夜務以秦權恐猲諸侯，以求割地。"《史記·蘇秦列傳》作"恐愒"。《公羊傳·僖公十四年》"蓋徐莒脅之"漢何休注："杞，王者之後，尤微，是見恐曷而亡。"《漢書·王子侯表》元鼎三年嗣葛魁侯戚"坐縛家吏，恐猲受賕，棄市"注："猲，以威力脅人也。"《晉書·刑法志》引張斐《律表》："將中有惡言爲恐猲。"

"恐喝"見於《唐律疏議》，凡 33 見。例如：

（1）問曰：居喪嫁娶，合徒三年；或恐喝或強，各合加至流罪。得入不孝流以否？（卷二名例 11 疏議問答）

（2）諸違律爲婚，雖有媒娉，而恐喝娶者，加本罪一等；強娶者，又加一等。被強者，止依未成法。（卷十四户婚 193）

（3）諸恐喝取人財物者口恐喝亦是，準盜論加一等；雖不足畏忌，財主懼而自與，亦同輾轉傳言而受財者，皆爲從坐。若爲人所侵損，恐喝以求備償，事有因緣之類者，非。若財未入者，杖六十。即緦麻以上自相恐喝者，犯尊長，以凡人論；強盜亦準此。犯卑幼，各依本法。（卷十九賊盜 285）

（4）"及恐迫人致死"，謂因公事，欲求其情，或恐喝，或迫脅，前人怕懼而自致死者：各依過失殺人法，各徵銅一百二十斤入死家。（卷三十斷獄 483 疏議）

（5）稱"之類"者，或雖非恩赦，而有格式改動；或非示導，而恐喝改詞。情狀既多，故云"之類"。（卷三十斷獄 487 疏議）

上舉各例中，"恐喝"的意思也是恫嚇威脅。《唐律疏議》卷十九《賊盜》285 疏議："恐喝者，謂知人有犯，欲相告訴，恐喝以取財物者。"説明了恫嚇威脅的目的是"以取財物"。

可見，張家山漢簡中的"恐猲"和《唐律疏議》中的"恐喝"意思是一樣的，應該是同一個詞，也是同一種罪名，它們之間有一脈相承的關係，只不過在寫法上略有差別。該詞書寫形式演變的綫索應該是這樣的：恐猲（愒/喝/曷）→恐喝→恐嚇（簡體爲"吓"）。

5. 强奸

見於張家山漢簡，例如：

☐亡人、略妻、略賣人、强奸、僞寫印者棄市罪一人，購金十兩。刑城旦春罪，購金四兩。完城☐二兩（二年律令 137—138）

又見於懸泉漢簡，强，作"彊"，"强"的古字。例如：

諸與人妻和奸，及所與☐爲通者，皆完爲城旦春，其吏也以彊（强）奸論之。（Ⅱ0112②：8）

强奸，即違背對方意願而强行與之發生性行爲，也是侵犯人身權利的犯罪。

强奸，也見於《唐律疏議》中，不過"奸"作"姦"。"强姦"在《唐律疏議》中凡 12 見，例如：

(1) 若被强姦，後遂和可者，亦是。（卷一名例 6 疏議）

(2)【疏】議曰：謂毆人折傷以上，或强姦及盜，此等應須捕攝，其捕攝之人，或無官詐稱有官，或官卑詐稱高官者，杖八十。（卷二十五詐偽 372 疏議）

(3) 因强姦而折傷者，絞。（卷二十六雜律 411 疏議）

(4) 但是强姦者，婦女皆悉無罪。（卷二十六雜律 415 疏議）

(5) 諸被人毆擊折傷以上，若盜及强姦，雖傍人皆得捕繫，以送官司。（卷二十八捕亡律 453）

表"奸淫"義本用"奸"，表"姦詐"義本用"姦"，二者略有區分，後來混同了。漢字簡化後，只保留了一個"奸"字。

秦漢簡牘法律文獻與《唐律疏議》中都有"强姦"罪名，説明這種犯罪具有一貫性，也説明法律用語的傳承性。

6. 毆

見於睡虎地秦簡，例如：

(1) 臣强與主奸，可（何）論？比毆主。（法律答問 75）

(2) 毆大父母，黥爲城旦春。"今毆高大父母，可（何）論？比大父母。（法律答問 78）

又見於張家山漢簡，例如：

(1) 鬼薪白粲毆庶人以上，黥以爲城旦春。城旦春也，黥之。（二年律令 29）

（2）奴婢毆庶人以上，黥顙，畀主。（二年律令 30）

（3）妻毆夫，耐爲隸妾。（二年律令 33）

（4）毆兄、姊及親父母之同產，耐爲隸臣妾。其奊詢詈之，贖黥。（二年律令 41）

毆，毆打，多指以下犯上的毆打，如卑下毆尊長、下屬毆上司等。還見於王杖十簡、懸泉漢簡等，此不贅舉。

"毆"也見於《唐律疏議》，出現頻率很高，例如：

（1）諸毆制使、本屬府主、刺史、縣令及吏卒毆本部五品以上官長，徒三年；傷者，流二千里；折傷者，絞折傷，謂折齒以上。（卷二十一鬥訟 312）

（2）若毆六品以下官長，各減三等；減罪輕者，加凡鬥一等；死者，斬。詈者，各減毆罪三等須親自聞之，乃成詈。（卷二十一鬥訟 312）

（3）即毆佐職者，徒一年；傷重者，加凡鬥傷一等；死者，斬。（卷二十一鬥訟 312）

（4）諸毆本屬府主、刺史、縣令之祖父母、父母及妻、子者，徒一年；傷重者，加凡鬥傷一等。（卷二十一鬥訟 314）

（5）諸皇家袒免親而毆之者，徒一年；傷者，徒二年；傷重者，加凡鬥二等。緦麻以上，各遞加一等。死者，斬。（卷二十一鬥訟 315）

不難看出，以上所舉各例中的"毆"，其含義與秦漢簡牘法律文獻中的"毆"是一致的，體現了法律用語的繼承性。

7. 毆擊

見於王杖十簡，例如：

河平元年，汝南西陵縣昌里先，年七十受王杖，頰部游徼吳賞，使從者毆擊先。（王杖十簡 4—5）

又見於王杖詔書令冊，例如：

隴西男子張湯，坐桀黠，毆擊王杖主，折傷其杖，棄市。（王杖十簡 25—26）

又見於旱灘坡東漢木簡，例如：

變事吏上，毆擊之。召，爰書。變事痛所毆以不能言變事，皆大逆不道□□☑（旱灘坡東漢木簡 2）

毆擊，毆打、擊打。

"毆擊"也見於《唐律疏議》，凡 32 見。例如：

（1）即得闌遺之物，毆擊財主而不還；及竊盜發覺，棄財逃走，財主追捕，因相拒捍；如此之類，事有因緣者，非強盜。（卷十九賊盜 281 注）

第四章　秦漢簡牘法律文獻與《唐律疏議》罪名比較 | 105

（2）諸本以他故毆擊人，因而奪其財物者，計贓以強盜論，至死者加役流。（卷十九賊盜 286）

（3）即威力使人毆擊，而致死傷者，雖不下手，猶以威力爲重罪，下手者減一等。（卷二十一鬥訟 309）

（4）諸祖父母、父母爲人所毆擊，子孫即毆擊之，非折傷者，勿論；折傷者，減凡鬥折傷三等；至死者，依常律謂子孫元非隨從者。（卷二十三鬥訟 335）

（5）諸被人毆擊折傷以上，若盜及強姦，雖傍人皆得捕繫，以送官司。（卷二十八捕亡律 453）

（6）諸監臨之官因公事，自以杖捶人致死及恐迫人致死者，各從過失殺人法；若以大杖及手足毆擊，折傷以上，減鬥殺傷罪二等。（卷三十斷獄 483）

不難看出，以上所舉各例中的"毆擊"，其含義與秦漢簡牘法律文獻中的"毆擊"是一致的，體現了法律用語的繼承性。

8. 略賣

見於張家山漢簡，例如：

（1）群盜及亡從群盜，毆折人枳（肢）、胅體及令彼（跛）蹇（蹇），若縛守將人而強盜之，及投書、縣（懸）人書恐猲人以求錢財，盜殺傷人，盜發冢，略賣人若已略未賣，橋（矯）相以爲吏，自以爲吏以盜，皆磔。（二年律令 65—66）

（2）智（知）人略賣人而與賈，與同罪。不當賣而私爲人賣，賣者皆黥爲城旦舂；買者智（知）其請（情），與同罪。（二年律令 67）

（3）□亡人、略妻、略賣人、強奸、僞寫印者棄市罪一人，購金十兩。刑城旦舂罪，購金四兩。（二年律令 137）

略賣，強行綁架人并將人賣掉，即劫掠販賣。《史記·外戚世家》："少君年四五歲時，家貧，爲人所略賣，其家不知其處。"略，《方言》二："求也。就室曰搜，於道曰略。略，強取也。"

"略賣"也見於《唐律疏議》，凡 10 見，例如：

（1）諸略人、略賣人不和爲略。十歲以下，雖和，亦同略法。爲奴婢者，絞；爲部曲者，流三千里；爲妻妾子孫者，徒三年。（卷二十賊盜 292）

（2）諸略賣期親以下卑幼爲奴婢者，並同鬥毆殺法無服之卑幼亦同。即和賣者，各減一等。其賣餘親者，各從凡人和略法。（卷二十賊盜 294）

（3）假有人知略賣良人爲奴婢而買之者，從絞上減一等，合流三千里之類。（卷二十賊盜 295）

可以看出，以上所舉各例中的"略賣"，其含義與張家山漢簡中的"略賣"是一樣的，這也體現了法律用語的繼承性。

（三）侵犯財產類犯罪

這類犯罪共有的罪名主要有盜、強盜、坐贓等。

1. 盜

見於睡虎地秦簡，例如：

（1）五人盜，臧（贓）一錢以上，斬左止，有（又）黥以爲城旦。（法律答問 1）

（2）甲盜，臧（贓）直（值）千錢，乙智（知）其盜，受分臧（贓）不盈一錢，問乙可（何）論？同論。（法律答問 9）

（3）父盜子，不爲盜。今叚（假）父盜叚（假）子，可（何）論？當爲盜。（法律答問 19）

又見於張家山漢簡，例如：

（1）盜臧（贓）直（值）過六百六十錢，黥爲城旦舂。（二年律令 55）

（2）盜盜人。臧（贓）見存者，皆以畀其主。（二年律令 59）

盜，偷盜，盜竊財物。

"盜"還見於龍崗秦簡、懸泉漢簡、居延漢簡等，例不贅舉。

"盜"也見於《唐律疏議》，出現頻率很高。例如：

（1）【疏】議曰：謂故毆小功尊屬至廢疾，及男夫於監守內犯十惡及盜，婦人姦入"內亂"者，併合除名。若男夫犯盜，斷徒以上及婦人犯姦者，併合免官。（卷二名例 11 疏議）

（2）即監臨主守，於所監守內犯姦、盜、略人，若受財而枉法者，亦除名。（卷二名例 18）

（3）【疏】議曰：除反、逆、殺人應死、盜及傷人之外，悉皆不坐，故云"餘皆勿論"。（卷四名例 30 疏議）

（4）會赦及降者，盜、詐、枉法猶徵正贓。（卷四名例 33）

（5）【疏】議曰：假有因盜故殺傷人，或過失殺傷財主而自首者，盜罪得免，故殺傷罪仍科。（卷五名例 37 疏議）

（6）【疏】議曰：假有白丁，犯盜五匹，合徒一年；又鬥毆折傷人，亦合徒一年。此名"等者"，須從一斷。（卷六名例 45 疏議）

不難看出，以上所舉各例中的"盜"，其含義與秦漢簡牘法律文獻中的"盜"是一樣的，這也體現了法律用語的繼承性。

2. 強盜

見於張家山漢簡，例如：

（1）群盜及亡從群盜，毆折人枳（肢）、胅體及令伮（跛）蹇（蹇），若縛守將人而強盜之，及投書、縣（懸）人書恐猲人以求錢財，盜殺傷人，盜發冢，略賣人若已略未賣，橋（矯）相以爲吏，自以爲吏以盜，皆磔。（二年律令 65—66）

（2）群盜殺傷人、賊殺傷人、強盜，即發縣道，縣道亟爲發吏徒足以追捕之，尉分將，令兼將，亟詣盜賊發及之所，以窮追捕之，毋敢□界而環（還）。（二年律令 140—141）

強盜，用暴力行爲強制性把屬於他人的財產占爲己有。

"強盜"也見於《唐律疏議》，出現頻率很高，凡 116 見。例如：

（1）【疏】議曰：在律，"正贓"唯有六色：強盜、竊盜、枉法、不枉法、受所監臨及坐贓。自外諸條，皆約此六贓爲罪。（卷四名例 33 疏議）

（2）諸強盜，不得財徒二年；一尺徒三年，二匹加一等；十疋及傷人者，絞；殺人者，斬殺傷奴婢亦同，雖非財主，但因盜殺傷皆是。其持仗者，雖不得財，流三千里；五疋，絞；傷人者，斬。（卷十九賊盜 281）

（3）諸故燒人舍屋及積聚之物而盜者，計所燒減價，併贓以強盜論。（卷十九賊盜 283）

（4）諸本以他故毆擊人，因而奪其財物者，計贓以強盜論，至死者加役流。（卷十九賊盜 286）

（5）諸因盜而過失殺傷人者，以鬥殺傷論，至死者加役流。其共盜，臨時有殺傷者，以強盜論；同行人不知殺傷情者，止依竊盜法。（卷二十賊盜 289）

（6）諸略奴婢者，以強盜論；和誘者，以竊盜論。各罪止流三千里。（雖監臨主守亦同。）即奴婢別齎財物者，自從強、竊法，不得累而科之。（卷二十賊盜 293）

強盜，謂以威若力而取其財，先強後盜、先盜後強等。若與人藥酒及食，使狂亂取財，亦是。即得闌遺之物，毆擊財主而不還；及竊盜發覺，棄財逃走，財主追捕，因相拒捍：如此之類，事有因緣者，非強盜。（卷十九賊盜 281 注）

不難看出，以上所舉各例中的"強盜"，其含義與秦漢簡牘法律文獻中的"強盜"基本是一樣的，說明該種犯罪具有連續性、一貫性，也說明該罪名具有傳承性。

3. 坐贓

見於睡虎地秦簡，贓，作"臧"，通假字。例如：

（1）甲乙雅不相智（知），甲往盗丙，毚（纔）到，乙亦往盗丙，與甲言，即各盗，其臧（贓）直（值）各四百，已去而偕得。其前謀，當併臧（贓）以論；不謀，各坐臧（贓）。（法律答問 12）

（2）把其叚（假）以亡，得及自出，當爲盗不當？自出，以亡論。其得，坐臧（贓）爲盗；盗罪輕於亡，以亡論。（法律答問 131）

又見於張家山漢簡，贓，作"臧"，通假字。例如：

（1）☒諸詐（詐）增減券書，及爲書故詐（詐）弗副，其以避負償，若受賞賜財物，皆坐臧（贓）爲盗。（二年律令 14）

（2）捕罪人弗當，以得購賞而移予它人，及詐偽，皆以取購賞者坐臧（贓）爲盗。（二年律令 155）

（3）故毁銷行錢以爲銅、它物者，坐臧（贓）爲盗。（二年律令 199）

還見於武威旱灘坡漢簡，贓，作"藏"，通假字。例如：

坐臧（贓）爲盗，在《公令第十九》。（旱灘坡漢簡 7）

以上所見秦漢簡牘法律文獻中的"坐臧"即是後來所寫的"坐贓"，在以上例句中都是"依所得贓數論罪、因贓獲罪"之義。

"坐贓"也見於《唐律疏議》，且是一個高頻詞，凡163見。例如：

（1）【疏】議曰：在律，"正贓"唯有六色：强盗、竊盗、枉法、不枉法、受所監臨及坐贓。自外諸條，皆約此六贓爲罪。（卷四名例 33 疏議）

（2）諸齎禁物私度關者，坐贓論；贓輕者，從私造、私有法。（卷八衛禁 87）

（3）諸受人財而爲請求者，坐贓論加二等；監臨勢要，準枉法論。與財者，坐贓論減三等。（卷十一職制 136）

（4）諸有事以財行求，得枉法者，坐贓論；不枉法者，減二等。（卷十一職制 137）

（5）諸貸所監臨財物者，坐贓論授訖未上，亦同。餘條取受及相犯，並準此。若百日不還，以受所監臨財物論。强者，各加二等。（卷十一職制 142）

坐贓，指官吏或一般人因以不正當手段獲取的不當得之財物而獲罪。據《唐律疏議·雜律·坐贓致罪條》疏議曰："坐贓者，謂非監臨主司，因事受財，而罪由此贓，故名'坐贓致罪'。"該條規定："坐贓致罪犯者，一尺笞二十，一匹加一等；十匹徒一年，罪止徒三年。與者，減五等。"坐贓適用的範圍較大，如爲求曲法之事，托人說情，稱爲"請求"，無論官民，爲人請求皆爲犯法，官員允諾與之同罪，實施者將受到"杖一百"的刑事懲罰。若受人錢物而爲人請求，非監臨之官，則"坐贓論加二等"；"監臨勢要，準枉法論";"與財者,坐贓論減三等",行賄者,則以坐贓論。受人之財和與人之財都是犯罪,此贓稱爲"彼此俱罪之贓",如行賄受賄、購買贓物及違禁品等,此贓依法當"沒官",即收歸國庫。

從以上比較分析可以看出,《唐律疏議》中的"坐贓"和秦漢簡牘法律文獻中的"坐臧",其表示的含義是基本相同的,都是由於不正當的獲利而致罪,"坐"也都是"因……而致罪"之義;略有不同的是:在秦漢律中,坐贓多是以盜竊罪論處,而《唐律疏議》中,坐贓的原因和處罰方式更爲複雜多樣。但儘管如此,它們之間的傳承關係還是一目了然的,是一脈相承的。

(四) 官吏瀆職類犯罪

這類犯罪共有的罪名主要有不直、縱囚、不覺、擅賦斂等。

1. 不直

見於睡虎地秦簡,例如:

(1) 問甲及吏可(何)論?甲當黥爲城旦;吏爲失刑罪,或端爲,爲不直。(法律答問 33—34)

(2) 甲有罪,吏智(知)而端重若輕之,論可(何)殹(也)?爲不直。(法律答問 36)

(3) 論獄【何謂】"不直"?可(何)謂"縱囚"?罪當重而端輕之,當輕而端重之,是謂"不直"。當論而端弗論,及傷其獄,端令不致,論出之,是謂"縱囚"。(法律答問 93)

又見於張家山漢簡,例如:

(1) 鞠(鞫)獄故縱、不直,及診、報、辟故弗窮審者,死罪,斬左止(趾)爲城旦,它各以其罪論之。(二年律令 93)

(2) 劾人不審,爲失;其輕罪也而故以重罪劾之,爲不直。(二年律令 112)

不直,義爲斷案不公正,是秦漢時吏常有的罪名,見《史記・秦始皇本紀》《漢書・張敞傳》等。《史記・秦始皇本紀》載秦始皇三十四年"適(謫)治獄吏不直者,築長城及南越地。"

"不直"還見於懸泉漢簡,此不贅舉。

"不直"也見於《唐律疏議》,例如:

主司不覺人盜封用者,各減封用罪五等;印,又減二等。即事直及避稽而盜用印者,各杖一百;事雖不直,本法應用印而封用者,加一等。主司不覺,笞五十;故縱者,各與同罪。(卷二十五詐僞 366)

其中的"不直"也是不公正、不合理、不合法的意思。

可見，《唐律疏議》中的"不直"和與秦漢簡牘法律文獻中的"不直"意思基本是一致的，都表示官吏斷案或處理事情不公正、不合理、不合法，都是官吏瀆職犯罪的一種。這也體現出該罪名用語的傳承性。

2. 縱囚

見於睡虎地秦簡，例如：

論獄【何謂】"不直"？可（何）謂"縱囚"？罪當重而端輕之，當輕而端重之，是謂"不直"。當論而端弗論，及傷其獄，端令不致，論出之，是謂"縱囚"。（法律答問 93）

縱囚，放縱囚犯。《漢書·景武昭宣元成功臣表》注引晉灼云："律說出罪爲故縱，入罪爲故不直。"與本條的解説不同。本條的意思是：應當論罪而故意不論罪，以及減輕案情，故意使犯人够不上判罪標準，於是判其無罪，稱爲"縱囚"。

又見於張家山漢簡，例如：

律：縱囚，與同罪。以此當丙、贅。（奏讞書 95）

又簡作"縱"，見於睡虎地秦簡，例如：

將上不仁邑里者而縱之，可（何）論？當毄（繫）作如其所縱，以須其得；有爵，作官府。（法律答問 63）

又見於張家山漢簡，例如：

及丙、贅備盜賊，捕蒼，蒼雖曰爲信，信非得擅殺人，而縱蒼，皆何解？（奏讞書 86—87）

"縱囚"也見於《唐律疏議》，例如：

（1）"故縱者，不給捕限"，謂主守及監當之官，故縱囚逃亡者，並不給限捕訪。即以其罪罪之者，謂縱死囚得死罪，縱流、徒囚得流、徒罪之類。（卷二十八捕亡律 466 疏議）

（2）諸縱死罪囚，令其逃亡，後還捕得及囚已身死，若自首，應減死罪者，其獲囚及死首之處，即須遣使速報應減之所，有驛處發驛報之。若稽留使不得減者，以入人罪故、失論減一等。（卷三十斷獄 501）

上舉 2 例中，"縱囚"的意思是"故意放走罪犯"。

由以上比較可見，在秦漢簡牘法律文獻和《唐律疏議》中都有"縱囚"罪名，它們表示的含義是類似的，當然也略有不同：《唐律疏議》中的"縱囚"意思是放走罪犯，而秦漢簡牘法律文獻中的"縱囚"還包括這樣的意思：應當論罪而故意不論罪，以及減輕案情，故意使犯人够不上判罪標準，於是判其無罪。可見，秦漢簡牘法律文獻中的"縱囚"的含義更廣一些。不過，

《唐律疏議》中的"縱囚"應當是從秦漢簡牘法律文獻中的"縱囚"繼承而來的，這一點是毋庸置疑、不可否認的。

3. 不覺

見於睡虎地秦簡，例如：

甲殺人，不覺，今甲病死已葬，人乃後告甲，甲殺人審，問甲當論及收不當？告不聽。（法律答問 68）

甲殺人，未被察覺，現甲因病死亡，已經埋葬，事後纔有人對甲控告，甲殺人系事實，問應否對甲論罪並没收其家屬？對控告不予受理。收，即收孥，《史記·商君列傳》有"舉以爲收孥"，索隱釋爲"糾舉而收録其妻子，没爲官奴婢"。《鹽鐵論·周秦》也説"秦有收孥之法"。

不覺，意思是未被察覺。當然，這個未被察覺不能完全歸責於官吏，可能是因爲其罪行過於隱秘，無人察覺；或者是有人知道，但未及時去官府告發。

"不覺"也見於《唐律疏議》，凡 102 見，是個高頻詞。例如：

(1) 即餘官及上官案省不覺者，各遞減一等；下官不覺者，又遞減一等。亦各以所由爲首。（卷五名例 40）

(2) 越垣者，徒三年。太社，各減一等。守衛不覺，減二等守衛，謂持時專當者；主帥又減一等。主帥，謂親監當者。（卷六名例 49）

(3) 諸宿衛者，以非應宿衛人冒名自代及代之者，入宮内，流三千里；殿内，絞。若以應宿衛人謂已下直者自代及代之者，各以闌入論。主司不覺，減二等；知而聽行，與同罪主司，謂應判遣及親監當之官。餘條主司準此。（卷七衛禁 62）

(4) 諸宮内外行夜，若有犯法，行夜主司不覺，減守衛者罪二等。（卷八衛禁 78）

(5) 諸緣邊城戍，有外姦内入謂非衆成師旅者，内姦外出，而候望者不覺，徒一年半；主司，徒一年謂内外姦人出入之路，關於候望者。（卷八衛禁 89）

(6) 諸里正不覺脱漏增減者，一口笞四十，三口加一等；過杖一百，十口加一等，罪止徒三年不覺脱户者，聽從漏口法。州縣脱户亦準此。若知情者，各同家長法。（卷十二户婚 151）

從上舉各例來看，唐律中的"不覺"，其意亦爲未能及時察覺。不過其歸責主體是守衛、主司等公職人員或官吏，這一點與睡虎地秦簡中的"不覺"又略有不同。

儘管《唐律疏議》中的"不覺"與睡虎地秦簡中的"不覺"在表意上略有差異，但其基本意義是相同的。不可否認，它們之間存在着一脈相承的傳承關係。

4. 擅賦斂

見於張家山漢簡，例如：

擅賦斂者，罰金四兩，責所賦斂償主。（二年律令185）

擅賦斂，《晉書·刑法志》引張斐《律表》："斂人財物，積藏於官，爲擅賦。"徐世虹認爲，賦斂一旦超出制度規定，擅自斂人錢財，即使所斂入官，亦屬擅賦。《漢書·平帝紀》載："以元壽二年倉卒時橫賦斂者，償其直（值）。"它不僅印證了《二年律令》185號簡律文的實施，而且表明該律文至少在西漢末期仍然有效。①

"擅賦斂"也見於《唐律疏議》，例如：

（1）【疏】議曰：假有官司，非法擅賦斂於一家，得絹五十疋：四十五疋入官，坐贓論，合徒二年半；五疋入私，以枉法論，亦合徒二年半。（卷六名例45疏議）

（2）諸差科賦役違法及不均平，杖六十。若非法而擅賦斂，及以法賦斂而擅加益，贓重入官者，計所擅坐贓論；入私者，以枉法論，至死者加役流。（卷十三戶婚173）

（3）假有擅賦斂得一百疋，九十疋入官，十疋入私，從入官九十疋倍爲四十五疋，合徒二年半，倍入私十疋爲五疋，亦徒二年半，不得累徒五年，須以入私十疋併滿入官九十疋，爲一百疋，倍爲五十疋，處徒三年。（卷十三戶婚173疏議）

由上比較不難看出，《唐律疏議》中的"擅賦斂"，其含義與張家山漢簡中的"擅賦斂"是一致的，指的是一回事，表示的是同一種罪名。封建統治者爲防止過度增加農民負擔而引起反抗，故定此罪名。這體現出該種犯罪行爲的一貫性和法律用語的傳承性。

（五）妨害婚姻家庭秩序類犯罪

這類犯罪共有的罪名主要有和奸、不孝等。

1. 和奸

見於張家山漢簡，例如：

（1）諸與人妻和奸，及其所與皆完爲城旦舂。其吏也，以強奸論之。（二年律令192）

（2）甲與男子丙偕之棺後內中和奸。（奏讞書183—184）

---

① 徐世虹：《張家山二年律令簡中的損害賠償之規定》，載《華學》第六輯，紫禁城出版社2003年版，第135—146頁。

(3) 當之，妻尊夫，當次父母，而甲夫死，不悲哀，與男子和奸喪旁，致之不孝、勢（敖）悍之律二章，捕者雖弗案校上，甲當完爲舂。（奏讞書 187—188）

"和奸"又見於懸泉漢簡，例如：

諸與人妻和奸，及所與□爲通者，皆完爲城旦舂，其吏也以彊（强）奸論之。（Ⅱ0112②：8）

和奸，通奸，男女雙方達成意向，自願發生性關係。這是破壞婚姻家庭秩序的犯罪。張家山漢簡《二年律令》192 和懸泉漢簡Ⅱ0112②：8 的内容大體相同，根據這兩例，如果是官吏與他人妻和奸，要按强奸論處。

"和奸"也見於《唐律疏議》，不過其中的"奸"作"姦"，二字含義本有區別（前已論述），後來混同了。

"和姦"在《唐律疏議》中凡 13 見，例如：

(1) "及與和者"，謂婦人共男子和姦者：併入"内亂"。若被强姦，後遂和可者，亦是。（卷一名例 6 疏議）

(2)【疏】議曰：和姦者，男女各徒一年半；有夫者，徒二年。妻、妾罪等。（卷二十六雜律 410 疏議）

(3)【疏】議曰：其部曲及奴和姦主，及姦主之期親若期親之妻，部曲及奴合絞，婦女減一等。（卷二十六雜律 414 疏議）

(4) 諸和姦，本條無婦女罪名者，與男子同。强者，婦女不坐。其媒合姦通，減姦者罪一等罪名不同者，從重減。（卷二十六雜律 415）

(5) 問曰：親戚共外人和姦，若捕送官司，即於親有罪。律許捕格，未知捕者得告親罪以否？（卷二十八捕亡律 453 疏議問答）

上舉各例中，"和姦"的意思也是通奸，雙方自願發生性關係。

可見，在秦漢簡牘法律文獻和《唐律疏議》中都有"和奸"罪名，而且表示的意思也是相同的，這也說明了這種犯罪的一貫性和法律用語的傳承性。

2. 不孝

見於睡虎地秦簡，例如：

免老告人以爲不孝，謁殺，當三環之不？不當環，亟執勿失。（法律答問 102）

又見於張家山漢簡，例如：

(1) 子牧殺父母，毆詈泰父母、父母、叚（假）大母、主母、後母，及父母告子不孝，皆棄市。其子有罪當城旦舂、鬼薪白粲以上，及爲人奴婢者，父母告不孝，勿聽。年七十以上告子不孝，必三環之。三環之各不同日而尚

告，乃聽之。（二年律令 35—36）

（2）賊殺傷父母，牧殺父母，毆（毆）詈父母，父母告子不孝，其妻子爲收者，皆綰，令毋得以爵償、免除及贖。（二年律令 38）

（3）妻之爲後次夫、父母、夫、父母死，未葬，奸喪旁者，當不孝，不孝棄市；不孝之次，當黥爲城旦舂；勢（敖）悍，完之。（奏讞書 186—187）

（4）當之，妻尊夫，當次父母，而甲夫死，不悲哀，與男子和奸喪旁，致之不孝、勢（敖）悍之律二章，捕者雖弗案校上，甲當完爲舂。（奏讞書 187—188）

（5）律曰：不孝棄市。有生父而弗食三日，吏且何以論子？廷尉轂等曰：當棄市。（奏讞書 188—189）

從以上諸例可以看出，"不孝"在秦漢時期被作爲一項重罪，要受到"棄市"的刑罰。子一旦不孝，就可能被父母告發。這充分體現出我國古代封建社會對孝道的重視。

"不孝"罪名還見於額濟納漢簡，此不贅舉。

"不孝"也見於《唐律疏議》，凡 17 見。例如：

（1）七曰不孝謂告言、詛詈祖父母父母，及祖父母父母在，別籍、異財，若供養有闕；居父母喪，身自嫁娶，若作樂，釋服從吉；聞祖父母父母喪，匿不舉哀，詐稱祖父母父母死。（卷一名例 6）

（2）【疏】議曰：善事父母曰孝。既有違犯，是名"不孝"。（卷一名例 6 疏議）

（3）【疏】議曰：祖父母、父母及夫犯死罪，被囚禁，而子孫及妻妾作樂者，以其不孝不義，虧教特深，故各徒一年半。（卷十職制 121 疏議）

（4）即年八十以上，十歲以下及篤疾者，聽告謀反、逆、叛、子孫不孝及同居之内爲人侵犯者，餘並不得告。官司受而爲理者，各減所理罪三等。（卷二十四鬥訟 352）

上舉各例中的"不孝"，其含義與秦漢簡牘法律文獻中的"不孝"含義是一致的，都是破壞封建社會家庭倫理秩序的嚴重犯罪行爲，都要受到嚴厲懲罰。特別是在漢代，該種犯罪被處以"棄市"的嚴懲。

秦漢簡牘法律文獻和《唐律疏議》中都有"不孝"罪名，説明了該種犯罪具有一貫性，也説明了該罪名的傳承性。

（六）誣告類犯罪

這類犯罪共有的罪名主要有誣人、誣告、告不審等。

1. 誣人

見於睡虎地秦簡，例如：

(1)"誣人盜千錢，問盜六百七十，誣者可（何）論？"毋論。（法律答問 41）

(2)"當耐司寇而以耐隸臣誣人，可（何）論？當耐爲隸臣。"當耐爲侯（候）罪誣人，可（何）論？當耐爲司寇。（法律答問 117）

又見於張家山漢簡，例如：

城旦舂、鬼薪白粲有罪毄（繫）、耐以上而當刑復城旦舂，及日黥之若刑爲城旦舂，及奴婢當刑畀主，其證不言請（情）、誣人；奴婢有刑城旦舂以下至毄（繫）、耐罪，黥顏（顔）頯畀主，其有贖罪以下及老小不當刑、刑盡者，皆笞百。（二年律令 121－122）

誣人，即誣告、陷害人。

"誣人"也見於《唐律疏議》，例如：

(1) 若使無心怨天，唯欲誣人罪，自依反坐之法，不入十惡之條。（卷一名例 6 疏議）

(2) 謂以輕罪誣人及出入之類，故制此比。（卷三名例 23 注）

(3) 若誣人反、逆，雖復未決引虛，不合減罪。（卷二十三鬥訟 342 疏議）

上舉各例中，"誣人"的意思也是誣告、陷害人。

可見，在秦漢簡牘法律文獻和《唐律疏議》中都有"誣人"罪名，而且表示的意思也是相同的，這也說明了這種犯罪的一貫性和法律用語的傳承性。

2. 誣告

見於睡虎地秦簡，例如：

(1) 葆子□□未斷而誣告人，其罪當刑城旦，耐以爲鬼薪鋈足。楷葆子之謂殹（也）。（法律答問 108）

（鋈足，意爲刖足。楷，斷足）

(2) "葆子獄未斷而誣告人，其罪當刑爲隸臣，勿刑，行其彤，有（又）毄（繫）城旦六歲。"（法律答問 109）

(3) 可（何）謂"當刑爲隸臣"？有收當耐未斷，以當刑隸臣罪誣告人，是謂當刑隸臣。（法律答問 109－110）

(4) 可（何）謂"當刑爲鬼薪"？當耐爲鬼薪未斷，以當刑隸臣及完城旦誣告人，是謂"當刑鬼薪"。（法律答問 111－112）

又見於張家山漢簡，例如：

"誣告人以死罪，黥爲城旦舂；它各反其罪。"（二年律令 126）

反其罪，即把被誣告的罪名所應得的刑罰加在誣告人身上。

誣告人，和誣人意思差不多，都是無中生有地捏造事實、僞造證據，告發別人有犯罪行爲。

"誣告"也見於《唐律疏議》，凡 83 見。例如：

（1）諸誣告謀反及大逆者，斬；從者，絞。若事容不審，原情非誣者，上請。若告謀大逆、謀叛不審者，亦如之。（卷二十三鬥訟 341）

（2）諸誣告人者，各反坐。即糾彈之官，挾私彈事不實者，亦如之。（卷二十三鬥訟 342）

（3）諸誣告人流罪以下，前人未加拷掠，而告人引虛者，減一等；若前人已拷者，不減。即拷證人，亦是。（卷二十三鬥訟 344）

（4）諸告期親尊長、外祖父母、夫、夫之祖父母，雖得實，徒二年；其告事重者，減所告罪一等所告雖不合論，告之者猶坐；即誣告重者，加所誣罪三等。告大功尊長，各減一等；小功、緦麻，減二等；誣告重者，各加所誣罪一等。（卷二十四鬥訟 346）

（5）諸誣告本屬府主、刺史、縣令者，加所誣罪二等。（卷二十四鬥訟 350）

（6）即受雇誣告人罪者，與自誣告同，贓重者坐贓論加二等，雇者從教令法。若告得實，坐贓論；雇者不坐。（卷二十四鬥訟 356）

上舉各例中，"誣告"的意思也是無中生有地捏造事實、僞造證據，告發別人有犯罪行爲。

可見，在秦漢簡牘法律文獻和《唐律疏議》中都有"誣告"罪名，而且表示的意思也是相同的，這也說明了這種犯罪的一貫性和法律用語的傳承性。

3. 告不審

見於睡虎地秦簡，例如：

（1）"甲告乙盜牛若賊傷人，今乙不盜牛、不傷人，問甲可（何）論？端爲，爲誣人；不端，爲告不審。"（法律答問 43）

（2）"甲告乙盜牛，今乙賊傷人，非盜牛殹（也），問甲當論不當？不當論，亦不當購；或曰爲告不審。"（法律答問 44）

（3）"甲告乙盜牛，今乙盜羊，不盜牛，問可（何）論？爲告不審。"（法律答問 47）

（4）"告人曰邦亡，未出徼闌亡，告不審，論可（何）殹（也）？爲告黥城旦不審。"（法律答問 48）

(5)"不能定罪人，而告它人，爲告不審。"今甲曰伍人乙賊殺人，即執乙，問不殺人，甲言不審，當以告不審論，且以所辟？以所辟論當殹（也）。（法律答問 96—97）

又見於張家山漢簡，例如：

(1)"告之不審，鞫之不直，故縱弗刑，若論而失之，及守將奴婢而亡之，篡遂縱之，及諸律令中曰同法、同罪，其所與同當刑復城旦舂，及曰黥之，若鬼薪白粲當刑爲城旦舂，及刑畀主之罪也，皆如耐罪然。"（二年律令 107—108）

(2)"告不審及有罪先自告，各減其罪一等，死罪黥爲城旦舂，城旦舂罪完爲城旦舂。"（二年律令 127）

(3)"告人不審，所告者有它罪與告也罪等以上，告者不爲不審。"（二年律令 132）

告不審，控告不實、不準確，沒有弄清事實就去告發。控告他人犯罪不符合事實，但是非出於故意誣陷，與誣告不同。告不審較誣告處刑爲輕。

"告不審"也見於《唐律疏議》，例如：

諸誣告謀反及大逆者，斬；從者，絞。若事容不審，原情非誣者，上請。若告謀大逆、謀叛不審者，亦如之。（卷二十三鬥訟 341）

上舉例中，"告不審"意思也是控告不實、不準確，與秦漢簡牘法律文獻中的意思是一致的。

儘管《唐律疏議》中"告不審"一詞出現的頻次很低，遠沒有秦漢簡牘法律文獻中那麼常見，但二者之間的聯繫是不可否認的，《唐律疏議》中的"告不審"顯然來源於秦漢簡牘法律文獻中的"告不審"。

可見，在秦漢簡牘法律文獻和《唐律疏議》中都有"告不審"罪名，而且表示的意思也是相同的，這也說明了這種犯罪的一貫性和法律用語的傳承性。

（七）詐僞類犯罪

這類犯罪共有的罪名主要有僞寫、不以實、證不言情等。

1. 僞寫

見於睡虎地秦簡，例如：

(1)"撟（矯）丞令"可（何）殹（也）？爲有秩僞寫其印爲大嗇夫。（法律答問 55）

(2)"盜封嗇夫可（何）論？廷行事以僞寫印。"（法律答問 56）

又見於張家山漢簡，例如：

(1)"僞寫皇帝信璽、皇帝行璽,要(腰)斬以匀(徇)。"(二年律令9)

(2)"僞寫徹侯印,棄市;小官印,完爲城旦舂☐"(二年律令10)

(3)"☐亡人、略妻、略賣人、強奸、僞寫印者棄市罪一人,購金十兩。刑城旦舂罪,購金四兩。完城☐二兩"(二年律令137—138)

僞寫,假造,僞作公文書及印章等。《唐律疏議》卷二十五有"諸僞寫官文書印者",注:"寫,謂仿效而作。"

"僞寫"也見於《唐律疏議》,凡17見。例如:

(1)諸僞寫官文書印者,流二千里。餘印,徒一年。寫,謂仿效而作,亦不録所用。即僞寫前代官文書印,有所規求,封用者,徒二年。因之得成官者,從詐假法。(卷二十五詐僞363)

(2)諸僞寫宮殿門符、發兵符發兵、謂銅魚合符應發兵者,雖通餘用,亦同。餘條稱發兵者,皆準此、傳符者,絞。(卷二十五詐僞364)

(3)諸以僞寶、印、符、節及得亡寶、印、符、節假人,若出賣,及所假若買者封用,各以僞造、寫論。即以僞印印文書施行,若假與人,及受假者施行,亦與僞寫同;未施行,及僞寫印、符、節未成者,各減三等。(卷二十五詐僞365)

(4)諸盜寶、印、符、節封用謂意在詐僞,不關由所主,即所主者盜封用及以假人,若出賣;所假及買者封用:各以僞造、寫論。(卷二十五詐僞366)

上舉各例中,"僞寫"的意思也是假造、僞作公文書及印章等。

可見,在秦漢簡牘法律文獻和《唐律疏議》中都有"僞寫"罪名,而且表示的意思也是相同的,這也說明了這種犯罪的一貫性和法律用語的傳承性。

2. 不以實

見於張家山漢簡,例如:

民皆自占年。小未能自占,而毋父母、同產爲占者,吏以☐比定其年。自占、占子、同產年,不以實三歲以上,皆耐。(二年律令325—326)

又見於懸泉漢簡,例如:

(1)●兵令十三:當占緡錢,匿不自占,【占】不以實,罰及家長戍邊一歲。(Ⅱ0114③:54)

(2)爰書:戍卒南陽郡山都西平里莊彊友等四人守候,中部司馬丞仁、史丞德,前得毋貰賣財物敦煌吏,證財物不以實,律辨告,迺爰書。(Ⅱ0314②:302)

又見於居延新簡,例如:

(1)建武三年十二月癸丑朔乙卯,都鄉嗇夫宮,以廷所移甲渠候書召恩詣鄉，先以證財物故不以實，臧五百以上；辭已定，滿三日而不更言請者，以辭所出入罪反罪之律辨告，乃爰書驗問。（EPF22：1—3）

（2）☑先以證財物不以實律辨。（EPT53：181）

不以實，不按實際情況報告，不講實情。

"不以實"也見於《唐律疏議》，凡 17 見。例如：

（1）若考校、課試而不以實及選官乖於舉狀，以故不稱職者，減一等。（卷九職制 92）

（2）諸部內有旱澇霜雹蟲蝗為害之處，主司應言而不言及妄言者，杖七十。覆檢不以實者，與同罪。若致枉有所徵免，贓重者，坐贓論。（卷十三戶婚 169）

（3）諸驗畜產不以實者，一答四十，三加一等，罪止杖一百。若以故價有增減，贓重者，計所增減坐贓論；入己者，以盜論。（卷十五厩庫 197）

（4）若別制下問、案、推，無罪名謂之問，未有告言謂之案，已有告言謂之推。報上不以實者，徒一年；其事關由所司，承以奏聞而不實者，罪亦如之。（卷二十五詐偽 368）

（5）諸詐為瑞應者，徒二年。若災祥之類，而史官不以實對者，加二等。（卷二十五詐偽 377）

上舉各例中，"不以實"的意思也是不按實際情況報告，不講實情。

可見，《唐律疏議》中的"不以實"和漢簡中的"不以實"意思是一樣的，它們應該是源流關係，是一脈相承的。

3. 證不言情

見於張家山漢簡，例如：

"證不言請（情），以出入罪人者，死罪，黥為城旦舂；它各以其所出入罪反罪之。獄未鞫而更言請（情）者，除。吏謹先以辨告證。"（二年律令 110）

又見於居延漢簡、居延新簡，例如：

（1）爰書：鄣卒魏郡內安定里霍不職等五人，□□□□敞劍庭刺傷狀。先以"證不言請出入罪人"律。（居延漢簡《合校》3.35）

（2）☑先以證不言請，出入罪□□死人□驪熹隊□☑（居延漢簡《合校》7.20）

（3）建武五年二月丙午朔甲戌，掾譚召萬歲候長憲詣官。先以證不言請，辭已定，滿三案：立，官吏，非乘亭候望，而以弩假立。立死不驗，候當負。記到，趣備弩，言。（EPT52：288—289）

又作"證不請",見於居延新簡,例如:

先以證不請律辨告,乃驗問,定。(EPT52:417)

證不言請,指作偽證,作證不講實情。證,爲"作證"。請,通"情",實情。

"證不言情"也見於《唐律疏議》,凡2見。例如:

(1)諸證不言情,及譯人詐偽,致罪有出入者,證人減二等,譯人與同罪。謂夷人有罪,譯傳其對者。(卷二十五詐偽387)

(2)【疏】議曰:"證不言情",謂應議、請、減,七十以上,十五以下及廢疾,並據衆證定罪,證人不吐情實,遂令罪有增減;及傳譯番人之語,令其罪有出入者。(卷二十五詐偽387疏議)

以上例句中,"證不言情"的意思也是作偽證、作證不講實情。

可見,在秦漢簡牘法律文獻和《唐律疏議》中都有"證不言情"罪名,而且表示的意思也是相同的,這也説明了這種犯罪的一貫性和法律用語的傳承性。

(八)賄賂類犯罪

這類犯罪共有的罪名主要有行賕等。

1. 行賕

見於張家山漢簡,例如:

(1)"受賕以枉法,及行賕者,皆坐其臧(贓)爲盜。罪重於盜者,以重者論之。"(二年律令60)

(2)"廷報:甄、順等受、行賕狂(枉)法也。"(奏讞書52)

行賕,行賄。行賄的目的是爲一己私利或爲免罪;行賄的手段是暗送錢財給當權者;行賄的結果是損害了法律的公正性,損壞了國家在人民心目中的威信。賕,《説文·貝部》:"以財物枉法相謝也",段注:"枉法者,違法也。法當有罪而以財求免,是曰賕,受之者亦曰賕。"

"行賕"也見於《唐律疏議》,不過寫作"行求"(求,通"賕"),凡9見。例如:

(1)【疏】議曰:假有十人,同爲鑄錢,官司於彼受物,是爲"因事受財",十人共以錢物行求,是爲"同事共與"。(卷六名例45疏議)

(2)諸有事以財行求,得枉法者,坐贓論;不枉法者,減二等。即同事共與者,首則併贓論,從者各依已分法。(卷十一職制137)

(3)【疏】議曰:有事之人,用財行求而得枉法者,坐贓論。"不枉法者",謂雖以財行求,官人不爲曲判者,減坐贓二等。(卷十一職制137疏議)

（4）即枉法娶人妻妾及女者，以姦論加二等；爲親屬娶者，亦同。行求者，各減二等。各離之。（卷十四户婚186）

（5）"行求者，各減二等"，其以妻妾及女行求，嫁與監臨官司，得罪減監臨二等。親屬知行求枉法，而娶人妻妾及女者，自依本法爲從坐。（卷十四户婚186疏議）

上舉各例中的"行求"，實際就是"行賕"，也是"行賄"之意。求，通"賕"。① 當然，這裏的"賕"，不僅指一般的錢財，還包括了用妻妾及女嫁人的方式行賄，如上舉例（5）。

可見，《唐律疏議》中的"行求"和漢簡中的"行賕"意思是一樣的，這説明秦漢簡牘法律文獻和《唐律疏議》中都該種罪名，也説明了這種犯罪的一貫性和法律用語的傳承性。

第二節　名稱近似、内容意義相關的罪名

在秦漢簡牘法律文獻與《唐律疏議》中，有一些罪名儘管不完全相同，但用語近似，意義也很相近，能看出它們之間是有密切聯繫的，甚至有的基本就是表達相同的意思，也有些在以前的内容裏又增加了新的内容。這説明它們之間是既有繼承也有發展的。

（一）漢簡中的"爲閒"與《唐律疏議》中的"爲間諜""作間諜"

1. 爲閒

見於張家山漢簡，例如：

（1）☐來誘及爲閒者，磔。亡之☐（二年律令3）

（2）捕從諸侯來爲閒者一人，擇（拜）爵一級，有（又）購二萬錢。不當擇（拜）爵者，級賜萬錢，有（又）行其購。（二年律令150）

爲閒，做間諜，主要是指外國或諸侯派人來刺探消息。漢律對該種犯罪的處罰是很嚴厲的，處以磔刑。《荀子·宥坐》注："磔謂車裂也。"《字匯·石部》："磔，裂也。"《漢書·景帝紀》："磔，謂張其屍也。"可見，磔是一種碎裂肢體的酷刑。

2. 爲間諜/作間諜

見於《唐律疏議》，例如：

（1）諸密有征討，而告賊消息者，斬；妻、子流二千里。其非征討，而

---

① 當然，也有理解"行求"爲"營謀"義，"求"行其本義，非爲通假。此備一説，存異。

作間諜；若化外人來爲間諜；或傳書信與化内人，并受及知情容止者：並絞。（卷十六擅興232）

（2）【疏】議曰：或伺賊間隙，密期征討，乃有姦人告賊消息者，斬；妻、子流二千里。其非征討，而作間諜者，間謂往來，諜謂覘候，傳通國家消息以報賊徒；化外人來爲間諜者，謂聲教之外，四夷之人，私入國内，往來覘候者；或傳書信與化内人，并受化外書信，知情容止停藏者：並絞。（卷十六擅興232疏議）

從上舉例句可知，"作間諜"是指内部人裏通外敵，爲敵人報送消息，"間謂往來，諜謂覘候，傳通國家消息以報賊徒"。"爲間諜"則是化外人潛入國内刺探消息，或與國内作間諜者互相勾結串通獲取情報，"謂聲教之外，四夷之人，私入國内，往來覘候者"。可見，兩者的方向恰好是相反的。不過，無論是作間諜還是爲間諜，都是對國家政權的顛覆活動，都是統治者的嚴重威脅，所以都被處以極刑——並絞。

從以上比較分析可以看出，《唐律疏議》中的"爲間諜"和"作間諜"，雖然與漢簡中的"爲閒"名稱並不完全相同，但它們表達的意義是基本相同的，都是做間諜的意思，都被統治者所忌憚、所痛恨，都被處以極刑。可見，唐律中的"爲間諜"和"作間諜"，應是來源於漢律中的"爲閒"，不過唐律比漢律規定得更加具體全面些，分作了兩種情況。這裏還需說明的是："閒"同"間"，是"間"的古字。

（二）秦漢簡中的"投書""縣（懸）人書"與《唐律疏議》中的"投匿名書"

1. 投書

見於睡虎地秦簡，例如：

"有投書，勿發，見輒燔之；能捕者購臣妾二人，毄（繫）投書者鞫審讞之。"（法律答問53）

又見於張家山漢簡，例如：

（1）"群盜及亡從群盜，毆折人枳（肢）、胅體及令彼（跛）蹇（蹇），若縛守將人而強盜之，及投書、縣（懸）人書恐猲人以求錢財，盜殺傷人，盜發冢，略賣人若已略未賣，橋（矯）相以爲吏，自以爲吏以盜，皆磔。"（二年律令65—66）

（2）"毋敢以投書者言毄（繫）治人。不從律者，以鞫獄故不直論。"（二年律令118）

投書，投放匿名書信。《三國志·魏書·國淵傳》："時有投書誹謗者，

（魏）太祖疾之，欲必知其主。淵請留其本書而不宣露。"《晉書·刑法志》："改投書棄市之科。"《後漢書·梁松傳》則稱爲"飛書"。

2. 縣（懸）人書

將匿名書信懸掛在人家門口。縣，"懸"的古字。跟"投書"意思差不多，僅僅是方式上略有差別：一個是懸掛，一個是投放。其意圖是相同的，都是恐嚇人或誣告人。

例同上張家山漢簡《二年律令》65—66。

3. 投匿名書

見於《唐律疏議》，例如：

（1）諸投匿名書告人罪者，流二千里。謂絕匿姓名及假人姓名，以避己作者。棄置、懸之俱是。得書者，皆即焚之；若將送官司者，徒一年。官司受而爲理者，加二等。被告者不坐，輒上聞者，徒三年。（卷二十四鬥訟351）

（2）問曰：投匿名書，告人謀反、大逆，或虛或實，捉獲所投之人，未知若爲科罪？（卷二十四鬥訟351疏議問答）

上舉各例中，"投匿名書"的意思也是投放匿名書信。卷二十四鬥訟351疏議曰："謂或棄之於街衢，或置於府衙，或懸之於旌表之類，皆爲投匿之坐。"

可見，唐律中的"投匿名書"和秦漢律中的"投書""縣（懸）人書"雖然名稱並不完全相同，但實際上表示的是一回事，都是指投放匿名書信。不署名或假借他人之名，主要目的就是要做到既能恐嚇或誣告他人使陷於罪，又不暴露自己身份。對此，官方都提倡人們不予理睬。捉獲投書人，秦律是"毄（繫）投書者鞫審讞之"，漢律是"皆磔"，唐律是"無問輕重，投告者即得流坐"，都處以重罰。故此，唐律中的"投匿名書"應該是來源於秦漢律中的"投書""縣（懸）人書"，且將兩種情形合併。並且，"投匿名書"比"投書"表意更明確了。

（三）漢簡中的"逆不道、大逆不道、大逆無道"與《唐律疏議》中的"謀大逆"

1. 逆不道

見於王杖十簡、王杖詔書令册，例如：

（1）使百姓望見之比於節。有敢妄罵詈、毆之者，比逆不道。（王杖十簡1—2）

（2）上有鳩使百姓望見之，比於節；吏民有敢罵詈毆辱者，逆不道。（王杖詔書令册10）

2. 大逆不道

見於王杖十簡、旱灘坡東漢木簡，例如：

（1）有敢徵召、侵辱者比大逆不道。（王杖十簡7—8）

（2）變事痛所毆以不能言變事，皆大逆不道□□☑（旱灘坡東漢木簡2）

3. 大逆無道

見於居延新簡、額濟納漢簡，例如：

（1）☑所逐驗大逆無道、故廣陵王胥御者惠，同產弟故長公主弟卿☑（居延新簡 EPT43：92）

（2）大惡及吏民諸有罪大逆無道、不孝子，絞。蒙壹功治其罪，因徙遷□，皆以此詔書到大尹府日以。（額濟納漢簡 2000ES9SF4：7）

大逆不道，漢代重罪名。逆：叛逆；道：指封建道德；不道：違反封建道德。指反抗封建統治、背叛封建禮教的犯上作亂等反叛行爲。漢律規定，大逆無道，父母妻子，兄弟姊妹，不問老少一律棄市。逆不道、大逆無道與大逆不道同義。

4. 謀大逆

謀大逆指預謀毀壞皇帝的宗廟、山陵、宮闕的行爲，是唐律中"十惡"之一。《唐律疏議》卷一名例6疏議曰：此條之人，干紀犯順，違道悖德，逆莫大焉，故曰"大逆"。其處罰與謀反同。唐律規定，謀大逆已行者不分首從皆斬；謀而未行者絞，並依首從法；父子年十六以上皆絞，十五以下及母女、妻妾、祖孫、兄弟、姊妹若部曲、資財、田宅並没官；伯叔父、兄弟之子皆流三千里。

"謀大逆"在《唐律疏議》中凡18見。例如：

（1）二曰謀大逆。謂謀毀宗廟、山陵及宮闕。（卷一名例6）

（2）【疏】議曰：謂謀反、謀大逆、謀叛，此等三事，並不得相隱，故不用相隱之律，各從本條科斷。（卷六名例46疏議）

（3）諸謀反及大逆者，皆斬；父子年十六以上皆絞，十五以下及母女、妻妾子妻妾亦同、祖孫、兄弟、姊妹若部曲、資財、田宅並没官，男夫年八十及篤疾，婦人年六十及廢疾者並免；餘條婦人應緣坐者，準此。伯叔父、兄弟之子皆流三千里，不限籍之同異。（卷十七賊盗248）

（4）諸知謀反及大逆者，密告隨近官司，不告者，絞。知謀大逆、謀叛不告者，流二千里。（卷二十三鬥訟340）

（5）諸誣告謀反及大逆者，斬；從者，絞。若事容不審，原情非誣者，上請。若告謀大逆、謀叛不審者，亦如之。（卷二十三鬥訟341）

（6）謀大逆、謀叛，不告者流。（卷二十四鬥訟 353 疏議）

由以上比較分析可知，唐律中的"謀大逆"與漢律中的"逆不道、大逆不道、大逆無道"雖然名稱不盡相同，但表達的意思却是十分近似的，都是指違反封建道德、反抗統治階級的叛逆行爲，都被定爲重罪，都被處以極刑。可見，唐律中的"謀大逆"應是來源於漢律中的"逆不道、大逆不道、大逆無道"，二者是一脉相承的。

（四）漢簡中的"不敬"與《唐律疏議》中的"大不敬"

1. 不敬

見於張家山漢簡，例如：

"市垣道橋，命市人不敬者爲之。"（二年律令 414）

又見於居延漢簡，例如：

月存視其家，賜肉卅斤、酒二石，甚尊寵。郡大守、諸侯相、内史所明智也，不奉詔當以不敬論。（《合校》126.41，332.23，332.10A，B）

不敬，《晉書·刑法志》引張斐律表："虧禮廢節，謂之不敬。"凡是對皇帝和朝廷的尊嚴有所侵犯都構成不敬、大不敬罪，是漢代一種比較嚴重的罪名。

2. 大不敬

大不敬在唐律中也被列入"十惡"之一，是一種重罪，指蔑視、侵犯帝王的尊嚴或人身安全的言行。漢代已有"不敬"或"大不敬"之罪；北齊律將"不敬"列爲"重罪十條"之中；隋、唐律將"大不敬"列爲十惡之六。唐律的"大不敬"指盜取帝王祭禮用的物品或帝王日常穿戴的物品，盜取或僞造帝王的璽印，爲帝王配製藥有錯誤，爲帝王做飯菜誤犯食禁，爲帝王建造的車船不牢固，咒駡帝王以及對帝王派遣的使節無理等。（《唐律疏議·名例》）對於大不敬的處罰，唐律在其《賊盜律》《職律》中做了具體規定。如"諸盜大祀神御之物者，流二千五百里"；"諸盜御寶者，絞；乘輿服御物者，流二千五百里"；"諸合和御藥誤不如本方，及封題誤者，醫絞"；"諸造御膳，誤犯食禁者，主食絞"；"諸御幸舟船，誤不牢固者，工匠絞"；"諸指斥乘輿情理切害者，斬，對捍制使，而無人臣之禮者，絞"。

"大不敬"在《唐律疏議》中凡 4 見，例如：

（1）六曰大不敬。謂盜大祀神御之物、乘輿服御物；盜及僞造御寶；合和御藥，誤不如本方及封題誤；若造御膳，誤犯食禁；御幸舟船，誤不牢固；指斥乘輿，情理切害及對捍制使，而無人臣之禮。（卷一名例 6）

（2）【疏】議曰：禮者，敬之本；敬者，禮之輿。故《禮運》云："禮者

君之柄，所以別嫌明微，考制度，別仁義。"責其所犯既大，皆無肅敬之心，故曰"大不敬"。（卷一名例 6 疏議）

（3）酒醴饌具及籩、豆、簠、簋之屬，在神前而盜者，亦入"大不敬"。（卷一名例 6 疏議）

由以上比較分析可知，唐律中的"大不敬"與漢律中的"不敬"雖然名稱不盡相同，但表達的意思却相近之處，都有對皇帝和朝廷的尊嚴有所侵犯而無人臣之禮的行爲，都被定爲重罪，都要被嚴懲。可見，唐律中的"大不敬"應是來源於漢律中的"不敬"，① 又有所發展。二者是一脈相承的。

（五）張家山漢簡中的"戲而殺人"與《唐律疏議》中的"戲殺"

1. 戲而殺人

見於張家山漢簡，例如：

（1）賊殺人、鬬而殺人，棄市。其過失及戲而殺人，贖死；傷人，除。（二年律令 21）

（2）縣道官所治死罪及過失、戲而殺人，獄已具，毋庸論，上獄屬所二千石官。（二年律令 396）

戲而殺人，謂相戲誤傷而致人死亡。即本無殺人之意，而以殺人的行爲遊戲，因而致人於死。

2. 戲殺

見於《唐律疏議》，凡 2 見。例如：

（1）或僵仆壓乙殺傷，減戲殺傷二等；殺乙，從戲殺減二等，總減四等，合徒二年。（卷二十三鬬訟 336 疏議）

（2）假有過失殺人，贖銅一百二十斤，戲殺得減二等，贖銅六十斤，即是輕重不類，故依"過失"贖罪，不從減法。（卷二十三鬬訟 338 疏議）

上舉二例中的"戲殺"，其意思與張家山漢簡中的"戲而殺人"是一樣的，也是因相戲誤傷而致對方死掉。唐代法律規定戲殺罪輕於鬬殺。

可見，《唐律疏議》中的"戲殺"，應是由張家山漢簡中的"戲而殺人"演變而來，二者有一脈相承的傳承關係，只不過前者比後者更爲簡練而已。

（六）睡虎地秦簡中的"匿户""匿敖童""敖童弗傅"與《唐律疏議》中的"匿脱"

1. 匿户

見於睡虎地秦簡，例如：

---

① 實際上漢律中已有"大不敬"罪，只是出土的漢簡本身殘缺不全，加之漢簡中見到的漢律也不是漢律的全部，故所舉例句中缺少"大不敬"之例。

可（何）謂"匿户"及"敖童弗傅"？匿户弗繇（徭）、使，弗令出户賦之謂殹（也）。（法律答問 165）

匿户，隱藏人户。隱匿人户的目的就是要逃避徭役和差使。

2. 匿敖童

見於睡虎地秦簡，例如：

"匿敖童，及占癃（癃）不審，典、老贖耐。"（秦律雜抄 32）

匿敖童，隱匿成童。敖童，見《新書·春秋》："敖童不謳歌。"古時男子十五歲以上未冠者，稱爲成童。據《編年記》，秦當時十七歲傅籍，年齡還屬於成童的範圍，參看《法律答問》"何謂匿户"條。按：黃留珠指出：敖童"是一種具有特殊身份的豪奴，享有國家授田，爲國家出賦役，可以擔任官府的少吏。"①

3. 敖童弗傅

見於睡虎地秦簡，例同上"匿户"條例（法律答問 165）。

敖童弗傅，即兒童已成年却不給傅籍。傅籍，男子成年時的登記手續。《漢書·高帝紀》注："傅，著也，言著名籍，給公家徭役也。""敖童弗傅"跟"匿户""匿敖童"差不多，目的都是爲了逃避徭役和差使。

4. 匿脱

見於《唐律疏議》，凡 4 見。例如：

（1）其匿脱者，徒一年；謂產子不言爲匿，典吏不附爲脱。主司不覺匿脱者，依里正不覺脱漏法。（卷二十五詐僞 376）

（2）其典吏及主司匿脱多者，依律既準里正脱漏，合從累科。（卷二十五詐僞 376 疏議）

《唐律疏議》詐僞 376【疏】議曰："匿者，謂產子隱匿不言。脱者，謂典吏知情，故不附帳。""不附帳"，即不著户籍，不上户口。

可見，匿脱包括了隱匿和脱漏户口兩種情况，和睡虎地秦簡中的"匿户""匿敖童""敖童弗傅"十分相似，目的也都是爲了逃避賦税、徭役和差使。

（七）秦漢簡中的"盜鑄錢""私鑄作錢"與《唐律疏議》中的"私鑄錢"

1. 盜鑄錢

見於睡虎地秦簡，例如：

【爰】書：某里士五（伍）甲、乙縛詣男子丙、丁及新錢百一十錢、容（鎔）二合，告曰："丙盜鑄此錢，丁佐鑄。甲、乙捕索（索）其室而得此錢、

---

① 黃留珠：《秦簡"敖童"解》，《歷史研究》1997 年第 5 期。

容（鎔），來詣之。"（封診式 19—20）

又見於張家山漢簡，例如：

（1）"盜鑄錢及佐者，棄市。同居不告，贖耐。正典、田典、伍人不告，罰金四兩。"（二年律令 201）

（2）"智（知）人盜鑄錢，爲買銅、炭，及爲行其新錢，若爲通之，與同罪。"（二年律令 203）

（3）"諸謀盜鑄錢，頗有其器具未鑄者，皆黥以爲城旦舂。智（知）爲及買鑄錢具者，與同罪。"（二年律令 208）

盜鑄錢，私自鑄造錢幣。秦和漢初封建國家法律有"盜鑄錢令"，規定錢幣一律由官府製造，禁止私鑄。

2. 私鑄作錢

見於居延新簡，例如：

建武六年七月戊戌朔乙卯，甲渠鄣守候某敢言之，府移大將軍莫府書曰：姦黠吏民，作使賓客，私鑄作錢，薄小不如法度，及盜發冢、公賣衣物於都市，雖知莫譴苛，百姓患苦之。（EPF22：38A）

私鑄作錢，未經官府允許，私自在民間作坊盜鑄不合格的錢幣。

3. 私鑄錢

見於《唐律疏議》，例如：

（1）問曰：私鑄錢事發，所獲作具及錢、銅，或違法殺馬牛等肉，如此之類，律、令無文，未知合没官以否？（卷四名例 32 疏議問答）

（2）諸私鑄錢者，流三千里；作具已備，未鑄者，徒二年；作具未備者，杖一百。（卷二十六雜律 391）

（3）若私鑄金銀等錢，不通時用者，不坐。（卷二十六雜律 391 疏議）

私鑄錢，未經官方許可，在民間用私爐盜鑄錢幣。因意在牟利，私鑄錢一般比官爐錢輕小粗惡；從銅質到文字都明顯劣於同時官爐所出之錢。這種行爲擾亂了貨幣市場，破壞了經濟秩序，所以被國家嚴厲禁止，是一種嚴重的犯罪。

由以上比較分析可知，唐律中的"私鑄錢"與秦漢律中的"盜鑄錢""私鑄作錢"雖然名稱不盡相同，但表達的意思却是十分近似，都是未經官方許可，在民間用私爐盜鑄錢幣，都是一種擾亂社會經濟秩序的嚴重的犯罪，都要受到法律的嚴懲。可見，唐律中的"私鑄錢"應來源於秦漢律中的"盜鑄錢"和"私鑄作錢"，它們有一脈相承的傳承關係。

（八）漢簡中的"闌（蘭）出入"與《唐律疏議》中的"闌入"

1. 闌（蘭）出入

見於張家山漢簡，例如：

（1）"御史言：越塞闌關，論未有□，請闌出入塞之津關，黥爲城旦舂；越塞，斬左止（趾）爲城旦；吏卒主者弗得，贖耐；令、丞、令史罰金四兩。"（二年律令 488—489）

（2）"臨菑獄史闌令女子南冠繳冠，佯臥車中，襲大夫虞傳，以闌出關。"（奏讞書 17—18）

闌，《漢書·汲黯傳》注引臣瓚曰："無符傳出入爲闌。"又，《成帝紀》："闌入尚方掖門。"顔師古注引應劭曰："無符籍妄入宫曰闌。"例（2）即是襲用他人的"傳"以蒙混出關。①

"闌入"也見於居延漢簡，"闌"作"蘭"。例如：

☑蘭入不知何一步人迹，安所到而不得從迹，又不劾候史。（《合校》13.4）

2. 闌入

見於《唐律疏議》，凡 73 見。例如：

（1）諸闌入太廟門及山陵兆域門者，徒二年。闌，謂不應入而入者。（卷七衛禁 58）

（2）諸闌入宫門，徒二年。闌入宫城門，亦同。餘條應坐者，亦準此。（卷七衛禁 59）

（3）諸闌入者，以踰閾爲限。至閾未踰者，宫門杖八十，殿門以内遞加一等。（卷七衛禁 60）

（4）諸於宫殿門無籍及冒承人名而入者，以闌入論。（卷七衛禁 61）

（5）若以應宿衛人（謂已下直者）自代及代之者，各以闌入論。（卷七衛禁 62）

（6）諸因事得入宫殿而輒宿及容止者，各減闌入二等。（卷七衛禁 63）

闌入，無官發通行憑證擅自入皇宫及陵廟的犯罪行爲。《唐律疏議·衛禁 58》注："不應入而入，爲闌入。"

可見，《唐律疏議》中的"闌入"與漢簡中的"闌（蘭）出入"在表意上有極大的相似性。當然，二者也有差别，表現在兩方面：一是"闌出入"包括了闌出和闌入兩種情況，而"闌入"只是其中一種；二是漢簡中的"闌（蘭）出入"適用的場合多是津關邊塞，而《唐律疏議》中的"闌入"適用的

---

① 楊建：《張家山漢簡〈二年律令·津關令〉簡釋》，《楚地出土簡帛思想研究（一）》，湖北教育出版社 2002 年版，第 316—341 頁。

場合主要是皇宮及陵廟。不過儘管二者存在這些差別，但不可否認的是：它們之間存在密切聯繫，《唐律疏議》中的"闌入"應是來源於漢簡中的"闌（蘭）出入"。

（九）漢簡中的"盜發冢（塚）"與《唐律疏議》中的"發冢"

1. 盜發冢（塚）

見於張家山漢簡，例如：

"群盜及亡從群盜，毆折人枳（肢）、肤體及令跛（跛）蹇（蹇），若縛守將人而强盜之，及投書、縣（懸）人書恐猲人以求錢財，盜殺傷人，盜發冢，略賣人若已略未賣，橋（矯）相以爲吏，自以爲吏以盜，皆磔。"（二年律令65－66）

又見於居延新簡，例如：

建武六年七月戊戌朔乙卯，甲渠鄣守候敢言之，府移大將軍莫府書曰：奸黠吏民，作使賓客，私鑄作錢，薄小不如法度，及盜發冢（塚）、公賣衣物於都市，雖知莫譴苛，百姓患苦之。（EPF22：38A）

盜發冢，盜墓。發，打開。冢，墳墓，後來也作"塚"。《釋讀本》（117頁）：《説文》："冢，高墳也。"《淮南子・氾論》："天下縣官法曰：'發墓者誅，竊盜者刑。'"

2. 發冢

見於《唐律疏議》，例如：

（1）答曰：準律，招魂而葬，發冢者與有屍同罪。（卷十八賊盜267疏議問答）

（2）諸發冢者，加役流；發徹即坐。招魂而葬亦是。已開棺槨者，絞；發而未徹者，徒三年。（卷十九賊盜277）

（3）"發而未徹者"，謂雖發冢，而未至棺槨者，徒三年。（卷十九賊盜277疏議）

以上所舉各例中，"發冢"的意思也是打開人家的墳墓，實際就是盜墓。包括了打開墳墓並打開棺槨、打開墳墓未開棺槨等不同情況，分別處以不同刑罰。

可見，漢簡中的"盜發冢"和《唐律疏議》中的"發冢"，其意思基本是一樣的。它們雖然在字面上有一字之差——"盜發冢"比"發冢"前面多了一個狀語"盜"，但其實說的還是一回事。所以，唐律中的"發冢"，應來源於漢律中的"盜發冢"，它們之間有一脈相承的傳承關係。

(十) 漢簡中的"越塞"與《唐律疏議》中的"越度"

1. 越塞

見於張家山漢簡,例如:

(1) "御史言:越塞闌關,論未有□,請闌出入塞之津關,黥爲城旦舂;越塞,斬左止(趾)爲城旦;吏卒主者弗得,贖耐;令、丞、令史罰金四兩。"(二年律令 488—489)

(2) "出人盈五日不反(返),伍人弗言將吏,將吏弗劾,皆以越塞令論之。"(二年律令 495)

越塞,偷越邊塞。陳偉指出:"越塞"似指在津關之外的地方穿越邊界。①"越塞"在居延漢簡、居延新簡中也很常見,例不贅舉。

2. 越度

見於《唐律疏議》,例如:

(1)【疏】議曰:度關有三等罪:越度,私度,冒度。其私度、越度,自首不原;冒度之罪,自首合免。(卷五名例 37 疏議)

(2) 即强盗及姦,略人爲奴婢,犯闌入,若逃亡及私度、越度關棧垣籬者,亦無首從。(卷五名例 43)

(3) 諸私度關者,徒一年。越度者,加一等;不由門爲越。(卷八衛禁 82)

(4)【疏】議曰:水陸關棧,兩岸皆有防禁。越度之人已至官司防禁之所,未得度者,減越度五等,合杖七十。(卷八衛禁 82 疏議)

(5) 即將馬越度、冒度及私度者,各減人二等;餘畜,又減二等。(卷八衛禁 83)

越度,指不由關門或津渡,私自繞道從他處通過。卷五名例 43 疏議曰:越度者,謂不由門爲越。類似於現今的偷渡國境。與之近似的還有私度(指無公文憑據而私從關門或津渡通過)、冒度(假冒通過,冒用他人身份憑證蒙混過關)。

可見,《唐律疏議》中的"越度"和漢簡中的"越塞"雖然在字面上不完全相同(當然,在結構上也不相同:"越度"是個偏正短語,"越塞"是個動賓短語),但它們所表示的意思是十分相近的,都表示偷越津關或國境的一種犯罪行爲。這說明,二者之間有一脈相承的傳承關係。

(十一) 秦簡中的"越院"與《唐律疏議》中的"越垣"

1. 越院

見於睡虎地秦簡,例如:

---

① 陳偉:《張家山漢簡雜識》,《語言文字學研究》,中國社會科學出版社 2005 年版,第 36—37 頁。

越里中之與它里界者垣，爲"完（院）"不爲？① 巷相直爲"院"；宇相直者不爲"院"。（法律答問 186）

該句意爲：越過里與其它里之間的界牆，算不算是"越院"？兩巷相對，爲"越院"；兩屋相對，不算是"越院"。

院，即《説文》的"奂"，《宀部》云："周垣也。"即圍牆。《玉篇·宀部》："奂，周垣也。或作院。"據簡文內容，估計在當時，越院是一種犯罪行爲，律文對越院可能有處罪的規定，所以本條對越過兩里之間的牆垣算不算越院作了解釋。由於出土材料殘缺不全，我們僅在睡虎地秦簡裏面見到關於"越院"的這一個用例，可惜不能獲知更多信息。

2. 越垣

見於《唐律疏議》，例如：

（1）諸闌入太廟門及山陵兆域門者，徒二年；闌，謂不應入而入者。越垣者，徒三年。（卷七衛禁 58）

（2）"守衛"，謂軍人於太廟、山陵、太社防守宿衛者，若不覺越垣及闌入，各減罪人罪二等。（卷七衛禁 58 疏議）

（3）【疏】議曰："故縱者"，謂知其不合入而聽入，或知越垣而不禁，並與犯法者同罪。（卷七衛禁 58 疏議）

（4）禁苑，謂御苑，其門有籍禁。御膳以下闌入，雖即持杖及越垣，罪亦不加。（卷七衛禁 59 疏議）

從以上所舉例句並結合《唐律疏議》原文可知，唐律中的"越垣"指的是非法越過宮殿、太廟、山陵、太社、御苑、御膳所等與皇家有關的重要場所的垣牆的犯罪行爲。這裏的"垣"是特定場合的垣，不是泛指的。

據前《玉篇·宀部》所釋："奂，周垣也。或作院。"則可以推斷出，睡虎地秦簡中的"越院"＝"越奂"＝"越垣"。如此，從字面來看，與《唐律疏議》中的"越垣"已經可以說是一致了；但是睡虎地秦簡中的"越垣"指的是一般的垣、尋常里巷的垣，而《唐律疏議》中的"越垣"則是指的特定場所的垣，這一點又有所不同。不過，儘管二者在表意方面存在細微差別，但是這種翻越圍牆的動作行爲却是十分相似的，二者之間應有淵源關係。

---

① 整理者原釋文在"者"與"垣"之間斷開，即"越里中之與它里界者，垣爲'完（院）'不爲？"於文意不妥，今依文意改之。整理報告釋文標點誤，"垣"當屬上句讀，即"界者"與"垣"當連讀，"垣"與"爲"間當斷開，因爲"越院"是當時的一種罪名，本條律文是界定什麼樣的行爲算是"越院"，原釋文將"垣"屬下句讀，斷爲"垣爲'完（院）'不爲？"（界牆是不是越院？）顯然不妥，前者"垣"爲一物（界牆），後者爲一行爲（越院），意義不通，不成句。而將"垣"字屬前讀，則文通字順。

（十二）漢簡中的"出入罪人"與《唐律疏議》中的"出入人罪"

1. 出入罪人

見於張家山漢簡，例如：

（1）"證不言請（情），以出入罪人者，死罪，黥爲城旦舂；它各以其所出入罪反罪之。獄未鞫而更言請（情）者，除。吏謹先以辨告證。"（二年律令110）

（2）"譯訊人爲詐（詐）僞，以出入罪人，死罪，黥爲城旦舂；它各以其所出入罪反罪之。"（二年律令111）

又見於居延漢簡，例如：

爰書：鄴卒魏郡内安定里霍不職等五人，□□□□□敵劍庭刺傷狀。先以"證不言請出入罪人"律。（《合校》3.35）

《釋讀本》（137頁）："出入罪人"，《漢書·景武昭宣元成功臣表》顔師古注引晉灼曰："律說出罪爲故縱，入罪爲故不直。"與簡牘中的"出入罪人"不完全一致。所謂"出罪"，是指人有罪故意判其無罪或人罪重故意判其罪輕；所謂"入罪"，正好相反，是指人無罪故意判其有罪或人罪輕故意判其罪重。

2. 出入人罪

見於《唐律疏議》，例如：

（1）所枉罪重者，主司以出入人罪論；他人及親屬爲請求者，減主司罪三等；自請求者，加本罪一等。（卷十一職制135）

（2）諸市司評物價不平者，計所貴賤，坐贓論；入己者，以盜論。其爲罪人評贓不實，致罪有出入者，以出入人罪論。（卷二十六雜律419）

（3）諸主守受囚財物，導令翻異；及與通傳言語，有所增減者：以枉法論，十五疋加役流，三十疋絞；贓輕及不受財者，減故出入人罪一等。（卷二十九斷獄472）

出入人罪，包括了出人罪和入人罪兩種情況。重罪輕判或有罪判成無罪叫做"出"；輕罪重判或無罪判成有罪叫做"入"。

由上比較分析可以看出，漢簡中的"出入罪人"與《唐律疏議》中的"出入人罪"儘管名稱略有出入，但它們表示的意思基本是相同的，它們之間有密切聯繫，應該有一脈相承的傳承關係。

（十三）秦漢簡牘法律文獻中的"爲詐僞""詐僞"與《唐律疏議》中的"詐僞"

1. 爲酢（詐）僞/爲詛僞/爲詐（詐）僞

"爲酢僞"見於睡虎地秦簡，酢，讀爲詐。例如：

"百姓不當老，至老時不用請，敢爲酢（詐）僞者，貲二甲；典、老弗告，貲各一甲；伍人，戶一盾，皆罨（遷）之。"（秦律雜抄 32—33）

又作"爲詛僞"。詛，讀爲詐。《急就篇》："誅罰詐僞劾罪人。"見於睡虎地秦簡，例如：

"廷行事吏爲詛僞，貲盾以上，行其論，有（又）灋（廢）之。"（法律答問 59）

又作"爲訛（詐）僞"。見於龍崗秦簡，例如：

"及爲訛（詐）僞寫田籍皆坐臧（贓），與盜（盜）□☒"（龍崗秦簡 151）

又見於張家山漢簡，例如：

(1)"譯訊人爲訛（詐）僞，以出入罪人，死罪，黥爲城旦舂；它各以其所出入罪反罪之。"（二年律令 111）

(2)"其或爲訛（詐）僞、有增減也，而弗能得，贖耐。"（二年律令 333）

爲詐僞，弄虛作假。詐，詐欺；僞，虛假。

2. 詐僞

見於張家山漢簡，例如：

(1) 其詐（詐）貿易馬及僞診，皆以詐（詐）僞出馬令論。（二年律令 514）

(2) 捕罪人弗當，以得購賞而移予它人，及（詐）僞，皆以取購賞者坐臧（贓）爲盜。（二年律令 155）

(3) 諸詐（詐）僞自爵、爵免、免人者，皆黥爲城旦舂。吏智（知）而行者，與同罪。（二年律令 394）

也見於《唐律疏議》，例如：

(1) 諸盜寶、印、符、節封用；謂意在詐僞，不關由所主。即所主者盜封用及以假人，若出賣；所假及買者封用：各以僞造、寫論。（卷二十五詐僞 366）

(2)【疏】議曰："詐爲制書"，意在詐僞，而妄爲制敕及因制敕成文，而增減其字者，絞。（卷二十五詐僞 367 疏議）

(3) 諸證不言情，及譯人詐僞，致罪有出入者，證人減二等，譯人與同罪。謂夷人有罪，譯傳其對者。（卷二十五詐僞 387）

(4)【疏】議曰："詐冒官司"，謂詐僞及罔冒官司，欲有所求爲，官司知詐冒知情而聽行者，並與詐冒人同罪，至死減一等；不知情者，不坐。（卷二十五詐僞 388 疏議）

上舉各例中，"詐僞"一詞的意思也是弄虛作假。

可見，《唐律疏議》中的"詐僞"和秦漢律中的"爲詐僞"雖然在結構形式上並不完全一致（"爲詐僞"是個動賓短語，"詐僞"是個並列結構的合成詞），但它們在意義上並無多大差別，應該具有源流關係，前者應是來源於後者，是一脈相承的。況且，張家山漢簡中也已經出現了"詐（詐）僞"形式，更可說明它們的繼承關係。

（十四）漢簡中的"爲僞書"與《唐律疏議》中的"詐爲官文書"

1. 爲僞書

見於張家山漢簡，例如：

"爲僞書者，黥爲城旦舂。"（二年律令 13）

李均明在分析《奏讞書》的四則案例和《津關令》的相關令文後認爲，"爲僞書"指撰製、使用假文書。[①] 許道勝認爲是指僞造文書。[②]

2. 詐爲官文書

見於《唐律疏議》，例如：

諸詐爲官文書及增減者，杖一百；準所規避，徒罪以上，各加本罪二等；未施行，各減一等。（卷二十五詐僞 369）

【疏】議曰："詐爲官文書"，謂詐爲文案及符、移、解牒、鈔券之類，或增減以動事者，杖一百。（卷二十五詐僞 369 疏議）

可見，詐爲官文書包括了兩種情況：一是直接僞造官文書，包括文案及符、移、解牒、鈔券之類；二是在原有官文書上做改動，改變其内容，以對己有利。

儘管張家山漢簡中的"爲僞書"與《唐律疏議》中的"詐爲官文書"從字面上來看並不完全相同，但兩者所反映的内容却是基本相同的，這説明兩者之間有密切關係，應是一脈相承並有所演變而來的。

（十五）漢簡中的"逗留畏㮇"與《唐律疏議》中的"逗留"

1. 逗留畏㮇

見於張家山漢簡，例如：

"與盗賊遇而去北，及力足以追逮捕之而官□□□□□逗留畏㮇弗敢就，奪其將爵一絡〈級〉，免之，毋爵者戍邊二歲。"（二年律令 142—143）

逗留畏㮇，亦作逗橈、畏慄。指將領出征時違背軍令，觀望畏懼不前。多以軍法從重懲處。㮇，《説文》："讀若畏偄。"《廣雅·釋詁》："㮇，弱也。"從"㮇"與"需"字通，畏偄即畏懦。《後漢書·祭肜列傳》："伐北匈奴……

[①] 李均明：《簡牘所反映的漢代文書犯罪》，《出土文獻研究》第六輯，中華書局 2004 年版，第 70—78 頁。

[②] 許道勝：《張家山漢簡〈二年律令·賊律〉補釋》，《江漢考古》2004 年第 4 期。

坐逗留畏懦下獄免。"林文慶指出：《漢書·武帝紀》天漢二年載："秋，匈奴入鴈門，太守坐畏愞棄市。"如淳注曰："軍法，行逗留畏懦者要（腰）斬。"據如淳注可知，逗留畏懦是使用在參與作戰者身上的法律專門術語。①

2. 逗留

見於《唐律疏議》，例如：

（1）【疏】議曰："應輸課稅"，謂租、調、地稅之類，及應入官之物，而回避詐匿，假作逗留，遂致廢闕及巧偽濕惡，欺妄官司，皆總計所闕入官物數，准盜科罪，依法陪填。（卷十五廐庫 217 疏議）

（2）諸罪人逃亡，將吏已受使追捕，而不行及逗留；謂故方便之者。雖行，與亡者相遇，人仗足敵，不鬥而退者：各減罪人罪一等；鬥而退者，減二等。即人仗不敵，不鬥而退者，減三等；鬥而退者，不坐。（卷二十八捕亡律 451）

（3）"而不行及逗留"，謂故作回避逗留及詐為疾患不去之類。（卷二十八捕亡律 451 疏議）

以上所舉例句中，例（2）（3）中的"逗留"與張家山漢簡中"逗留"的意思差不多，都是指在追捕盜賊或罪犯過程中因懼怕對方而畏縮不前；而例（1）中的"逗留"，則是指托詞拖延以逃避繳納賦稅等。可見，唐律中的"逗留"對漢律中的"逗留"既有繼承，也有發展。不過，二者之間有一脈相承的關係，這一點是不容否定的。

（十六）漢簡中的"不憂事邊"與《唐律疏議》中的"不憂軍事"

1. 不憂事邊

見於居延新簡，例如：

（1）襃不以時燔舉；而舉埃上一苣火，燔一積薪，燔舉不如品約。不憂事邊。（EPT68：91—92）

（2）案：良林私去署，皆□宿止，且乏迹候，還詣部，積三日，失蘭，不憂事邊。（EPT68：112—114）

（3）□年九月九日，甲渠第四隧長，居延平明里王長長吏無告劾，亡。不憂事邊，逐捕未得。它。（EPT68：142—143）

不憂事邊，意思是對事邊之事不擔憂、不放在心上、不當回事。實際是玩忽職守，毫無責任心，放任不管。

2. 不憂軍事

見於《唐律疏議》，例如：

---

① 林文慶：《張家山漢簡〈二年律令·捕律〉初探》，第三屆簡帛學術討論會論文，臺灣中國文化大學，2005 年 5 月。

諸乏軍興者斬，故、失等。謂臨軍征討，有所調發，而稽廢者。不憂軍事者，杖一百。謂臨軍征討，闕乏細小之物。（卷十六擅興230）

不憂軍事，意思是對軍事不擔憂、不當回事、不認真準備。唐時，府兵須自備若干物資，主要爲"隨身七事"（衣服、被蓋、資財、用物、弓箭、鞍轡、器仗）。戰時若不帶此七事及火具、烏布幕等，即以不憂軍事論處。一事不備即杖一百。《唐律疏議》卷十六《擅興》230疏議曰：謂隨身七事及火幕、行具細小之物，臨軍征討，有所闕乏，一事不充，即杖一百。

由上比較分析不難看出，《唐律疏議》中的"不憂軍事"與居延新簡中的"不憂事邊"表意十分相似。其實，事邊和軍事就是一回事，事邊就是從事邊防，也就是軍事活動。可見，二者之間有密切聯繫，有傳承關係。

（十七）漢簡中的"不堅守而棄去"與《唐律疏議》中的"不固守而棄去"

1. 不堅守而棄去

見於張家山漢簡，例如：

以城邑亭障反，降諸侯，及守乘城亭障，諸侯人來攻盜，不堅守而棄去之若降之，及謀反者，皆要（腰）斬。（二年律令1—2）

2. 不固守而棄去

見於《唐律疏議》，例如：

諸主將守城，爲賊所攻，不固守而棄去及守備不設，爲賊所掩覆者，斬。若連接寇賊，被遣斥候，不覺賊來者，徒三年；以故致有覆敗者，亦斬。（卷十六擅興233）

對比上述兩例可以看出，它們表述的意思是十分相似的。《唐律疏議》中的"不固守而棄去"與張家山漢簡中的"不堅守而棄去"意思是一樣的，"固守"與"堅守"是同義詞。可見，二者之間有緊密聯繫，有傳承關係。

（十八）漢簡中的"不當得爲"與《唐律疏議》中的"不應得爲"

1. 不當得爲

見於張家山漢簡，例如：

其以避論，及所不當【得爲】，以所避罪罪之。（二年律令14—15）

不當得爲，《漢書·昌邑王傳》"昌邑哀王歌舞者張修等十人……王薨當罷歸，大傅豹等擅留以爲哀王園中人，所不當得爲"注："於法不當然。"即雖然法律沒有明文禁止，但於道德人倫情理都不允許做的事。

2. 不應得爲

見於《唐律疏議》，凡9見，例如：

（1）期親以上，不即舉哀，後雖舉訖，不可無罪，期以上從"不應得爲重"；大功，從"不應得爲輕"；小功以下，哀容可也，不合科罪。（卷十職制120疏議問答）

（2）諸不應得爲而爲之者笞四十，謂律、令無條，理不可爲者。事理重者，杖八十。（卷二十七雜律450）

（3）若誘導官戶、部曲亡者，律無正文，當"不應得爲從重"，杖八十。（卷二十八捕亡463疏議）

（4）其應取保放而不放者，從"不應禁而禁"；不取保放者，於律有違，當"不應得爲"，流以上從重，徒罪以下從輕。（卷二十九斷獄478疏議）

不應得爲，亦稱"不當得爲"或"不應爲"。中國古代法律謂律無罪名，令無禁制而於理不符的行爲。"不應得爲"具有很大的概括性和靈活性，可作爲司法官處罰律令無明確規定行爲的依據。《唐律疏議》卷二十七《雜律》450條注："謂律令無條，理不可爲者。"同時該條疏議曰："雜犯輕罪，觸類弘多，金科玉條，包羅難盡。其有在律在令無有正條，若不輕重相明，無文可以比附。臨時處斷，量情爲罪，庶補遺闕，故立此條。情輕者，笞四十；事理重者，杖八十。"按唐律精神，應依律條處理，律條無規定則可以比附。罪輕或無罪者，舉重以明輕；應入罪者，舉輕以明重。

從以上比較分析不難看出，《唐律疏議》中的"不應得爲"和張家山漢簡中的"不當得爲"所表示的含義是基本相同的，它們之間有一脈相承的密切關係，前者應是從後者繼承演變而來。

第三節　各自獨有的罪名

除前述共有的罪名、相似的罪名以外，秦漢簡牘法律文獻和《唐律疏議》還各有自己獨有的一些罪名。

一、秦漢簡牘法律文獻獨有的罪名

秦漢簡牘法律文獻獨有的罪名，分別存在於下述各類犯罪中：

（一）危害中央集權、侵犯皇帝尊嚴類犯罪

這類犯罪主要有：謀反、反、大逆不道、不敬、降諸侯、投書、矯令、矯制，等等。除了與《唐律疏議》共有的謀反、矯制，以及相似的大逆不道、不敬、投書、爲閒外，秦漢簡牘法律文獻獨有的罪名還有"反""降諸侯""矯令"幾個。

1. 反

見於里耶秦簡，例如：

"鞫之：越人以城邑反，蠻、衿、害弗智（知）。"（秦始皇二十六年 J1（12）10 背面）

又見於張家山漢簡，例如：

"以城邑亭障反，降諸侯，及守乘城亭障，諸侯人來攻盜，不堅守而棄去之若降之，及謀反者，皆要（腰）斬。"（二年律令 1—2）

反，造反，反叛。這是旨在顛覆封建統治者政權，妄圖推翻其統治的犯罪行爲，因而在封建社會被列爲重罪，要處極刑。

2. 降諸矦（侯）

見於張家山漢簡，例如：

"以城邑亭障反，降諸矦（侯），及守乘城亭障，諸矦（侯）人來攻盜，不堅守而棄去之若降之，及謀反者，皆要（腰）斬。"（二年律令 1—2）

降諸矦（侯），投降諸侯。降，投降。諸侯，此指漢初分封的諸侯國。矦，"侯"的異體字。

"降諸侯"是漢簡中獨有的罪名，不見於《唐律疏議》。這是因爲隨着社會的發展，政治體制的改變，諸侯國到唐代已不復存在，也就談不上降諸侯了。

3. 矯令

見於睡虎地秦簡，矯，作"撟"，通假字。例如：

"撟（矯）丞令"可（何）殹（也）？爲有秩僞寫其印爲大嗇夫。（法律答問 55）

矯令，假托王者之令。矯，假托。《史記·陳涉世家》："因相與矯陳王令。"

此外，此類罪名還有來誘、逆亂等。

（二）侵犯人身安全類犯罪

這類犯罪主要有：故意殺人、故意傷害、強奸，等等。除了與《唐律疏議》共有的"格殺""鬥殺""戲殺""強姦""毆""毆擊""略賣"外，秦漢簡牘法律文獻獨有的罪名還有如下一些：

1. 賊傷人

見於睡虎地秦簡，例如：

（1）"甲告乙盜牛若賊傷人，今乙不盜牛、不傷人，問甲可（何）論？端爲，爲誣人；不端，爲告不審。"（法律答問 43）

(2)"甲告乙盜牛,今乙賊傷人,非盜牛殹(也),問甲當論不當?不當論,亦不當購;或曰爲告不審。"(法律答問44)

賊傷,傷害、殘殺。賊,殺傷。《左傳·昭公四年》:"殺人不忌爲賊。"《荀子·修身》:"害良曰賊……竊貨曰盜。"《晉書·刑法志》:"無變斬擊謂之賊……取非其物謂之盜。"《周禮·朝士》疏:"盜賊並言者,盜謂盜取人物,賊謂殺人曰賊。"李悝、商鞅以至漢律,都以"盜""賊"作爲不同的篇名。

又見於張家山漢簡、居延漢簡、居延新簡等,此不贅舉。

"賊傷人"不見於《唐律疏議》,是秦漢簡牘法律文獻獨有的罪名。

2. 賊殺人

見於睡虎地秦簡,例如:

(1)"求盜追捕罪人,罪人挌(格)殺求盜,問殺人者爲賊殺人,且斷(鬪)殺?斷(鬪)殺人,廷行事爲賊。"(法律答問66)

(求盜追捕罪犯,罪犯擊殺求盜,問殺人者應作爲賊殺人論處,還是作爲鬪殺人論處?系鬪殺人,但成例以賊殺人論處。挌(格),《說文·手部》:"擊也。")

(2)"今甲曰伍人乙賊殺人,即執乙,問不殺人,甲言不審,當以告不審論,且以所辟?以所辟論當殹(也)。"(法律答問96—97)

(如甲控告說同伍的乙殺害了人,因而將乙拘捕,經審訊乙並未殺人,甲所言不實,應以告不實論處,還是以所加的罪名論處?應以所加的罪名論處。辟,《爾雅·釋詁》:"罪也。")

賊殺作爲罪名既描述了一類具體的犯罪行爲又強調了犯罪的主觀心態,即"殺人不忌""殺人而不戚也"。《晉書·刑法志》引張斐《律表》:"無變斬擊,謂之賊"。朱紅林認爲:"從《法律答問》的記載看,秦律中已經把殺人罪區分爲'賊殺人'和'鬪殺人',漢律繼承了這一區分。"[1]

又見於張家山漢簡,例如:

(1)"賊殺人、鬪而殺人,棄市。其過失及戲而殺人,贖死;傷人,除。"(二年律令21)

(2)"賊殺人,及與謀者,皆棄市。未殺,黥爲城旦舂。"(二年律令23)

還見於居延漢簡、敦煌漢簡等,此不贅舉。

"賊殺人"不見於《唐律疏議》,是秦漢簡牘法律文獻獨有的罪名。

---

[1] 朱紅林:《張家山漢簡〈二年律令〉集釋》,社會科學文獻出版社2005年版,第29頁。

3. 賊殺傷

見於睡虎地秦簡，例如：

（1）"有賊殺傷人衝術，偕旁人不援，百步中比壄（野），當貲二甲。"（法律答問 101）

（2）賊殺傷、盜它人爲"公室"；子盜父母，父母擅殺、刑、髡子及奴妾，不爲"公室告"。（法律答問 103）

又見於張家山漢簡，例如：

（1）"子賊殺傷父母，奴婢賊殺傷主、主父母妻子，皆梟其首市。"（二年律令 34）

（2）"賊殺傷父母，牧殺父母，歐（毆）詈父母，父母告子不孝，其妻子爲收者，皆錮，令毋得以爵償、免除及贖。"（二年律令 38）

"賊殺傷"當是"賊殺"與"賊傷"的並列省稱，包括了或殺或傷兩種情況，主觀心態都是冷酷、不忌的。

"賊殺傷"不見於《唐律疏議》，是秦漢簡牘法律文獻獨有的罪名。

4. 殺子

見於睡虎地秦簡，例如：

"今生子，子身全殹（也），毋（無）怪物，直以多子故，不欲其生，即弗舉而殺之，可（何）論？爲殺子。"（法律答問 69—70）

殺子，意思是將自己的孩子殺死。孩子本身並無殘疾或畸形，僅僅是因爲嫌孩子多就不愿撫養而將其殺死，這也是一種犯罪。

"殺子"不見於《唐律疏議》，是秦漢簡牘法律文獻獨有的罪名。

5. 強與主奸

見於睡虎地秦簡，例如：

"臣強與主奸，可（何）論？比毆主。"（法律答問 75）

強與主奸，即強行與主人發生性關係，強奸主人。這種犯罪要比照毆打主人的犯罪論處。

"強與主奸"不見於《唐律疏議》，是秦漢簡牘法律文獻獨有的罪名。

6. 強與奸

見於張家山漢簡，例如：

（1）"同產相與奸，若取（娶）以爲妻，及所取（娶）皆棄市。其強與奸，除所強。"（二年律令 191）

（2）"強與人奸者，府（腐）以爲宮隸臣。"（二年律令 193）

強與奸，即違背對方意願而強行與之發生性行爲，也是侵犯人身權利的犯罪。

"強與奸"不見於《唐律疏議》，是秦漢簡牘法律文獻獨有的罪名。

7. 毆治（笞）

見於睡虎地秦簡，作"毆治"。治，通"笞"。例如：

"妻悍，夫毆治之，夬（決）其耳，若折支（肢）指、胅體（體），問夫可（何）論？當耐。"（法律答問 79）

又見於張家山漢簡，徑作"毆笞"。例如：

（1）"妻悍而夫毆笞之，非以兵刃也，雖傷之，毋罪。"（二年律令 32）

（2）"父母毆笞子及奴婢，子及奴婢以毆笞辜死，令贖死。"（二年律令 39）

（以毆笞辜死，因被笞打致重傷而在保辜期限内死亡。）

毆治（笞），毆打，笞打，用竹板或棍子抽打。

"毆治（笞）"不見於《唐律疏議》，是秦漢簡牘法律文獻獨有的罪名。

8. 毆辱

見於王杖詔書令冊，例如：

（1）汝南太守灪（讞）延尉，吏有毆辱王杖主者，罪名明白。（王杖詔書令冊 7）

（2）上有鳩使百姓望見之，比於節；吏民有敢罵詈毆辱者，逆不道。（王杖詔書令冊 10）

（3）制詔丞相御史：年七十以上杖王杖，比六百石，入官府不趨；吏民有敢毆辱者，逆不道，棄市。（王杖詔書令冊 21—22）

（4）亭長二人，鄉嗇二人，白衣民三人，皆坐毆辱王杖功，棄市。（王杖詔書令冊 26）

毆辱，毆打凌辱，污辱。

"毆辱"不見於《唐律疏議》，是秦漢簡牘法律文獻獨有的罪名。

此外，此類罪名還有傷、殺、奸、略、牧殺、伐殺、盜殺、流殺、傷人、殺傷、殺人、擅殺、捶殺人、毆詈、奊訽詈、劫人、賊刺、盜傷、盜殺傷等。

（三）侵犯財產類犯罪

這類犯罪主要有盜竊、搶奪等。除了與《唐律疏議》共有的"盜""強盜""坐贓"等外，秦漢簡牘法律文獻中還有如下一些獨有的罪名：

1. 盜主

見於睡虎地秦簡，例如：

"人奴妾盜其主之父母，爲盜主，且不爲？同居者爲盜主，不同居不爲盜

主。"（法律答问 20—21）

（私家奴婢盜竊主人父母的東西，作爲盜主，還是不作爲盜主？主人的父母是與主人同居，就作爲盜主；不同居，不作爲盜主。）

盜主，盜竊主人財物。

"盜主"不見於《唐律疏議》，是秦漢簡牘法律文獻獨有的罪名。

2. 柀盜

見於睡虎地秦簡，例如：

"或直（值）廿錢，而柀盜之，不盡一具，及盜不直（置）者，以律論。"（法律答問 26）

（又有供品值二十錢，但只盜竊了一部分，沒有盜完一整份，以及所盜竊的是不作爲供品陳放的東西，這兩種情況按一般法律論處。）

柀盜，盜取其一部分。柀，謂一部分。

"柀盜"不見於《唐律疏議》，是秦漢簡牘法律文獻獨有的罪名。

3. 盜埱厓

見於睡虎地秦簡，例如：

可（何）謂"盜埱厓"？王室祠，貍（薶）其具，是謂"厓"。（法律答問 28）

盜埱厓，盜掘祭祀的厓。《説文·土部》："埱，氣出土也。一曰始也。""厓"義不詳。王室祭祀，埋其祭品，叫做"厓"。

"盜埱厓"不見於《唐律疏議》，是睡虎地秦簡法律文獻獨有的罪名。

4. 群盜

見於睡虎地秦簡，例如：

(1) 可（何）謂"贖鬼薪鋈足"？可（何）謂"贖宮"？●臣邦真戎君長，爵當上造以上，有罪當贖者，其爲群盜，令贖鬼薪鋈足；其有府（腐）罪，【贖】宮。其它罪比群盜者亦如此。（法律答問 113—114）

(2) 可（何）罪得"處隱官"？●群盜赦爲庶人，將盜戒（械）囚刑罪以上，亡，以故罪論，斬左止爲城旦，後自捕所亡，是謂"處隱官"。●它罪比群盜者皆如此。（法律答問 125—126）

又見於張家山漢簡，例如：

(1) "盜五人以上相與功（攻）盜，爲群盜。"（二年律令 62）

(2) "智（知）人爲群盜而通歙（飲）食餽遺之，與同罪；弗智（知），黥爲城旦舂。其能自捕若斬之，除其罪，有（又）賞如捕斬。群盜法（發），弗能捕斬而告吏，除其罪，勿賞。"（二年律令 63—64）

群盜，合夥行盜，《晉書·刑法志》："三人謂之群，取非其物謂之盜。"秦代常將其用爲對農民起義的侮辱性名稱，見《史記·黥布列傳》及《叔孫通列傳》等。《漢書·袁盎傳》："其父楚人也，故爲群盜。"注："群盜者，群衆相隨而爲盜也。"

"群盜"不見於《唐律疏議》，是秦漢簡牘法律文獻獨有的罪名。

6. 奪錢

見於張家山漢簡奏讞書，例如：

（1）"六月癸卯，典贏告曰：不智（知）何人刺女子婢寎里中，奪錢，不智（知）之所，即令獄史順、去疢、忠、大□固追求賊。"（奏讞書197—198）

（2）"孔自以爲利，足刺殺女子奪錢，即從到巷中，左右瞻毋人，以刀刺奪錢去走。"（奏讞書223）

奪錢，搶奪他人錢財。

"奪錢"不見於《唐律疏議》，是秦漢簡牘法律文獻獨有的罪名。

此外，此類罪名還有燔、奪、穴盜、攻盜、盜奪、強奪、失火、縱火等。

（四）妨害社會管理秩序類犯罪

這類犯罪主要有：逃避賦稅、逃避徭役、逃避兵役、私鑄作錢、穿越邊界，等等。

如：

1. 盜徙封

見於睡虎地秦簡，例如：

"盜徙封，贖耐。"可（何）如爲"封"？"封"即田千佰。頃半（畔）"封"殹（也），且非是？而盜徙之，贖耐，可（何）重也？是，不重。（法律答問64）

封，地界，《周礼·封人》注："畿上有封，若今時界矣。"千佰，即阡陌，《漢書·食貨志》作仟伯，注："仟伯，田間之道也，南北曰仟，東西曰伯。"古時阡陌起田界的作用。《史記·秦本紀》載孝公十二年"爲田，開阡陌"。《漢書·食貨志》載董仲舒云：秦"用商鞅之法，改帝王之制，除井田，民得賣買，富者田連仟伯，貧者亡立錐之地。"

盜徙封，即私自移動地界。

"盜徙封"不見於《唐律疏議》，是睡虎地秦簡法律文獻獨有的罪名。

2. 履錦履

見於睡虎地秦簡，例如：

"毋敢履錦履。""履錦履"之狀可（何）如？律所謂者，以絲雜織履，履

有文，乃爲"錦履"，以錦縵履不爲，然而行事比焉。（法律答問162）

履錦履，即穿帶花紋的絲織的鞋子。在等級森嚴的秦朝封建社會裏，達不到一定身份的平民百姓是不允許穿這種鞋子的，否則就是僭越，就是犯罪。

"履錦履"不見於《唐律疏議》，是睡虎地秦簡法律文獻獨有的罪名。

3. 逋事/逋

見於睡虎地秦簡，例如：

（1）可（何）謂"逋事"及"乏繇（徭）"？律所謂者，當繇（徭），吏、典已令之，即亡弗會，爲"逋事"；已閱及敦（屯）車食若行到繇（徭）所乃亡，皆爲"乏繇（徭）"。（法律答問164）

（2）"敢告某縣主：男子某辭曰：'士五（伍），居某縣某里，去亡。'可定名事里，所坐論云可（何），可（何）罪赦，或覆問毋（無）有，幾籍亡，亡及逋事各幾可（何）日，遣識者當騰，騰皆爲報，敢告主。"（封診式13—14）

又見於張家山漢簡，也簡作"逋"。例如：

（1）"興吏徒追盜賊，已受令而逋，以畏耎論之。"（二年律令143）

（2）"吏民亡，盈卒歲，耐；不盈卒歲，毄（繫）城旦舂；公士、公士妻以上作官府，皆償亡日。其自出殹（也），笞五十。給逋事，皆籍亡日，軵數盈卒歲而得，亦耐之。"（二年律令157）

逋事，逃避官府役使。逋，逃亡。《說文·辵部》："逋，亡也。从辵，甫聲。"事，指服徭役之事。《漢書·酷吏傳》："縣無逋事"，顏師古曰："逋，亡也，負也。""當繇（徭），吏、典已令之，即亡弗會，爲逋事。"意思是，應當服徭役的，吏和里典已下令徵發，隨即逃亡，不去報到，稱爲"逋事"。

"逋"還見於居延新簡，例不贅舉。

"逋事"不見於《唐律疏議》，是秦漢簡牘法律文獻獨有的罪名。

4. 乏繇（徭）

見於睡虎地秦簡，例同上"逋事/逋"條《法律答問》164例。

又見於張家山漢簡，例如：

"乏繇（徭）及車牛當繇（徭）而乏之，皆貲日十二錢，有（又）償乏繇（徭）日，車☐"（二年律令401）

乏徭，逃避徭役。乏，空乏、曠工。睡虎地秦簡《法律答問》164中"已閱及敦（屯）車食若行到繇（徭）所乃亡，皆爲乏繇（徭）"意思是，已經參加檢閱、共同乘車和吃口糧，或已到服徭役地點，然後逃亡，都作爲"乏搖"。陳偉武指出："乏"即"廢"。①

"乏搖"不見於《唐律疏議》，是秦漢簡牘法律文獻獨有的罪名。

5. 匿田

見於睡虎地秦簡，例如：

"部佐匿者（諸）民田，者（諸）民弗智（知），當論不當？部佐爲匿田，且可（何）爲？已租者（諸）民，弗言，爲匿田；未租，不論○○爲匿田。"（法律答問 157）（部佐隱匿百姓的田，百姓不知道，應否論罪？部佐應以匿田論處，還是作爲什麼別的罪？已向百姓收取田賦而不上報，就是匿田；未收田賦，不予匿田論處。租，此處意爲徵收田賦。）

又見於龍崗秦簡，例如：

"坐其所匿稅臧（贓），與灋（法）没入其匿田之稼。"（龍崗秦簡 147）

又見於旱灘坡東漢木簡，例如：

"☐鄉吏常以五月度田，七月舉畜害。匿田三畝以上，坐☐☐"（旱灘坡東漢木簡 14）

匿田，指地方官爲逃避田賦而隱匿田租，隱瞞田畝數量，不如實上報。

"匿田"不見於《唐律疏議》，是秦漢簡牘法律文獻獨有的罪名。

6. 毀封

見於張家山漢簡，例如：

(1) "毀封，以它完封印印之，耐爲隸臣妾。"（二年律令 16）

(2) "諸行書而毀封者，皆罰金一兩。書以縣次傳，及以郵行，而封毀，☐縣☐劾印，更封而署其送徼（檄）曰：封毀，更以某縣令若丞印封。"（二年律令 274—275）

封，文書上的封泥。毀封，毀壞文書上的封泥。

"毀封"不見於《唐律疏議》，是秦漢簡牘法律文獻獨有的罪名。

此外，此類罪名還有闌亡、去亡、邦亡、逋亡、舍匿、匿租、乏事、亡從群盜等。

（五）官吏瀆職類犯罪

這類犯罪主要有：斷案不公、放走罪犯、出入人罪、擅離崗位，等等。

除了與《唐律疏議》共有的"不直"外，秦漢簡牘法律文獻獨有的此類罪名還有如下一些：

---

① 陳偉武：《睡虎地秦簡核詁》，《中國語文》1998 年第 2 期。

1. 失刑/失

見於睡虎地秦簡，例如：

（1）"問甲及吏可（何）論？甲當黥爲城旦；吏爲失刑罪，或端爲，爲不直。"（法律答問 33—34）

（2）"問甲及吏可（何）論？甲當耐爲隸臣，吏爲失刑罪。"（法律答問 35—36）

又見於張家山漢簡，例如：

"庶人以上，司寇、隸臣妾無城旦舂、鬼薪白粲罪以上，而吏故爲不直及失刑之，皆以爲隱官；女子庶人，毋箅（算）事其身，令自尚。"（二年律令 124）

又簡作"失"。見於睡虎地秦簡，例如：

"當貲盾，沒錢五千而失之，可（何）論？當誶。"（法律答問 48）
（應罰盾，而沒錢五千，判處不當，如何論處？應申斥。失，即失刑。）
失刑，判處不當，用刑不當。

"失刑"不見於《唐律疏議》，是秦漢簡牘法律文獻獨有的罪名。

2. 擅移獄

見於居延新簡，例如：

以兵刃、索繩它物可以自殺者予囚，囚以自殺、殺人，若自傷、傷人，而以辜二旬中死，予者髡爲城旦舂。及有移人在所縣道官，縣道官獄訊以報之，勿徵逮。徵逮者，以擅移獄論，☐以當謀論。若辟不襐，爰書☐☐之，皆爲不平端。（EPS4T2：100—102）

擅移獄，即未經上級批准，擅自移交案件審理權。

"擅移獄"不見於《唐律疏議》，是秦漢簡牘法律文獻獨有的罪名。

3. 去署

見於睡虎地秦簡，例如：

可（何）謂"寶署"？"寶署"即去殹（也），且非是？是，其論可（何）殹（也）？即去署殹（也）。（法律答問 197）

（什麼叫"寶署"？寶署就是去署，還是不是去署？如果是，應如何論處？就是去署。）

又見於張家山漢簡，例如：

"當戍，已受令而逋不行盈七日，若戍盜去署及亡盈一日到七日，贖耐；過七日，耐爲隸臣；過三月，完爲城旦。"（二年律令 398）

又見於居延漢簡，例如：

(1) 第十二隧長張寅,迺十月庚戌擅去署。(《甲編》476)

(2) 迫有行塞者,未敢去署。(《甲編》1862)

去署,擅離崗位,常見於漢簡。去:離開。署:辦公的處所,崗位。

"去署"不見於《唐律疏議》,是秦漢簡牘法律文獻獨有的罪名。

此外,此類罪名還有鞫獄故不直、鞫獄故縱等。

(六) 妨害婚姻家庭秩序類犯罪

這類犯罪主要有:和奸、棄妻不書、不孝、教人不孝,等等。除了與《唐律疏議》共有的"和奸""不孝"外,秦漢簡牘法律文獻獨有的此類罪名還有如下一些:

1. 棄妻不書

見於睡虎地秦簡,例如:

"棄妻不書,貲二甲。"其棄妻亦當論不當?貲二甲。(法律答問169)

(休妻而不登記,罰二甲。"所休的妻應否也加論處?應罰二甲。)

書,指報告登記。合法婚姻關係的成立與解除,必須經過官府的批准;否則,即視爲非法行爲。休棄妻子也不能太隨意,要到官府辦理登記手續;不去報告登記,就是犯罪。

"棄妻不書"不見於《唐律疏議》,是秦漢簡牘法律文獻獨有的罪名。

2. 教人不孝

見於張家山漢簡,例如:

(1) "教人不孝,黥爲城旦舂。"(二年律令36—37)

(2) "教人不孝,次不孝之律。不孝者棄市。棄市之次,黥爲城旦舂。"(奏讞書181—182)

教人不孝,即教唆他人不孝。這也是破壞封建社會家庭倫理秩序的犯罪,只是所受刑罰比本人不孝稍輕些。不孝者棄市,教人不孝,次不孝之律,黥爲城旦舂。

"教人不孝"不見於《唐律疏議》,是秦漢簡牘法律文獻獨有的罪名。

此外,此類罪名還有相與奸等。

(七) 誣告類犯罪

這類犯罪主要有:誣告、控告不實、栽贓陷害、告盜駕(加)臧(贓),等等。除了"誣人""誣告""告不審"等與《唐律疏議》共有的罪名外,秦漢簡牘法律文獻獨有的此類罪名還有如下一些:

1. 誣言

見於懸泉漢簡,例如:

疑歸何怨恚，誣言驢掌等謀反。（Ⅱ0114③：440）

誣言：捏造說，舉報所言不實，即誣告說。言，說。

"誣言"不見於《唐律疏議》，是秦漢簡牘法律文獻獨有的罪名。

2. 臧（贓）人

見於睡虎地秦簡，例如：

可（何）謂"臧（贓）人"？"臧（贓）人"者，甲把其衣錢匿臧（藏）乙室，即告亡，欲令乙爲盜之，而實弗盜之謂殹（也）。（法律答問205）

（什麼叫"贓人"？"贓人"，如甲將自己的衣物錢財藏到乙家，於是報告說東西丢了，想使乙成爲盜竊，而實際乙並未盜竊。）

這裏用舉例的方式回答了什麼是"贓人"。贓人，栽贓陷害他人。

"贓人"不見於《唐律疏議》，是秦漢簡牘法律文獻獨有的罪名。

3. 告盜駕（加）臧（贓）

見於睡虎地秦簡，例如：

（1）"甲盜羊，乙智（知），即端告曰甲盜牛，問乙爲誣人，且爲告不審？當爲告盜駕（加）臧（贓）。"（法律答問45）

（2）"甲盜羊，乙智（知）盜羊，而不智（知）其羊數，即告吏曰盜三羊，問乙可（何）論？爲告盜駕（加）臧（贓）。"（法律答問46）

告盜駕（加）臧（贓），即控告盜竊罪而增加贓數，和"誣人""告不審"等一樣應受懲處，但處分不同。駕，通"加"；臧，通"贓（贓）"。

"告盜加贓"不見於《唐律疏議》，是秦漢簡牘法律文獻獨有的罪名。

（八）詐僞類犯罪

這類犯罪主要有：爲酢（詐）僞、僞寫印/璽、爲僞書、詐紿、詑上、證不言請（情），等等。除了與《唐律疏議》共有的"僞寫""證不言情"，以及相似的"爲詐僞""爲僞書"外，秦漢簡牘法律文獻獨有的此類罪名還有如下一些：

1. 詑（詑）上

見於張家山漢簡《奏讞書》，例如：

（1）"有（又）曰：諸以縣官事詑（詑）其上者，以白徒罪論之。"（奏讞書174—175）

（2）"今丁有宵（小）人心，盜君子節，有（又）盜君子學，以上功再詑（詑）其上，有白徒罪二，此以完爲倡。"（奏讞書178—179）

詑，同"詑"。詑，《說文·言部》："沇州謂欺曰詑。从言，它聲。"《廣雅·釋詁》："詑，欺也。"詑上，即欺騙上級。

"訑上"不見於《唐律疏議》，是秦漢簡牘法律文獻獨有的罪名。

2. 詐(詐)紿

見於張家山漢簡，例如：

"諸詐(詐)紿人以有取，及有販賣貿買而詐(詐)紿人，皆坐臧(贓)與盜同法，罪耐以下有(又)罍(遷)之。有能捕若詗吏，吏捕得一人，爲除戍二歲；欲除它人者，許之。"(二年律令 261—162)

詐，"詐"的異體。紿，通"詒"，欺騙。《釋讀本》(197 頁)："紿"，乃欺、僞之意。《史記·酈商列傳》："令其子況紿呂禄。"《索隱》："紿，欺也，詐也。""詐紿"，《漢書·高惠高后文功臣表》："孝景四年，侯毋害嗣，六年，坐詐紿人臧六百，免。""詐紿人以有取"指於商業交易以外，在市中詐取他人財物。

"詐紿"不見於《唐律疏議》，是秦漢簡牘法律文獻獨有的罪名。

(九) 賄賂類犯罪

這類犯罪比較明確，主要有行賄罪和受賄罪。除了與《唐律疏議》共有的"行賕"外，秦漢簡牘法律文獻在這方面獨有的罪名主要有如下一些：

1. 受賕/受賕以枉法

見於張家山漢簡，例如：

(1) "受賕以枉法，及行賕者，皆坐其臧(贓)爲盜。罪重於盜者，以重者論之。"(二年律令 60)

(2) "廷報：甑、順等受、行賕狂(枉)法也。"(奏讞書 52)

(3) "購、没入、負償，各以其直(值)數負之。其受賕者，駕(加)其罪二等。所予臧(贓)罪重，以重者論之，亦駕(加)二等。其非故也，而失不□□以其贖論之。"(二年律令 95—96)

又見於敦煌漢簡，例如：

"行言者，若許及受賕以枉法，皆坐臧(贓)爲盜，没入□【具？】。行言者，本行職者也。"(敦煌漢簡 1875)

受賕即受賄。《漢書·刑法志》"及吏坐受賕枉法"顏師古注曰："吏受賕枉法者，謂曲公法而受賂者也。"

"受賕""受賕以枉法"不見於《唐律疏議》，是秦漢簡牘法律文獻獨有的罪名。

2. 通錢

見於睡虎地秦簡，例如：

(1) 邦亡來通錢過萬，已復，後來盜而得，可(何)以論之？以通錢。

（法律答問 181）

（逃亡出境的人向國內行賄，數目超過萬錢，已得到寬免，後來回國，又因盜竊被捕獲，應如何論處？以行賄罪論處。）

（2）智（知）人通錢而爲臧賕（藏），其主已取錢，人後告臧（藏）者，臧（藏）者論不論？不論＝論。（法律答問 182）

（知道他人行賄而代爲收藏錢財，錢的主人已將錢取走，事後才有人控告藏錢的人，藏錢的人應否論罪？應論罪。）

此處重文號原應在問句第二個"論"字下，誤衍"不論"二字，本應作"……論不論？論。"

（3）甲誣乙通一錢，黥城旦罪，問甲同居、典、老當論不當？不當。（法律答問 183）

（甲誣告乙行賄一錢，而被處黥城旦的刑罰，問甲的同居、里典、伍老應否論罪？不應當。）

睡虎地秦墓竹簡整理小組注爲：通錢，疑指行賄。《漢書·張湯傳》有"與錢通"，注釋爲"錢財之交"，意義有所不同，但可參考。

張世超、張玉春二先生對上述解釋提出了異議，他們認爲，上述例句中的"通錢"不是指行賄的意思，而應該是把境外的私鑄劣質錢偷運入境，打入國內市場。運入之偽錢擾亂金融市場，爲害遠比盜竊大，所以"通錢"之罪重於偷盜錢物。[①] 果如此，則"通錢"就不屬於賄賂類犯罪，而應是妨害社會管理秩序類犯罪了。

"通錢"不見於《唐律疏議》，是秦漢簡牘法律文獻獨有的罪名。

（十）軍職人員犯罪

這類犯罪的主體特定，特指軍職人員，不是一般百姓。這裏的軍職人員，包括軍隊的將士，也包括官府專管捕捉盜賊的官吏等。這類犯罪主要有：譽敵、儓乏不鬭、逗留畏愞、畏愞等。除了與《唐律疏議》相似的"逗留畏愞"外，秦漢簡牘法律文獻此類獨有的罪名還有如下一些：

1. 譽適（敵）

見於睡虎地秦簡，例如：

"譽適（敵）以恐衆心者，翏（戮）。""翏（戮）"者可（何）如？生翏（戮），翏（戮）之已乃斬之之謂殹（也）。（法律答問 51）

（"讚揚敵人而動搖軍心的人，應戮。"什麼叫"戮"？先活著刑辱示衆，

---

① 張世超、張玉春：《"通錢"解——秦簡整理札記之二》，《古籍整理研究學刊》，1986 年第 4 期。

然後斬首。)

適,通"敵"。譽敵,讚揚敵人。《墨子·號令》:"譽敵,少以爲衆,亂以爲治,敵攻拙以爲巧者,斷。"本條指戰爭中的情况,衆心即軍心、士氣。讚揚敵人容易動摇軍心、影響士氣,削弱軍隊戰鬥力,類似於俗語"長他人志氣,滅自己威風",所以不可饒恕。

"譽敵"不見於《唐律疏議》,是秦漢簡牘法律文獻獨有的罪名。

2. 儋乏不鬥

見於張家山漢簡,例如:

(1) "詰庫:毄(繫)反群盜,儋乏不鬥,論之有法。庫格掾獄,見罪人,不以法論之,而上書言獨財(裁)新黔首罪,是庫欲繹(釋)縱罪人也。何解?"(奏讞書 146—147)

(2) "令:所取荆新地多群盜,吏所興與群盜遇,去北,以儋乏不鬥律論;律:儋乏不鬥,斬。"(奏讞書 157—158)

儋,疑讀爲"憺",安而不動。劉釗:"儋乏"應是一個連綿詞。疑應讀爲"癉乏",乃"困頓"之意。《晏子春秋·諫下十八》:"今君高亦有罪,卑亦有罪,甚於夏殷之王,民力癉乏矣。"[1]《釋讀本》(369頁):憺,震動,畏懼。《漢書·李廣傳》:"是以名聲暴於夷貉,威稜憺乎鄰國。"顏師古注引蘇林曰:"陳留人語恐言憺之。"乏,疲倦。

"儋乏不鬥"不見於《唐律疏議》,是秦漢簡牘法律文獻獨有的罪名。

3. 畏愞

見於張家山漢簡,例如:

《二年律令》143:"興吏徒追盜賊,已受令而逋,以畏愞論之。"

此處是追盜賊,應與作戰相似。

"畏愞"不見於《唐律疏議》,是秦漢簡牘法律文獻獨有的罪名。

(十一) 其他犯罪

除上述幾類犯罪外,秦漢簡牘法律文獻中還有其他一些犯罪,例如:

1. 不仁邑里

見於睡虎地秦簡,例如:

"將上不仁邑里者而縱之,可(何)論?當毄(繫)作如其所縱,以須其得;有爵,作官府。"(法律答問 63)

(押送在鄉里作惡的人而將之放走,應如何論處?應當像他所放走的罪犯

---

[1] 劉釗:《〈張家山漢墓竹簡〉釋文注釋商榷(一)》,《古籍整理研究學刊》2003年第3期。

那樣拘禁勞作，直到罪犯被捕獲爲止；如果是有爵的人，可在官府服役。將上，向上級押送。縱，放走。）

不仁邑里，即不仁於邑里，在本鄉里作惡、幹壞事，爲家鄉父老所痛恨，受法律嚴懲。不仁，做不仁義的事。

"不仁邑里"不見於《唐律疏議》，是秦漢簡牘法律文獻獨有的罪名。

2. 毒言/寧毒言

見於睡虎地秦簡，例如：

（1）毒言（簡首小標題）（封診式91）

（2）爰書：某里公士甲等廿人詣里人士五（伍）丙，皆告曰："丙有寧毒言，甲等難飲食焉，來告之。"（封診式91）

（3）訊丙，辭曰："外大母同里丁坐有寧毒言，以卅餘歲時𨽥（遷）。（封診式92）

毒言，口舌有毒，是當時的一種迷信。《論衡·言毒》："太陽之地，人民促急，促急之人口舌爲毒，故楚、越之人促急捷疾，與人談言，口唾射人，則人脈胎腫而爲創（瘡）。南郡極熱之地，其人祝樹樹枯，唾鳥鳥墜。"曹旅寧指出："寧毒言"者，如果真的如《論衡·言毒》所說"祝樹樹枯，唾鳥鳥墜"，却僅僅被處以遷刑這種較輕的刑罰也使人十分費解。因爲在許多社會中妖術是最大的罪名，比直接殺人還不可赦。可能是因爲其外來者身份而被認爲是有毒的，被歸罪爲某些疾病與意外死亡而成爲替罪羔羊。[1] 寧，語中助詞，無義，見楊樹達《詞詮》卷四。

"毒言""寧毒言"不見於《唐律疏議》，是秦漢簡牘法律文獻獨有的罪名。

3. 橋（驕）悍

見於睡虎地秦簡，例如：

"爰書：某里士五（伍）甲縛詣男子丙，告曰：'丙，甲臣，橋（驕）悍，不田作，不聽甲令。謁買（賣）公，斬以爲城旦，受賈（價）錢。'"（封診式37—38）

橋，通"驕"。驕悍，驕橫强悍，不聽從使喚。

"驕悍"不見於《唐律疏議》，是秦漢簡牘法律文獻獨有的罪名。

4. 悍

見於睡虎地秦簡，例如：

---

[1] 曹旅寧：《睡虎地秦律"定殺""毒言考"》，《秦律新探》，中國社會科學出版社2002年版，第190—201頁。

(1)"妻悍，夫毆治之，夬（決）其耳，若折支（肢）指、胅體（體）。問夫可（何）論。當耐。"（法律答問 79）

(2)訊丙，辭曰："甲臣，誠悍，不聽甲。甲未賞（嘗）身免丙。丙毋（無）病毆（也），毋（無）它坐罪。"（封診式 38）

(3)爰書：某里公士甲縛詣大女子丙，告曰："某里五大夫乙家吏。丙，乙妾殴（也）。乙使甲曰：丙悍，謁黥劓丙。"（封診式 42—43）

又見於張家山漢簡，例如：

(1)"妻悍而夫毆笞之，非以兵刃也，雖傷之，毋罪。"（二年律令 32）

(2)"其悍主而謁殺之，亦棄市。"（二年律令 44）

悍，凶悍、暴戾。《釋讀本》（103 頁）："悍"，《荀子·王制》楊倞注："悍，凶暴也。"在秦漢律中，"悍"常用於表述妻對夫，或奴婢對主人的不恭。

"悍"不見於《唐律疏議》，是秦漢簡牘法律文獻獨有的罪名。

5. 失期

見於張家山漢簡，例如：

"發致及有傳送，若諸有期會而失期，乏事，罰金二兩。非乏事也，及書已具，留弗行，行書而留過旬，皆盈一日罰金二兩。"（二年律令 269—270）

又見於居延漢簡，例如：

萬歲候長田宗，坐發省治大司農茭卒不以時遣，吏將詣官，失期，適爲驛馬載三樵茭五石，致止害。（《合校》61.3，194.12）

又見於居延新簡，例如：

☑□逋後失期，如律令。（EPT65：374）

又見於敦煌漢簡，例如：

告弟子，皆如前，甚毋失期。有者，坐之。交故兩師循行，互處之。（八八 DYTGC：五 B)

失期，誤期。朱紅林指出：漢簡所見文書中常有期會的規定，如《居延漢簡釋文合校》42.20A："謂甲渠候官：寫移書到，會五月旦，勿失期，如律令。……"[①] 另，"失期"亦見於《史記·陳涉世家》："會天大雨，道不通，度已失期。失期，法皆斬。"

"失期"不見於《唐律疏議》，是秦漢簡牘法律文獻獨有的罪名。

此外，此類罪名還有勢（敖）悍、犯令、不從令、不從律、不從法等。

[①] 朱紅林：《張家山漢簡〈二年律令〉集釋》，第 180 頁。

二、《唐律疏議》獨有的罪名

除了前述一些與秦漢簡牘法律文獻共有的罪名和相似的罪名以外，《唐律疏議》還有一些獨有的罪名。這些罪名分別包含在以下各類犯罪中：

（一）危害中央集權、侵犯皇帝尊嚴類犯罪

這類犯罪主要有：謀反、謀大逆、謀叛、大不敬、指斥乘輿、對捍制使、拒捍等。

除了與秦漢簡牘法律文獻共有的"謀反"，以及相似的"謀大逆""大不敬"等之外，《唐律疏議》獨有的這類罪名還有：

1. 謀叛

在《唐律疏議》中凡 41 見。例如：

（1）三曰謀叛。謂謀背國從偽。（卷一名例 6）

（2）緣坐之罪者，謂謀反、大逆及謀叛已上道者，並合緣坐。及謀叛以上本服期者，謂非緣坐，若叛未上道、大逆未行之類，雖尊壓、出降無服，各依本服期。（卷五名例 37 疏議）

（3）部曲、奴婢，主不爲隱，聽爲主隱。非"謀叛"以上，並不坐。（卷六名例 46 疏議）

（4）諸漏泄大事應密者，絞。大事，謂潛謀討襲及收捕謀叛之類。（卷九職制 109）

（5）諸謀叛者，絞。已上道者皆斬。（卷十七賊盜 251）

（6）諸知謀反及大逆者，密告隨近官司，不告者，絞。知謀大逆、謀叛不告者，流二千里。（卷二十三鬥訟 340）

（7）諸犯罪欲自陳首者，皆經所在官司申牒，軍府之官不得輒受。其謀叛以上及盜者，聽受，即送隨近官司。若受經一日不送及越覽餘事者，各減本罪三等。其謀叛以上，有須掩捕者，仍依前條承告之法。（卷二十四鬥訟 353）

謀叛，指預謀背叛本朝、投降外國的行爲。唐律"十惡"重罪之一。卷一名例 6 疏議曰："有人謀背本朝，將投蕃國，或欲翻城從偽，或欲以地外奔，即如莒牟夷以牟婁來奔，公山弗擾以費叛之類。"

謀叛大罪嚴重威脅到封建政權的穩定，因而被處以極刑。

"謀叛"不見於秦漢簡牘法律文獻，是《唐律疏議》新增的罪名。

2. 指斥乘輿

在《唐律疏議》中凡 8 見。例如：

（1）六日大不敬。謂盜大祀神御之物、乘輿服御物；盜及僞造御寶；合和御藥，誤不如本方及封題誤；若造御膳，誤犯食禁；御幸舟船，誤不牢固；指斥乘輿，情理切害及對捍制使，而無人臣之禮。（卷一名例 6）

（2）諸指斥乘輿，情理切害者，斬；言議政事乖失干涉乘輿者，上請。非切害者，徒二年。（卷十職制 122）

（3）諸知謀反及大逆者，密告隨近官司，不告者，絞。知謀大逆、謀叛不告者，流二千里。知指斥乘輿及妖言不告者，各減本罪五等。（卷二十三鬥訟 340）

指斥乘輿，"十惡"之一的大不敬罪中的一種，是言議攻擊皇帝的犯罪。指斥：言議攻訐；乘輿：皇帝的別稱。《唐律疏議·名例》："人主以天下爲家，乘輿巡幸，不敢指斥尊號，故託'乘輿'以言之"。

"指斥乘輿"不見於秦漢簡牘法律文獻，是《唐律疏議》新增的罪名。

3. 對捍制使

在《唐律疏議》中凡 3 見。例如：

（1）同上例（1）"六日大不敬"條。

（2）對捍制使，而無人臣之禮者，絞。因私事鬥競者，非。（卷十職制 122）

對捍制使，和皇帝的使者對抗。對捍，猶對抗、無禮。捍，抵制、抗拒。"對捍制使"不見於秦漢簡牘法律文獻，是《唐律疏議》新增的罪名。

與"對捍制使"類似的還有"拒捍"，也是《唐律疏議》新增的罪名。

（二）侵犯人身安全罪

這類犯罪主要有：毆、姦、強姦、強娶、略、略人、謀殺、殺人、支解人、故殺、格殺、鬥殺、鬥殺傷、殺、傷、殺傷、故殺傷、詈、恐喝、恐迫、迫脅、戲殺、戲殺傷、略賣人、故毆（傷）、折傷、毆傷、毆殺、毆擊、毆告、誤殺、誤殺傷、殘害死屍、燒屍、鬥毆、髠髮、忿爭、凡鬥、和誘、和賣、不道等。

除了與秦漢簡牘法律文獻共有的毆、姦、強姦、略、略人、殺人、格殺、鬥殺、鬥殺傷、殺、傷、殺傷、故殺傷、詈、恐喝、戲殺、略賣人、毆擊、髠髮等外，《唐律疏議》獨有的此類罪名還有支解人、故殺、故殺傷、戲殺傷、折傷、毆傷、毆殺、毆告、恐迫、迫脅、謀殺、誤殺、誤殺傷、殘害死屍、燒屍、鬥毆、忿爭、凡鬥、強娶、和誘、和賣、不道等。

以下舉部分該方面罪名略加說明。例如：

1. 支解人

"支解"在《唐律疏議》中凡 19 見，"支解人"凡 6 見。例如：

(1) 五曰不道。謂殺一家非死罪三人,支解人,造畜蠱毒、厭魅。（卷一名例 6）

(2) 諸殺一家非死罪三人,同籍及期親爲一家。即殺雖先後,事應同斷;或應合同斷,而發有先後者:皆是。奴婢、部曲非。及支解人者,謂殺人而支解者。皆斬;妻、子流二千里。（卷十七賊盜 259）

(3) "及支解人者",注云"謂殺人而支解者",或殺時即支解,或先支解而後殺之,皆同支解,併入"不道"。若殺訖,絕時後更支解者,非。（卷十七賊盜 259 疏議）

(4) 諸殘害死屍,謂焚燒、支解之類。及棄屍水中者,各減鬥殺罪一等;緦麻以上尊長不減。（卷十八賊盜 266）

支解,後作"肢解"。支,通"肢";或曰,"支"爲"肢"之古字。肢解人,即將人體分割成幾塊或許多碎塊。這是一種極其殘忍的犯罪行爲。

"支解人"不見於秦漢簡牘法律文獻,是《唐律疏議》新增的罪名。

2. 戲殺傷

在《唐律疏議》中凡 10 見。例如:

(1) 若恐迫人,使畏懼致死傷者,各隨其狀,以故、鬥、戲殺傷論。（卷十八賊盜 261）

(2) 諸鬥毆而誤殺傷傍人者,以鬥殺傷論;至死者,減一等。若以故僵仆而致死傷者,以戲殺傷論。即誤殺傷助己者,各減二等。（卷二十三鬥訟 336）

(3) 諸戲殺傷人者,減鬥殺傷二等;謂以力共戲,至死和同者。雖和,以刃,若乘高、履危、入水中,以故相殺傷者,唯減一等。（卷二十三鬥訟 338）

戲殺傷,因角力或其他游戲而不慎將對方殺死或殺傷。

"戲殺傷"不見於秦漢簡牘法律文獻,是《唐律疏議》新增的罪名。

3. 折傷

在《唐律疏議》中出現頻率較高,凡 67 見。例如:

(1) 問曰:有七品子犯折傷人,合徒一年,應贖;又犯盜,合徒一年,家有親老,應加杖。二罪俱發,何者爲重?（卷六名例 45 疏議問答）

(2) 諸毆制使、本屬府主、刺史、縣令及吏卒毆本部五品以上官長,徒三年;傷者,流二千里;折傷者,絞。折傷,謂折齒以上。（卷二十一鬥訟 312）

(3) 諸流外官以下,毆議貴者,徒二年;傷者,徒三年;折傷者,流二千里。（卷二十一鬥訟 316）

(4) 諸毆緦麻、小功親部曲奴婢,折傷以上,各減殺傷凡人部曲奴婢二等;大功,又減一等。過失殺者,各勿論。（卷二十二鬥訟 324）

(5) 諸毆傷妻者，減凡人二等；死者，以凡人論。毆妾折傷以上，減妻二等。（卷二十二鬥訟 325）

(6) 諸毆兄姊者，徒二年半；傷者，徒三年；折傷者，流三千里；刃傷及折支，若瞎其一目者，絞；死者，皆斬；詈者，杖一百。（卷二十二鬥訟 328）

折傷，因毆打而致骨折損傷。

"折傷"不見於秦漢簡牘法律文獻，是《唐律疏議》新增的罪名。

4. 毆殺

在《唐律疏議》中凡 25 見。例如：

(1) 又問：既稱傷人收贖，即似不傷者無罪。若有毆殺他人部曲、奴婢及毆己父母不傷，若爲科斷？（卷四名例 30 疏議問答）

(2) 若尊長毆卑幼折傷者，緦麻減凡人一等，小功、大功遞減一等；死者，絞。即毆殺從父弟妹及從父兄弟之子孫者，流三千里；若以刃及故殺者，絞。（卷二十二鬥訟 327）

(3) 若毆殺弟妹及兄弟之子孫曾、玄孫者，各依本服論。外孫者，徒三年；以刃及故殺者，流二千里。過失殺者，各勿論。（卷二十二鬥訟 328）

(4) 若子孫違犯教令，而祖父母、父母毆殺者，徒一年半；以刃殺者，徒二年；故殺者，各加一等。（卷二十二鬥訟 329）

(5) 即毆殺夫之兄弟子，流三千里；故殺者，絞。（卷二十三鬥訟 334）

毆殺，毆打致死，即用手或器具擊打而導致對方死亡。

"毆殺"不見於秦漢簡牘法律文獻，是《唐律疏議》新增的罪名。

5. 毆告

在《唐律疏議》中凡 7 見。例如：

(1) 八曰不睦。謂謀殺及賣緦麻以上親，毆告夫及大功以上尊長、小功尊屬。（卷一名例 6）

(2) 即毆告大功尊長、小功尊屬者，亦不得以蔭論。（卷二名例 15）

(3) 若有毆告期親尊長，舉大功是輕，期親是重，亦不得用蔭。是"舉輕明重"之類。（卷六名例 50 疏議）

毆告，毆打並告發其有罪，對受害人實施了毆打和告發兩種不敬行爲。一般指卑幼對尊長。

"毆告"不見於秦漢簡牘法律文獻，是《唐律疏議》新增的罪名。

6. 謀殺

在《唐律疏議》中出現頻率極高，凡 82 見。例如：

（1）四曰惡逆。謂毆及謀殺祖父母、父母，殺伯叔父母、姑、兄姊、外祖父母、夫、夫之祖父母、父母。（卷一名例6）

（2）八曰不睦。謂謀殺及賣緦麻以上親，毆告夫及大功以上尊長、小功尊屬。（卷一名例6）

（3）諸謀殺制使，若本屬府主、刺史、縣令及吏卒謀殺本部五品以上官長者，流二千里。工、樂及公廨戶、奴婢與吏卒同，餘條準此。（卷十七賊盜252）

（4）諸謀殺期親尊長、外祖父母、夫、夫之祖父母、父母者，皆斬。謀殺緦麻以上尊長者，流二千里；已傷者，絞；已殺者，皆斬。（卷十七賊盜253）

（5）諸部曲、奴婢謀殺主者，皆斬。謀殺主之期親及外祖父母者，絞；已傷者，皆斬。（卷十七賊盜254）

（6）諸妻妾謀殺故夫之祖父母、父母者，流二千里；已傷者，絞；已殺者，皆斬。部曲、奴婢謀殺舊主者，罪亦同。（卷十七賊盜255）

謀殺，預謀殺人。謀，謀劃。劉曉林指出：唐律謀殺從立法技術上分爲典型的謀殺形態——共謀"二人對議"與修正的謀殺形態獨謀"一人同二人之法"；各自形態下，依據犯罪主體與謀殺對象間是否存在特殊身份關係分爲一般謀殺與特殊謀殺；謀殺行爲依據行爲結果分爲謀而未行、謀而已傷、謀而已殺三階段。具體的謀殺行爲在科刑上多參照別條律文而不見本條規定。①

"謀殺"不見於秦漢簡牘法律文獻，是《唐律疏議》新增的罪名。

7. 誤殺

在《唐律疏議》中凡17見。例如：

（1）問曰：誤殺及故傷緦麻以上親畜產，律無罪名，未知合償減價以否？（卷十五廄庫205疏議問答）

（2）諸役功力，有所採取而不任用者，計所欠庸，坐贓論減一等。若有所造作及有所毀壞，備慮不謹，而誤殺人者，徒一年半；工匠、主司各以所由爲罪。（卷十六擅興244）

（3）若其誤殺父祖，論罪重於劫囚，既是因誤而殺，須依過失之法。（卷十七盜賊257疏議問答）

（4）注云"此謂因盜而誤殺者"，謂本心只欲規財，因盜而誤殺人者，亦同因盜過失殺人，依鬥殺之罪。（卷二十賊盜287疏議）

（5）若父來助己而誤殺者，聽減二等，便即輕於"過失"，依例"當條雖

---

① 劉曉林：《唐律"謀殺"考》，載霍存富編《中國法律傳統與法律精神：中國法律史學會成立30周年紀念大會暨2009年會會議論文集》，山東人民出版社2010年版。

有罪名，所爲重者，自從重"論，合從"過失"之坐，處流三千里。（卷二十三鬥訟 336 疏議問答）

誤殺，指由於種種原因錯置了殺人對象，即失手錯殺。劉曉林指出：唐律中的誤殺指行爲人因其主觀認識與客觀情況不符而造成他人死亡的行爲。誤作爲一種非故意而予以寬宥的形態在唐以前已非常固定，在唐代及後世文獻的記載中沒有實質變化。《唐律疏議》中"誤"共出現 190 次，涉及 46 條律文，其含義均涉及行爲人的主觀心態及責任形式。唐律中的誤殺可分爲起因於劫囚、竊囚、盜、鬥毆、謀殺以及疏忽大意所致的誤殺六類。[①]

從以上所舉例句來看，誤殺的對象既包括人，也包括牲畜。

"誤殺"不見於秦漢簡牘法律文獻，是《唐律疏議》新增的罪名。

8. 誤殺傷

在《唐律疏議》中凡 17 見。例如：

（1）【疏】議曰："誤殺傷者"，謂目所不見，心所不意，或非繫放畜產之所而誤傷殺，或欲殺猛獸而殺傷畜產者，不坐，但償其減價。（卷十五廄庫 203 疏議）

（2）"殺傷者，各依本殺傷論"，謂因盜誤殺傷人，若殺傷尊卑、長幼，各依本殺傷法。（卷二十賊盜 287 疏議）

（3）若他人誤殺傷尊長，卑幼不知情，亦依誤法。（卷二十賊盜 288 疏議）

（4）諸鬥毆而誤殺傷傍人者，以鬥殺傷論；至死者，減一等。若以故僵仆而致死傷者，以戲殺傷論。即誤殺傷助己者，各減二等。（卷二十三鬥訟 336）

（5）或因擊禽獸，而誤殺傷人者：如此之類，皆爲"過失"。稱"之屬"者，謂若共捕盜賊，誤殺傷旁人之類，皆是。（卷二十三鬥訟 339 疏議）

誤殺傷，因鬥毆而誤殺死或殺傷他人。如甲乙鬥毆，甲以刃杖擊乙，而誤中丙以致死傷。從以上所舉例句來看，誤殺傷的對象不僅包括人，也包括馬牛等牲畜。

"誤殺傷"不見於秦漢簡牘法律文獻，是《唐律疏議》新增的罪名。

9. 殘害死屍

在《唐律疏議》中出現次數很少，包括疏議引用僅 2 見，如下：

（1）諸殘害死屍，謂焚燒、支解之類。及棄屍水中者，各減鬥殺罪一等；緦麻

---

① 劉曉林：《唐律"誤殺"考》，《法學研究》2012 年第 5 期。

以上尊長不減。(卷十八賊盜 266)

(2)【疏】議曰:"殘害死屍",謂支解形骸,割絕骨體及焚燒之類;及棄屍水中者:"各減鬥殺罪一等",謂合死者,死上減一等;應流者,流上減一等之類。注云:緦麻以上尊長不減。謂殘害及棄屍水中,各依鬥殺合斬,不在減例。(卷十八賊盜 266 疏議)

從上舉例句可知,唐律中"殘害死屍",謂支解形骸,割絕骨體及焚燒之類,即包括對屍體進行分割、焚燒之類的毀壞、侮辱行爲。這在古代封建社會被視爲對死者人格尊嚴的嚴重踐踏,也是對死者活着的親屬的極大侮辱,是罪不容誅的惡行,要處以重刑。

"殘害死屍"不見於秦漢簡牘法律文獻,是《唐律疏議》新增的罪名。

10. 燒屍

在《唐律疏議》中凡 7 見,例如:

(1) 諸穿地得死人不更埋,及於冢墓燻狐狸而燒棺槨者,徒二年;燒屍者,徒三年。緦麻以上尊長,各遞加一等;卑幼,各依凡人遞減一等。若子孫於祖父母、父母,部曲、奴婢於主冢墓燻狐狸者,徒二年;燒棺槨者,流三千里;燒屍者,絞。(卷十八賊盜 267)

(2) 招魂而葬,棺內無屍,止得從"燒棺槨"之法,不可同"燒屍"之罪。(卷十八賊盜 267 疏議問答)

燒屍,焚燒屍體,應是上述"殘害死屍"中的一種情形,是對死者人格尊嚴的嚴重踐踏,也是對死者活着的親屬的極大侮辱,是侵犯人身權利的嚴重犯罪行爲。

"燒屍"不見於秦漢簡牘法律文獻,是《唐律疏議》新增的罪名。

11. 鬥毆

在《唐律疏議》中出現頻率較高,凡 41 見。例如:

(1)【疏】議曰:假有白丁,犯盜五尺,合徒一年;又鬥毆折傷人,亦合徒一年。此名"等者",須從一斷。(卷六名例 45 疏議)

(2) 諸鬥毆人者,笞四十;謂以手足擊人者。傷及以他物毆人者,杖六十;見血爲傷。非手足者,其餘皆爲他物,即兵不用刃亦是。(卷二十一鬥訟 302)

(3) 諸鬥毆人,折齒,毀缺耳鼻,眇一目及折手足指,眇,謂虧損其明而猶見物。若破骨及湯火傷人者,徒一年;折二齒、二指以上及髠髮者,徒一年半。(卷二十一鬥訟 303)

(4) 諸鬥毆折跌人支體及瞎其一目者,徒三年;折支,折骨;跌體者,骨差跌,失其常處。辜內平復者,各減二等。餘條折跌平復,準此。(卷二十一鬥訟 305)

（5）諸鬭毆殺人者，絞。以刃及故殺人者，斬。雖因鬭，而用兵刃殺者，與故殺同。（卷二十一鬭訟 306）

（6）諸鬭毆而誤殺傷傍人者，以鬭殺傷論；至死者，減一等。（卷二十三鬭訟 336）

鬭毆，卷二十一鬭訟 302【疏】議曰："相爭爲鬭，相擊爲毆。"是指雙方或多方通過拳脚、器械等武力以求制勝的行爲。

"鬭毆"不見於秦漢簡牘法律文獻，是《唐律疏議》新增的罪名。

12. 忿爭

在《唐律疏議》中凡 8 見。例如：

（1）諸於宮内忿爭者，笞五十；聲徹御所及相毆者，徒一年；以刃相向者，徒二年。（卷二十一鬭訟 311）

（2）【疏】議曰：宮殿之内，致敬之所，忽敢忿爭，情乖恭肅，故宮内忿爭者，笞五十。（卷二十一鬭訟 311 疏議）

（3）【疏】議曰：殿内忿爭，遞加一等者，謂太極等門爲殿内，忿爭杖六十。（卷二十一鬭訟 311 疏議）

忿爭，意思是忿怒相爭，指人們爲爭奪利益而相爭。

"忿爭"不見於秦漢簡牘法律文獻，是《唐律疏議》新增的罪名。

13. 凡鬭

在《唐律疏議》中出現頻率很高，凡 71 見。例如：

（1）假有凡鬭，以他物毆傷人内損吐血，合杖一百。（卷二十一鬭訟 311 疏議）

（2）若毆六品以下官長，各減三等；減罪輕者，加凡鬭一等；死者，斬。（卷二十一鬭訟 312）

（3）諸佐職及所統屬官，毆傷官長者，各減吏卒毆傷官長二等；減罪輕者，加凡鬭一等；死者，斬。（卷二十一鬭訟 313）

（4）諸毆本屬府主、刺史、縣令之祖父母、父母及妻、子者，徒一年；傷重者，加凡鬭傷一等。（卷二十一鬭訟 314）

（5）諸流内九品以上毆議貴者，徒一年。傷重及毆傷五品以上，若五品以上毆傷議貴，各加凡鬭傷二等。（卷二十二鬭訟 317）

凡鬭，一般鬭毆，普通人之間的鬭毆，鬭毆雙方地位對等。從以上所舉例句可知，如果毆打上級官員或尊長者，要比凡鬭加等處罰。

"凡鬭"不見於秦漢簡牘法律文獻，是《唐律疏議》新增的罪名。

14. 和誘

在《唐律疏議》中出現頻率較高，凡35見。例如：

（1）諸略、和誘人，若和同相賣；及略、和誘部曲奴婢，若嫁賣之，即知情娶買，及藏逃亡部曲奴婢；署置官過限及不應置而置，詐假官、假與人官及受假者；若詐死，私有禁物：謂非私所應有者及禁書之類。赦書到後百日，見在不首，故蔽匿者，復罪如初。媒、保不坐。（卷四名例35）

（2）和誘者，各減一等。若和同相賣爲奴婢者，皆流二千里；賣未售者，減一等。下條準此。即略、和誘及和同相賣他人部曲者，各減良人一等。（卷二十賊盜292）

（3）諸略奴婢者，以強盜論；和誘者，以竊盜論。各罪止流三千里。雖監臨主守亦同。即奴婢別齎財物者，自從強、竊法，不得累而科之。（卷二十賊盜293）

（4）諸知略、和誘、和同相賣及略、和誘部曲奴婢而買之者，各減賣者罪一等。（卷二十賊盜295）

（5）諸知略、和誘及強盜、竊盜而受分者，各計所受贓，準竊盜論減一等。知盜贓而故買者，坐贓論減一等；知而爲藏者，又減一等。（卷二十賊盜296）

和誘，指以種種引誘惑騙的方法，取得被誘人的同意，誘置於其實力支配之下，而脫離原來的保護環境中。《唐律疏議》卷四名例35疏議曰：不和爲"略"，前已解訖。和誘者，謂彼此和同，共相誘引，或使爲良，或使爲賤，限外蔽匿，俱入此條。

"和誘"不見於秦漢簡牘法律文獻，是《唐律疏議》新增的罪名。

15. 和賣

在《唐律疏議》中出現頻率不高，包括疏議引用凡4見。例如：

（1）諸略賣期親以下卑幼爲奴婢者，並同鬥毆殺法；無服之卑幼亦同。即和賣者，各減一等。其賣餘親者，各從凡人和略法。（卷二十賊盜294）

（2）"即和賣者，各減一等"，謂減上文"略賣"之罪一等：和賣弟、妹，徒二年半；和賣子孫，徒一年之類。（卷二十賊盜294疏議）

和賣，指由直系尊親屬同意而出賣子孫或弟妹等的行爲。與"略賣"相對，不和爲"略"。

"和賣"不見於秦漢簡牘法律文獻，是《唐律疏議》新增的罪名。

16. 不道

在《唐律疏議》中凡10見。例如：

(1) 五曰不道。謂殺一家非死罪三人，支解人，造畜蠱毒、厭魅。（卷一名例6）

(2)【疏】議曰：安忍殘賊，背違正道，故曰"不道"。（卷一名例6疏議）

(3) 但殺一家非死罪良口三人，即爲"不道"。若三人内一人先犯死罪，而殺之者，即非"不道"，只依殺一人罪法。（卷十七賊盜259疏議）

(4) "及支解人者"，注云"謂殺人而支解者"，或殺時即支解，或先支解而後殺之，皆同支解，併入"不道"。（卷十七賊盜259疏議）

不道，唐律重罪"十惡"之第五。據上舉例（1）可知，不道即滅絶人道的行爲，比如殺死一家三人（俱無死罪者），或用肢解法殺人，均屬"棄絶人理"；用造畜蠱毒方法或使魔法迷人致死則是"逆其正節"。《唐律疏議》卷一名例6疏議曰：安忍殘賊，背違正道，故曰"不道"。其後歷朝多沿之，内容略有變化。

"不道"不見於秦漢簡牘法律文獻，是《唐律疏議》新增的罪名。

（三）侵犯公私財産罪

這類犯罪主要有：盜、强盜、竊盜、坐贓、强取監臨財物、盜耕種公私田、盜貿賣、侵奪、盜耕人墓田、自盜、凡盜、常盜、共盜、盜官文書印、盜制書、盜符、盜鑰、盜禁兵器、盜毁、公取、竊取、侵、侵犯、侵損、盜決堤防、毁害、故決堤防、亡失、失火、毁、棄毁、誤毁、故燒、損毁、毁損等。

除了與秦漢簡牘法律文獻共有的盜、强盜、失火等外，《唐律疏議》獨有的此類罪名還有竊盜、强取監臨財物、盜耕種公私田、盜貿賣、侵奪、盜耕人墓田、自盜、凡盜、常盜、共盜、盜官文書印、盜制書、盜符、盜鑰、盜禁兵器、盜毁天尊像佛像、亡失、公取、竊取、侵、侵犯、侵損、盜決堤防、毁害、故決堤防、毁、棄毁、誤毁、故燒、損毁、毁損等。

以下舉部分該方面罪名略加説明。例如：

1. 竊盜

在《唐律疏議》中出現頻率很高，凡83見。例如：

(1)【疏】議曰：在律，"正贓"唯有六色：强盜、竊盜、枉法、不枉法、受所監臨及坐贓。自外諸條，皆約此六贓爲罪。（卷四名例33疏議）

(2)【疏】議曰：假有竊盜十疋，止首五疋，五疋不首，仍徒一年，是名"止計不盡之數科之"。（卷五名例37疏議）

(3) 諸竊盜，不得財笞五十；一尺杖六十，一疋加一等；五疋徒一年，五疋加一等，五十疋加役流。（卷十九賊盜282）

（4）諸略奴婢者，以強盜論；和誘者，以竊盜論。各罪止流三千里。（卷二十賊盜293）

（5）諸知略、和誘及強盜、竊盜而受分者，各計所受贓，準竊盜論減一等。知盜贓而故買者，坐贓論減一等；知而爲藏者，又減一等。（卷二十賊盜296）

（6）諸共謀強盜，臨時不行，而行者竊盜，共謀者受分，造意者爲竊盜首，餘並爲竊盜從；若不受分，造意者爲竊盜從，餘並笞五十。（卷二十賊盜298）

竊盜，潛形偷偷地盜取別人財物。《唐律疏議》卷十九賊盜282疏議曰：竊盜人財，謂潛形隱面而取。

"竊盜"不見於秦漢簡牘法律文獻，是《唐律疏議》新增的罪名。

2. 盜貿賣

在《唐律疏議》中凡5見，例如：

（1）"侵隱園田"，謂人侵他園田及有私隱、盜貿賣者。（卷四名例36疏議）

（2）諸妄認公私田，若盜貿賣者，一畝以下笞五十，五畝加一等；過杖一百，十畝加一等，罪止徒二年。（卷十三戶婚166）

盜貿賣，未經允許私下交易，背地裏買賣。主要指買賣田地等非法交易。

"盜貿賣"不見於秦漢簡牘法律文獻，是《唐律疏議》新增的罪名。

3. 侵奪

在《唐律疏議》中凡7見，例如：

（1）諸在官侵奪私田者，一畝以下杖六十，三畝加一等；過杖一百，五畝加一等，罪止徒二年半。園圃，加一等。（卷十三戶婚167）

（2）若侵奪地及園圃，罪名不等，亦準併滿之法。（卷十三戶婚167疏議）

（3）即在官時侵奪、貿易等，去官事發，科罪並準初犯之時。（卷十三戶婚167疏議）

（4）"其相侵犯"，謂期親以下、緦麻以上，或侵奪財物，或毆打其身之類，得自理訴。（卷二十四鬥訟346疏議）

（5）若爲人侵犯其身，或犯家人、親屬，或侵奪身及家人、親屬財物等，乃詐稱官司遣捕，或稱官司遣追攝者，並徒一年。（卷二十五詐偽372疏議）

侵奪，侵犯奪取，憑借勢力或以暴力奪取別人的財產。《荀子·王制》："之所以接下之人百姓者則好取侵奪，如是者危殆。"《史記·高祖本紀》："項羽數侵奪漢甬道，漢軍乏食，遂圍漢王。"

"侵奪"不見於秦漢簡牘法律文獻，是《唐律疏議》新增的罪名。

4. 盜耕

在《唐律疏議》中凡 8 見，例如：

（1）諸盜耕種公私田者，一畝以下笞三十，五畝加一等；過杖一百，十畝加一等，罪止徒一年半。荒田，減一等。強者，各加一等。苗子歸官、主。（卷十三戶婚 165）

（2）其盜耕人田，有荒有熟，或竊或強，一家之中罪名不等者，並依例"以重法併滿輕法"爲坐。若盜兩家以上之田，只從一家而斷，併滿不加重者，唯從一重科。（卷十三戶婚 165 疏議）

（3）諸盜耕人墓田，杖一百；傷墳者，徒一年。即盜葬他人田者，笞五十；墓田，加一等。（卷十三戶婚 168）

（4）盜耕不問多少，即杖一百。傷墳者，謂窀穸之所，聚土爲墳，傷者合徒一年。（卷十三戶婚 168 疏議）

盜耕，即未經允許私下里偷偷耕種公家或他人的田地，包括別人家的墓地。

"盜耕"不見於秦漢簡牘法律文獻，是《唐律疏議》新增的罪名。

5. 自盜

在《唐律疏議》中凡 11 見，例如：

（1）諸監臨主守自盜及盜所監臨財物者，若親王財物而監守自盜，亦同。加凡盜二等，三十疋絞。本條已有加者，亦累加之。（卷十九賊盜 283）

（2）【疏】議曰：假如左藏庫物，則太府卿、丞爲監臨，左藏令、丞爲監事，見守庫者爲主守，而自盜庫物者，爲"監臨主守自盜"。（卷十九賊盜 283）

（3）假有監臨之官，以私奴婢直絹三十疋，貿易官奴婢直絹六十疋，即是計利三十疋，監臨自盜合絞；凡人貿易奴婢，計利五十疋，即合加役流。（卷二十賊盜 290 疏議）

（4）假有會赦，監主自盜得免，有人輒告，以其所告之罪罪之，謂告徒一年贓罪者，監主自盜即合除名，告者還依比徒之法科罪。（卷二十四鬥訟 354 疏議）

自盜，又稱監守自盜，意思是竊取自己看管的公務上的財物。

"自盜"不見於秦漢簡牘法律文獻，是《唐律疏議》新增的罪名。

6. 凡盜

在《唐律疏議》中出現頻率較高，凡 36 見。例如：

（1）無文記以盜論者，與真盜同，若監臨主守自貸，亦加凡盜二等。（卷十五廄庫 212 疏議）

（2）諸盜制書者，徒二年。官文書，杖一百；重害文書，加一等；紙券，又加一等。即盜應除文案者，依凡盜法。（卷十九賊盜 273）

（3）諸發冢者，加役流；發徹即坐。招魂而葬亦是。已開棺槨者，絞；發而未徹者，徒三年。其冢先穿及未殯，而盜屍柩者，徒二年半；盜衣服者，減一等；器物、甎、版者，以凡盜論。（卷十九賊盜 277）

（4）諸盜不計贓而立罪名，及言減罪而輕於凡盜者，計贓重，以凡盜論加一等。（卷十九賊盜 280）

凡盜，普通之盜罪，也稱一般盜竊，是相對於官吏之監守自盜或親族間彼此互盜或盜墓等特殊盜竊而言，是指盜竊普通民眾財物的行為。

"凡盜"不見於秦漢簡牘法律文獻，是《唐律疏議》新增的罪名。

7. 常盜

在《唐律疏議》中凡 12 見。例如：

（1）假有外人發意，共左藏官司、主典盜庫絹五疋，雖是外人造意，仍以監主為首，處徒二年；外人依常盜從，合杖一百。（卷五名例 42 疏議）

（2）又如別處行盜，盜得大祀神御之物，如此之類，並是"犯時不知"，得依凡論，悉同常盜斷。（卷六名例 49 疏議）

（3）答曰：主帥於所部衛士，統攝一身，既非取受之財，盜乃律文不攝，止同常盜，不是監臨。（卷六名例 54 疏議問答）

（4）若盜釜、甑、刀、匕之屬，並從常盜之法。（卷十九賊盜 270）

（5）諸同居卑幼，將人盜己家財物者，以私輒用財物論加二等；他人，減常盜罪一等。若有殺傷者，各依本法。（卷二十賊盜 288）

常盜，平常盜竊、普通盜竊，與"凡盜"義相近，與官吏之監守自盜或親族間彼此互盜或盜墓等特殊盜竊相對而言。

"常盜"不見於秦漢簡牘法律文獻，是《唐律疏議》新增的罪名。

8. 共盜

在《唐律疏議》中凡 7 見，例如：

（1）【疏】議曰："同居卑幼"，謂共居子孫、弟姪之類，將外人共盜己家財物者，以私輒用財物論加二等。（卷二十賊盜 288 疏議）

（2）諸因盜而過失殺傷人者，以鬥殺傷論，至死者加役流。其共盜，臨

時有殺傷者，以强盜論；同行人不知殺傷情者，止依竊盜法。（卷二十賊盜 289）

（3）諸共盜者，併贓論。造意及從，行而不受分，即受分而不行，各依本首從法。（卷二十賊盜 297）

（4）若本不同謀，相遇共盜，以臨時專進止者爲首，餘爲從坐。共强盜者，罪無首從。（卷二十賊盜 297）

共盜，就是共犯盜罪，幾人共同合夥盜竊，相當於現代刑法的二人以上共同故意實施相應犯罪。唐律中的共盜犯罪，主要包含以下幾種：通常共盜、家人共盜、監主與凡人共盜、家人與外人共盜、共盜臨時殺傷等。

"共盜"不見於秦漢簡牘法律文獻，是《唐律疏議》新增的罪名。

9. 公取

在《唐律疏議》中凡 3 見，例如：

（1）【疏】議曰："盜大祀神御之物"，公取、竊取皆爲盜。大祀，謂天地、宗廟、神州等。其供神御所用之物而盜之者，流二千五百里。（卷十九賊盜 270 疏議）

（2）諸盜，公取、竊取皆爲盜。（卷二十賊盜 300）

（3）【疏】議曰："公取"，謂行盜之人，公然而取。（卷二十賊盜 300 疏議）

公取，盜竊財物的一種方式，據上例（3），謂"公然而取"，即公開地取走公家或他人財物。

"公取"不見於秦漢簡牘法律文獻，是《唐律疏議》新增的罪名。

10. 竊取

在《唐律疏議》中凡 10 見，例如：

（1）同上"公取"例（1）

（2）同上"公取"例（2）

（3）諸本以他故毆擊人，因而奪其財物者，計贓以强盜論，至死者加役流；因而竊取者，以竊盜論加一等。若有殺傷者，各從故、鬥法。（卷十九賊盜 286）

（4）【疏】議曰：先因他故毆擊，而輒竊取其財，以竊盜論加一等，一尺杖七十，一疋加一等。（卷十九賊盜 286 疏議）

竊取，盜竊財物的一種方式，與"公取"相對，指在別人不知情的情況下盜取財物。卷二十賊盜 300 疏議曰："謂方便私竊其財。"

"竊取"不見於秦漢簡牘法律文獻，是《唐律疏議》新增的罪名。

第四章　秦漢簡牘法律文獻與《唐律疏議》罪名比較 | 169

11. 侵犯

在《唐律疏議》中凡 13 見，例如：

（1）諸夜無故入人家者，笞四十。主人登時殺者，勿論；若知非侵犯而殺傷者，減鬥殺傷二等。（卷十八賊盜 269）

（2）況文稱"知非侵犯而殺傷者，減鬥殺傷二等"，即明知是侵犯而殺，自然依律勿論。（卷十八賊盜 269 疏議問答）

（3）即非相容隱，被告者論如律。若告謀反、逆、叛者，各不坐。其相侵犯，自理訴者，聽。（卷二十四鬥訟 346）

（4）"其相侵犯"，謂期親以下、緦麻以上，或侵奪財物，或毆打其身之類，得自理訴。非緣侵犯，不得別告餘事。（卷二十四鬥訟 346 疏議）

（5）即年八十以上，十歲以下及篤疾者，聽告謀反、逆、叛、子孫不孝及同居之內爲人侵犯者，餘並不得告。官司受而爲理者，各減所理罪三等。（卷二十四鬥訟 352）

侵犯，侵淩冒犯，如上例（4）所言"或侵奪財物，或毆打其身之類"。《史記·魏其武安侯列傳》："丞相亦言灌夫通奸猾，侵細民，家累巨萬，橫恣潁川，淩轢宗室，侵犯骨肉。"

"侵犯"不見於秦漢簡牘法律文獻，是《唐律疏議》新增的罪名。

12. 侵損

在《唐律疏議》中凡 6 見，例如：

（1）【疏】議曰：盜者，雖是老小及篤疾，並爲意在貪財。傷人者，老小疾人未離忿恨。此等二事，既侵損於人，故不許全免，令其收贖。（卷四名例 30 疏議）

（2）諸共犯罪者，以造意爲首，隨從者減一等。若家人共犯，止坐尊長；於法不坐者，歸罪於其次尊長。尊長，謂男夫。侵損於人者，以凡人首從論。（卷五名例 42）

（3）【疏】議曰：侵謂盜竊財物，損謂鬥毆殺傷之類。假令父子闔家同犯，並依凡人首從之法，爲其侵損於人，是以不獨坐尊長。（卷五名例 42 疏議）

（4）輾轉傳言而受財者，皆爲從坐。若爲人所侵損，恐喝以求備償，事有因緣之類者，非。（卷十九賊盜 285 注）

（5）假如被人侵損，備償之外，因而受財之類，兩和取與，於法並違，故與者減取人五等，即是"彼此俱罪"，其贓沒官。（卷二十六雜律 389 疏議）

侵損，侵害他人而盜其財物也。盜竊財物爲侵，傷害人體爲損。如上舉例（2）："侵損於人者，以凡人首從論。"該條疏議曰：侵謂盜竊財物，損謂鬥毆殺傷之類。

"侵損"不見於秦漢簡牘法律文獻，是《唐律疏議》新增的罪名。

13. 盜決堤防

在《唐律疏議》中出現頻率不高，包括疏議凡 2 見，例如：

（1）諸盜決堤防者，杖一百；謂盜水以供私用。若爲官檢校，雖供官用，亦是。若毀害人家及漂失財物，贓重者，坐贓論；以故殺傷人者，減鬥殺傷罪一等。若通水入人家，致毀害者，亦如之。（卷二十七雜律 425）

（2）【疏】議曰：有人盜決堤防，取水供用，無問公私，各杖一百。（卷二十七雜律 425 疏議）

盜決堤防，意爲未經允許，私自挖開堤防取水的行爲，係因取水供用而盜決堤防，毀害人家、漂失財物或殺傷人的過失犯罪行爲。這樣做的結果可能造成嚴重後果，會導致財物損失和人員傷亡。

"盜決堤防"不見於秦漢簡牘法律文獻，是《唐律疏議》新增的罪名。

14. 故決堤防

在《唐律疏議》中出現頻率不高，凡 3 見，例如：

（1）其故決堤防者，徒三年；漂失贓重者，準盜論；以故殺傷人者，以故殺傷論。（卷二十七雜律 425）

（2）【疏】議曰：上文盜水因有殺傷，此云"故決堤防者"，謂非因盜水，或挾嫌隙，或恐水漂流自損之類，而故決之者，徒三年。（卷二十七雜律 425 疏議）

（3）【疏】議曰："水火有所損敗"，謂上諸條稱水火損敗得罪之處。"故犯者，徵償"，若"故決堤防""通水入人家"，若"故燒官府、廨舍及私家舍宅、財物"有所損敗之類，各徵償。（卷二十七雜律 434 疏議）

故決堤防，故意挖開堤防，造成毀壞財物、殺傷人員等嚴重後果，主觀惡性較大。

"故決堤防"不見於秦漢簡牘法律文獻，是《唐律疏議》新增的罪名。

15. 毀害

在《唐律疏議》中凡 7 見，例如：

（1）諸不修堤防及修而失時者，主司杖七十；毀害人家、漂失財物者，坐贓論減五等；以故殺傷人者，減鬥殺傷罪三等。（卷二十七雜律 424）

（2）"毀害人家"，謂因不修補及修而失時，爲水毀害人家，漂失財物者，"坐贓論減五等"，謂失十疋杖六十，罪止杖一百；若失眾人之物，亦合倍論。

（卷二十七雜律 424 疏議）

（3）諸盜決堤防者，杖一百；謂盜水以供私用。若爲官檢校，雖供官用，亦是。若毀害人家及漂失財物，贓重者，坐贓論；以故殺傷人者，減鬥殺傷罪一等。若通水入人家，致毀害者，亦如之。（卷二十七雜律 425）

（4）若通水入人家，致毀害、殺傷者，一同盜決之罪，故云"亦如之"。（卷二十七雜律 425）

毀害，損毀、損害，致使人家遭受財產損失及建築破壞等。從上舉各例來看，主要是由盜決或故決堤防，以及對堤防失於維修而造成的洪水橫流，導致人家財物損毀、房屋沖壞、人員傷亡等情況。

"毀害"不見於秦漢簡牘法律文獻，是《唐律疏議》新增的罪名。

16. 棄毀

在《唐律疏議》中凡 25 見，例如：

（1）諸棄毀大祀神御之物，若御寶、乘輿服御物及非服而御者，各以盜論；亡失及誤毀者，準盜論減二等。（卷二十七雜律 435）

（2）棄毀中祀神御之物，減大祀二等；棄毀小祀神御之物，又減二等。中祀以下，不入十惡。（卷二十七雜律 435 疏議）

（3）諸棄毀符、節、印及門鑰者，各準盜論；亡失及誤毀者，各減二等。（卷二十七雜律 437）

（4）諸棄毀制書及官文書者，準盜論；亡失及誤毀者，各減二等。毀，須失文字。若欲動事者，從詐增減法。（卷二十七雜律 438）

（5）諸於官私田園，輒食瓜果之類，坐贓論；棄毀者，亦如之；即持去者，準盜論。（卷二十七雜律 441）

棄毀，丟棄、毀壞，一般是有意爲之，即故意的破壞行爲，帶有明顯的主觀惡性。

"棄毀"不見於秦漢簡牘法律文獻，是《唐律疏議》新增的罪名。

17. 誤毀

在《唐律疏議》中凡 19 見，例如：

（1）同上"棄毀"例（1）

（2）同上"棄毀"例（3）

（3）同上"棄毀"例（4）

（4）誤毀符、移、解牒者，杖六十。（卷二十七雜律 438 疏議）

（5）諸棄毀官私器物及毀伐樹木、稼穡者，準盜論。即亡失及誤毀官物者，各減三等。（卷二十七雜律 442）

誤毀，因失誤或不小心而毀壞財物，非出於故意。從以上所舉例來看，誤毀的對象包括祭祀用品、符節印鑰、制書文書、官私器物、樹木莊稼等；既包括官家的，也包括私人的。範圍比較廣泛。

"誤毀"不見於秦漢簡牘法律文獻，是《唐律疏議》新增的罪名。

（四）妨害社會管理秩序罪

這類犯罪主要有：首匿、藏匿罪人、過致資給、劫囚、竊囚、私鑄錢、闌入、越垣、私度、越度、冒度、稽違、稽緩制書、稽程、稽留、稽期、蔽匿、逃亡、脫戶、脫口、漏口、匿脫、脫漏、相冒合戶、還壓爲賤、賣口分田、浮遊、浮浪、違限、違法、違律、違令、違實、犯夜、增減年狀、造畜蠱毒、厭魅、造厭魅、造符書、造祅書、造祅言、發冢、私發印封、妖言、投匿名書、和姦等。

除了與秦漢簡牘法律文獻有相似的私鑄錢、闌入、越垣、私度、越度、冒度、匿脫、發冢、投匿名書、和姦等外，《唐律疏議》中獨有的該類罪名還有：首匿、藏匿罪人、過致資給、劫囚、竊囚、稽違、稽緩制書、稽程、稽留、稽期、蔽匿、逃亡、脫漏、脫戶、脫口、漏口、相冒合戶、還壓爲賤、賣口分田、浮遊、浮浪、違限、違法、違律、違令、違實、犯夜、增減年狀、私發印封、造畜蠱毒、厭魅、造厭魅、造符書、造祅書、造祅言、妖言等。

以下舉部分該方面罪名略加說明。例如：

1. 藏匿罪人

在《唐律疏議》中凡 5 見，例如：

（1）其藏匿罪人，若過致資給，或爲保、證及故縱等，有除、免者，皆從比徒之例。（卷三名例 23 疏議）

（2）【疏】議曰："因罪人以致罪"，謂藏匿罪人，或過致資給及保、證不實之類。（卷五名例 38 疏議）

（3）諸知情藏匿罪人，若過致資給，謂事發被追及亡叛之類。令得隱避者，各減罪人罪一等。（卷二十八捕亡律 468）

（4）若赦前藏匿罪人，而罪人不合赦免，赦後匿如故；不知人有罪，容寄之後，知而匿者：皆坐如律。（卷二十八捕亡律 468 注）

藏匿罪人，指故意隱匿犯罪人員，使其逃避追捕和懲罰的行爲。

"藏匿罪人"不見於秦漢簡牘法律文獻，是《唐律疏議》新增的罪名。

2. 過致資給

在《唐律疏議》中凡 11 見，例如：

（1）同上條"藏匿罪人"例（1）

(2) 同上條"藏匿罪人"例（2）

(3) 同上條"藏匿罪人"例（3）

(4)【疏】議曰："其應加杖"，假有官户、奴婢犯流而爲過致資給，捉獲官户、奴婢等，流罪加杖二百，過致資給者並依杖二百罪減之，不從流減。其罪人本合收贖，過致資給者亦依贖法，不以官當加杖、配役。（卷五名例38疏議）

(5) 過致資給者，謂指授道途，送過險處，助其運致，并資給衣糧，遂使凶人潛隱他所。（卷二十八捕亡律468疏議）

過致資給，如上例（5）言。給罪人提供各種幫助，並資助其衣食錢財，以便利其逃亡。過，幫其過險處。致，助其到達所謂安全地帶。資，資助錢財。給，給予錢財。

"過致資給"不見於秦漢簡牘法律文獻，是《唐律疏議》新增的罪名。

3. 稽違

在《唐律疏議》中凡6見，例如：

(1) 諸官人從駕稽違及從而先還者，笞四十，三日加一等；過杖一百，十日加一等，罪止徒二年。侍臣，加一等。（卷九職制97）

(2) 故以能爲不能，以巧詐不能之故，於軍有所稽違及致闕乏廢事者，"以乏軍興論"，故、失俱合斬。（卷十六擅興236疏議）

(3) 如官司違限不遣，若准程稽違不早遣者，一日杖一百，三日加一等，罪止徒二年。（卷十六擅興239疏議）

(4) 注云"造立即坐"，謂不必避得前罪，但造立及增減即坐。若增減以避文案稽違，並於本罪之外，加杖八十。（卷二十五詐僞369疏議）

稽違，耽誤、延誤，違背期限。稽，《説文·禾部》："留止也。"違，背離、不遵從。《説文·辵部》："離也。"《北史·高道悦傳》："道悦以使者書侍御史薛聰、侍御史主文中散元志等稽違期會，奏舉其罪。"宋朱弁《曲洧舊聞》卷三："一日台疏論稽違事，語侵宰執。"

"稽違"不見於秦漢簡牘法律文獻，是《唐律疏議》新增的罪名。

4. 稽程

在《唐律疏議》中凡13見，例如：

(1) 其官文書稽程，應連坐者，一人自覺舉，餘人亦原之，主典不免；若主典自舉，並減二等。（卷五名例41）

(2) 其官文書稽程者，一日笞十，三日加一等，罪止杖八十。（卷九職制111）

（3）諸驛使稽程者，一日杖八十，二日加一等，罪止徒二年。（卷十職制123）

（4）諸驛使無故，以書寄人行之及受寄者，徒一年。若致稽程，以行者爲首，驛使爲從；即爲軍事警急而稽留者，以驛使爲首，行者爲從。（卷十職制124）

（5）諸驛使受書，不依題署，誤詣他所者，隨所稽留以行書稽程論減二等。若由題署者誤，坐其題署者。（卷十職制126）

稽程，延誤行程或延誤期限。《宋史·刑法志一》："決獄違限，準官書稽程律論，踰四十日則奏裁。"從上舉各例來看，多指文書送達延誤期限，不能按時送達。

"稽程"不見於秦漢簡牘法律文獻，是《唐律疏議》新增的罪名。

5. 稽留

在《唐律疏議》中凡26見，例如：

（1）其有姦人入出，力所不敵者，傳告比近城戍。若不速告及告而稽留，不即共捕，致失姦寇者，罪亦如之。（卷八衛禁89）

（2）同上"稽程"條例（4）

（3）同上"稽程"條例（5）

（4）諸用符節，事訖應輸納而稽留者，一日笞五十，二日加一等，十日徒一年。（卷十職制131）

（5）諸公事應行而稽留，及事有期會而違者，一日笞三十，三日加一等，過杖一百，十日加一等，罪止徒一年半。（卷十職制132）

稽留，延遲、停留。《墨子·號令》："傳言者十步一人，稽留言及乏傳者斷。"孫詒讓《閒詁》引蘇時學曰："稽留謂不以時上聞。"《史記·龜策列傳》："還遍九州，未嘗愧辱，無所稽留。"

"稽留"不見於秦漢簡牘法律文獻，是《唐律疏議》新增的罪名。

6. 蔽匿

在《唐律疏議》中凡20見，例如：

（1）和誘者，謂彼此和同，共相誘引，或使爲良，或使爲賤，限外蔽匿，俱入此條，輕重之制，自從本法。（卷四名例35疏議）

（2）赦書到後百日，見在不首，故蔽匿者，復罪如初。媒、保不坐。其限内事發，雖不自首，非蔽匿。雖限内，但經問不臣者，亦爲蔽匿。（卷四名例35）

（3）其知情娶買者，謂從略、和誘以下，不問良賤，共知本情，或娶或買，限外不首，亦爲蔽匿。（卷四名例35疏議）

蔽匿，隱藏、隱瞞、掩飾。《管子·內業》："全心在中，不可蔽匿。"尹知章注："有諸內必形於外也。"《史記·袁盎晁錯列傳》："夫袁盎多受吳王金錢，專爲蔽匿，言不反。"

"蔽匿"不見於秦漢簡牘法律文獻，是《唐律疏議》新增的罪名。

7. 浮浪

在《唐律疏議》中凡8見，例如：

（1）諸非亡而浮浪他所者，十日笞十，二十日加一等，罪止杖一百；即有官事在他所，事了留住不還者，亦如之。（卷二十八捕亡462）

（2）即有官事已了，留住不歸者，亦同浮浪之罪。（卷二十八捕亡462疏議）

（3）諸部內容止他界逃亡浮浪者，一人里正笞四十，謂經十五日以上者。坊正、村正同里正之罪。若將家口逃亡浮浪者，一戶同一人爲罪。四人加一等；縣內，五人笞四十，十人加一等；州隨所管縣，通計爲罪。皆以長官爲首，佐職爲從。各罪止徒二年。其官戶、部曲、奴婢，亦同。（卷二十八捕亡467）

浮浪，離開居住地流竄到他處；到處遊蕩，不務正業。宋梅堯臣《聞進士販茶》詩："浮浪書生亦貪利，史笥經箱爲盜囊。"宋蘇軾《上神宗皇帝書》："如此則妄庸輕剽，浮浪姦人，自此争言水利矣。"

"浮浪"不見於秦漢簡牘法律文獻，是《唐律疏議》新增的罪名。

8. 違限

在《唐律疏議》中凡13見，例如：

（1）其犯罪應贖徵銅，送有期限，違限不納，會赦不原。（卷四名例33疏議）

（2）【疏】議曰：刺史、縣令，宣導之首，課稅違限，責在長官。（卷十三戶婚174疏議）

（3）諸鎮、戍應遣番代，而違限不遣者，一日杖一百，三日加一等，罪止徒二年；即代到而不放者，減一等。（卷十六擅興239）

（4）諸應乘官船者，聽載衣糧二百斤。違限私載，若受寄及寄之者，五十斤及一人，各笞五十；一百斤及二人，各杖一百；但載即坐。若家人隨從者勿論。每一百斤及二人，各加一等，罪止徒二年。（卷二十七雜律426）

（5）諸應輸備、贖、没、入之物，及欠負應徵，違限不送者，一日笞十，五日加一等，罪止杖一百。若除、免、官當，應追告身，違限不送者，亦如之。（卷三十斷獄493）

違限，一般指超過規定期限，如以上所舉除例（4）之外的其餘各例；有時也指超過載重量的規定限度，類似於現今的超載，如上舉例（4）。

"違限"不見於秦漢簡牘法律文獻，是《唐律疏議》新增的罪名。

9. 犯夜

在《唐律疏議》中出現頻率不高，僅3見，例如：

（1）諸犯夜者，笞二十；有故者不坐。閉門鼓後、開門鼓前行者，皆爲犯夜。故，謂公事急速及吉、凶、疾病之類。（卷二十六雜律406）

（2）【疏】議曰：《宮衛令》："五更三籌，順天門擊鼓，聽人行。晝漏盡，順天門擊鼓四百搥訖，閉門。後更擊六百搥，坊門皆閉，禁人行。"違者，笞二十。故注云"閉門鼓後、開門鼓前，有行者，皆爲犯夜"。（卷二十六雜律406疏議）

犯夜，違禁夜行。《周禮·秋官·司寤》："司寤氏掌夜時，以星分夜，以詔夜士夜禁。御晨行者，禁宵行者、夜遊者。"南朝宋劉義慶《世說新語·政事》："王安期作東海郡，吏錄一犯夜人來。王問：'何處來？'云：'從師家受書還，不覺日晚。'"唐杜甫《陪李金吾花下飲》詩："醉歸應犯夜，可怕李金吾？"上舉例（1）注云："閉門鼓後、開門鼓前行者，皆爲犯夜。"明確規定了夜晚禁行的時段起訖，在此期間進出或遊蕩，皆爲犯夜。

"犯夜"不見於秦漢簡牘法律文獻，是《唐律疏議》新增的罪名。

10. 增減年狀

在《唐律疏議》中出現頻率不高，僅3見，例如：

（1）脫口及增減年狀謂疾、老、中、小之類。以免課役者，一口徒一年，二口加一等，罪止徒三年。（卷十二戶婚150）

（2）【疏】議曰：里正之任，掌案比戶口，收手實，造籍書。不覺脫漏戶口者，脫謂脫戶，漏謂漏口，及增減年狀，一口笞四十，三口加一等；過杖一百，十口加一等，罪止徒三年。（卷十二戶婚151疏議）

（3）【疏】議曰：里正及州、縣官司，各於所部之內，妄爲脫漏戶口，或增減年狀，以出入課役，一口徒一年，二口加一等，十五口流三千里。（卷十二戶婚153疏議）

增減年狀，指增減年齡及詐稱殘疾以逃避賦役。犯者處徒刑。卷十二戶婚150疏議曰："謂脫口及增年入老，減年入中、小及增狀入疾，其從殘疾入廢疾，從廢疾入篤疾，廢疾雖免課役，若入篤疾即得侍人，故云'之類'，罪止徒三年。"宋、元、明、清諸律也有此種規定。

"增減年狀"不見於秦漢簡牘法律文獻，是《唐律疏議》新增的罪名。

11. 造畜蠱毒

在《唐律疏議》中凡 17 見，例如：

（1）五日不道。謂殺一家非死罪三人，支解人，造畜蠱毒、厭魅。（卷一名例 6）

（2）其造畜蠱毒，婦人有官無官，並依下文，配流如法。有官者，仍除名，至配所免居作。（卷二名例 11 疏議）

（3）造畜蠱毒，所在不容，擯之荒服，絕其根本，故雖婦人，亦須投竄，縱令嫁向中華，事發還從配遣，並依流配之法，三流俱役一年，縱使遇恩，不合原免。（卷三名例 28 疏議）

（4）諸造畜蠱毒謂造合成蠱，堪以害人者。及教令者，絞；造畜者同居家口雖不知情，若里正坊正、村正亦同。知而不糾者，皆流三千里。（卷十八賊盜 262）

（5）【疏】議曰：造畜蠱毒之人，雖會大赦，並同居家口及教令人，亦流三千里。（卷十八賊盜 262 疏議）

造畜蠱毒，用毒蟲製藥及迷信方法害人的一種犯罪行爲。爲"不道罪"之一，在"十惡"大罪之列。傳畜貓鬼之類，借以毒害人爲"造畜"，將許多毒蟲集於一器，使之相食，最後有一蟲盡食諸蟲，該蟲爲"蠱"，將"蠱"製成藥物，放在食物裏以毒死他人爲"蠱毒"。《左傳·昭公元年》唐孔穎達疏："以毒藥藥人、令人不自知者，今律謂之蠱毒。"《唐律疏議》卷十八賊盜 262 注："謂造合成蠱，堪以害人者。"同條疏議曰："蠱有多種，罕能究悉，事關左道，不可備知。或集合諸蠱，置於一器之内，久而相食，諸蟲皆盡，若蛇在，即爲'蛇蠱'之類。造謂自造，畜謂傳畜，可以毒害於人，故注云'謂造合成蠱，堪以害人者'。"

"造畜蠱毒"不見於秦漢簡牘法律文獻，是《唐律疏議》新增的罪名。

12. 厭魅/造厭魅

"厭魅"在《唐律疏議》中凡 8 見，例如：

（1）五日不道。謂殺一家非死罪三人，支解人，造畜蠱毒、厭魅。（卷一名例 6）

（2）厭魅者，其事多端，不可具述，皆謂邪俗陰行不軌，欲令前人疾苦及死者。（卷一名例 6 疏議）

（3）【疏】議曰：不孝流者，謂聞父母喪，匿不舉哀，流；告祖父母、父母者絞，從者流；呪詛祖父母、父母者，流；厭魅求愛媚者，流。（卷二名例 11 疏議）

（4）【疏】議曰："以故致死者"，謂以厭魅、符書呪詛之故，但因一事致死者，不依減二等，各從本殺法。"欲以疾苦人者"，謂厭魅、符書呪詛，不欲令死，唯欲前人疾病苦痛者，又減二等。（卷十八賊盜 264 疏議）

"造厭魅"在《唐律疏議》中凡2見，例如：

(1) 諸有所憎惡，而造厭魅及造符書呪詛，欲以殺人者，各以謀殺論減二等；於期親尊長及外祖父母、夫、夫之祖父母、父母，各不減。（卷十八賊盜264）

(2)【疏】議曰：有所憎嫌前人而造厭魅，厭事多方，罕能詳悉，或圖畫形像，或刻作人身，刺心釘眼，繫手縛足，如此厭勝，事非一緒；魅者，或假託鬼神，或妄行左道之類；或呪或詛，欲以殺人者：各以謀殺論減二等。（卷十八賊盜264疏議）

厭魅，用迷信的方法詛咒人、告請鬼神加禍於人。《陳書‧後主沈皇后傳》附張貴妃："又好厭魅之術，假鬼通以惑後主。"《唐律釋文》："厭魅，謂事邪鬼或用人爲牲，又將人名姓，告此邪魔，令人病死顛狂，皆能害人性命。"

據上舉前例（2）和後例（2），厭魅手法多種多樣，"罕能詳悉"，有似於漢武帝時"巫蠱之禍"中所用種種手段，實際都是一些迷信行爲，但在古代却被相信爲有效。

"造厭魅"和"厭魅"實際爲一回事。"造厭魅"爲一動賓短語，其中"厭魅"爲名詞；"厭魅"單用時則是名詞活用爲動詞。所以，二者表達的意思並無不同。"造"表示動作行爲，意思是做這種活動。

"厭魅""造厭魅"不見於秦漢簡牘法律文獻，是《唐律疏議》新增的罪名。

13. 造符書/符書

"造符書"在《唐律疏議》中凡1見，例如：

諸有所憎惡，而造厭魅及造符書呪詛，欲以殺人者，各以謀殺論減二等；於期親尊長及外祖父母、夫、夫之祖父母、父母，各不減。（卷十八賊盜264）

"符書"在《唐律疏議》中凡2見，例如：

【疏】議曰："以故致死者"，謂以厭魅、符書呪詛之故，但因一事致死者，不依減二等，各從本殺法。"欲以疾苦人者"，謂厭魅、符書呪詛，不欲令死，唯欲前人疾病苦痛者，又減二等。（卷十八賊盜264疏議）

"造符書"和"符書"實際爲一回事，道理同上條"造厭魅"和"厭魅"。

符書，符箓，道教宣揚的能驅鬼辟邪的奇異符號或圖形、文字等，實際是一種封建迷信活動，但在古代社會裏却被認爲有用。《後漢書‧劉焉傳》："初，張魯祖父陵，順帝時，客於蜀，學道鵠鳴山中，造作符書，以惑百姓。"北齊顏之推《顏氏家訓‧治家》："吾家巫覡禱請，絕於言議，符書章醮亦無祈焉。"

"符書""造符書"不見於秦漢簡牘法律文獻,是《唐律疏議》新增的罪名。

14. 造祅書/祅書

在《唐律疏議》中凡 7 見,例如:

(1) 諸造祅書及祅言者,絞。造,謂自造休咎及鬼神之言,妄說吉凶,涉於不順者。(卷十八賊盜 268)

(2)【疏】議曰:"造祅書及祅言者",謂構成怪力之書,詐爲鬼神之語。"休",謂妄說他人及己身有休徵。"咎",謂妄言國家有咎惡。觀天畫地,詭說災祥,妄陳吉凶,並涉於不順者,絞。(卷十八賊盜 268 疏議)

(3) 即私有祅書,雖不行用,徒二年;言理無害者,杖六十。(卷十八賊盜 268)

(4)【疏】議曰:"傳用以惑眾者",謂非自造,傳用祅言、祅書,以惑三人以上,亦得絞罪。(卷十八賊盜 268 疏議)

祅,同"妖",後多作"妖"。祅書,卷十八賊盜 268 疏議曰"謂構成怪力之書",荒誕不稽,惑亂眾心,影響社會穩定和諧。

"造祅書"和"祅書"實爲一回事,道理如前,此不贅論。

"祅書""造祅書"不見於秦漢簡牘法律文獻,是《唐律疏議》新增的罪名。

15. 造祅言/祅言

例同上"造祅書/祅書"條之例 (1)(2)(4)

祅言,怪誕不經的邪説。《漢書·刑法志》:"至高后元年,乃除三族罪、祅言令。"《新唐書·劉蕡傳》:"一悟上聽,雖被祅言之罪無所悔。"《唐律疏議》卷十八賊盜 268 疏議曰"謂詐爲鬼神之語","觀天畫地,詭說災祥,妄陳吉凶,並涉於不順者",惑亂民心,影響社會穩定。

"造祅言"和"祅言"實爲一回事,道理如前,此不贅論。

"祅言""造祅言"不見於秦漢簡牘法律文獻,是《唐律疏議》新增的罪名。

(五)官吏及公職人員瀆職罪

這類犯罪主要有:出入、出入人罪、枉法、受請枉法、受財枉法、出罪、入罪、失囚、故縱、擅賦斂、率斂、無故不上、應言上不言上、應言而不言、不覺、故入人罪、知而故縱、知而聽行、在直而亡、違式、曲判、曲法、縱囚等。

除了與秦漢簡牘法律文獻相同的擅賦斂、不覺、縱囚,相似的出入、出入人罪、出罪、入罪、故入人罪、枉法、受請枉法、受財枉法、故縱、知而故縱外，《唐律疏議》獨有的此類罪名還有如下一些：

1. 知而聽行

在《唐律疏議》中凡 7 見，例如：

（1）主司不覺，減二等；知而聽行，與同罪。（卷七衛禁 62）

（2）失者，各減三等。餘條失者準此。承言不覺，又減一等；知而聽行，與同罪。（卷九職制 92）

（3）答曰：既稱"知而故縱"，即是"知而聽行"，理從"同罪"而科。（卷二十五詐偽 371 疏議問答）

（4）諸詐冒官司以有所求爲，而主司承詐，知而聽行與同罪，至死者減一等；不知者，不坐。（卷二十五詐偽 388）

從上舉各例可知，知而聽行，其意思是主司或其他負有管理職責的公職人員，明知在自己職責管轄範圍內有犯罪行爲發生，却只管裝聾作啞，放任犯罪行爲繼續進行。這是一種嚴重失職瀆職行爲，要與犯罪分子同罪。

"知而聽行"不見於秦漢簡牘法律文獻，是《唐律疏議》新增的罪名。

2. 在直而亡

在《唐律疏議》中出現頻率不高，僅 1 例，但也能反映公職人員失職瀆職的一種情形。例如下：

諸宿衛人在直而亡者，一日杖一百，二日加一等。即從駕行而亡者，加一等。（卷二十八捕亡 460）

在直而亡，這裏主要是指宿衛人員在自己的值班崗位上逃亡。本條疏議曰："宿衛人"，謂諸衛大將軍以下、當番衛士以上。在直番限內，而有逃亡者，一日杖一百，二日加一等。如果是隨從皇帝車駕出行過程中逃亡，則要罪加一等。

"在直而亡"不見於秦漢簡牘法律文獻，是《唐律疏議》新增的罪名。

3. 曲判

在《唐律疏議》中出現頻率不高，僅 1 例，但也能反映出官吏濫用職權的瀆職行爲。例如下：

"不枉法者"，謂雖以財行求，官人不爲曲判者，減坐贓二等。（卷十一職制 137 疏議）

曲判，即曲法而判、枉法而判，不以事實爲依據，不以法律爲準繩隨意亂判。該種情況往往是官吏收受賄賂或者是迫於權勢，而對貧弱者加罪或者對強橫者減罪的濫用職權的行爲。

"曲判"不見於秦漢簡牘法律文獻，是《唐律疏議》新增的罪名。

4. 曲法

在《唐律疏議》中凡 11 見，例如：

(1) 諸有所請求者，笞五十；謂從主司求曲法之事。即爲人請者，與自請同。主司許者，與同罪。主司不許及請求者，皆不坐。已施行，各杖一百。（卷十一職制 135）

(2)【疏】議曰：凡是公事，各依正理。輒有請求，規爲曲法者，笞五十。（卷十一職制 135 疏議）

(3) 爲人囑請曲法者，無問行與不行，許與不許，但囑即合杖一百。主司許者，笞五十。（卷十一職制 135 疏議）

(4)【疏】議曰："監臨主司"，謂統攝案驗及行案主典之類。受有事人財而爲曲法處斷者，一尺杖一百，一疋加一等，十五疋絞。（卷十一職制 138 疏議）

(5)【疏】議曰：雖受有事人財，判斷不爲曲法，一尺杖九十，二疋加一等，三十疋加役流。（卷十一職制 138 疏議）

曲法，枉法。《周書・史寧傳》："嘗出，有人訴州佐曲法，寧還付被訟者治之。"宋范仲淹《再奏進前所陳十事》："爲天下官吏，不廉則曲法；曲法則害民。"

"曲法"不見於秦漢簡牘法律文獻，是《唐律疏議》新增的罪名。

5. 無故不上

在《唐律疏議》中凡 6 見，例如：

(1) 注云"一日之點，限取二點爲坐"，謂一日之內，點檢雖多，止據二點得罪，限笞二十。若全不來，上計日以無故不上科之。（卷九職制 94 疏議）

(2) 諸官人無故不上及當番不到，若因暇而違者，一日笞二十，三日加一等；過杖一百，十日加一等，罪止徒一年半。邊要之官，加一等。（卷九職制 95）

(3) "邊要之官"，謂在緣邊要重之所，無故不上以下，各加罪一等。（卷九職制 95 疏議）

無故不上，即官吏無故不上班，曠工。這也是一種失職瀆職的犯罪。

"無故不上"不見於秦漢簡牘法律文獻，是《唐律疏議》新增的罪名。

此外，此類罪名還有失囚、違式、別式、率斂、應言而不言、應言上不言上等。

(六) 軍人犯罪

這類犯罪主要有：擅發兵、乏軍興、不憂軍事、爲間諜、作間諜、不固守而棄去、逗留等。

除了與秦漢簡牘法律文獻有相似的不憂軍事、爲間諜、作間諜、不固守而棄去、逗留等外，《唐律疏議》獨有的此類罪名還有擅發兵、乏軍興等。

例如：

1. 擅發兵

在《唐律疏議》中出現頻率不高，包括疏議僅 2 見，例如：

（1）諸擅發兵，十人以上徒一年，百人徒一年半，百人加一等，千人絞；謂無警急，又不先言上而輒發兵者。雖即言上，而不待報，猶爲擅。文書施行即坐。（卷十六擅興 224）

（2）"若有逃亡盜賊"，謂非兵寇，直是逃亡，或爲盜賊，所在官府得權差人夫，足以追捕，不同擅發兵之例，故云"不用此律"。（卷十六擅興 224 疏議）

擅發兵，即不經上司批准即自作主張，擅自動用兵力。軍隊乃國家的支柱，統治者依靠它打天下建立政權，憑借它鞏固政權，實爲國家機器的重要組成部分。擅發兵即沒有皇帝的兵符勘合或奏請皇帝批准，將帥擅自調動軍隊的行爲。擅發兵是嚴重的軍事犯罪，處刑嚴厲。從漢初蕭何制《九章律》時起一直將擅興列爲國家法典之中。據《漢書·王莽傳》載："未賜虎符而擅發兵，厥罪乏興。"師古注云："擅發之罪，與乏軍興同科也"

但或許是因爲出土材料殘缺不全，或許是因爲出土材料本身就沒有抄寫秦漢律的全文，故在秦漢簡牘法律文獻中沒有見到"擅發兵"罪名。

2. 乏軍興

在《唐律疏議》中凡 6 見，例如：

（1）諸乏軍興者斬，故、失等。謂臨軍征討，有所調發，而稽廢者。（卷十六擅興 230）

（2）【疏】議曰：興軍征討，國之大事。調發征行，有所稽廢者，名"乏軍興"。犯者合斬，故、失罪等：爲其事大，雖失不減。（卷十六擅興 230 疏議）

（3）若充使命，告報軍期，而違限廢事者，亦是"乏軍興"，故、失罪等。（卷十六擅興 230 疏議）

（4）諸臨軍征討，而巧詐以避征役巧詐百端，謂若誣告人、故犯輕罪之類，若有校試，以能爲不能，以故有所稽乏者，以"乏軍興"論；未廢事者，減一等。（卷十六擅興 236）

乏軍興，耽誤軍事行動或軍用物資的徵集調撥，叫"乏軍興"。官府徵集物資叫"興"。軍隊出發，如人馬、軍需等未能及時按規定調發，供給齊完，稱作"乏軍興"，是極大的罪名。《漢書·趙廣漢傳》："又坐賊殺不辜，鞫獄故不以實，擅斥除軍事，乏軍興數罪……廣漢竟坐要（腰）斬。"如上例（2）卷十六擅興 230 疏議所云："興軍征討，國之大事。調發征行，有所稽廢者，名'乏軍興'。"

從傳世史料來看，漢代已有"乏軍興"罪名。但或許是因爲出土材料殘缺不全，或許是因爲出土材料本身就没有抄寫秦漢律的全文，故在秦漢簡牘法律文獻中没有見到"乏軍興"罪名。

（七）詐僞類犯罪

這類犯罪主要有：僞造、詐、詐不實、詐不以實、上書詐不實、不實、不以實、欺妄、矯詐、詐稱、詐欺、詐匿、巧僞、妄認、妄言、妄冒、誑誘、欺紿、詐妄、僞寫、詐爲制書、矯制、詐爲官文書、詐爲瑞應、詐取、詐死、證不言情、詐冒官司等。

除了與秦漢簡牘法律文獻共有的詐、僞寫、矯制、不以實、證不言情，相似的詐僞、詐爲官文書以外，《唐律疏議》獨有的此類罪名還有僞造、詐不實、詐不以實、上書詐不實、不實、欺妄、矯詐、詐稱、詐欺、詐匿、巧僞、妄認、妄言、妄冒、誑誘、欺紿、詐妄、詐爲制書、詐爲瑞應、詐取、詐死、詐冒官司等。

以下舉部分該方面罪名略加説明。例如：

1. 僞造

在《唐律疏議》中凡 21 見，例如：

（1）諸僞造皇帝八寶者，斬。太皇太后、皇太后、皇后、皇太子寶者，絞。皇太子妃寶，流三千里。僞造不録所用，但造即坐。（卷二十五詐僞 362）

（2）八寶之中，有人僞造一者，即斬。其太皇太后、皇太后、皇后、皇太子寶，僞造者，絞。皇太子妃寶，僞造者，流三千里。（卷二十五詐僞 362 疏議）

（3）諸以僞寶、印、符、節及得亡寶、印、符、節假人，若出賣，及所假若買者封用，各以僞造、寫論。（卷二十五詐僞 365）

（4）諸盗寶、印、符、節封用；謂意在詐僞，不關由所主。即所主者盗封用及以假人，若出賣；所假及買者封用：各以僞造、寫論。（卷二十五詐僞 366）

僞造，假造以欺瞞别人。從上舉各例來看，主要是仿造寶、印、符、節等，目的多是爲自己或别人封用。

"僞造"不見於秦漢簡牘法律文獻，是《唐律疏議》新增的罪名。

2. 詐爲制書

在《唐律疏議》中出現頻率不高，僅 2 見。例如：

（1）諸詐爲制書及增減者，絞；口詐傳及口增減亦是。未施行者，減一等。施行，謂中書覆奏及已入所司者。雖不關由所司，而詐傳增減，前人已承受者，亦爲施行。餘條施行準此。（卷二十五詐僞 367）

（2）【疏】議曰："詐爲制書"，意在詐僞，而妄爲制敕及因制敕成文，而增減其字者，絞。（卷二十五詐僞 367）

詐爲制書，僞造皇帝詔命。皇帝發布命令的文書稱爲制書，僞造制書則是一種僭越行爲。

"詐爲制書"不見於秦漢簡牘法律文獻，是《唐律疏議》新增的罪名。

3. 詐不以實

在《唐律疏議》中凡 6 見，例如：

（1）諸犯私罪，以官當徒者私罪，謂私自犯及對制詐不以實、受請枉法之類，五品以上，一官當徒二年；九品以上，一官當徒一年。（卷二名例 17）

（2）對制詐不以實者，對制雖緣公事，方便不吐實情，心挾隱欺，故同私罪。（卷二名例 17 疏議）

（3）諸對制及奏事、上書，詐不以實者，徒二年；非密而妄言有密者，加一等。對制，謂親見被問。奏事，謂面陳，若附奏亦是。上書，謂書奏特達。詐，謂知而隱欺及有所求避之類。（卷二十五詐僞 368）

詐不以實，欺詐，不以真實情況答對，不講實話。如上例（3）卷二十五詐僞 368 注："詐，謂知而隱欺及有所求避之類。"

"詐不以實"不見於秦漢簡牘法律文獻，是《唐律疏議》新增的罪名。

4. 欺妄

在《唐律疏議》中凡 10 見，例如：

（1）諸有妻更娶妻者，徒一年；女家，減一等。若欺妄而娶者，徒一年半；女家不坐。各離之。（卷十三戶婚 177）

（2）若州縣發遣依法，而綱、典在路，或至輸納之所事有欺妄者，州縣無罪。（卷十五廐庫 217 疏議）

（3）諸詐爲官私文書及增減，文書，謂券抄及簿帳之類。欺妄以求財賞及避沒入、備償者，準盜論；贓輕者，從詐爲官文書法。若私文書，止從所欺妄爲坐。（卷二十五詐僞 374）

欺妄，欺騙，即通過不實或虛假的言行來達到欺騙他人的目的。妄，指胡亂、荒誕不合理。南朝宋顏延之《又釋何衡陽書》："若權教所言皆爲欺妄，則自然之中無復報應。"

"欺妄"不見於秦漢簡牘法律文獻，是《唐律疏議》新增的罪名。

5. 詐欺

在《唐律疏議》中凡26見，例如：

(1) 諸詐欺官私以取財物者，準盜論。詐欺百端，皆是。若監主詐取者，自從盜法；未得者，減二等。下條準此。（卷二十五詐偽373）

(2)【疏】議曰：詐謂詭詐，欺謂誣罔。詐欺官私以取財物者，一準盜法科罪，唯不在除、免、倍贓、加役流之例，罪止流三千里。（卷二十五詐偽373疏議）

(3)【疏】議曰："知情而取者"，謂知前人詐欺得物而乞取者，坐贓論，一尺笞二十，一疋加一等，十疋徒一年。（卷二十五詐偽373疏議）

(4) 諸受寄財物，而輒費用者，坐贓論減一等。詐言死失者，以詐欺取財物論減一等。（卷二十六雜律397）

詐欺，欺詐，欺騙。同義複合詞，位置可互換。《韓非子・八說》："故智者不得詐欺。"《晉書・刑法志》："斷獄者急於榜格酷烈之痛，執憲者繁於詐欺放濫之文。"卷二十五《詐偽》373疏議曰："詐謂詭詐，欺謂誣罔。"

"詐欺"不見於秦漢簡牘法律文獻，是《唐律疏議》新增的罪名。

6. 妄認

在《唐律疏議》中凡23見，例如：

(1) 諸妄認公私田，若盜貿賣者，一畝以下笞五十，五畝加一等；過杖一百，十畝加一等，罪止徒二年。（卷十三戶婚166）

(2) 妄認者，謂經理已得；若未得者，準妄認奴婢、財物之類未得法科之。（卷十三戶婚166疏議）

(3) 諸妄認良人為奴婢、部曲、妻妾、子孫者，以略人論減一等。妄認部曲者，又減一等。妄認奴婢及財物者，準盜論減一等。（卷二十五詐偽375）

(4)【疏】議曰："妄認良人為奴婢、部曲"者，謂本知是良人。妄認為妻妾、子孫者，謂知非己妻妾、子孫而故妄認者。（卷二十五詐偽375疏議）

妄認，冒認，以欺詐手段謊稱並侵占本不屬於自己的東西。從上述所舉例句來看，妄認的對象既有田地等財物，也有奴婢、部曲、妻妾、子孫等人物。

"妄認"不見於秦漢簡牘法律文獻，是《唐律疏議》新增的罪名。

7. 妄言

在《唐律疏議》中凡6見，例如：

（1）諸部内有旱潦霜雹蟲蝗爲害之處，主司應言而不言及妄言者，杖七十。覆檢不以實者，與同罪。（卷十三戶婚169）

（2）"休"，謂妄説他人及己身有休徵。"咎"，謂妄言國家有咎惡。觀天畫地，詭説災祥，妄陳吉凶，並涉於不順者，絞。（卷十八賊盜268疏議）

（3）諸對制及奏事、上書，詐不以實者，徒二年；非密而妄言有密者，加一等。對制，謂親見被問。奏事，謂面陳，若附奏亦是。上書，謂書奏特達。詐，謂知而隱欺及有所求避之類。（卷二十五詐僞368）

（4）"非密而妄言有密"，謂非謀反、逆、叛應密之事，而妄言有密，"加一等"，謂加對制不實一等，徒二年半。（卷二十五詐僞368疏議）

妄言，胡説，没有根據地亂講。《後漢書·方術傳下·王真》："郝孟節爲人質謹不妄言，似士君子。"上述各例中都是這個意思。

"妄言"不見於秦漢簡牘法律文獻，是《唐律疏議》新增的罪名。

8. 妄冒

在《唐律疏議》中凡11見，例如：

（1）諸爲婚而女家妄冒者，徒一年。男家妄冒，加一等。未成者，依本約；已成者，離之。（卷十三戶婚176）

（2）【疏】議曰：爲婚之法，必有行媒，男女、嫡庶、長幼，當時理有契約，女家違約妄冒者，徒一年。男家妄冒者，加一等。（卷十三戶婚176疏議）

（3）諸違律爲婚，當條稱"離之""正之"者，雖會赦，猶離之、正之。定而未成，亦是。娉財不追；女家妄冒者，追還。（卷十四戶婚194）

（4）或得他人正授告身，或同姓字，或改易己名，妄冒官司，以居職任。（卷二十五詐僞370疏議）

妄冒，以欺詐手段冒充，即冒名頂替。從上述各例來看，妄冒行爲既有婚姻嫁娶時的冒名頂替行爲，也有假借冒充他人身份頂替他人去做官上任。

"妄冒"不見於秦漢簡牘法律文獻，是《唐律疏議》新增的罪名。

9. 詐妄

在《唐律疏議》中凡6見，例如：

（1）諸邀車駕及撾登聞鼓，若上表，以身事自理訴，而不實者，杖八十；即故增減情狀，有所隱避詐妄者，從上書詐不實論。（卷二十四鬥訟358）

（2）若無官蔭，詐妄承取他人官蔭而得官者，徒三年。（卷二十五詐僞371疏議）

（3）若祖父母、父母及夫見存，或稱死求假，及有所避而詐妄稱死者，

各徒三年。(卷二十五詐偽 383 疏議)

詐妄，欺詐誣妄。唐韓愈《與祠部陸員外書》："其爲人，溫良誠信，無邪佞詐妄之心，強志而婉容，和平而有立。"上述各例中，有的是欺詐聖上不講實話，有的是以欺詐手段妄冒他人獲取官蔭，有的是違背事實亂説假話。

"詐妄"不見於秦漢簡牘法律文獻，是《唐律疏議》新增的罪名。

10. 詐爲瑞應

在《唐律疏議》中僅1例，但却較有獨特性和時代性。例如：

諸詐爲瑞應者，徒二年。若災祥之類，而史官不以實對者，加二等。(卷二十五詐偽 377)

瑞應，古代以爲帝王修德，時世清平，天就降祥瑞以應之，謂之瑞應。實際是一種封建迷信思想。《西京雜記》卷三："瑞者，寶也，信也。天以寶爲信，應人之德，故曰瑞應。"《後漢書·百官志二》："太史令一人……凡國有瑞應、災異，掌記之。"

詐爲瑞應，意思是人爲製造或虛假編造祥瑞徵兆，以達邀功請賞或邀寵之目的。比如詐言有麟鳳龜龍等出現，實際無可案驗。

"詐爲瑞應"不見於秦漢簡牘法律文獻，是《唐律疏議》新增的罪名。

11. 詐取

在《唐律疏議》中凡4見，例如：

(1) 諸盜、詐取人財物而於財主首露者，與經官司自首同。(卷五名例 39)

(2) 諸詐欺官私以取財物者，準盜論。詐欺百端，皆是。若監主詐取者，自從盜法；未得者，減二等。下條準此。(卷二十五詐偽 373)

(3) "若監主詐取"，謂監臨主守詐取所監臨主守之物，自從盜法，加凡盜二等，有官除名。(卷二十五詐偽 373 疏議)

詐取，騙取，以欺詐手段取得。卷五名例 39 疏議曰："謂詐欺取人財物。"唐柳宗元《天論上》："福或可以詐取，而禍或可以苟免。"

"詐取"不見於秦漢簡牘法律文獻，是《唐律疏議》新增的罪名。

12. 詐死

在《唐律疏議》中凡5見，例如：

(1) 諸略、和誘人，若和同相賣；及藏逃亡部曲奴婢；署置官過限及不應置而置，詐假官、假與人官及受假者；若詐死，私有禁物：謂非私所應有者及禁書之類。赦書到後百日，見在不首，故蔽匿者，復罪如初。媒、保不坐。(卷四名例 35)

(2)【疏】議曰：詐死者，或本心避罪，或規免賦役，或因犯逃亡而遂詐死之類。(卷四名例 35 疏議)

(3) 諸詐自復除，若詐死及詐去工、樂、襍戶名者，徒二年。(卷二十五詐偽 380)

(4) 若詐死，徒二年上減一等，處徒一年半之類。(卷二十五詐偽 384 疏議)

詐死，裝死，假裝死去，詐稱已死，出於某種目的裝死。《漢書·佞幸傳·董賢》："即日賢與妻皆自殺，家惶恐夜葬。莽疑其詐死，有司奏請發賢棺。"《五代史平話·唐史·卷上》："梁主疑李克用詐死，趣兵還大梁。"總之，是出於各種目的而詐稱已死。

"詐死"不見於秦漢簡牘法律文獻，是《唐律疏議》新增的罪名。

13. 詐冒官司

在《唐律疏議》中凡 3 見，例如：

(1) 其人雖復詐冒官司，不合更科流罪，止合徒一年。(卷五名例 44 疏議問答)

(2) 諸詐冒官司以有所求爲，而主司承詐，知而聽行與同罪，至死者減一等；不知者，不坐。(卷二十五詐偽 388)

(3)【疏】議曰："詐冒官司"，謂詐偽及罔冒官司，欲有所求爲，官司知詐冒之情而聽行者，並與詐冒人同罪，至死減一等；不知情者，不坐。(卷二十五詐偽 388 疏議)

詐冒官司，冒充官員行騙。詐冒，假冒、冒充。《晉書·張輔傳》："而觀因軍事害彥，又賈謐、潘岳、石崇等共相引重，及義陽王威有詐冒事，輔並糾劾之。"官司，官吏、官員。《左傳·隱公五年》："若夫山林川澤之實，器用之資，皂隸之事，官司之守，非君所及也。"杜預注："小臣有司之職，非諸侯之所親也。"《漢書·王莽傳上》："祝宗卜史，備物典策，官司彝器。"顏師古注："官司，百官也。"

"詐冒官司"不見於秦漢簡牘法律文獻，是《唐律疏議》新增的罪名。

(八) 妨害婚姻家庭秩序罪

這類犯罪主要有：不孝、不睦、不義、內亂、匿不舉哀、釋服從吉、冒榮遷任、冒榮居之、冒哀求仕、有妻更娶妻、違犯教令、供養有闕、別籍、異財、惡逆、詛詈、告言、言告、呪詛等。

除了與秦漢簡牘法律文獻共有的"不孝"外，《唐律疏議》獨有的此類罪名還有：不睦、不義、內亂、匿不舉哀、釋服從吉、冒榮遷任、冒榮居之、冒哀求仕、有妻更娶妻、違犯教令、供養有闕、別籍、異財、惡逆、詛詈、告言、言告、呪詛等。

以下舉部分該方面罪名略加說明。例如：

1. 不睦

在《唐律疏議》中凡 14 見，例如：

（1）八曰不睦。謂謀殺及賣緦麻以上親，毆告夫及大功以上尊長、小功尊屬。（卷一名例 6）

（2）【疏】議曰：《禮》云："講信修睦。"《孝經》云："民用和睦。"睦者，親也。此條之內，皆是親族相犯，爲九族不相協睦，故曰"不睦"。（卷一名例 6 疏議）

（3）賣緦麻以上親者，無問強、和，俱入"不睦"。（卷一名例 6 疏議）

（4）"殺妻，仍爲不睦"，妻即是緦麻以上親，準《例》自當"不睦"，爲稱"以凡人論"，故重明此例。（卷二十二鬥訟 325 疏議）

（5）假有鬥殺堂兄，當時作親兄，斷爲"惡逆"，會赦之後，改從堂兄，坐當"不睦"。（卷三十斷獄 488 疏議）

不睦，是"十惡"之第八，指謀殺或賣緦麻以上親，毆打或告發丈夫以及大功以上尊長。適用於服制確定親屬範圍，即同一高祖父母之下的親屬。同一親等親屬還有尊卑的區別，而夫妻關係是尊卑關係。卷一名例 6 疏議曰：睦者，親也。此條之內，皆是親族相犯，爲九族不相協睦，故曰"不睦"。可見，不睦主要是指家族內部親人相侵犯，違背了親人間應相互親愛和睦的人倫原則。

"不睦"不見於秦漢簡牘法律文獻，是《唐律疏議》新增的罪名。

2. 不義

在《唐律疏議》中凡 5 見，例如：

（1）九曰不義。謂殺本屬府主、刺史、縣令、見受業師，吏、卒殺本部五品以上官長；及聞夫喪匿不舉哀，若作樂，釋服從吉及改嫁。（卷一名例 6）

（2）【疏】議曰：禮之所尊，尊其義也。此條元非血屬，本止以義相從，背義乖仁，故曰"不義"。（卷一名例 6 疏議）

（3）"見受業師"，謂伏膺儒業，而非私學者。若殺訖，入"不義"；謀而未殺，自從雜犯。（卷一名例 6 疏議）

（4）此等色人，類例不少，有殺本部五品以上官長，併入"不義"。（卷一名例 6 疏議）

（5）【疏】議曰：祖父母、父母及夫犯死罪，被囚禁，而子孫及妻妾作樂

者，以其不孝不義，虧敎特深，故各徒一年半。（卷十職制 121 疏議）

不義，嚴重違背仁義道德的犯罪行爲，唐律中的"十惡"之第九。唐律中的不義罪包括：（1）殺本屬府主（本屬官長）、刺史、縣令，現受業師；（2）吏卒殺本部五品以上官長；（3）夫死匿不舉哀，或居喪作樂，在喪服期內改着吉服，以及改嫁他人。唐律中對於不義的處罰爲：謀殺本屬府主、刺史、縣令，及吏卒謀殺本部五品以上官長者流二千里。已傷者絞，已殺者皆斬。明清律基本相同。

"不義"不見於秦漢簡牘法律文獻，是《唐律疏議》新增的罪名。

3. 內亂

在《唐律疏議》中凡 6 見，例如：

（1）十曰內亂。謂姦小功以上親、父祖妾及與和者。（卷一名例 6）

（2）【疏】議曰：《左傳》云："女有家，男有室，無相瀆。易此則亂。"若有禽獸其行，朋淫於家，紊亂禮經，故曰"內亂"。（卷一名例 6 疏議）

（3）【疏】議曰：父祖妾者，有子、無子並同，媵亦是；"及與和者"，謂婦人共男子和姦者：併入"內亂"。若被強姦，後遂和可者，亦是。（卷一名例 6 疏議）

（4）【疏】議曰："十惡"，謂"謀反"以下、"內亂"以上者。（卷二名例 18 疏議）

內亂，唐律"十惡"之第十，指家庭內部的亂倫行爲，如小功以上親屬間的強姦、通姦、姦父祖之妾皆屬內亂。

"內亂"不見於秦漢簡牘法律文獻，是《唐律疏議》新增的罪名。

4. 惡逆

在《唐律疏議》中凡 15 見，例如：

（1）四曰惡逆。謂毆及謀殺祖父母、父母，殺伯叔父母、姑、兄姊、外祖父母、夫、夫之祖父母、父母。（卷一名例 6）

（2）【疏】議曰：父母之恩，昊天罔極。嗣續妣祖，承奉不輕。梟鏡其心，愛敬同盡，五服至親，自相屠戮，窮惡盡逆，絕棄人理，故曰"惡逆"。（卷一名例 6 疏議）

（3）若謀殺期親尊長等，殺訖即入"惡逆"。（卷一名例 6 疏議）

（4）其毆父母，雖小及疾可矜，敢毆者乃爲"惡逆"。（卷四名例 30 疏議問答）

（5）諸聞知有恩赦而故犯，及犯惡逆，若部曲、奴婢毆及謀殺若強姦主者，皆不得以赦原。（卷三十斷獄 489）

惡逆，唐律"十惡"之第四，指毆打及謀殺祖父母、父母，殺死伯叔父母、姑、兄、姊、外祖父母、夫、夫之祖父母、父母等行爲。《資治通鑒·後晉高祖天福元年》："延臣言彦珣殺母，殺母惡逆不可赦。"胡三省注："律有十惡，殺父母者惡逆，恩赦之所不原。"

"惡逆"不見於秦漢簡牘法律文獻，是《唐律疏議》新增的罪名。

5. 詛詈

在《唐律疏議》中出現頻率不高，凡2見，例如：

（1）七日不孝。謂告言、詛詈祖父母父母，及祖父母父母在，別籍、異財，若供養有闕；居父母喪，身自嫁娶，若作樂，釋服從吉；聞祖父母父母喪，匿不舉哀，詐稱祖父母父母死。（卷一名例6）

（2）其"本條無正文"，謂闌入、越度及本色相犯，並詛詈祖父母、父母、兄姊之類，各準良人之法。（卷六名例47疏議）

詛詈，詛咒、咒罵。《書·無逸》："小人怨汝詈汝則信之。"孔傳："有人誑惑之言，小人怨憾詛詈汝，則信受之。"《新唐書·藩鎮傳·吳少誠》："甲皆畫雷公星文以厭勝，詛詈王師。"《唐律疏議》卷一名例6疏議曰："詛猶呪也，詈猶罵也。"呪即咒，咒罵。從上舉各例來看，詛詈的對象多是指向長輩。

"詛詈"不見於秦漢簡牘法律文獻，是《唐律疏議》新增的罪名。

6. 呪詛

在《唐律疏議》中凡8見，例如：

（1）【疏】議曰：不孝流者，謂聞父母喪，匿不舉哀，流；告祖父母、父母者絞，從者流；呪詛祖父母、父母者，流；厭魅求愛媚者，流。（卷二名例11疏議）

（2）諸有所憎惡，而造厭魅及造符書呪詛，欲以殺人者，各以謀殺論減二等；於期親尊長及外祖父母、夫、夫之祖父母、父母，各不減。（卷十八賊盜264）

（3）【疏】議曰："以故致死者"，謂以厭魅、符書呪詛之故，但因一事致死者，不依減二等，各從本殺法。"欲以疾苦人者"，謂厭魅、符書呪詛，不欲令死，唯欲前人疾病苦痛者，又減二等。（卷十八賊盜264疏議）

呪詛，迷信者向鬼神呪告，祈鬼神降禍於其所憎惡之人。《史記·孝文本紀》："民或祝詛上以相約結而後相謾，吏以爲大逆；其有他言，而吏又以爲誹謗。"《後漢書·皇后紀上·和熹鄧皇后》："陰后見后德稱日盛，不知所爲，遂造祝詛，欲以爲害。"

"呪詛"不見於秦漢簡牘法律文獻，是《唐律疏議》新增的罪名。

7. 匿不舉哀

在《唐律疏議》中凡12見，例如：

(1) 七曰不孝。謂告言、詛詈祖父母父母，及祖父母父母在，別籍、異財，若供養有闕；居父母喪，身自嫁娶，若作樂，釋服從吉；聞祖父母父母喪，匿不舉哀，詐稱祖父母父母死。（卷一名例6）

(2) 九曰不義。謂殺本屬府主、刺史、縣令、見受業師，吏、卒殺本部五品以上官長；及聞夫喪匿不舉哀，若作樂，釋服從吉及改嫁。（卷一名例6）

(3)【疏】議曰：不孝流者，謂聞父母喪，匿不舉哀，流；告祖父母、父母者絞，從者流；呪詛祖父母、父母者，流；厭魅求愛媚者，流。（卷二名例11疏議）

(4)【疏】議曰：依禮及令，無嫡子，立嫡孫，即是"嫡孫承祖"。若聞此祖喪，匿不舉哀，流二千里。（卷六名例52疏議）

(5) 諸聞父母若夫之喪，匿不舉哀者，流二千里。（卷十職制120）

匿不舉哀，即子孫於家父母、祖父母喪故時，或妻子於丈夫喪故時，隱匿死訊不告官、不告親屬鄰里，並舉行送葬的行爲。前者屬於不孝，後者屬於不義，都是"十惡"重罪中的具體表現。

"匿不舉哀"不見於秦漢簡牘法律文獻，是《唐律疏議》新增的罪名。

8. 釋服從吉

在《唐律疏議》中凡14見，例如：

(1) 同上"匿不舉哀"條例（1）

(2) 同上"匿不舉哀"條例（2）

(3)【疏】議曰：夫者，妻之天也。移父之服而服，爲夫斬衰，恩義既崇，聞喪即須號慟。而有匿哀不舉，居喪作樂，釋服從吉，改嫁忘憂，皆是背禮違義，故俱爲十惡。（卷一名例6疏議）

(4) 諸聞父母若夫之喪，匿不舉哀者，流二千里；喪制未終，釋服從吉，若忘哀作樂，（自作、遣人等。）徒三年；雜戲，徒一年；即遇樂而聽及參預吉席者，各杖一百。聞期親尊長喪，匿不舉哀者，徒一年；喪制未終，釋服從吉，杖一百。大功以下尊長，各遞減二等。卑幼，各減一等。（卷十職制120）

釋服從吉，指晚輩爲長輩、妻子爲丈夫守喪期間，如脫掉喪服、穿上平常的喜慶服裝，就分別犯了"十惡"罪中的不孝、不義罪。《唐律疏議》卷一名例6疏議："釋服從吉"，謂喪制未終，而在二十七月之内，釋去衰裳而着吉服者。

"釋服從吉"不見於秦漢簡牘法律文獻，是《唐律疏議》新增的罪名。

9. 冒榮居之

在《唐律疏議》中凡3見，例如：

（1）諸府號、官稱犯父祖名，而冒榮居之；祖父母、父母老疾無侍，委親之官；在父母喪，生子及娶妾，兄弟別籍、異財，冒哀求仕；若姦監臨內襟戶、官戶、部曲妻及婢者：免所居官。（卷三名例20）

（2）【疏】議曰：府號者，謂省台、府、寺之類。官稱者，謂尚書、將軍、卿、監之類。假有人父祖名常，不得任太常之官；父祖名卿，亦不合任卿職。若有受此任者，是謂"冒榮居之"。（卷三名例20疏議）

（3）諸府號、官稱犯父祖名，而冒榮居之；祖父母、父母老疾無侍，委親之官；即妄增年狀，以求入侍及冒哀求仕者，徒一年。（卷十職制121）

冒榮居之，因貪圖榮華富貴而去擔任有犯父祖名諱的官職。冒榮，貪圖榮耀，貪圖榮華富貴。

"冒榮居之"不見於秦漢簡牘法律文獻，是《唐律疏議》新增的罪名。

10. 冒哀求仕

在《唐律疏議》中凡4見，例如：

（1）同上"冒榮居之"條例（1）

（2）"冒哀求仕"，謂父母喪，禫制未除及在心喪內者。（卷三名例20疏議）

（3）同上"冒榮居之"條例（3）

冒哀求仕，在居父母喪二十七月喪期中，二十五月外，二十七月內，因禫制未除，而求取官職稱"冒哀求仕"。《唐律疏議》卷十職制121疏議曰："及冒哀求仕者"，謂父母之喪，二十五月大祥後，未滿二十七月，而預選求仕。這也屬於"十惡"罪中的不孝之罪。

"冒哀求仕"不見於秦漢簡牘法律文獻，是《唐律疏議》新增的罪名。

11. 供養有闕

在《唐律疏議》中凡4見，例如：

（1）七曰不孝。謂告言、詛詈祖父母父母，及祖父母父母在，別籍、異財，若供養有闕；居父母喪，身自嫁娶，若作樂，釋服從吉；聞祖父母父母喪，匿不舉哀，詐稱祖父母父母死。（卷一名例6）

（2）即取子孫蔭者，違犯父、祖教令及供養有闕，亦得以蔭贖論。（卷二名例15疏議）

（3）諸子孫違犯教令及供養有闕者，徒二年。謂可從而違，堪供而闕者。須祖父母、父母告，乃坐。（卷二十四鬥訟 348）

（4）"及供養有闕者"，《禮》云"七十，二膳；八十，常珍"之類，家道堪供，而故有闕者：各徒二年。（卷二十四鬥訟 348 疏議）

供養有闕，隋、唐"十惡"之中"不孝"內容之一，是指子女對父母的供養有所短缺。闕，通"缺"。《禮倫·內則》"……以適父母舅姑之所，及所下氣怡聲，問衣襖寒，疾病疴癢，而敬仰搔之。出入，則或先或後而敬扶持之。進盥，少者捧盤，長者捧水，請沃盥。盥卒，授巾，向所欲而敬進之。"《唐律疏議》卷一名例 6 疏議曰：禮云："孝子之養親也，樂其心，不違其志，以其飲食而忠養之。"其有堪供而闕者，祖父母、父母告乃坐。可見，這裏是說子女有能力供養而故意有所短缺。

"供養有闕"不見於秦漢簡牘法律文獻，是《唐律疏議》新增的罪名。

12. 別籍

在《唐律疏議》中凡 19 見，往往與"異財"並現。例如：

（1）同上"供養有闕"條例（1）

（2）諸府號、官稱犯父祖名，而冒榮居之；祖父母、父母老疾無侍，委親之官；在父母喪，生子及娶妾，兄弟別籍、異財，冒哀求仕；若姦監臨內襟戶、官戶、部曲妻及婢者：免所居官。（卷三名例 20）

（3）【疏】議曰：居喪未滿二十七月，兄弟別籍、異財，其別籍、異財不相須。（卷三名例 20 疏議）

（4）諸祖父母、父母在，而子孫別籍、異財者，徒三年。別籍、異財不相須，下條準此。若祖父母、父母令別籍及以子孫妄繼人後者，徒二年；子孫不坐。（卷十二戶婚 155）

（5）諸居父母喪，生子及兄弟別籍、異財者，徒一年。（卷十二戶婚 156）

別籍，意思是另立户籍、另立門户，也即是分家。祖父母父母在，應保持大家族的團結和諧、繁榮穩定，此時另立門户就是屬於"十惡"中的不孝罪之一種表現。

"別籍"不見於秦漢簡牘法律文獻，是《唐律疏議》新增的罪名。

13. 異財

在《唐律疏議》中凡 17 見，往往與"別籍"並現。例同上"別籍"條各例。

異財，析分財産。其實也跟"別籍"一樣，是分家。異，也是分、別之意。漢班固《白虎通·封公侯》："受命不封子者，父子手足，無分離異財之義。"《後漢書·黨錮傳序》："禮，從祖兄弟別居異財，恩義已輕，服屬疏末。"

跟"別籍"一樣，"異財"也是在祖父母、父母尚健在時要分割財産鬧分家，也是屬於"十惡"中的不孝罪之一種表現。

"異財"不見於秦漢簡牘法律文獻，是《唐律疏議》新增的罪名。

（九）誣告類犯罪

這類犯罪主要有：誣搆人罪、誣人、誣告、誣罔、告不審等。

除了與秦漢簡牘法律文獻共有的"誣人""誣告""告不審"等外，《唐律疏議》獨有的此類罪名還有"誣搆人罪""誣罔"等。例如：

1. 誣搆人罪

在《唐律疏議》中僅1見，但也頗有獨特性。例如：

【疏】議曰：此謂情有觖望，發言謗毀，指斥乘輿，情理切害者。若使無心怨天，唯欲誣搆人罪，自依反坐之法，不入十惡之條。（卷一名例6疏議）

誣搆人罪，誣陷、搆陷别人有罪。搆，同"構"。

"誣搆人罪"不見於秦漢簡牘法律文獻，是《唐律疏議》新增的罪名。

2. 誣罔

在《唐律疏議》中凡2見，例如：

（1）【疏】議曰：詐謂詭詐，欺謂誣罔。詐欺官私以取財物者，一準盜法科罪，唯不在除、免、倍贓、加役流之例，罪止流三千里。（卷二十五詐偽373疏議）

（2）"未得者，減二等"，謂已設詐端，誣罔規財物，猶未得者，皆準贓，減罪二等。（卷二十五詐偽373疏議）

誣罔，欺騙。並列式同義複合詞。"誣"與"罔"都有"無中生有地虛構事實欺騙人"之義。《漢書·王莽傳上》："有丹書著石，文曰'告安漢公莽爲皇帝'。符命之説，自此始矣。莽使群公以白太后，太后曰：'此誣罔天下，不可施行。'"五代王定保《唐摭言·四凶》："翌日，敕以磻叟誣罔上聽，訐斥大臣，除名爲民，流愛州。"

"誣罔"不見於秦漢簡牘法律文獻，是《唐律疏議》新增的罪名。

（十）賄賂類犯罪

這類犯罪主要有：行求（賕）、受所監臨財物等。

除了與秦漢簡牘法律文獻共有的"行求（賕）"外，《唐律疏議》獨有的此類罪名還有"受所監臨財物"等。例如：

受所監臨財物

在《唐律疏議》中凡 27 見，例如：

（1）【疏】議曰：受財枉法、不枉法及受所監臨財物，並坐贓，依法：與財者亦各得罪。（卷四名例 32 疏議）

（2）諸有事先不許財，事過之後而受財者，事若枉，準枉法論；事不枉者，以受所監臨財物論。（卷十一職制 139）

（3）諸監臨之官，受所監臨財物者，一尺笞四十，一疋加一等；八疋徒一年，八疋加一等；五十疋流二千里。與者，減五等，罪止杖一百。（卷十一職制 140）

（4）諸貸所監臨財物者，坐贓論；授訖未上，亦同。餘條取受及相犯，準此。若百日不還，以受所監臨財物論。強者，各加二等。（卷十一職制 142）

（5）諸監臨之官，私役使所監臨，及借奴婢、牛馬駝騾驢、車船、碾磑、邸店之類，各計庸、賃，以受所監臨財物論。（卷十一職制 143）

受所監臨財物，《唐律》中所規定的官吏利用職權非法收受所轄範圍內百姓或下屬財物的行爲，也包括非法占有自己所看管的國有財物、受派遣出使他地過程中收受財物以及爲私事役使所監臨內人力物力的行爲。監臨，監督臨視。監，監管；臨，臨視。

《唐律》職制篇規定：官吏出差，不得在所到之處接受禮物，主動索取或強要財物的，加重處罰。監臨主守官盜取自己所監臨財物或被監臨人財物的，比竊盜加二等處罰，贓滿 30 匹者即絞。甚至規定，不得向被監臨人借用財物；不得私自役使下屬人員或利用職權經商牟利，否則依情節分別處以笞杖或徒刑。《唐律》還規定，官吏應約束其家人不得接受被監臨人的財物，若家人有犯，比照官吏本人減等治罪。如監守自盜的比一般盜罪加等處罰，贓滿 30 匹者即絞。

"受所監臨財物"不見於秦漢簡牘法律文獻，是《唐律疏議》新增的罪名。

（十一）其他類犯罪

這一類犯罪含義複雜或特徵不明，難以歸入上述各類犯罪中。主要有如下一些：

1. 十惡

隋唐時期刑律所定的十種大罪。《隋書·刑法志》："（開皇元年）更定《新律》……又置十惡之條，多採後齊之制，而頗有損益。一曰謀反，二曰謀大逆，三曰謀叛，四曰惡逆，五曰不道，六曰大不敬，七曰不孝，八曰不睦，九曰不義，十曰內亂。犯十惡及故殺人獄成者，雖會赦，猶除名。"《唐律疏議》卷一名例 6 疏議："周齊雖具十條之名，而無十惡之目。開皇創制，始備此科……自武德以來，仍遵開皇，無所損益。"

見於《唐律疏議》，出現頻率很高，凡 64 見，例如：

(1)【疏】議曰：五刑之中，十惡尤切，虧損名教，毀裂冠冕，特標篇首，以爲明誡。其數甚惡者，事類有十，故稱"十惡"。然漢制《九章》，雖並湮沒，其"不道""不敬"之目見存，原夫厥初，蓋起諸漢。案梁陳已往，略有其條。周齊雖具十條之名，而無"十惡"之目。（卷一名例 6 疏議）

(2) 若三人之內，有一人合死及於數家各殺二人，唯合死刑，不入十惡。或殺一家三人，本條罪不至死，亦不入十惡。（卷一名例 6 疏議）

(3) 本條云"僞造皇帝八寶"，此言"御寶"者，爲攝三后寶併入十惡故也。（卷一名例 6 疏議）

(4)【疏】議曰：夫者，妻之天也。移父之服而服，爲夫斬衰，恩義既崇，聞喪即須號慟。而有匿哀不舉，居喪作樂，釋服從吉，改嫁忘憂，皆是背禮違義，故俱爲十惡。其改嫁爲妾者，非。（卷一名例 6 疏議）

(5) 其犯十惡者，死罪不得上請，流罪以下不得減罪，故云"不用此律"。（卷二名例 8 疏議）

十惡，因包括了十種重罪，而這些罪行又分屬於不同種類，所以難以歸入前述幾種類犯罪中。比如"謀反""謀大逆""謀叛""大不敬"等屬於危害中央集權、侵犯皇帝尊嚴類犯罪；"不道"屬於侵犯人身安全罪；"不孝""不睦""不義""內亂"等又屬於妨害婚姻家庭秩序罪。

"十惡"不見於秦漢簡牘法律文獻，是《唐律疏議》新增的罪名。

2. 教誘

教唆誘使。類似於現今的教唆未成年人犯罪，不過其教誘的對象不僅限於未成年人，還包括一些智力及認識判斷力不足的人。

見於《唐律疏議》，凡 3 見，例如：

(1) 諸詐教誘人使犯法犯者不知而犯之。及和令人犯法，謂共知所犯有罪。即捕若告，或令人捕、告，欲求購賞；及有憎嫌，欲令入罪：皆與犯法者同坐。（卷二十五詐偽 378）

(2)【疏】議曰：鄙俚之人，不閑法式，姦詐之輩，故相教誘，或教盜人財物，或教越度關津之類。犯禁者不知有罪，教令者故相墜陷，故注云"犯者不知而犯之"。（卷二十五詐偽 378 疏議）

(3) "即捕若告"，謂即自捕、告，或令他人捕、告，欲求購賞；及有憎惡前人，教誘令其人入罪者，皆與身自犯法者同罪。（卷二十五詐偽 378 疏

議）

"教誘"不見於秦漢簡牘法律文獻，是《唐律疏議》新增的罪名。

3. 失時

錯過時機。《論語・陽貨》："好從事而亟失時，可謂知乎？"《史記・孟嘗君列傳》："君急使使載幣陰迎孟嘗君，不可失時也。"五代王定保《唐摭言・自負》："有利則合，豈宜失時！"賈誼《論積貯疏》亦有"失時不雨，民且狼顧"之句。唐律中多指因處置不及時而致使出現不良後果。

見於《唐律疏議》，凡 3 見，例如：

（1）諸不修堤防及修而失時者，主司杖七十；毀害人家、漂失財物者，坐贓論減五等；以故殺傷人者，減鬥殺傷罪三等。（卷二十七雜律 424）

（2）若有損壞，當時不即修補，或修而失時者，主司杖七十。"毀害人家"，謂因不修補及修而失時，爲水毀害人家，漂失財物者，"坐贓論減五等"。（卷二十七雜律 424 疏議）

"失時"不見於秦漢簡牘法律文獻，是《唐律疏議》新增的罪名。

4. 拒毆

抗拒並毆打回擊。多用於犯人拒捕，也用於普通鬥毆。

見於《唐律疏議》，凡 7 見，例如：

（1）"後下手理直者，減二等"，假甲毆乙不傷，合笞四十；乙不犯甲，無辜被打，遂拒毆之，乙是理直，減本毆罪二等，合笞二十。（卷二十一鬥訟 310 疏議）

（2）即拒毆捕者，加本罪一等；傷者，加鬥傷二等；殺者，斬。（卷二十八捕亡律 452）

（3）"即拒毆捕者，加本罪一等"，假有罪人，本犯徒三年，而拒毆捕人，流二千里。"傷者，加鬥傷二等"，假有拒毆捕者折一齒，加凡鬥二等，合徒二年之類。（卷二十八捕亡律 452 疏議）

"拒毆"不見於秦漢簡牘法律文獻，是《唐律疏議》新增的罪名。

《唐律疏議》中此類歸屬不明的罪名還有一些，限於篇幅，此不贅舉。

第五章

秦漢簡牘法律文獻與《唐律疏議》刑罰名比較

在秦漢簡牘法律文獻與《唐律疏議》中，既有一些相同的刑罰名，也有一些不同的刑罰名。這其中，秦漢簡牘法律文獻中所獨有的刑罰名更多一些。當然，有些刑罰名名稱儘管不盡相同，但它們在內容意義上卻是有關聯的。總之，兩種法律文獻中的刑罰用語既有聯繫又有區別，體現出它們之間的繼承和發展關係。

第一節 共同具有的刑罰名

秦漢簡牘法律文獻與《唐律疏議》中有一些相同的刑罰名，它們所表示的意義也基本相同。

（一）死刑類：絞、斬

1. 絞

見於額濟納漢簡，例如：

謁發兵之郡，雖當校，均受重當〈賞〉，亦應其勞。大尹、大惡及吏民諸有罪大逆無道、不孝子，絞，蒙壹功【勿】治其罪，因徙【遷】，□皆以此詔書到大尹府曰。（2000ES9SF4：7）

絞，勒死、吊死，即以繩帶之物將人縊死的刑罰。《左傳·哀公二年》："若其有罪，絞縊以戮。"《說文·交部》："絞，縊也，从交从糸。"可見"絞"與"縊"是同義詞，都是用繩子或帶子將人勒死。不過"縊"多見於自縊身亡（上吊），而"絞"多是由別人用兩繩相交勒死，用於處決犯人則是由劊子手執行。據沈家本考證，"絞刑之名，始見於周、齊二代。隋開皇律：'死罪斬絞。'自此以後，絞爲正刑，至今相沿不改。"①

絞刑也是唐律中死刑之一，在《唐律疏議》中很是常見。例如：

（1）諸宿衛者，以非應宿衛人冒名自代及代之者，入宮內，流三千里；殿內，絞。（卷七衛禁62）

（2）諸在宮殿內作罷而不出者，宮內，徒一年；殿內，徒二年；御在所者，絞。辟仗應出而不出者，亦同。（卷七衛禁65）

（3）諸告祖父母、父母者，絞。（卷二十三鬥訟345）

"絞"更多的情況是與"斬"一起出現，例如：

（1）諸闌入宮門，徒二年。闌入宮城門，亦同。餘條應坐者，亦準此。……入上閤內者，絞；……若持仗及至御在所者，斬。（卷七衛禁59）

（2）諸指斥乘輿，情理切害者，斬；言議政事乖失而涉乘輿者，上請。非切害者，徒二年。對捍制使，而無人臣之禮者，絞。因私事鬥競者，非。（卷十職制122）

（3）諸謀反及大逆者，皆斬；父子年十六以上皆絞，十五以下及母女、妻妾子妻妾亦同、祖孫、兄弟、姊妹若部曲、資財、田宅並没官。（卷十七賊盜248）

（4）諸詈祖父母、父母者，絞；毆者，斬；過失殺者，流三千里；傷者，徒三年。（卷二十二鬥訟329）

2. 斬

見於睡虎地秦簡，也作"斬首"。例如：

（1）"譽適（敵）以恐衆心者，䯤（戮）。""䯤（戮）"者可（何）如？生䯤（戮），䯤（戮）之已乃斬之之謂殹（也）。（法律答問51）

（2）"故大夫斬首者，乓（遷）。"（秦律雜抄7）

斬，即斬首。《說文·車部》："斬，截也。從車從斤。"《爾雅·釋詁上》："斬，殺也。"《釋名·釋喪制》："斫頭曰斬，斬腰曰腰斬。"《正字通·斤部》："斬，斷首也。"通俗地講，斬就是砍頭。《商君書·境內》："其戰，百將、屯長不得斬首。"朱師轍《商君書解詁定本》："百將、屯長責在指揮，故不得斬首。"

"斬"還見於銀雀山漢簡《守法守令等十三篇》，例如：

（1）下之屏者必銜枚，二人俱斬。（守法809）

（2）諸官府室屋壯（墻）垣及家人室屋器戒（械）可以給城守者盡用之，

---

① 沈家本：《歷代刑法考》，鄧經元、駢宇騫點校，中華書局1985年版，第135—136頁。

不聽令者斬。(守法810—811)

(3) 戰而失其將吏,及將吏戰而死,卒獨北而環(還),其法當盡斬之。(兵令978)

斬刑也是唐律中死刑之一,在《唐律疏議》中也很常見。例如:

(1) 諸乏軍興者斬,故、失等。謂臨軍征討,有所調發,而稽廢者。(卷十六擅興230)

(2) 諸皇家袒免親而毆之者,徒一年;傷者,徒二年;傷重者,加凡鬥二等。緦麻以上,各遞加一等。死者,斬。(卷二十一鬥訟315)

(3) 諸妻毆夫,徒一年;若毆傷重者,加凡鬥傷三等;須夫告,乃坐。死者,斬。(卷二十二鬥訟326)

"斬"更多的情況是與"絞"一起出現,例同上"絞"例。

(二) 肉刑類:笞

笞,用竹木板責打背部。《説文・竹部》:"笞,擊也。从竹台聲。"漢景帝時定箠令,始改為笞臀,《漢書・刑法志》:"笞者箠長五尺,其本大一寸,其竹也末薄半寸,皆平其節。當笞者笞臀,毋得更人,畢一罪乃更人。"可見,漢代對笞刑刑具的規格都作了明確要求,規定了用竹板時要把竹節處削平,打的部位是臀部,並且中途不得換人打,直到打完一個罪纔能換人。

見於睡虎地秦簡,作"治",通"笞"。例如:

(1)《秦律十八種》148—149:"城旦舂毀折瓦器、鐵器、木器,爲大車折輮(輮),輒治(笞)之。直(值)一錢,治(笞)十;直(值)廿錢以上,孰(熟)治(笞)之,出其器。弗輒治(笞),吏主者負其半。"

(城旦舂毀壞了陶器、鐵器、木器,製造大車時折斷了輪圈,應立即笞打。所毀損器物每值一錢,笞打十下;值二十錢以上,加以重打,註銷其所毀器物。如不立即笞打,主管的吏應賠償其價值的一半。)

(2)《法律答問》13:"工盜以出,臧(贓)不盈一錢,其曹人當治(笞)不當?不當治(笞)。"

(曹人,同班的工匠。)

(3) 又,132:"隸臣妾毄(繫)城旦舂,去亡,已奔,未論而自出,當治(笞)五十,備毄(繫)日。"

又見於張家山漢簡,逕作"笞"。例如:

(1)《二年律令》86:"吏、民有罪當笞,謁罰金一兩以當笞者,許之。有罪年不盈十歲,除;其殺人,完爲城旦舂。"

(2) 又,120:"鬼薪白粲有耐罪到完城旦舂罪,黥以爲城旦舂;其有贖罪以下，笞百。"

（3）又，157："吏民亡，盈卒歲，耐；不盈卒歲，（繫）城旦舂；公士、公士妻以上作官府，皆償亡日。其自出殹（也），笞五十。"

笞刑也是唐律中五等刑之一，用竹板或荆條拷打犯人脊背或臀腿的刑罰，是五刑中最輕的一種刑罰。《唐律疏議・名例》載："笞者，擊也。又訓爲恥，言人有小愆，法須懲誡，故加捶撻以恥之。"説明笞是對犯有輕微過錯所使用的懲罰手段。

"笞"在《唐律疏議》也很常見。例如：

（1）笞刑五：笞一十。贖銅一斤。笞二十。贖銅二斤。笞三十。贖銅三斤。笞四十。贖銅四斤。笞五十。贖銅五斤。（卷一名例1）

（2）諸登高臨宮中者，徒一年；殿中，加二等。若於宮殿中行御道者，徒一年；有橫道及門仗外越過者，非。宮門外者，笞五十。誤者，各減二等。（卷七衛禁66）

（3）諸受制忘誤及寫制書誤者，事若未失，笞五十；已失，杖七十。轉受者，減一等。（卷九職制113）

（4）諸廟享，知有緦麻以上喪，遣充執事者，笞五十；陪從者，笞三十。主司不知，勿論。（卷九職制101）

（5）其官文書稽程者，一日笞十，三日加一等，罪止杖八十。（卷九職制111）

（6）諸制書有誤，不即奏聞，輒改定者，杖八十；官文書誤，不請官司而改定者，笞四十。知誤，不奏請而行者，亦如之。（卷九職制113）

（三）經濟刑類：贖

贖，繳納一定數額的錢財來抵消刑罰。見於張家山漢簡，例如："賊殺傷父母，牧殺父母，歐（毆）詈父母，父母告子不孝，其妻子爲收者，皆錮，令毋得以爵償、免除及贖。"（二年律令38）

又見於懸泉漢簡、居延新簡等，此從略。

上面已提到贖刑包括很多種類，如贖死、贖耐、贖（遷）、贖黥、贖鬼薪鋈足、贖宮、贖斬、贖城旦舂、贖斬宮、贖劓黥、贖刑，等等，在秦漢簡牘法律文獻，特別是張家山漢簡中是習見的，限於篇幅，此不一一介紹。

《唐律疏議》中也有贖刑，意思也是用錢財抵免刑罰。例如：

（1）笞刑五：笞一十。贖銅一斤。笞二十。贖銅二斤。笞三十。贖銅三斤。笞四十。贖銅四斤。笞五十。贖銅五斤。（卷一名例1）

（2）杖刑五：杖六十。贖銅六斤。杖七十。贖銅七斤。杖八十。贖銅八斤。杖九

十。贖銅九斤。杖一百。贖銅十斤。（卷一名例 2）

（3）徒刑五：一年。贖銅二十斤。一年半。贖銅三十斤。二年。贖銅四十斤。二年半。贖銅五十斤。三年。贖銅六十斤。（卷一名例 3）

（4）流刑三：二千里。贖銅八十斤。二千五百里。贖銅九十斤。三千里。贖銅一百斤。（卷一名例 4）

（5）死刑二：絞。斬。贖銅一百二十斤。（卷一名例 5）

（6）諸應議、請、減及九品以上之官，若官品得減者之祖父母、父母、妻、子孫，犯流罪以下，聽贖。（卷二名例 11）

（7）【疏】議曰：別加邑號者，犯罪一與男子封爵同：除名者，爵亦除；免官以下，並從議、請、減、贖之例，留官收贖。（卷二名例 12 疏議）

第二節　內容相關、意義近似的刑罰名

在秦漢簡牘法律文獻和《唐律疏議》中，有一些刑罰雖然名稱不完全相同，但它們表達的意思是很相似的，內容上存在着一脈相承的關係。

（一）肉刑類：秦漢簡中的斬左止（趾）、斬右止（趾）與《唐律疏議》中的斷趾

1. 斬左止（趾）

斬左止，見《漢書·刑法志》，注："止，足也。"即截去左足。

見於睡虎地秦簡，例如：

"五人盜，臧（贓）一錢以上，斬左止，有（又）黥以爲城旦；不盈五人，盜過六百六十錢，黥劓（劓）以爲城旦；不盈六百六十到二百廿錢，黥爲城旦。"（法律答問 1—2）

又見於龍崗秦簡，"止"又作"趾"，古今字關係。例如：

"實出入及毋（無）符傳而闌入門者，斬其男子左趾，□女子"（龍崗秦簡 2）

又見於張家山漢簡，例如：

"有罪當黥，故黥者劓之，故劓者斬左止（趾），斬左止（趾）者斬右止（趾），斬右止（趾）者府（腐）之。"（二年律令 88）

2. 斬右止（趾）

即截去右足。見於張家山漢簡，例同上"斬左止"條之《二年律令》88 例。

與"斬左止""斬右止"相類似的還有"刖足"和"剕"。

鋈，讀爲夭，《廣雅·釋詁一》："折也。"鋈足，意爲刖足。一説，鋈足應爲在足部施加刑械，與釱足、錯足類似。見於睡虎地秦簡，例如：

（1）爰書：某里士五（伍）甲告曰："謁鋈親子同里士五（伍）丙足，耆（遷）蜀邊縣，令終身毋得去耆（遷）所，敢告。"（封診式46—47）

（2）"葆子□□未斷而誣告人，其罪當刑城旦，耐以爲鬼薪鋈足。"耤葆子之謂殹（也）。（法律答問108）

耤，讀爲斬，砍斷。古時斷足之刑稱爲斬，如《楚辭·怨世》："羌兩足以畢斬。"耤即斷去足部。

斬左止、斬右止、鋈足、耤，都是斷足之刑，都來源於刖刑，即奴隸制時代的剕刑。

上述"斬左止（趾）""斬右止（趾）"名稱雖然在《唐律疏議》中没有完全相同的刑名，但其中有個"斷趾"刑名與此類似，表達意思相近。

3. 斷趾

斬斷足趾，實際是砍掉一脚或雙脚，古代的一种肉刑，斷左趾者輕，斷右趾者重，斷右趾一般是在先斷左趾的基礎上進行，即在前面犯罪被斷左趾後，再次犯應處斷趾的罪行，即斷右趾。該刑不屬唐律五刑之一，在《唐律疏議》中僅出現一次，講的是唐律定五刑之前的一種刑罰。例如下：

【疏】議曰：加役流者，舊是死刑，武德年中改爲斷趾。國家惟刑是恤，恩弘博愛，以刑者不可復屬，死者務欲生之，情軫向隅，恩覃祝網，以貞觀六年奉制改爲加役流。（卷二名例11疏議）

"斷趾"名稱雖然不見於秦漢簡牘法律文獻中，可謂《唐律疏議》中獨有；但其與漢簡中的"斬左止（趾）""斬右止（趾）"類似，表達的意思相近，在內容和意義上是有密切關係的，也應該是一脈相承的。

（二）勞役刑類：秦漢簡中的居、作與《唐律疏議》中的居作

1. 居

居，即居作，罰服勞役，《周禮·掌戮》注引鄭衆對"完"的解釋説："謂但居作三年，不虧體者也。"即以勞役抵償。

見於睡虎地秦簡，例如：

（1）雖有母而與其母冗居公者，亦禀之。（秦律十八種50）

（雖有母親而隨其母爲官府零散服役的，也發給糧食。）

（2）終歲衣食不蹍以稍賞（償），令居之。（秦律十八種78）

（若所丢失數多，算起來隸臣妾整年衣食還不夠全部賠償，應令隸臣妾居作。）

(3) 居官府公食者，男子參，女子駟（四）。（秦律十八種 133—134）
（在官府服勞役而由官府給予飯食的，男子每餐三分之一斗，女子每餐四分之一斗。）

又見於張家山漢簡，例如：
貧弗能賞（償）者，令居縣官。（二年律令 254）

2. 作
即勞作，服役。
見於睡虎地秦簡，例如：
(1) 高五尺二寸，皆作之。（秦律十八種 52）
（身高達到五尺二才，都要勞作。）
(2) 其與城旦舂作者，衣食之如城旦舂。（秦律十八種 141）
（凡參加城旦舂勞作的，按城旦舂標準給予衣食。）
(3) 將上不仁邑里者而縱之，可（何）論？當毄（繫）作如其所縱，以須其得；有爵，作官府。（法律答問 63）
（押送在鄉里作惡的人却將之放走，應如何論處？應當像他所放走的罪犯那樣拘禁勞作，直到罪犯被捕獲爲止；如果是有爵的人，可在官府服役。）

3. 居作
罰令囚犯服勞役。在《唐律疏議》中凡 32 見，例如：
(1) 其加役流、反逆緣坐流、子孫犯過失流、不孝流、及會赦猶流者，各不得減贖，除名、配流如法。除名者，免居作。即本罪不應流配而特配者，雖無官品，亦免居作。（卷二名例 11）
(2) 即至配所應侍，合居作者，亦聽親終期年，然後居作。（卷三名例 26）
(3) 諸年七十以上、十五以下及廢疾，犯流罪以下，收贖。犯加役流、反逆緣坐流、會赦猶流者，不用此律；至配所，免居作。（卷四名例 30）
(4) 若犯流、徒者，加杖，免居作。（卷六名例 47）
(5) 準《獄官令》："犯徒應配居作，在京送將作監，在外州者供當處官役。"（卷三十斷獄 492 疏議）

《唐律疏議》中的"居作"與秦漢簡牘法律文獻中的"居""作"雖然名稱並不完全相同，但在表達内容意義方面，却有着緊密聯繫，具有一脈相承的源流關係。

（三）經濟刑類：秦漢簡牘法律文獻與《唐律疏議》中表"賠償"義的刑罰名
秦漢簡牘法律文獻中表"賠償"義的刑罰名主要有"責（債）""賞

（償）""負"等。

1. 責

義爲勒令賠償。見於睡虎地秦簡，例如：

（1）叚（假）鐵器，銷敝不勝而毀者，爲用書，受勿責。（秦律十八種 15）

（借用鐵製農具，因破舊不堪使用而損壞的，以文書上報損耗，收下原物而不令賠償。）

（2）"舍公官（館），旞火燔其舍，雖有公器，勿責。"今舍公官（館），旞火燔其叚（假）乘車馬，當負不當出？當出之。（法律答問 159）

（"在官家館舍居住，失火房屋被燒，其中雖有官有器物，不令賠償。"如在官家館舍居住，失火將所借用車馬焚毀，應否賠償？應予報銷。）

又見於張家山漢簡，例如：

賊燔城、官府及縣官積冣（聚），棄市。賊燔寺舍、民室屋廬舍、積冣（聚），黥爲城旦舂。其失火延燔之，罰金四兩，責（債）所燔。鄉部、官嗇夫、吏主者弗得，罰金各二兩。（二年律令4—5）

（債所燔，勒令賠償因失火燒毀的財物。）

2. 賞（償）

義爲賠償。見於睡虎地秦簡，例如：

（1）將牧公馬牛，馬【牛】死者，亟謁死所縣，縣亟診而入之，其入之其弗亟而令敗者，令以其未敗直（值）賞（償）之。（秦律十八種 16）

（率領放牧官有的牛馬，牛馬有死亡的，應急向牛馬死亡所在縣呈報，由縣加以檢驗後將已死牛馬上繳，如因不及時而使死牛馬腐敗，則令按未腐敗時的價格賠償。將牧，率領放牧。）

（2）離者勿更；更之而不備，令令、丞與賞（償）不備。（秦律十八種 32）

（共同出倉的人員中途不要更換；如更換而出現不足數的情況，要責令令、丞同他們一起賠償。）

（3）毀傷公器及□者令賞（償）。（秦律十八種 106—107）

（4）令官嗇夫、冗吏共賞（償）敗禾粟。（秦律十八種 165）

（責令該官府嗇夫和衆吏一起賠償敗壞的糧食。）

又見於張家山漢簡，例如：

犬殺傷人畜產，犬主賞（償）之，它……（二年律令 50）

又見於龍崗秦簡、居延漢簡等，例不贅舉。

3. 負

義爲賠償。見於睡虎地秦簡，例如：

（1）其不備，出者負之。（秦律十八種 23）

（此後如有不足數，由出倉者賠償。）

（2）後節（即）不備，後入者獨負之。（秦律十八種 25）

（3）城旦舂毀折瓦器、鐵器、木器，爲大車折輂（輗），轍治（笞）之。直（值）一錢，治（笞）十；直（值）廿錢以上，孰（熟）治（笞）之，出其器。弗轍治（笞），吏主者負其半。（秦律十八種 148—149）

（4）禾粟雖敗而尚可食殹（也），程之，以其耗（耗）石數論負之。（秦律十八種 165—166）

（程，此處意思是估量。根據所損耗的石數判令賠償。）

又見於張家山漢簡，例如：

（1）其敗亡粟米它物，出其半，以半負船人，舳艫□負□二，□徒□負□一；其可紐繫（繫）而亡之，盡負之，舳艫亦負二，徒負一；罰船嗇夫、吏金各四兩。流殺傷人，殺馬牛，有（又）亡粟米它物者，不負。（二年律令 6—8）

（2）購、沒入、負償，各以其直（值）數負之。其受賕者，駕（加）其罪二等。所予臧（贓）罪重，以重者論之，亦駕（加）二等。其非故也，而失不□□以其贖論之。（二年律令 95—96）

（3）效案官及縣料而不備者，負之。（二年律令 351）

（4）出實多於律程，及不宜出而出，皆負之。（二年律令 352）

（5）縣道官敢擅壞更官府寺舍者，罰金四兩，以其費負之。（二年律令 410）

由上可見，"責""償""負"三詞都有"賠償"之義，"責"重在強調是上級或公家責令、勒令賠償，"償"本身就是償還、賠償之義，"負"則有負擔賠償之義。"債"是"責"的後起分化字。

《唐律疏議》中也有表示"賠償"義的刑罰用語，如"償""備償""徵償""償所減價"等。

1. 償

意爲賠償、償還。《唐律疏議》中出現頻率較高，例如：

（1）"無馬者不坐"，謂在驛無馬，越過者無罪，因而致死者不償。（卷十職制 128 疏議）

（2）諸放官私畜產，損食官私物者，笞三十；贓重者，坐贓論。失者，

減二等。各償所損。若官畜損食官物者，坐而不償。（卷十五厩庫209）

（3）若殺祖父母、父母應償死者，雖會赦，仍移鄉避讎，以其與子孫爲讎，故令移配。（卷十七賊盜260疏議）

（4）問曰：受人寄付財物，實死、失，合償以否？（卷二十六雜律397疏議問答）

（5）若誤毀、失私物，依下條例，償而不坐。（卷二十七雜律442疏議）

2. 備償

對不法行爲造成損害的全數賠償。備，足額。《唐律疏議》中凡33見，例如：

（1）"各償所損"，既云"損食官私之物"，或損或食，各令畜主備償。（卷十五厩庫209疏議）

（2）諸假請官物，事訖過十日不還者笞三十，十日加一等，罪止杖一百；私服用者，加一等。若亡失所假者，自言所司，備償如法；不自言者，以亡失論。（卷十五厩庫211）

（3）所貸之人不能備償者，徵判署之官。（卷十五厩庫212）

（4）諸恐喝取人財物者，口恐喝亦是。準盜論加一等；雖不足畏忌，財主懼而自與，亦同。輾轉傳言而受財者，皆爲從坐。若爲人所侵損，恐喝以求備償，事有因緣之類者，非。（卷十九賊盜285）

（5）諸負債違契不償，一疋以上，違二十日笞二十，二十日加一等，罪止杖六十；三十疋，加二等；百疋，又加三等。各令備償。（卷二十六雜律398）

（6）諸棄毀、亡失及誤毀官私器物者，各備償。謂非在倉庫而別持守者。若被強盜者，各不坐、不償。即雖在倉庫，故棄毀者，徵償如法。其非可償者，坐而不備。謂符、印、門鑰、官文書之類。（卷二十七雜律445）

3. 徵償

由官府強制徵收賠償。在《唐律疏議》中凡9見，例如：

（1）諸水火有所損敗，故犯者，徵償；誤失者，不償。（卷二十七雜律434）

（2）"故犯者，徵償"，若"故決堤防""通水入人家"，若"故燒官府、廨舍及私家舍宅、財物"有所損敗之類，各徵償。（卷二十七雜律434疏議）

（3）諸棄毀、亡失及誤毀官私器物者，各備償。謂非在倉庫而別持守者。若被強盜者，各不坐、不償。即雖在倉庫，故棄毀者，徵償如法。其非可償者，坐而不備。謂符、印、門鑰、官文書之類。（卷二十七雜律445）

（4）若被強盜，各不坐、不償。雖在倉庫之內，若有故棄毀，徵償如法。

其非可償者，止坐其罪，不合徵償。（卷二十七雜律 445 疏議）

4. 償所減價

賠償財物減少的價值。所謂償所減價制度，是指原物受損後，以其物的全價扣除所殘存價值的差額，作爲賠償數額，當時適用的範圍主要是牛馬等畜產類的損害賠償。在《唐律疏議》中凡 8 見，例如：

（1）諸故殺官私馬牛者，徒一年半。贓重及殺餘畜產，若傷者，計減價，準盜論，各償所減價；價不減者，笞三十。（卷十五廐庫 203）

（2）諸官私畜產，毀食官私之物，登時殺傷者，各減故殺傷三等，償所減價；畜主備所毀。（卷十五廐庫 204）

（3）準此律文，緦麻以上傷畜產者，不合得罪；若因傷重，五日內致死，依上條亦同殺法，並償所減價。（卷十五廐庫 205 疏議）

（4）計贓應重，若傷及殺餘畜產者，計減價，準盜論，各償所減價；價不減者，笞三十"。兩主放畜產，而鬪有殺傷者，從"不應爲重"，杖八十，各償所減價。（卷十五廐庫 206 疏議）

（5）諸於城內街巷及人衆中，無故走車馬者，笞五十；以故殺傷人者，減鬪殺傷一等。殺傷畜產者，償所減價。餘條稱減鬪殺傷一等者，有殺傷畜產，並準此。（卷二十六雜律 392）

由上比較可知，秦漢簡牘法律文獻與《唐律疏議》中都有表"賠償"義的刑罰名，它們雖然名稱不盡相同，但可以看出其中一脈相承的繼承發展關係。

（四）身份刑類：秦漢簡中的"奪爵"與《唐律疏議》中的"除爵"

1. 奪爵

褫奪爵位。見於睡虎地秦簡，例如：

《秦律雜抄》37："戰死事不出，論其後。有（又）後察不死，奪後爵，除伍人；不死者歸，以爲隸臣。"

（在戰爭中死事不屈，應將爵授予其子。如後來察覺該人未死，應褫奪其子的爵位，並懲治其同伍的人；那個未死的人回來，作爲隸臣。）

又見於張家山漢簡，例如：

（1）"與盜賊遇而去北，及力足以追逮捕之□而□官□□□□□□逗留畏愞弗敢就，奪其將爵一絡（級），免之，毋爵者戍邊二歲。"（二年律令 142—143）

（2）"博戲相奪錢財，若爲平者，奪爵各一級，戍二歲。"（二年律令 186）

（3）"史、卜受調書大史、大卜而逋、留，及宣（擅）不視事盈三月，斥

勿以爲史、卜。吏壹弗除事者，與同罪；其非吏也，奪爵一級。"（二年律令 482—483）

（4）"詰等雖論奪爵令或〈戍〉，而毋法令，人臣當謹奏法以治。"（奏讞書 149）

又見於上孫家寨漢簡，例如：

"皆奪爵爲士五（伍），毋（無）爵。"（孫家寨漢簡 8）

又見於居延漢簡，例如：

不謁言吏，奪爵一級，捕。（《合校》250.23）

2. 除爵

削除爵位。應屬於身份刑類，與秦漢律中的"奪爵"表意相近。《唐律疏議》中僅見一例。例如：

諸以官當徒者，罪輕不盡其官，留官收贖；官少不盡其罪，餘罪收贖。其犯除、免者，罪雖輕，從例除、免，罪若重，仍依當贖法；其除爵者，雖有餘罪，不贖。（卷三名例 22）

"除爵"名稱雖與秦漢律中的"奪爵"不完全一致，但表意上是很相似的，它們之間應該是有一脈相承的傳承關係。

第三節　各自獨有的刑罰名

在秦漢簡牘法律文獻和《唐律疏議》中，有一些刑罰名是各自獨有的。不過相對來說，秦漢簡牘法律文獻中獨有的刑罰名要多，而《唐律疏議》獨有的刑罰名就很少，因爲唐律中的刑罰相對於秦漢律的刑罰已大爲簡化。

一、秦漢簡牘法律文獻獨有的刑罰名

秦漢簡牘法律用語中的刑罰名，可分爲八大類：（一）死刑；（二）肉刑；（三）徒刑（勞役刑）；（四）恥辱刑；（五）經濟刑；（六）身份刑；（七）流放刑；（八）拘禁刑。

除此之外，我們還將包括兩種以上刑罰並用的，稱作複合刑，并單獨另列爲第九類。

（一）死刑類

死刑是最重最嚴厲的刑罰。秦漢簡牘法律文獻中這類刑罰主要有：戮、斬、磔、絞、定殺、生埋、棄市、腰斬、梟首等。其中，斬、絞兩種刑罰是與《唐律疏議》共有的，所以其死刑中獨有的刑罰就是其餘的戮、磔、定殺、

生埋、棄市、腰斬、梟首等。

1. 翏（戮）

見於睡虎地秦簡，例如：

"譽適（敵）以恐衆心者，翏（戮）。""翏（戮）"者可（何）如？生翏（戮），翏（戮）之已乃斬之之謂殹（也）。（法律答問 51）

可見，這裏《法律答問》已對"戮"的含義作了解答。什麼叫"戮"？先活着刑辱示衆，然後斬首。《廣雅·釋詁三》："戮，辱也。"古書也寫作僇或勠。

2. 磔

見於睡虎地秦簡，例如：

甲謀遣乙盜殺人，受分十錢，問乙高未盈六尺，甲可（何）論？當磔。（法律答問 67）

又見於張家山漢簡，例如：

(1) 來誘及爲間者，磔。（二年律令 3）

(2) 劫人、謀劫人求錢財，雖未得若未劫，皆磔之；罪其妻子，以爲城旦舂。（二年律令 68）

磔，死刑的一種。《説文·桀部》："磔，辜也。"段注："《辛部》曰：'辜，罪也。'《掌戮》：'殺王之親者，辜之。'注：'辜之言枯也。'……按：凡言磔者，開也，張也，剝其胸腹而張之，令其幹枯不收。"《荀子·宥坐》注："磔謂車裂也。"《字匯·石部》："磔，裂也。"《漢書·景帝紀》："磔，謂張其屍也"。據《二年律令》3 之例，朱紅林指出：可見在先秦時期，各國對於所捕他國間諜即處以死刑。[①]

3. 定殺

見於睡虎地秦簡，例如：

(1) "癘者有罪，定殺。""定殺"可（何）如？生定殺水中之謂殹（也）。或曰生埋，生埋之異事殹（也）。（法律答問 121）

(2) 甲有完城旦罪，未斷，今甲癘，問甲可（何）以論？當遷癘所處之；或曰當遷，遷所定殺。（法律答問 122）

定殺，秦律死刑的一種，將犯人放入水中固定，使其淹死。睡虎地秦簡中僅見此兩例。從簡文來看，這種刑罰的適用對象僅限於"癘者"，即麻風病患者。簡文對何爲定殺作了回答——"生定殺水中之謂殹（也）"。從這句話

[①] 朱紅林：《張家山漢簡〈二年律令〉集釋》，第 9 頁。

裏，我們至少可以明確這樣幾點信息：（1）將犯人放入水中淹死；（2）是活生生地放入水中；（3）在水中要定住，不能隨水漂流。至於如何固定，簡文未詳說。但據某些邊遠地區遺存的一些民俗做法推測，很可能是在罪人身上綁附重物，比如在腰間捆綁大石塊等，使之沉入水底。之所以對麻風病罪人的處罰如此殘忍，是因爲在古代，麻風病被稱爲"惡疾"，且傳染性強，這樣將犯人在水中固定淹死，可能也是爲了防止其四處擴散傳染。

4. 生埋

見於睡虎地秦簡，例如"定殺"例（1）。

生埋，即活埋，是對犯人處以死刑的一種比較殘忍的方式。

5. 棄市

在秦漢簡牘法律文獻中也是一個高頻出現的法律用語，睡虎地秦簡、龍崗秦簡、張家山漢簡、王杖十簡、王杖詔書令册中都很多見，例如：

（1）士五（伍）甲毋（無）子，其弟子以爲後，與同居，而擅殺之，當棄市。（法律答問71）

（2）同母異父相與奸，可（何）論？棄市。（法律答問172）

（3）賊燔城、官府及縣官積冣（聚），棄市。（二年律令4）

（4）亡人挾弓、弩、矢居禁中者，棄市。（龍崗秦簡17）

棄市爲秦漢律死刑的一種，在人衆聚集的鬧市將犯人處死，並將屍體拋棄在那裏。棄市，即"棄之〈人〉於市"的緊縮形式，意謂殺於市，即在市場中當衆處死。《釋名·釋喪制》："市死曰棄市。市，衆所聚，言與衆共棄之也。"《禮記·王制》："刑人於市，與衆棄之。"《漢書·景帝紀》："［中元］二年……改磔曰棄市，勿複磔。"顏師古注："棄市，殺之於市也，謂之棄市者，取刑人於市，與衆棄之也。"

6. 要（腰）斬

見於張家山漢簡，例如：

（1）以城邑亭障反，降諸侯，及守乘城亭障，諸侯人來攻盜，不堅守而棄去之若降之，及謀反者，皆要（腰）斬。（二年律令1—2）

（2）僞寫皇帝信璽、皇帝行璽，要（腰）斬以勾（徇）。（二年律令9）

（3）徼外人來入爲盜者，要（腰）斬。（二年律令61）

（4）女子當磔若要（腰）斬者，棄市。（二年律令88）

（5）吏當：毋憂當要（腰）斬，或曰不當論。廷報：當要（腰）斬。（奏讞書7）

"要（腰）斬"還見於上孫家寨漢簡259、敦煌漢簡791、983等，此不贅舉。

腰斬，死刑的一種，處刑時斬腰。萬榮認爲：處罰程度上的分別，我們認爲腰斬、梟首作爲死刑，其懲罰程度的嚴重性上應該沒有太大差異，只是針對不同的極端惡劣之犯罪行爲的不同處罰手段而已，它們與棄市之間的區別纔是主要的和顯而易見的。通過上述分析，我們就可以排出這二種死刑的刑等：作爲《賊律》中施用的刑罰，以腰斬、梟首死刑爲最重，排在序列之首，棄市作爲死刑中較輕者，緊隨其後，其由重到輕依次爲：腰斬、梟首——棄市。綜合上文所作分析，可以將《賊律》中出現的刑名按其刑等由重到輕排列如下：腰斬、梟首—棄市—黥爲城旦舂—完爲城旦舂—腐（宮刑）—斬—耐爲隸臣妾—耐—贖死—贖黥—贖耐—贖遷—罰金四兩—罰金二兩—罰金一兩。① 彭浩認爲：漢代對從軍逃亡者處腰斬。毋憂可能就是按軍法處腰斬的。② 張建國認爲：毋憂之罪似乎是按"乏軍腰斬"的法律處置的，這一罪名和相應刑名可參見《晋書·刑法志》所載《魏律序》。③

7. 梟首

見於張家山漢簡，例如：

子賊殺傷父母，奴婢賊殺傷主、主父母妻子，皆梟其首市。（二年律令 34）

梟，《漢書·陳湯傳》注："梟謂斬其首而縣之也。"梟首就是將犯人的頭顱砍下，懸於木桿或樹上或城墻上示衆的刑罰，"縣"爲"懸"之古字。"梟其首市"謂斬首並懸之於鬧市。

(二) 肉刑類

肉刑是"斷肢體，刻肌膚"的刑罰，即殘害受刑者的肢體、器官或破壞其生理機能的懲罰。它源於奴隸制時代，在秦朝被廣泛運用。漢初在文帝刑制改革前也基本沿用了秦的肉刑。秦漢簡牘法律文獻中的肉刑主要有：黥、劓、斬左止（趾）、斬右止（趾）、腐（宮）、刑、笞，等等。其中，"笞"爲與《唐律疏議》共有的刑名，所以其獨有的刑罰爲除"笞"以外的黥、劓、斬左止（趾）、斬右止（趾）、腐（宮）、刑等。

1. 黥

黥，刑名，肉刑的一種，在面額上刺刻塗墨，故又稱墨刑。見於睡虎地秦簡，例如：

---

① 萬榮：《淺析張家山漢簡〈二年律令·賊律〉所見刑名的刑等》，《江漢考古》2006 年第 3 期。
② 彭浩：《談〈奏讞書〉中的西漢案例》，《文物》1993 年第 8 期。
③ 張建國：《漢簡〈奏讞書〉和秦漢刑事訴訟程序初探》，《中外法學》1997 年第 2 期。

(1) 人奴妾治（笞）子，子以胅死，黥顏頯，畀主。（法律答問 74）
（私家奴婢笞打自己之子，子在保辜期限内死去，應在其額上和顴部刺墨，然後交還主人。）
(2) 完城旦，以黥城旦誣人。可（何）論？當黥。（法律答問 119）
（"黥"實爲"黥（以）爲城旦"的省稱。）
又見於張家山漢簡，例如：
(1) 奴婢毆庶人以上，黥，畀主。（二年律令 30）
(2) 奴婢自訟不審，斬奴左止（趾），黥婢顛（顏）頯，畀其主。（二年律令 135）
又作"黥刑"，見於銀雀山漢簡《守法守令等十三篇》，例如：
"卒歲少入三百斗者，黥刑以爲公人。"（田法 942）
黥刑爲肉刑中較輕的一種，既可作爲獨立刑種使用，也可與其他刑罰合併使用，一般作爲徒刑的附加刑。"黥"一般不單用，多與"城旦""城旦舂"搭配組成"黥（以）爲城旦""黥（以）爲城旦舂"等，成爲複合刑。詳後"複合刑類"。

2. 劓（劓）
劓，肉刑名，割鼻。見於張家山漢簡，例如：
有罪當黥，故黥者劓之，故劓者斬左止（趾），斬左止（趾）者斬右止（趾），斬右止（趾）者府（腐）之。（二年律令 88）
又見於上孫家寨漢簡，例如：
執者□□斬，能執之，賞如甲首。諸誅者皆劓之，以別死罪。（孫家寨漢簡 256+21）
"劓"多與"黥"連用組成"黥劓"。黥劓，見《戰國策·秦策一》，注："刻其顙，以墨實其中，曰黥；截其鼻，曰劓。"意思是，既在面額上刺刻塗墨，同時又割掉鼻子，兩種肉刑並用。見於睡虎地秦簡，例如：
(1) 五人盜，臧（贓）一錢以上，斬左止，有（又）黥以爲城旦；不盈五人，盜過六百六十錢，黥劓（劓）以爲城旦；不盈六百六十到二百廿錢，黥爲城旦。（法律答問 1—2）
(2) 當黥城旦而以完城旦誣人，可（何）論？當黥劓（劓）。（法律答問 120）
(3) 丙，乙妾殹（也）。乙使甲曰：丙悍，謁黥劓丙。（封診式 42—43）
又見於張家山漢簡《奏讞書》，例如：
問解故黥劓，它如辭（辭）。（奏讞書 32）

3. 府（腐）

府，讀作"腐"，通假字。"腐"爲肉刑的一種，即宮刑。《周禮·司刑》注："宮者，丈夫則割其勢，女子閉於宮中，今宦男女也。"即男犯廢掉生殖器，女犯禁閉在宮中（一說破壞婦女生殖功能）。《漢書·景帝紀》："秋，赦徒作陽陵者死罪；欲腐者，許之。"注："蘇林曰：'宮刑，其創腐臭，故曰腐也。'如淳曰：'腐，宮刑也。丈夫割勢，不能複生子，如腐木不生實。'師古曰：'如說是。腐音輔。'"如淳說是，顏師古也贊同如淳的說法。宮刑是肉刑中最嚴重的刑罰，有"次死之刑"之稱。

見於張家山漢簡，例如：

（1）有罪當黥，故黥者劓之，故劓者斬左止（趾），斬左止（趾）者斬右止（趾），斬右止（趾）者府（腐）之。（二年律令 88）

（這是對曾受肉刑者再加肉刑的規定。）

（2）"有罪當府（腐）者，移內官，內官府（腐）之。"（二年律令 119）

4. 刑

刑，意爲施加肉刑，是具體指某一種刑罰，還是一種籠統的稱呼，尚不確定，一般認爲是各種肉刑的統稱。

見於睡虎地秦簡，例如：

（1）葆子獄未斷而誣告人，其罪當刑爲隸臣，勿刑，行其耐，有（又）毄（繫）城旦六歲。（法律答問 109）

（葆子案件尚未判決而誣告他人，其罪當刑爲隸臣，不要施加肉刑，應先施加耐刑，再拘繫服城旦勞役六年。葆子，一種具有某種身份、享受優待的人。）

（2）葆子獄未斷而誣【告人，其罪】當刑鬼薪，勿刑，行其耐，有（又）毄（繫）城旦六歲。（法律答問 111）

又見於張家山漢簡，例如：

（1）其悍主而謁殺之，亦棄市；謁斬止（?）若刑，爲斬、刑之。（二年律令 44）

（2）上造、上造妻以上，及內公孫、外公孫、內公耳玄孫有罪，其當刑及當爲城旦舂者，耐以爲鬼薪白粲。（二年律令 82）

（3）公士、公士妻及□□行年七十以上，若年不盈十七歲，有罪當刑者，皆完之。（二年律令 83）

（4）其當刑未報者，勿刑。（二年律令 205）

又見於銀雀山漢簡，例如：

是故不刑一民，不傷一丈夫，而海之外內可得……矣。（守法守令等十三篇·王法 907）

（三）徒刑類

徒刑，秦時也稱其爲作刑，是剝奪罪犯人身自由、强制服勞役的刑罰，因此也叫做勞役刑。秦漢簡牘法律文獻中的徒刑主要有：城旦、舂、鬼薪、白粲、隸臣、隸妾、司寇、作如司寇、城旦司寇、舂司寇、城旦舂之司寇、居、作、復作、候，等等。

1. 城旦

《漢舊儀》："城旦者，治城也；女爲舂，舂者，治米也，皆作五歲。完，四歲。"顏師古注引應劭云："城旦者，旦起行治城；舂者，婦人不豫外徭，但舂作米，皆四歲刑也。"詳細解釋見 21 頁，兹不贅述。

"城旦"是秦漢簡牘法律文獻中一個常見的高頻率法律用語。

見於睡虎地秦簡，例如：

（1）隸臣妾其從事公，隸臣月禾二石，隸妾一石半；其不從事，勿稟。小城旦、隸臣作者，月禾一石半石；未能作者，月禾一石。（秦律十八種 49）

（隸臣妾如爲官府服役，隸臣每月發糧二石，隸妾一石半；如不服役，不得發給。小城旦或隸臣勞作的，每月發糧一石半；不能勞作的，每月發糧一石。）

（2）日食城旦，盡月而以其餘益爲後九月稟所。（秦律十八種 57）

（應按天發給城旦口糧，到月底將剩餘的糧食移作九月的口糧。）

（3）城旦、鬼薪癘，可（何）論？當遷癘遷所。（法律答問 123）

（城旦、鬼薪患麻風病，如何論處？應遷往麻風隔離區。）

又見於龍崗秦簡，例如：

鞫之：辟死論不當爲城旦。

（鞫，指對已經判決的案件作重新調查。"辟死"係人名，就是墓主。論，論處，判罪。）

"城旦"和"舂"屬於同等級別的刑罰，只是性別的不同。所以二者連用的情況在秦漢簡牘各法律文獻中更常見。

2. 舂

刑徒名。男爲城旦，女爲舂。釋名見前條"城旦"。

可見"舂"是和"城旦"同級別的徒刑，只因男女生理條件的不同，男犯去築城，女犯不適合於築城，從事舂米的勞役。

見於睡虎地秦簡,例如:

(1)"小妾、舂作者,月禾一石二斗半斗;未能作者,月禾一石。"(秦律十八種 49—50)

(小隸妾或舂勞作的,每月發糧一石二斗半;不能勞作的,每月發糧一石。)

(2)"隸臣妾、舂城旦毋用。"(秦律十八種 92—93)

(隸臣妾、舂城旦不得用。)

"舂"和"城旦"屬於同等級別的刑罰,所以二者連用的情況在秦漢簡牘各法律文獻中更常見。

另外,"城旦""舂"作爲徒刑往往不獨立運用,常與恥辱刑或肉刑合併執行。一般徒刑作爲主刑,肉刑或恥辱刑作爲附加刑,從而形成一種複合刑,如"完爲城旦""完爲舂""完爲城旦舂";"黥爲城旦""黥爲舂""黥爲城旦舂";"黥劓爲城旦""黥劓爲舂""黥劓爲城旦舂";"斬左止爲城旦",等等。詳見後"複合刑類"。

3. 鬼薪

刑徒名。"鬼薪"也是秦漢簡牘法律文獻中一個常見的高頻率法律用語,詳細解釋見 21 頁,茲不贅述。"鬼薪"見於睡虎地秦簡、懸泉漢簡等,例如:

(1)"有爲故秦人出,削籍,上造以上爲鬼薪,公士以下刑爲城旦。"(秦律雜抄 5)

(有幫助秦人出境,或除去名籍的,上造以上罰爲鬼薪,公士以下刑爲城旦。)

(2)"鬼新(薪)龍通,故濟南郡管平里。"(懸泉漢簡Ⅰ0309③:192)

"鬼薪"和"白粲"屬於同等級別的刑罰,只是性別的不同,故二者連用的情況在秦漢簡牘各法律文獻中更常見,見於睡虎地秦簡、里耶秦簡、張家山漢簡、懸泉漢簡等。

4. 白粲

刑徒名。男爲鬼薪,女爲白粲。"白粲"用於女犯,其所要服的勞役就是爲宗廟選擇正白之米,以供祭祀鬼神之用。

和"城旦""鬼薪"一樣,"白粲"也是秦漢簡牘法律文獻中一個常見的高頻率法律用語。見於睡虎地秦簡,例如:

城旦舂、舂司寇、白粲操土攻(功),參食之;不操土攻(功),以律食之。(秦律十八種 55—56)

(城旦舂、舂司寇、白粲作土工,早晚飯各三分之一斗,不作土工,按法律規定給予口糧。)

如前所述,"白粲"是和"鬼薪"連用的情況比其單用更常見,亦見於里耶秦簡、張家山漢簡、懸泉漢簡等。

另外,"鬼薪"和"白粲"作爲一種徒刑往往也不獨立運用,常和恥辱刑中的"耐"合併使用,組成"耐爲鬼薪""耐爲白粲""耐爲鬼薪白粲"等,形成一種複合刑。詳見後"複合刑類"。

5. 隸臣

刑徒名。見《漢書·刑法志》注:"男子爲隸臣,女子爲隸妾。"隸臣、隸妾往往並稱隸臣妾,都是被強制到官府服各種雜役的一種徒刑。秦時隸臣妾爲終身刑徒,且其子女亦爲隸臣妾,但他們可以通過其他方式獲得贖免。

見於睡虎地秦簡,例如:

(1) 隸臣月禾二石,隸妾一石半。(秦律十八種 49)

(禾,指口糧。)

(2) 隸臣欲以人丁粼者二人贖,許之。(秦律十八種 61)

(要求以壯年二人贖一個隸臣,可以允許。粼疑讀爲齡,丁齡即丁年。)

(3) 隸臣將城旦,亡之,完爲城旦,收其外妻、子。子小未可別,令從母爲收。(法律答問 116)

("隸臣監領城旦,城旦逃亡,應將隸臣完爲城旦,並沒收其在外面的妻、子。如其子年小,不能分離,可讓其跟從母一起被收。")

6. 隸妾

刑徒名。見《漢書·刑法志》注:"男子爲隸臣,女子爲隸妾。"

見於睡虎地秦簡,例如:

(1) 同"隸臣"條例 (1)。

(2) 隸妾及女子用箴(針)爲縞綉它物,女子一人當男子一人。(秦律十八種 110)

(隸妾和一般女子用針製作刺綉等產品的,女子一人相當男子一人計算。)

如前所述,"隸臣""隸妾"往往並稱"隸臣妾",而且這種用法比單稱更常見。

7. 隸臣妾

見於睡虎地秦簡,例如:

(1) 隸臣妾之老及小不能自衣者,如春衣。(秦律十八種 95)

(如春衣,按春的標準給衣。)

(2) "亡、不仁其主及官者,衣如隸臣妾。"(秦律十八種 96)

(不仁其主，冒犯主人。)

（3）隸臣妾毄（繫）城旦舂，去亡，已奔，未論而自出，當治（笞）五十，備毄（繫）日。（法律答問132）

又見於張家山漢簡，例如：

（1）毀封，以它完封印印之，耐爲隸臣妾。（二年律令16）

（2）隸臣妾及收人有耐罪，毄（繫）城旦舂六歲。（二年律令90）

還見於里耶秦簡，例不贅舉。

與隸妾相關或類似的還有冗隸妾，疑爲做零散雜活的隸妾，見於睡虎地秦簡；更隸妾，當爲以部分時間爲官府服役的隸妾，見於睡虎地秦簡。此從略。

"隸臣""隸妾""隸臣妾"往往不獨立運用，常與恥辱刑中的"耐"並用，形成一種複合刑。詳見後"複合刑類"。

8. 司寇

刑徒名。《漢舊儀》："司寇，男備守，女爲作如司寇，皆作二歲。"據《漢舊儀》，司寇即司察寇盜之義，即強制男犯到邊遠地區服勞役，同時守備、防禦外寇的進攻；女作如司寇，就是擔負與司寇繁重程度相似的勞役。

見於睡虎地秦簡，例如：

"司寇盜百一十錢，先自告，可（何）論？當耐爲隸臣，或曰貲二甲。"（法律答問8）

（自告，自首。貲，有罪而被罰令繳納財物。）

又見於張家山漢簡，例如：

（1）"有罪當耐，其法不名耐者，庶人以上耐爲司寇，司寇耐爲隸臣妾。"（二年律令90）

（2）"庶人以上，司寇、隸臣妾無城旦舂、鬼薪白粲罪以上，而吏故爲不直及失刑之，皆以爲隱官；女子庶人，毋筭（算）事其身，令自尚。"（二年律令124）

還見於里耶秦簡、旱灘坡東漢木簡、懸泉漢簡等，例不贅舉。

"司寇"往往不獨用，常和"耐"合併使用，形成一種複合刑。詳見後"複合刑類"。

9. 作如司寇

如上所述，女作如司寇，就是女犯擔負與司寇相類似的勞役，也就是不到邊疆，在內地服繁重程度與司寇相等的勞役。

見於懸泉漢簡，例如：

賊律：毆親父母及同產，耐爲司寇，作如司寇。其詢（詁）詈之，罰金一斤。（Ⅱ0115③：421）

與司寇相關或類似的還有舂司寇，城旦司寇，城旦舂之司寇等，均見於睡虎地秦簡。限於篇幅，此不一一介紹。

10. 復作

一種勞役刑。《漢舊儀》："男爲戍罰作，女爲復作，皆一歲到三月。"由漢簡來看，復作指遇赦的弛刑徒復爲官府服役滿其本罪刑期者，並非僅指女徒，還包括男徒。張建國指出復作的特點主要有：一是必須經過赦纔能成爲復作，同時復作只是一種稱謂，而不是官府依律令判處的刑名。二是全稱爲免徒復作，復作者原來服的應當是徒刑即司寇等二年刑期以上的勞役刑，由於赦令，其身份已經改變，不再是刑徒。三是雖然免去了刑罰，但終歸是有罪之人，所以原有刑期中沒有服滿的部分，還要以類似服徭役的形式爲國家勞動。四是刑徒如果再次犯罪，則要從原有的刑罰基礎上做出加刑的處罰。而遇赦改爲復作後不再是刑徒，如果再犯罪，和平民犯罪一樣，是什麼罪就直接判什麼刑，不會有加刑判決的處置。①

見於懸泉漢簡，例如：

即與假佐開、御田遂、陳……復作李則、耿癸等六人雜診橐佗丞所置前，橐佗罷巫死，審。它如爰書。敢言之。（Ⅱ0216③：137）

還見於居延漢簡、居延新簡等，此不贅舉。

11. 侯（候）

見於睡虎地秦簡，例如：

(1)"當除弟子籍不得，置任不審，皆耐爲侯（候）。"（秦律雜抄6）

（如有不適當地將弟子除名，或任用保舉弟子不當者，均耐爲候。當，通倘，如果。除籍，自簿籍上除名。）

(2)"當耐爲侯（候）罪誣人，可（何）論？當耐爲司寇。"（秦律雜抄11）

（"侯"字下當有脫文。）

從秦簡看，候也是當時徒刑的一種，被耐爲候的人也是一種刑徒，可能也是擔負備守之役，但比司寇要輕。往往不單用，常與"耐"合併使用，形成一種複合刑，即先處耐刑，剃掉須鬢，再去服備守之役。

需要指出的是，上述徒刑中的城旦、舂、鬼薪、白粲、隸臣、隸妾、司

---

① 張建國：《漢代的罰作、復作與弛刑》，《中外法學》2006年第5期。

寇、作如司寇、城旦司寇、舂司寇、城旦舂之司寇、居、作、復作、候，等等，雖然不見於《唐律疏議》，可以算是秦漢簡牘法律文獻中獨有的，但却與《唐律疏議》中的徒刑有着密切聯繫，基本屬於同一類刑罰，只不過唐律將前代刑罰加以簡化，將上述各種類徒刑合併，統稱徒刑，並附加刑期加以區别罷了。

(四) 恥辱刑類

在秦漢簡牘法律文獻中，"髡""耐""完"是幾種比較常見的刑罰，尤其是後二者用例更多。從刑罰的類别來看，它們當屬於恥辱刑之類。恥辱刑，即帶有羞恥侮辱性質的刑罰。"髡"即剃光頭髮，"耐"即剃除須鬢，"完"即保持完好身軀。在古人看來，人之髮膚，受之父母，爲上天所賜，不敢毀傷。爲人的形狀必須完整，否則就是極大的恥辱。這幾種刑罰一般不能獨立運用，多是作爲徒刑的附加刑與之一併使用，形成一種複合刑。

1. 髡

"髡"即剃光頭髮的恥辱刑。髡，《説文·髟部》："鬀（剃）髮也。从髟，兀聲。髡，或从元。"孔廣居疑云："兀聲可疑，愚意髡本作髨，諧元聲，兀乃元之省文。"朱駿聲《通訓定聲》："髡、髨，从髟，元省聲，或不省。"容庚《金文編》據高景成説，"兀"乃"元"字初文，與"元"爲一字。可見，寫作"髡"或"髨"，没有本質的區别，二者係異體關係。

髡是古代的一種刑罰名。古代不論男女皆蓄長髮（只是髮型可能有所不同），剃去頭髮是一種刑罰。因爲在古人看來，人的毛髮體膚是父母、天地所賜，爲人的形狀必須完整，因此去掉眉、鬢、須、髮是很大的不幸和恥辱。

唐慧琳《一切經音義》卷六十二引《考聲》："髡，刑名，髡去其髮也。"《集韻·没韻》："髡，去髮刑。"《周禮·秋官·掌戮》："髡者使守積。"鄭玄注："此出五刑之中，而髡者必王之同族不宫者，宫之爲翦其類，髡頭而已。"意思是説，一般人犯罪受宫刑，目的主要是讓他喪失生殖能力，即"翦其類"；而王之同族犯同等的罪却享有特權，僅以髡頭代替宫刑——因爲王者不願自己的家族也被"翦其類"。唐蘇鶚《蘇氏演義》卷上："髡刑則剃毛髮。"

可見，髡的意思就是剃去頭髮。

在睡虎地秦簡中也有"髡"的用例，不過那是指家長擅自剃光自家孩子頭髮的不法行爲，還不是真正意義上的國家對犯罪分子實行懲罰的刑罰。也就是説，"髡"作爲一種刑罰，只有國家纔有這個公權力，作爲家長的個人，無權對孩子實施這種懲罰。例如：

(1) 擅殺、刑、髡其後子,獻（讞）之。（法律答問 72）

（擅自殺死、刑傷或髡剃其後子的,均應定罪。）

(2) 賊殺傷、盜它人爲"公室";子盜父母,父母擅殺、刑、髡子及奴妾,不爲"公室告"。（法律答問 103）

（殺傷或盜竊他人,是"公室告";子盜竊父母,父母擅自殺死、刑傷、髡剃子及奴婢,不是"公室告"。公室告是指控告主體對其家庭以外的人所犯的殺傷人、偷竊財物之類行爲所提出的控告;非公室告是指控告主體對其家庭內部的犯罪行爲向官府提出的控告,如果官府不予受理,堅持告發的要受到處罰。）

(3) "子告父母,臣妾告主,非公室,勿聽。"●可（何）謂"非公室告"？●主擅殺、刑、髡其子、臣妾,是謂"非公室告",勿聽。（法律答問 104）

（"子控告父母,奴婢控告主人,非公室告,不予受理。"什麼叫"非公室告"？家主擅自殺死、刑傷、髡剃其子或奴婢,這叫非公室告,不予受理。）

"髡"真正表示國家公權力的刑罰,見於漢簡。例如：

以兵刃、索繩它物可以自殺者予囚,囚以自殺、殺人,若自傷、傷人,而以辜二旬中死,予者髡爲城旦舂。（EPS4T2：100—101）

此外,還有"髡鉗"連用的例子（鉗：以鐵束頸）,如：

敦煌懸泉漢簡：

(1) 元康四年五月丁亥朔丁未,長安令安國、守獄丞左、屬禹敢言之：謹移髡鉗亡者田等三人年、長、物、色,去時所衣服。（Ⅱ0111④：3）

(2) 效穀髡鉗城旦大男宰土,坐共鬥傷人,不立見止治……（Ⅱ0214S：50）

(3) 神爵四年十一月辛酉甲戌,縣（懸）泉置嗇夫弘將徒繕置敢言之廷：髡鉗左止（趾）徒大男郭展奴自言作滿二歲□月。七日謹移爰書以令獄案,展奴論年月日當減罪,爲減唯廷報,如律令,敢言之。（Ⅰ0309③：9）

(4) 神爵四年十一月辛酉甲戌,縣（懸）泉置嗇夫弘敢言之：爰書：髡鉗鈦左止徒大男□□自言：故廣川□□□□□□□坐以縣官擊傷北欄亭長段閭。（Ⅰ0309③：276）

居延漢簡：

髡鉗城旦舂,九百石,直錢六萬。（EPT56：37）

值得一提的是,在秦漢簡牘法律文獻中,"髡"的用例沒有"耐""完"那麼多見。

2. 耐

"耐"即剃除須鬢的恥辱刑，又作"耏"，在該義項上可看作異體字。但"耐"還有其他義項是"耏"所沒有的，所以二者屬不完全異體字。

耏，《説文·而部》："罪不至髡也。从而，从彡。耐，或从寸。"段玉裁注："彡，拭畫之意。此字从彡、而。彡謂拂拭其而去之，會意字也，而亦聲。耐，此爲罪名法度之類，故或从寸也。"徐鍇《繫傳》："但鬄其頰毛而已。"

耏是古代的一種輕刑，意爲剃除頰須。《漢書·高惠高后文功臣表》："孝文十四年，侯當嗣，三十九年，元朔二年，坐教人上書枉法，耏爲鬼薪。"又《惠帝紀》："内外公孫耳孫有罪當刑及當爲城旦、舂者，皆耏爲鬼薪、白粲。"《新唐書·波斯傳》："刑有髡、鉗、刖，劓，小罪耏。"

耐，同"耏"，在《説文》中是"耏"的重文、或體。據杜林見解，"耏"是因爲其義與法度有關，而改作从"寸"，寫作"耐"的。《後漢書·陳寵傳》："耐罪千六百九十八。"李賢注："耐者，輕刑之名也。"

在秦漢簡牘法律文獻中，這種刑罰的用例很多，且多用"耐"字；而"耏"的用例基本未見。例如：

睡虎地秦簡：

（1）分甲以爲二甲蒐者，耐。（秦律雜抄7）

（在大蒐時以一支軍隊分充兩支，應加耐刑。蒐，以檢閱軍隊力量爲目的的一種田獵活動。）

（2）●捕盜律曰：捕人相移以受爵者，耐。（秦律雜抄38）

（把所捕的人轉交他人，借以騙取爵位的，處以耐刑。）

（3）當除弟子籍不得，置任不審，皆耐爲候。（秦律雜抄6）

（如有不適當地將弟子除名，或任用保舉弟子不當者，均耐爲候。當，通倘，如果。除籍，自簿籍上除名。）

（4）當耐司寇而以耐隸臣誣人，可（何）論？當耐爲隸臣。︱當耐爲侯（候）罪誣人，可（何）論？當耐爲司寇。（法律答問117）

（5）可（何）謂"耐卜隸""耐史隸"？卜、史當耐者皆耐以爲卜、史隸。●後更其律如它。（法律答問194）

（6）"葆子□□未斷而誣告人，其罪當刑城旦，耐以爲鬼薪鋈足。"耤葆子之謂殹（也）。（法律答問108）

龍崗秦簡：

（1）二百廿錢到百一十錢，耐爲隸臣妾；□（龍崗秦簡40）

（2）人及虛租希（稀）程者，耐城旦舂；□□□（龍崗秦簡 129）

張家山漢簡：

（1）船人渡人而流殺人，耐之，船嗇夫、吏主者贖耐。（二年律令・賊律 6）

（2）以縣官事毆若詈吏，耐。（二年律令・賊律 46）

（3）毀封，以它完封印印之，耐爲隸臣妾。（二年律令・賊律 16）

（4）妻毆夫，耐爲隸妾。（二年律令・賊律 33）

（5）有罪當耐，其法不名耐者，庶人以上耐爲司寇，司寇耐爲隸臣妾。（二年律令・具律 90）

（6）上造、上造妻以上，及內公孫、外公孫、內公耳玄孫有罪，其當刑及當爲城旦舂者，耐以爲鬼薪白粲。（二年律令・具律 82）

（7）・當之：當耐爲鬼薪。・毄（繫）。（奏讞書 159）

（8）城旦舂、鬼薪白粲有罪耆（遷）、耐以上而當刑復城旦舂，及日黥之若刑爲城旦舂，及奴婢當刑界主，其證不言請（情）、誣人；奴婢有刑城旦舂以下至耆（遷）、耐罪，黥（顏）頯界主，其有贖罪以下及老小不當刑、刑盡者，皆笞百。（二年律令・具律 121—122）

在其他秦漢簡牘法律文獻中還有一些用例，此不贅舉。

3. 完

完，《說文・宀部》："全也。從宀，元聲。"又，全，《說文・入部》："仝，完也。從入，從工。全，篆文仝從玉。純玉曰全。"

可見，"完"與"全"在《說文》中互訓，是一對同義詞。

《漢書・惠帝紀》："民年七十以上若不滿十歲有罪當刑者，皆完之。"顏師古注引孟康曰："完者，謂不加肉刑、髡剃也。"又《刑法志》："刖者使守囿，完者使守積。"顏注："完，謂不虧其體，但居作也。"《後漢書・明帝紀》："完城旦舂至司寇作三匹。"李賢注："完者，謂不加髡鉗而築城也。"

"完"在古代法律中也被作爲一種輕刑，意爲"保持身體的完整"，一般不單獨使用，而是作爲徒刑（勞役刑）的附加刑一起使用，表示服勞役的一種伴隨狀態。在秦漢簡牘法律文獻中，其用例甚多。例如：

睡虎地秦簡：

（1）女子爲隸臣妻，有子焉，今隸臣死，女子北其子，以爲非隸臣子殹（也），問女子論可（何）殹（也）？或黥顏頯爲隸妾，或曰完，完之當殹（也）。（法律答問 174）

（2）甲盜牛，盜牛時高六尺，毄（繫）一歲，復丈，高六尺七寸，問甲

可（何）論？當完城旦。（法律答問 6）

（3）完城旦，以黥城旦誣人。可（何）論？當黥。（法律答問 119）

（4）士五（伍）甲鬬，拔劍伐，斬人髪結，可（何）論？當完爲城旦。（法律答問 84）

（5）隸臣將城旦，亡之，完爲城旦，收其外妻、子。子小未可別，令從母爲收。（法律答問 116）

張家山漢簡：

（1）公士、公士妻及□□行年七十以上，若年不盈十七歲，有罪當刑者，皆完之。（二年律令·具律 83）

（2）諸上書及有言也而謾，完爲城旦舂。其誤不審，罰金四兩。（二年律令·賊律 12）

（3）吏、民有罪當笞，謁罰金一兩以當笞者，許之。有罪年不盈十歲，除；其殺人，完爲城旦舂。（二年律令·具律 86）

（4）·異時魯法：盜一錢到廿，罰金一兩；過廿到百，罰金二兩；過百到二百，爲白徒；二百到千，完爲倡。（奏讞書 174）（白徒者，當今隸臣妾；倡，當城旦。奏讞書 175）

（5）教人不孝，次不孝之律。不孝者棄市。棄市之次，黥爲城旦舂。當黥公士、公士妻以上，完之。（奏讞書 181—182）

（6）妻之爲後次夫、父母，夫、父母死，未葬，奸喪旁者，當不孝，不孝棄市；不孝之次，當黥爲城旦舂；勢（埶）悍，完之。（奏讞書 186—187）

龍崗秦簡中也有"完爲城旦舂"的用例，居延漢簡（包括新簡）、敦煌漢簡、懸泉漢簡及其他一些漢簡中也有"完爲城旦舂""完城旦"等的用例，此不贅舉。

（五）經濟刑類

經濟刑是剝奪犯罪人財產的刑罰，主要包括罰、没、貲、贖幾類。在秦漢簡牘法律文獻中，主要有罰金、没入公、貲、貲徭以及各種贖刑，包括贖死、贖臩（遷）、贖黥、贖劓黥、贖宮、贖斬、贖城旦舂，等等。此外，責令賠償類的處罰也當算作經濟刑類，包括債、償、負等。

1. 罰金

多見於漢代，即強制犯人在一定期限内向國家繳納一定數量錢幣的刑罰，適用於輕微犯罪。漢簡中習見。

見於張家山漢簡，例如：

（1）"其失火延燔之，罰金四兩，責（債）所燔。鄉部、官嗇夫、吏主者

弗得，罰金各二兩。"（二年律令 4—5）

（2）"撟（矯）制，害者，棄市；不害，罰金四兩。"（二年律令 11）

（3）"諸上書及有言也而謾，完爲城旦舂。其誤不審，罰金四兩。"（二年律令 12）

（4）"異時魯法：盜一錢到廿，罰金一兩；過廿到百，罰金二兩；過百到二百，爲白徒；二百到千，完爲倡。"（奏讞書 174）

又見於旱灘坡東漢木簡、懸泉漢簡、居延漢簡、居延新簡等，此不贅舉。

2. 入公/没入公

義爲上繳官府，没收歸官。

見於睡虎地秦簡，例如：

（1）"河（呵）禁所殺犬，皆完入公；其它禁苑殺者，食其肉而入皮。"（秦律十八種 7）

（在專門設置的警戒地區打死的狗，要完整上繳官府；其他禁苑打死的，可以吃掉狗肉而上繳狗皮。呵，呵責。呵禁所，指設置警戒的地域。）

（2）"入叚（假）而而毋（無）久及非其官之久也，皆没入公。"（秦律十八種 102—103）

（繳回所領武器而上面没有標記和不是該官府標記的，均没收歸官。第二個"而"字係衍文。久，讀爲記，標記。）

（3）"甲取（娶）人亡妻以爲妻，不智（知）亡，有子焉，今得，問安置其子？當畀。或入公，入公異是。"（法律答問 168）

（甲娶他人私逃的妻爲妻，不知道私逃的事，已有了孩子，被捕獲，問其子應如何處置？應給還。有的認爲應没收歸官。没收歸官與律意不合。得，被捕獲。畀，交予，還給。異是，與之不合，指與律意不符。）

又見於龍崗秦簡，例如：

82："河禁所殺犬，皆完入公。"

與"入公/没入公"類似的還有："没"，意即没收，見於睡虎地秦簡；"没入"，亦爲没收，財產没收入官府，見於龍崗秦簡、張家山漢簡、居延新簡等，此從略。

3. 貲

《說文·貝部》："貲，小罰以財自贖也。"貲是一種用經濟制裁的手段懲治較爲輕微違法犯罪行爲的經濟刑，或稱財產刑。

見於睡虎地秦簡，例如：

（1）"不從令者貲一甲。"（秦律十八種 97）

(2)"御中發徵，乏弗行，貲二甲。失期三日到五日，誶；六日到旬，貲一盾；過旬，貲一甲。"（秦律十八種 115）

貲一甲，罰繳一副鎧甲。《韓非子・外儲説右下》："（秦昭）王曰：訾之人二甲。"注："訾……罰之也。"此處"訾"讀爲"貲"。古時常罰令犯罪者繳納武器或製造兵器用的金屬，見《周禮・職金》《國語・齊語》《管子・小匡》等。據秦簡，當時這一類懲罰有繳納絡組、盾、甲等若干等級。

又見於龍崗秦簡、里耶秦簡（有時作"訾"，通假）、嶽麓秦簡、張家山漢簡等，此從略。

與貲相關或類似的還有貲繇（徭），即罰服徭役。見於睡虎地秦簡，例如：

"或盜采人桑葉，臧（贓）不盈一錢，可（何）論？貲繇（徭）三旬。"（法律答問 7）

除上述幾種經濟刑外，賠償類處罰也當歸爲經濟刑。秦漢簡牘法律文獻中主要有責（債）、賞（償）、負等。詳見本章第二節"内容相關意義近似的刑罰名（三）經濟刑類"。

（六）身份刑類

身份刑即剝奪違法者官職、爵位，或對其訓斥等，以降低其身份地位的處罰。嚴格説來，此種處罰當屬行政處罰。秦漢簡牘法律文獻中的身份刑主要有：誶、奪爵、法（廢）、收等。

1. 誶

義爲申斥責駡。見於睡虎地秦簡，例如：

(1)"其不可食者不盈百石以下，誶官嗇夫。"（秦律十八種 164）

(2)"數而贏、不備，直（值）百一十錢以到二百廿錢，誶官嗇夫。"（效律 8）

（清點物品數目而有超過或不足數情形，價值在一百一十錢到二百二十錢，斥責該官府的嗇夫。數，清點物品的數目。贏，超過。不備，不足數。備，完備、充足。）

(3)"當貲盾，没錢五千而失之，可（何）論？當誶。"（法律答問 48）

（應罰盾，而没錢五千，判處不當，如何論處？應申斥。没，没收。失，即失刑，指判處不當。）

(4)"甲賊傷人，吏論以爲鬬傷人，吏當論不當？當誶。"（法律答問 119）

"誶"在睡虎地秦簡中習見，還見於龍崗秦簡。此不贅舉。

2. 法（廢）

法，通"廢"，義爲撤職永不敘用。見於睡虎地秦簡，例如：

"爲（僞）聽命書，法（廢）弗行，耐爲侯（候）；不辟（避）席立，貲二甲，法（廢）。"（秦律雜抄 4）

該句意思是：裝作聽朝廷的命書，實際廢置不予執行，應耐爲候；聽命書時不下席站立，罰二甲，撤職永不敘用。

在該例中，前一"廢"爲廢置，後一"廢"爲撤職永不敘用。

義爲"撤職永不敘用"的用例還見於睡虎地秦簡其他地方，例如：

（1）"先賦驚馬，馬備，乃鄰從軍者，到軍課之，馬殿，令、丞二甲；司馬貲二甲，法（廢）。"（秦律雜抄 9—10）

（先徵取驚馬，馬數已足，即在從軍人員中選用騎士。到軍後進行考核，馬被評爲下等，縣令、丞罰二甲；司馬罰二甲，革職永不敘用。驚馬，供乘騎的軍馬。《說文・馬部》，"驚，上馬也。從馬，敄聲。"意即騎馬。備，足數。鄰，應讀爲遴，選擇。課，考核。殿，評爲下等。）

（2）"不當禀軍中而禀者，皆貲二甲，法（廢）。"（秦律雜抄 11）

（不應自軍中領糧而領取的，皆罰二甲，撤職永不敘用。）

（3）"廷行事吏爲詛僞，貲盾以上，行其論，有（又）法（廢）之。"（法律答問 59）

（成例，官吏弄虛作假，其罪在罰盾以上的，依判決執行，同時要撤職永不敘用。詛，讀爲詐。）

3. 收

《說文・攴部》："收，捕也。"收，即收孥，《史記・商君列傳》有"舉以爲收孥"，司馬貞索隱釋爲"糾舉而收錄其妻子，沒爲官奴婢。"《鹽鐵論・周秦》也說"秦有收孥之法。"又作"收帑"，《漢書・文帝紀》"盡除收帑相坐律令"注引應劭曰："秦法，一人有罪，並其家室，今除此律"。

見於睡虎地秦簡，例如：

（1）葆子以上，未獄而死若已葬，而誧（甫）告之，亦不當聽治，勿收，皆如家罪。（法律答問 107）

（葆子以上有罪未經審判而死或已埋葬，才有人控告，也不應受理，不加拘捕，都和家罪同例。葆，通保。葆子疑即任子，因父兄的功績，得保任授予官職。）

（2）可（何）謂"當刑爲隸臣"？有收當耐未斷，以當刑隸臣罪誣告人，是謂當刑隸臣。（法律答問 109—110）

（什麽叫"當刑爲隸臣"？被收捕應處耐刑而尚未判決，又以刑爲隸臣的罪名誣告他人，這叫"當刑爲隸臣"。）

（3）隸臣將城旦，亡之，完爲城旦，收其外妻、子。子小未可别，令從母爲收。（法律答問 116）

（"隸臣監領城旦，城旦逃亡，應將隸臣完爲城旦，並没收其在外面的妻、子。如其子年小，不能分離，可命從母爲收。"）

又見於張家山漢簡，例如：

（1）賊殺傷父母，牧殺父母，歐（毆）詈父母，父母告子不孝，其妻子爲收者，皆錮，令毋得以爵償、免除及贖。（二年律令 38）

（2）罪人完城旦舂、鬼薪以上，及坐奸府（腐）者，皆收其妻、子、財、田宅。其子有妻、夫，若爲户、有爵，及年十七以上，若爲人妻而棄、寡者，皆勿收。坐奸、略妻及傷其妻以收，毋收其妻。（二年律令 174—175）

（3）有罪當收，獄未決而以賞除罪者，收之。（二年律令 178）

（七）流放刑類

流放刑即將受刑者强制遣送指定地區服役落户，不准擅自遷回原處的刑罰。秦漢簡牘法律文獻中的流放刑主要有：罷（遷）、適（謫）、冗邊、繇（徭）戍、戍/戍邊等。以下作簡要介紹。

1. 罷（遷）

遷，流放遷居邊境，將罪犯流放、遷徙到邊遠地區的刑罰。《漢書·高帝紀》注引如淳云："秦法，有罪遷，徙之於蜀漢。"李均明認爲，遷刑是强制犯人遷居他處服役的刑罰。漢初之遷刑列於徒刑之後，而隋唐之流放序於徒刑之前，是僅次於死刑的重刑。[1] 張建國認爲，律文中贖死之下的等級是贖勞役刑的城旦舂和鬼薪白粲，而並非是肉刑，這和實刑中的排列相反。在實刑中不是一個等級的，在贖中歸併爲一個等級，如城旦舂與鬼薪白粲、斬與府、劓與黥。從贖的等級劃分中可以推測，因爲贖耐重於贖遷，所以可能實刑中的遷比耐罪要輕。[2]

見於睡虎地秦簡，例如：

（1）故大夫斬首者，罷（遷）。（秦律雜抄 7）

（2）廷行事有罪當罷（遷），已斷已令，未行而死若亡，其所包當詣罷（遷）所。（法律答問 60）

---

[1] 李均明：《張家山漢簡所見刑罰等序及相關問題》，載饒宗頤主編：《華學》第六輯，紫禁城出版社 2003 年版，第 129—130 頁。

[2] 張建國：《論西漢初期的贖》，《政法論壇》（中國政法大學學報）2002 年第 5 期。

又見於張家山漢簡，例如：

城旦舂、鬼薪白粲有罪毄（遷）、耐以上而當刑復城旦舂，及曰黥之若刑爲城旦舂，及奴婢當刑畀主，其證不言請（情）、誣人；奴婢有刑城旦舂以下至毄（遷）、耐罪，黥（顏）畀主，其有贖罪以下及老小不當刑、刑盡者，皆笞百。（二年律令 121—122）

還見於龍崗秦簡、嶽麓秦簡等，例略。

2. 適（謫）

適，《漢書·陳勝項籍傳》注："適，讀曰謫（謫），謂罪罰而行也。"意即流放。

見於睡虎地秦簡，例如：

百姓有母及同牲（生）爲隸妾，非適（謫）罪殴（也）而欲爲冗邊五歲，毋賞（償）興日，以免一人爲庶人，許之。（秦律十八種 151）

3. 冗邊

戍防邊境。

見於睡虎地秦簡，例同上"適（謫）"條例。

4. 繇（徭）戍

服勞役與戍守邊疆。

見於睡虎地秦簡，例如：

駕騶除四歲，不能駕御，貲教者一盾；免，賞（償）四歲繇（徭）戍。（秦律雜抄 3）

又見於張家山漢簡，例如：

（1）復蜀、巴、漢（？）中、下辨、故道及雞中五郵，郵人勿令繇（徭）戍，毋事其户，毋租其田一頃，勿令出租、芻稾。（二年律令 268）

（2）興□□□□□爲□□□□□及發繇（徭）戍不以次，若擅興車牛，及繇（徭）不當繇（徭）使者，罰金各四兩。（二年律令 414—415）

5. 戍/戍邊

義爲罰戍守邊疆。

見於睡虎地秦簡，作"戍"。例如：

（1）不當稟軍中而稟者，皆貲二甲，法（廢）；非吏殴（也），戍二歲；徒食、敦（屯）長、僕射弗告，貲戍一歲；（秦律雜抄 11—12）

（2）軍人買（賣）稟稟所及過縣，貲戍二歲；同車食、敦（屯）長、僕射弗告，戍一歲；（秦律雜抄 12—13）

又見於張家山漢簡，例如：

（1）博戲相奪錢財，若爲平者，奪爵各一級，戍二歲。（二年律令186）

（2）吏將徒，追求盜賊，必伍之，盜賊以短兵殺傷其將及伍人，而弗能捕得，皆戍邊二歲。（二年律令141）

（3）與盜賊遇而去北，及力足以追逮捕之而官□□□□□逗留畏耎弗敢就，奪其將爵一絡（級），免之，毋爵者戍邊二歲。（二年律令142—143）

（4）盜賊發，士吏、求盜部者，及令、丞、尉弗覺智（知），士吏、求盜皆以卒戍邊二歲，令、丞、尉罰金各四兩。（二年律令144）

（5）盜出黃金邊關徼，吏、卒徒部主者智（知）而出及弗索（索），與同罪；弗智（知），索（索）弗得，戍邊二歲。（二年律令76）

"戍"還見於嶽麓秦簡，此從略。

需要說明的是，上述流放刑中的羁（遷）、適（謫）、冗邊、繇（徭）戍、戍/戍邊等，雖然不見於《唐律疏議》，可以算是秦漢簡牘法律文獻中獨有的，但却與《唐律疏議》中的流刑有着密切聯繫，基本屬於同一類刑罰，只不過唐律將前代刑罰加以簡化，各種流放刑合併爲流刑，並附加流放的里程加以區別罷了。

（八）拘禁刑類

拘禁刑即將犯罪人拘禁關押，限制其人身自由的刑罰。秦漢簡牘法律文獻中的拘禁刑主要有毄（繫）、錮等。總之，這類刑罰在秦漢簡牘中並不多見。

1. 毄（繫）

拘禁，加戴刑具拘禁、關押。

見於睡虎地秦簡，例如：

（1）人奴妾毄（繫）城旦舂，貣（貸）衣食公，日未備而死者，出其衣食。（秦律十八種142）

（私家男女奴隸被拘繫服城旦舂勞役的，由官府借予衣食，其勞作日數未滿而死，註銷其衣食不必償還。）

（2）毄（繫）城旦舂，公食當責者，石卅錢。（秦律十八種143）

（拘繫服城旦舂勞役，官府給予飯食應收代價的，每石收三十錢。）

（3）有投書，勿發，見輒燔之；能捕者購臣妾二人，毄（繫）投書者鞫審讞之。（法律答問53）

（有投匿名信的，不得拆看，見後應即燒毀；能把投信人捕獲的，獎給男女奴隸二人，將投信人囚禁，審訊定罪。）

繫，《一切經音義》卷十四"繫閉"注引顧野王云："拘束也，留滯也。"

《玉篇·系部》："繫，約束留滯也。"對於讞獄之人的"繫"，可能強調留滯待決。

還見於龍崗秦簡、張家山漢簡、王杖詔書令冊、懸泉漢簡等，此不贅舉。

2. 錮

見於張家山漢簡，例如：

（1）賊殺傷父母，牧殺父母，歐（毆）詈父母，父母告子不孝，其妻子為收者，皆錮，令毋得以爵償、免除及贖。（二年律令 38）

（2）當：平當耐為隸臣，錮，毋得以爵、當賞免。（奏讞書 65）

（3）令曰：諸毋名數者，皆令自占書名數，令到縣道官，盈卅日，不自占書名數，皆耐為隸臣妾，錮，勿令以爵、賞免，舍匿者與同罪，以此當平。（奏讞書 65—66）

錮，禁錮。許道勝：錮，監禁，關押。① 朱紅林認為"錮"是枷鎖加身之意。② 張伯元認為："錮，是一種'受禁'的懲罰……'受禁'的具體內容應該就是指'令毋得以爵償、免、除及贖''毋得以爵當、賞免''勿令以爵、賞免'。"③ 高恒：錮，禁錮。一種懲罰方式，即禁止犯法者做官或參加政治活動。漢代禁錮種類繁多，有本人禁錮終身者，有禁錮三屬者，有錮及五屬者，等等。④

（九）複合刑類

所謂複合刑，是指包含了兩種及以上刑種的刑罰。秦漢簡牘法律文獻中的複合刑較多，且多是徒刑與肉刑或恥辱刑組合。其中徒刑為主刑，肉刑或恥辱刑為附加刑。肉刑加徒刑和恥辱刑加徒刑代表了複合刑的兩種基本的、主要的類型。除此之外，還有一類是拘禁刑加徒刑的，也是以徒刑為主，拘禁刑為附加刑。

第一類　肉刑加徒刑

這種情況較多，以下僅舉一些常見用例加以說明。

1. 斬左止為城旦

先截去左足，再去服城旦的勞役。見於睡虎地秦簡，例如：

群盜赦為庶人，將盜戒（械）囚刑罪以上，亡，以故罪論，斬左止為城旦，後自捕所亡，是謂"處隱官"。（法律答問 125—126）

---

① 許道勝：《張家山漢簡〈二年律令·賊律〉補釋》，《江漢考古》2004 年第 4 期。
② 朱紅林：《張家山漢簡〈二年律令〉集釋》，第 43 頁。
③ 張伯元：《出土法律文獻研究》，第 223—233 頁。
④ 高恒：《秦漢簡牘中法制文書輯考》，社會科學文獻出版社 2008 年版，第 365 頁。

又見於張家山漢簡，例如：

解雖不智（知）其請（情），當以取（娶）亡人爲妻論，斬左止（趾）爲城旦。（奏讞書 34）

2. 黥（以）爲城旦/黥爲城旦/黥城旦

先在面額上刺刻塗墨，再去服城旦的勞役，見於睡虎地秦簡，例如：

（1）五人盜，臧（贓）一錢以上，斬左止，有（又）黥以爲城旦；不盈五人，盜過六百六十錢，黥剠（劓）以爲城旦；不盈六百六十到二百廿錢，黥爲城旦。"（法律答問 1—2）

（2）問甲及吏可（何）論？甲當黥爲城旦；吏爲失刑罪，或端爲，爲不直。（法律答問 33—34）

（3）完城旦，以黥城旦誣人。可（何）論？當黥。（法律答問 119）

又見於張家山漢簡，例如：

（1）十年八月庚申朔癸亥，大（太）僕不害行廷尉事，謂胡嗇夫讞（讞）獄史闌，讞（讞）固有審，廷以聞，闌當黥爲城旦，它如律令。（奏讞書 26—27）

（2）•律：取（娶）亡人爲妻，黥爲城旦，弗智（知），非有減也。（奏讞書 30—31）

（3）•吏當：黥武爲城旦，除視。•廷以聞，武當黥爲城旦，除視。（奏讞書 47—48）

（4）當：恢當黥爲城旦，毋得以爵減、免、贖。（奏讞書 72）

（5）律：盜臧（贓）直（值）過六百六十錢，黥爲城旦。（奏讞書 72—73）

3. 黥爲城旦舂/黥以爲城旦舂

先在面額上刺刻塗墨，再去服城旦舂的勞役。見於龍崗秦簡，例如：

（1）【黥】爲城旦舂，其（龍崗秦簡 70）

（2）【黥】爲城旦舂（龍崗秦簡 93）

（3）【殺】人，黥爲城旦舂；傷人，贖耐。（龍崗秦簡 108—109）

又見於張家山漢簡，例如：

（1）燔寺舍、民□室□屋□廬□舍、□積冣（聚），□黥爲城旦舂。（二年律令 4）

（2）爲僞書者，黥爲城旦舂。（二年律令 13）

（3）謀賊殺、傷人，未殺，黥爲城旦舂。（二年律令 22）

（4）鬼薪白粲毆庶人以上，黥以爲城旦舂。城旦舂也，黥之。（二年律令

29)

(5) 不孝者棄市。棄市之次，黥爲城旦舂。（奏讞書182）

(6) 妻之爲後次夫、父母，夫、父母死，未葬，奸喪旁者，當不孝，不孝棄市；不孝之次，當黥爲城旦舂；勢（教）悍，完之。（奏讞書186—187）

4. 刑爲城旦/刑城旦

先加肉刑，再去服城旦的勞役，見於睡虎地秦簡，例如：

(1) 求盜盜，當刑爲城旦，問罪當駕（加）如害盜不當？當。（法律答問3）

(2) "葆子□□未斷而誣告人，其罪當刑城旦，耐以爲鬼薪鋈足。"耤葆子之謂殹（也）。（法律答問108）

(3) 夫、妻、子五人共盜，皆當刑城旦，今中（甲）盡捕告之，問甲當購○幾可（何）？人購二兩。（法律答問136）

(4) 夫、妻、子十人共盜，當刑城旦，亡，今甲捕得其八人，問甲當購幾可（何）？當購人二兩。（法律答問137）

5. 刑爲隸臣/刑隸臣

先加肉刑，再去服隸臣的徒刑，見於睡虎地秦簡，例如：

(1) 葆子獄未斷而誣告人，其罪當刑爲隸臣，勿刑，行其耐，有（又）（繫）城旦六歲。（法律答問109）

(2) 可（何）謂"當刑爲隸臣"？有收當耐未斷，以當刑隸臣罪誣告人，是謂當刑隸臣。（法律答問109—110）

(3) 可（何）謂"當刑爲鬼薪"？●當耐爲鬼薪未斷，以當刑隸臣及完城旦誣告人，是謂"當刑鬼薪"。（法律答問111—112）

6. 刑鬼薪/刑爲鬼薪

先加肉刑，再去服鬼薪的徒刑，見於睡虎地秦簡，例如：

可（何）謂"當刑爲鬼薪"？●當耐爲鬼薪未斷，以當刑隸臣及完城旦誣告人，是謂"當刑鬼薪"。（法律答問111—112）

第二類　恥辱刑加徒刑

1. 耐爲侯（候）

先處耐刑，再去服候的徒刑，見於睡虎地秦簡，例如：

(1) ●爲（僞）聽命書，法（廢）弗行，耐爲侯（候）；不辟（避）席立，貲二甲，法（廢）。（秦律雜抄4）

(2) 當除弟子籍不得，置任不審，皆耐爲侯（候）。（秦律雜抄6）

(3) 當耐司寇而以耐隸臣誣人，可（何）論？當耐爲隸臣。｜當耐爲侯（候）罪誣人，可（何）論？當耐爲司寇。（法律答問117）

2. 耐爲隸臣/耐隸臣

先處耐刑，再去服隸臣的徒刑，見於睡虎地秦簡，例如：

（1）司寇盜百一十錢，先自告，可（何）論？當耐爲隸臣，或曰貲二甲。（法律答問 8）

（2）當耐司寇而以耐隸臣誣人，可（何）論？當耐爲隸臣。（法律答問 117）

（3）當耐爲隸臣，以司寇誣人，可（何）論？當耐爲隸臣，有（又）毄（繫）城旦六歲。（法律答問 118）

（4）捕貲罪，即端以劍及兵刃刺殺之，可（何）論？殺之，完爲城旦；傷之，耐爲隸臣。（法律答問 124）

又見於嶽麓秦簡，例如：

史議：耐學隸臣，或令贖耐。（奏讞書・馮將軍毋擇）

又見於張家山漢簡，例如：

當：平當耐爲隸臣，錮，毋得以爵、當賞免。（奏讞書 65）

3. 耐爲隸妾

先處耐刑，再去服隸妾的徒刑，見於張家山漢簡，例如：

妻毆夫，耐爲隸妾。（二年律令 33）

4. 耐爲隸臣妾

先處耐刑，再去服隸臣妾的徒刑。見於龍崗秦簡，例如：

二百廿錢到百一十錢，耐爲隸臣妾；□（龍崗秦簡 40）

又見於張家山漢簡，例如：

（1）毀封，以它完封印印之，耐爲隸臣妾。（二年律令 16）

（2）鬭毆變人，耐爲隸臣妾。（二年律令 31）

（3）毆兄、姊及親父母之同產，耐爲隸臣妾。其奊詢詈之，贖黥。（二年律令 41）

（4）有罪當耐，其法不名耐者，庶人以上耐爲司寇，司寇耐爲隸臣妾。（二年律令 90）

5. 耐爲鬼薪

先處耐刑再去服鬼薪的徒刑，見於睡虎地秦簡，例如：

可（何）謂"當刑爲鬼薪"？●當耐爲鬼薪未斷，以當刑隸臣及完城旦誣告人，是謂"當刑鬼薪"。（法律答問 111—112）

又見於張家山漢簡，例如：

（1）律：儋乏不鬭，斬。篡遂縱囚，死罪囚，黥爲城旦，上造以上耐爲

鬼薪，以此當。(奏讞書 158—159)

(2) ·當之：當耐爲鬼薪。·毄（繫）。(奏讞書 159)

又見於上孫家寨漢簡，例如：

將長及死不出營（營，營）私卒、將吏皆耐爲鬼新（薪），其。(孫家寨漢簡 351)

6. 耐以爲鬼薪白粲

先處耐刑，再去服鬼薪白粲的徒刑。見於張家山漢簡，例如：

上造、上造妻以上，及内公孫、外公孫、内公耳玄孫有罪，其當刑及當爲城旦舂者，耐以爲鬼薪白粲。(二年律令 82)

7. 耐爲司寇/耐司寇

先處耐刑，再去服司寇的徒刑。見於睡虎地秦簡，例如：

當耐司寇而以耐隸臣誣人，可（何）論？當耐爲隸臣。｜當耐爲侯（候）罪誣人，可（何）論？當耐爲司寇。(法律答問 117)

又見於張家山漢簡，例如：

有罪當耐，其法不名耐者，庶人以上耐爲司寇，司寇耐爲隸臣妾。(二年律令 90)

又見於王杖詔書令册，例如：

臣廣未常（嘗）有罪耐司寇以上，廣對鄉吏趣，未辯。(王杖詔書令册 13—14)

又見於懸泉漢簡，例如：

賊律：毆親父母及同產，耐爲司寇，作如司寇。其詞（詣）署之，罰金一斤。(Ⅱ0115③：421)

又見於敦煌漢簡，例如：

●捕律：亡入匈奴、外蠻夷，守棄亭鄣逢者，不堅守降之，及從塞徼外來絳而賊殺之，皆要斬。妻子耐爲司寇，作如（敦煌漢簡 983）

又見於旱灘坡東漢木簡，例如：

吏部中有蝗蟲、水、火，比盗賊，不以求移，能（耐）爲司寇□（旱灘坡東漢木簡 12）

8. 完城旦/完爲城旦

先處完刑，再去服城旦的勞役。見於睡虎地秦簡，例如：

(1) 上造甲盗一羊，獄未斷，誣人曰盗一猪，論可（何）殹（也）？當完城旦。(法律答問 50)

(2) 或與人鬬，縛而盡拔其須麋（眉），論可（何）殹（也）？當完城旦。

（法律答問 81）

（3）士五（伍）甲鬬，拔劍伐，斬人髮結，可（何）論？當完爲城旦。（法律答問 84）

（4）隸臣將城旦，亡之，完爲城旦，收其外妻、子。子小未可別，令從母爲收。（法律答問 116）

又見於懸泉漢簡，例如：

論以來未嘗有它告劾，繫，當以律減罪□□二歲完城旦。它如爰書，敢言之。（Ⅰ0309③：276）

又見於居延新簡，例如：

其減罪一等。當安世以重罪完爲城旦，制曰：以贖論・神（EPT52：280A）

又見於敦煌漢簡，例如：

□□□□戊戌，令積蒲，八人，完爲城旦。（敦煌漢簡 1812）

還見於上孫家寨漢簡、居延漢簡、額濟納漢簡等，此不贅舉。

9. 完爲城旦舂/完城旦舂/完以爲城旦舂

先處完刑，再去服城旦舂的勞役。見於龍崗秦簡，例如：

（1）鹿一、麂一、麇一、麃一、狐二，當（？）完爲城旦舂，不□□□（龍崗秦簡 33）

（2）故罪當完城旦舂以上者，駕（加）其□；男子□□□（龍崗秦簡 42）

又見於張家山漢簡，例如：

（1）諸上書及有言也而謾，完爲城旦舂。其誤不審，罰金四兩。（二年律令 12）

（2）盜臧（贓）直（值）過六百六十錢，黥爲城旦舂。六百六十到二百廿錢，完爲城旦舂。（二年律令 55）

（3）所與同鬼薪白粲也，完以爲城旦舂。（二年律令 87）

又見於懸泉漢簡，例如：

●諸與人妻和奸，及所與□爲通者，皆完爲城旦舂，其吏也以彊（強）奸論之。其夫居官……（Ⅱ0112②：8）

又見於居延新簡，例如：

贖完城旦舂，六百石，直錢四萬。（EPT56：36）

第三類　拘禁刑加徒刑

1. 毄（繫）城旦舂

先羈押起來，再去服城旦舂的勞役，見於睡虎地秦簡，例如：

(1) 人奴妾毄（繫）城旦舂，貲（貸）衣食公，日未備而死者，出其衣食。（秦律十八種 142）

(2) 隸臣妾毄（繫）城旦舂，去亡，已奔，未論而自出，當治（笞）五十，備毄（繫）日。（法律答問 132）

又見於張家山漢簡，例如：

(1) 其當毄（繫）城旦舂，作官府償日者，罰歲金八兩；不盈歲者，罰金四兩。（二年律令 93—94）

(2) 吏民亡，盈卒歲，耐；不盈卒歲，毄（繫）城旦舂；公士、公士妻以上作官府，皆償亡日。其自出殹（也），笞五十。（二年律令 157）

2. 毄（繫）城旦六歲

先羈押起來，再去服城旦的勞役，後面還說明了服刑期限是六年。見於睡虎地秦簡，例如：

(1) 葆子獄未斷而誣告人，其罪當刑爲隸臣，勿刑，行其耐，有（又）毄（繫）城旦六歲。（法律答問 109）

(2) 葆子獄未斷而誣【告人，其罪】當刑鬼薪，勿刑，行其耐，有（又）毄（繫）城旦六歲。（法律答問 111）

(3) 當耐爲隸臣，以司寇誣人，可（何）論？當耐爲隸臣，有（又）毄（繫）城旦六歲。（法律答問 118）

3. 毄（繫）城旦舂六歲

先羈押起來，再去服城旦舂的勞役，後面還說明了服刑期限是六年。見於張家山漢簡，例如：

隸臣妾及收人有耐罪，毄（繫）城旦舂六歲。毄（繫）日未備而復有耐罪，完爲城旦舂。（二年律令 90—91）

除了上述三種常見複合刑外，還有一種比較少見的情況，就是三種刑罰並用。例如"耐以爲鬼薪鋈足"，見於睡虎地秦簡，例如：

葆子□□未斷而誣告人，其罪當刑城旦，耐以爲鬼薪鋈足。耤葆子之謂殹（也）。（法律答問 108）

在這裏，鋈，讀爲夭，《廣雅·釋詁一》："夭，折也。"鋈足，意爲刖足。（一說，鋈足應爲在足部施加刑械，與釱足、鐍足類似。）也就是說，這裏對犯人同時處以三種刑罰，有恥辱刑"耐"，有肉刑"鋈足"，還有徒刑"鬼薪"，這種情況後世基本未見。

二、《唐律疏議》獨有的刑罰名

《唐律疏議》中有些刑罰名，不見於秦漢簡牘法律文獻中，是其獨有的。

但這些刑罰名數量較少，而且有的雖然名稱與前代不同，但在內容或意義上卻跟秦漢律中的有些刑罰有著明顯的關聯。

（一）肉刑類：杖

杖刑，隋唐以來五刑之一。杖刑是指用荊條或大竹板拷打犯人的一種刑罰，杖作爲刑種始自東漢。南朝梁武帝定鞭杖之制，杖以荊條製成，分大杖、法杖、小杖三等。杖刑一般是"去衣受杖"，脫掉中衣（內衣），直接用毛竹、木板打臀部。

北齊北周，將杖刑列爲五刑之一。其後相沿直至清末。宋明清三代規定婦人犯了姦罪，必須"去衣受杖"，除造成皮肉之苦外，並達到凌辱之效。杖刑在《唐律疏議》中非常常見，例如：

（1）杖刑五：杖六十。贖銅六斤。杖七十。贖銅七斤。杖八十。贖銅八斤。杖九十。贖銅九斤。杖一百。贖銅十斤。（卷一名例2）

（2）諸於宮殿門雖有籍，皆不得夜出入。若夜入者，以闌入論；無籍入者，加二等；即持仗入殿門者，絞。夜出者，杖八十。（卷七衛禁72）

（3）諸受制忘誤及寫制書誤者，事若未失，笞五十；已失，杖七十。轉受者，減一等。（卷九職制113）

（4）諸制書有誤，不即奏聞，輒改定者，杖八十；官文書誤，不請官司而改定者，笞四十。（卷九職制114）

（二）徒刑類：徒

徒刑，是指剝奪犯罪人的人身自由，監禁於一定的場所並強制勞動的刑罰方法，自由刑的一種。早在奴隸社會和封建社會的刑法中，就已經出現了徒刑這一種刑罰方法。中國古代商周時期，歐洲的古羅馬、古希臘以及西歐中世紀都有徒刑這一刑罰方法的規定與使用。但是，奴隸制刑法和封建制刑法中的徒刑，均以懲罰性勞動爲主，並且適用範圍有限，不屬於刑罰體系的中心，而廣泛適用的是死刑和身體刑。

徒刑是唐律的五刑之一，在《唐律疏議》中也非常常見。例如：

（1）徒刑五：一年。贖銅二十斤。一年半。贖銅三十斤。二年。贖銅四十斤。二年半。贖銅五十斤。三年。贖銅六十斤。（卷一名例3）

（2）諸登高臨宮中者，徒一年；殿中，加二等。（卷七衛禁66）

（3）諸宿衛人被奏劾者，本司先收其仗，違者徒一年。謂在宮殿中直者。（卷七衛禁67）

（4）諸被制書，有所施行而違者，徒二年。失錯者，杖一百。失錯，謂失其旨。（卷九職制112）

需要指出的是，秦漢簡牘法律文獻中雖然還沒有"徒"這種名稱的刑罰，但其中的城旦、舂、鬼薪、白粲、隸臣、隸妾、司寇、作如司寇、城旦司寇、舂司寇、城旦舂之司寇、居、作、復作、候，等等，實際就是屬於徒刑類的刑罰，與唐律中的徒刑有着一脈相承的傳承關係，只不過唐律將前代此類刑罰加以合併簡化，總稱爲徒刑，並附加刑期加以區別罷了。

（三）流刑類

1. 流

流刑，古時的一種刑罰，是把犯人遣送到邊遠地方服勞役的刑罰。此刑始於秦漢，秦漢時期的遷刑、徙刑與流刑類似，但其適用對象比較特定，也比較狹窄，並非廣泛使用的刑種。流刑上升爲法定刑，首次用於對普通人犯罪進行處罰是在南北朝時期。之後，隋定爲五刑之一，沿至清。

流刑是唐律五刑之一，在《唐律疏議》中十分常見。例如：

（1）流刑三：二千里。贖銅八十斤。二千五百里。贖銅九十斤。三千里。贖銅一百斤。（卷一名例 4）

（2）諸奉敕以合符夜開宮殿門，符雖合，不勘而開者，徒三年；若勘符不合而爲開者，流二千里；其不承敕而擅開閉者，絞。（卷七衛禁 71）

（3）即宿衛人，於御在所誤拔刀子者，絞；左右並立人不即執捉者，流三千里。（卷七衛禁 73）

（4）私與禁兵器者，絞；共爲婚姻者，流二千里。（卷八衛禁 88）

2. 加役流

【疏】議曰：加役流者，舊是死刑，武德年中改爲斷趾。國家惟刑是恤，恩弘博愛，以刑者不可復屬，死者務欲生之，情軫向隅，恩覃祝網，以貞觀六年奉制改爲加役流（卷二名例 11 疏議）。加役流不是流刑，是死刑的減刑，即流三千里，勞役三年，它是唐太宗貞觀時期增加的刑種，作爲對某些死刑的寬宥處理。一般流刑，到配所皆服勞役一年，而加役流則增加服役兩年，故稱"加役流"，即加長流刑犯人的勞役時間。

唐初定律，流刑分爲三等，即二千里、二千五百里、三千里，均居作（服勞役）一年，稱"三流"或"常流"。

《唐律疏議·名例》及《唐六典》均説高祖武德年間曾改舊律中部分死刑爲斷右趾，至太宗貞觀六年（632年）認爲斬趾峻酷，而重新改爲加役流。

《舊唐書·刑法志》却説死刑改爲斷趾及斷趾改爲加役流均是太宗時期之事："及太宗即位……於是議絞刑之屬五十條，免死罪，斷其右趾，太宗尋又潛其受刑之苦……於是又除斷趾法，改爲加役流三千里，居作二年。"按唐律規定，加役流雖叫做流刑，但不包括在唐律五刑二十等中，而是作爲死刑的減刑存在。

犯罪應處以加役流者，即使八議者也不得減贖，依法除名配流。

加役流在《唐律疏議》中也很常見，例如：

（1）其加役流、反逆緣坐流、子孫犯過失流、不孝流、及會赦猶流者，各不得減贖，除名、配流如法。（卷二名例 11）

（2）即向廟、社、禁苑射及放彈、投瓦石殺傷人者，各以鬥殺傷論，至死者加役流。（卷八衛禁 79）

（3）不枉法者，一尺杖九十，二疋加一等，三十疋加役流。（卷十一職制 138）

（4）諸以赦前事相告言者，以其罪罪之。官司受而爲理者，以故入人罪論。至死者，各加役流。（卷二十四鬥訟 354）

（5）雖是監臨主司，於法不合行罰及前人不合捶拷，而捶拷者，以鬥殺傷論，至死者加役流。（卷三十斷獄 483）

3. 反逆緣坐流

【疏】議曰：謂緣坐反、逆得流罪者（卷二名例 11 疏議）。指的是對謀反、謀大逆罪犯的一定服制親屬處以流刑。反逆罪，亦指造反，謀毀皇帝家廟、山陵及宮闕等。緣坐，亦稱"從坐""隨坐"，即一人犯罪而株連其親屬家屬。唐律規定，謀反及謀大逆者皆斬，其父及十六歲以上之子皆絞。十五歲以下之子及母、女、妻、妾（子之妻妾亦同）、祖、孫、兄弟、姊妹及其部曲與資財田宅並沒官。其伯叔父及兄弟之子，不問同居或別籍，皆流三千里。此刑總稱反逆緣坐，流刑稱反逆緣坐流。

反逆緣坐流在《唐律疏議》中也很常見，例如：

（1）其加役流、反逆緣坐流、子孫犯過失流、不孝流、及會赦猶流者，各不得減贖，除名、配流如法。（卷二名例 11）

（2）答曰：會赦猶流，常赦所不免，雖會赦、降，仍依前除名、配流。其不孝流、反逆緣坐流，雖會赦，亦除名。（卷二名例 18 疏議問答四）

（3）諸年七十以上、十五以下及廢疾，犯流罪以下，收贖。犯加役流、反逆緣坐流、會赦猶流者，不用此律；至配所，免居作。（卷四名例 30）

（4）若應沒而放，應放而沒，各依流罪以故失論，謂反逆緣坐流三千里，沒官罪重，須用三千里流法，若故，同故出入三千里流；若失，同失出入三千里流。（卷三十斷獄 491 疏議）

4. 子孫犯過失流

指因"耳目所不及，思慮所不到之類"而誤殺祖父母、父母被判刑之人，須受流刑，且不得減、贖。【疏】議曰：謂耳目所不及，思慮所不到之類，而殺祖父母、父母者（卷二名例 11 疏議）。

《唐律疏議》中有一些用例，例如：

（1）其加役流、反逆緣坐流、子孫犯過失流、不孝流、及會赦猶流者，各不得減贖，除名、配流如法。（卷二名例 11）

（2）子孫犯過失流，會赦，免罪；會降，有官者聽依當、贖法。（卷二名例 18 疏議問答四）

5. 不孝流

唐律規定，聞父母喪匿不舉哀；告發祖父母、父母的從犯（主犯處絞）；呪詛祖父母、父母；用迷信邪道之類手段，求祖父母、父母愛媚者；皆處流刑，稱不孝流。【疏】議曰：不孝流者，謂聞父母喪，匿不舉哀，流；告祖父母、父母者絞，從者流；呪詛祖父母、父母者，流；厭魅求愛媚者，流（卷二名例 11 疏議）。《唐律疏議》中用例如：

（1）其加役流、反逆緣坐流、子孫犯過失流、不孝流、及會赦猶流者，各不得減贖，除名、配流如法。（卷二名例 11）

（2）其不孝流、反逆緣坐流，雖會赦，亦除名。（卷二名例 18 疏議問答四）

6. 會赦猶流

造畜蠱毒及教令者處以絞刑，雖遇赦書仍與其家口處流刑三千里。又殺小功（同曾祖謀）尊屬、從父兄姊及謀反大逆者，雖遇赦，猶流二千里，故稱"會赦猶流"。會，遇到。例如：

（1）其加役流、反逆緣坐流、子孫犯過失流、不孝流、及會赦猶流者，各不得減贖，除名、配流如法。（卷二名例 11）

（2）【疏】議曰：案《賊盜律》云："造畜蠱毒，雖會赦，并同居家口及教令人亦流三千里。"《斷獄律》云："殺小功尊屬、從父兄姊及謀反、大逆者，身雖會赦，猶流二千里。"此等並是會赦猶流。（卷二名例 11 疏議）

（3）答曰：會赦猶流，常赦所不免，雖會赦、降，仍依前除名、配流。（卷二名例 18 疏議問答四）

7. 配流/流配

是指把罪人發配、流放到遠地。唐張鷟《朝野僉載》卷一："懷州錄事參軍路敬潛遭綦連輝事於新開推鞫，免死配流。"《舊唐書·則天皇后紀》："元軌配流黔州。"又作"流配"，同義複合詞，順序可換，亦稱同素異序詞。《北齊書・元景安傳》："自外同聞語者數人，皆流配遠方。"

配流和流配在《唐律疏議》中也非常常見，例如：

（1）其加役流、反逆緣坐流、子孫犯過失流、不孝流、及會赦猶流者，各不得減贖，除名、配流如法。（卷二名例 11）

（2）答曰：會赦猶流，常赦所不免，雖會赦、降，仍依前除名、配流。（卷二名例 18 疏議問答四）

（3）即本犯不應流而特配流者，三載以後亦聽仕。（卷三名例 24 疏議）

（4）其婦人犯流者，亦留住，造畜蠱毒應流者，配流如法。（卷三名例 28）

（5）除名者，免居作。即本罪不應流配而特配者，雖無官品，亦免居作。（卷二名例 11 注）

（6）諸流配人在道會赦，計行程過限者，不得以赦原。謂從上道日總計，行程有違者。（卷三名例 25）

（7）若夫、子犯流配者，聽隨之至配所，免居作。（卷三名例 28）

需要指出的是，秦漢簡牘法律文獻中雖然還沒有"流"這種名稱的刑罰，但其中的䙴（遷）、適（謫）、冗邊、繇（徭）戍、戍/戍邊等，實際就是屬於流放刑類的刑罰，與唐律中的流刑非常相似，有密切的傳承關係，只不過唐律將前代此類刑罰加以合併簡化，總稱為流刑，並附加流放里程加以區別罷了。

（四）身份刑類

這種降低身份的處罰本應該屬於行政處罰，但是中國古代諸法合體、刑民不分，故可籠統稱之為刑罰。

1. 免官

免去官職。在《唐律疏議》中也非常常見，例如：

（1）若男夫犯盜，斷徒以上及婦人犯姦者，併合免官。（卷二名例 11 疏議）

（2）免官以下，並從議、請、減、贖之例，留官收贖。（卷二名例 12 疏議）

（3）祖父母、父母犯死罪，被囚禁，而作樂及婚娶者：免官。（卷三名例 19）

（4）免官者，三載之後，降先品二等敘。（卷三名例 21）

（3）諸除名者，比徒三年；免官者，比徒二年；免所居官者，比徒一年。（卷三名例 23）

2. 除名

除名，是指中國封建時代對官吏犯罪的一種處罰方法，即開除官籍。《秦簡》稱被開除官籍者爲廢官，永遠不得敘用。漢承秦制，也有除名的規定。《晉書·刑法志》載，魏有"雜抵罪七"，大致就是奪爵除名之類。《隋書·刑法志》載開皇律規定："犯十惡及故殺人獄成者，雖會赦，猶除名。"唐因隋制，對除名規定更具體。《唐律疏議·名例》："六載之後聽敘，依出身法。若本犯不至免官，而特除名者，敘法用免官例。"明清律均有類似規定。

"除名"在《唐律疏議》中使用頻率較高，例如：

（1）其加役流、反逆緣坐流、子孫犯過失流、不孝流、及會赦猶流者，各不得減贖，除名、配流如法。（卷二名例 11）

（2）犯除名者，爵亦除；本犯免官、免所居官及官當者，留爵收贖。（卷二名例 11 疏議）

（3）即監臨主守，於所監守內犯姦、盜、略人，若受財而枉法者，亦除名。（卷二名例 18）

（4）諸除名者，官爵悉除，課役從本色。（卷三名例 21）

（5）諸除名者，比徒三年；免官者，比徒二年；免所居官者，比徒一年。（卷三名例 23）

3. 官當

官當是指官吏犯罪可以官品抵擋刑罪，這是古代官吏享有的特權。官員犯罪後能用自己的官品抵擋徒刑，是封建等級特權原則在法律中的又一具體體現。按以官當徒原則，公罪比私罪抵當爲多，官品高的比官品低的抵當爲多。

"官當"作爲一項制度正式形成於南北朝時期的北魏和南陳。"官當"成爲保護犯罪貴族、官僚、地主逃脱刑罰制裁的手段。"官當"制度確立以後，隋唐宋的封建法典均予以沿用。唐律更規定如果現有的官品不夠當罪，還可以用歷任的官品來當。如果以現任的官品當罪有剩餘，就不再罷官了，交銅進行贖罪即可。如果所有的官品都加上，還不夠當罪，就罷官，剩餘的也交銅贖罪，不必執行刑罰。"罪輕不盡其官，留官收贖；官少不盡其罪，餘罪收贖。"官當制充分體現了古代官本位的思想，國家對於官員的照顧可謂無微不至，這也是封建專制制度本身的等級制所決定的。

明清法律中雖未明確規定"官當"之制，却代之以罰俸、革職等一系列制度，以繼續維護封建官僚的等級特權。

"官當"一語在《唐律疏議》中很常見，例如：

(1) 諸應議、請、減及九品以上之官，若官品得減者之祖父母、父母、妻、子孫，犯流罪以下，聽贖；若應以官當者，自從官當法。(卷二名例 11)

(2) 諸無官犯罪，有官事發，流罪以下以贖論。謂從流外及庶人而任流內者，不以官當、除、免。犯十惡及五流者，不用此律。(卷二名例 16)

(3) 若有餘罪及更犯者，聽以歷任之官當。歷任，謂降所不至者。其流內官而任流外職，犯罪以流內官當及贖徒一年者，各解流外任。(卷二名例 17)

(4) "及前人不合捶拷"，謂前人無罪，或雖有罪應合官當、收贖之類，而輒捶拷者："以鬥殺傷論"，謂傷與不傷，並依他物鬥毆之法。(483 疏議)

(5) 若大理寺及諸州斷流以上，若除、免、官當者，皆連寫案狀申省，大理寺及京兆、河南府即封案送。(485 疏議)

(6) "若除、免、官當"，謂犯罪斷除名、免官、免所居官及官當，應追告身，不送者，亦一日笞十，五日加一等，罪止杖一百。(493 疏議)

(7) 諸斷罪應決配之而聽收贖，應收贖而決配之，若應官當而不以官當及不應官當而以官當者，各依本罪，減故、失一等。死罪不減。(卷三十斷獄 498)

4. 以官當流

指有品位的官員如犯流罪，允許以官位抵罪。《唐律疏議》中凡 2 見，例如下：

(1) 【疏】議曰："有官犯罪，無官事發"，謂若有九品官犯流罪，合除名，其事未發，又犯徒一年，亦合除名，斷一年徒，以九品官當，并除名訖，其流罪後發，以官當流，比徒四年，前已當徒一年，猶有三年徒在，聽從官蔭之律，徵銅六十斤放免。(卷二名例 16 疏議)

(2) 以官當流者，三流同比徒四年。(卷二名例 17)

5. 以官當徒

職官犯罪應徒者，以其所任職官高低級別折抵徒刑年限。《唐律疏議》中凡 7 見，例如：

(1) 諸犯私罪，以官當徒者私罪，謂私自犯及對制詐不以實、受請枉法之類，五品以上，一官當徒二年；九品以上，一官當徒一年。若犯公罪者公罪，謂緣公事致罪而無私、曲者，各加一年當。(卷二名例 17)

(2) 【疏】議曰：假有人犯免官及免所居官，或以官當徒，各用一官、二官當免訖，更犯徒、流，或犯免官、免所居官、官當，餘有歷任之官告身在者，各依上法當、免。未斷更犯，通以降所不至者當之。(卷三名例 21 疏議)

(3) 諸以官當徒者，罪輕不盡其官，留官收贖；官少不盡其罪，餘罪收

贖。（卷三名例 22）

（4）【疏】議曰：假有五品以上官，犯私坐徒二年，例減一等，即是"罪輕不盡其官，留官收贖"。官少不盡其罪者，假有八品官，犯私坐一年半徒，以官當徒一年，餘罪半年收贖之類。（卷三名例 22 疏議）

6. 用官當徒

義同"以官當徒"，即職官犯罪應徒者，以其所任職官高低級別折抵徒刑年限。《唐律疏議》中凡 2 見，例如下：

（1）若用官當徒者，職事每階各爲一官，勳官即正、從各爲一官。（卷二名例 17 疏議）

（2）"或不應官當"，謂罪輕不盡其官及過失犯罪，不合用官當徒，而官司乃以官當者。（卷三十斷獄 498 疏議）

（五）經濟刑類

經濟刑，是罰沒錢財類的處罰，主要包括收贖、留爵收贖、留官收贖、徵贖、沒官等。

1. 收贖

凡老幼、廢疾、篤疾、婦人犯徒流等刑者，准其以銀贖罪，謂之收贖。

"收贖"在《唐律疏議》中很多見，例如：

（1）止如加役流、反逆緣坐流、不孝流，此三流會降，並聽收贖。（卷二名例 11 疏議問答）

（2）其於"贖章"內合除、免、官當者，亦聽收贖。（卷二名例 16 疏議）

（3）其有六品散官，守五品職事，亦犯私罪徒二年半者，亦用本品官當徒一年，餘徒收贖，解五品職事之類。（卷二名例 17 疏議）

（4）諸以官當徒者，罪輕不盡其官，留官收贖；官少不盡其罪，餘罪收贖。（卷三名例 22）

（5）諸年七十以上、十五以下及廢疾，犯流罪以下，收贖。（卷四名例 30）

（6）諸斷罪應決配之而聽收贖，應收贖而決配之，若應官當而不以官當及不應官當而以官當者，各依本罪，減故、失一等。死罪不減。（卷三十斷獄 498）

2. 留爵收贖

保留爵位用錢財贖罪。在《唐律疏議》中僅見一例，例如下：

犯除名者，爵亦除；本犯免官、免所居官及官當者，留爵收贖。縱有官爵合減，亦不得減。（卷二名例 11 疏議）

3. 留官收贖

保留官職用錢財贖罪。在《唐律疏議》凡4見，例如下：

(1)《晉律》："應八議以上，皆留官收贖，勿髡、鉗、笞也。"（卷一名例5疏議）

(2) 除名者，爵亦除；免官以下，並從議、請、減、贖之例，留官收贖。（卷二名例12疏議）

(3) 諸以官當徒者，罪輕不盡其官，留官收贖；官少不盡其罪，餘罪收贖。（卷三名例22）

(4)【疏】議曰：假有五品以上官，犯私坐徒二年，例減一等，即是"罪輕不盡其官，留官收贖"。（卷三名例22疏議）

4. 徵贖

徵收贖金抵罪。在《唐律疏議》中凡7見，例如：

(1) 若贖一年半徒，自從重斷徵贖，不合從輕加杖。（卷六名例45疏議問答）

(2)【疏】議曰：謂以上應徵贖之人，若年七十以上、十五以下及廢疾，依律不合加杖，勘檢復無財者，並放免不徵。（卷六名例47疏議）

(3) "過失殺傷者，依凡論"，謂殺者，依凡人法，贖銅一百二十斤；傷者，各依凡人傷法徵贖。（卷二十二鬥訟331疏議）

(4)【疏】議曰：失罪人經三十日，追捕不得，無官蔭者或配徒、流，有官蔭者或已徵贖，此後能自捕得罪人，各追減前所斷罪三等。（卷二十八捕亡451疏議）

(5)【疏】議曰：依《獄官令》："杖罪以下，縣決之。徒以上，縣斷定，送州覆審訖，徒罪及流應決杖、笞若應贖者，即決配徵贖。（卷三十斷獄485疏議）

5. 沒官

沒收入官。這是一種類似收歸國有的刑罰。沒收對象主要是財產，除了財產以外還有田宅和奴婢。"沒官"在《唐律疏議》中出現頻次較高，例如：

(1) 諸彼此俱罪之贓謂計贓為罪者，及犯禁之物，則沒官。若盜人所盜之物，倍贓亦沒官。（卷四名例32）

(2)【疏】議曰：謂甲弩、矛矟、旌旗、幡幟及禁書、寶印之類，私家不應有者，是名"犯禁之物"。彼此俱罪之贓以下，並沒官。（卷四名例32疏議）

(3)【疏】議曰："簿斂之物"，謂謀反、大逆人家資合沒官者。（卷四名

例 32 疏議）

（4）【疏】議曰：謂反逆人家口合緣坐沒官，罪人於後蒙恩得免，緣坐者雖已配沒，亦從放免。其奴婢同於資財，不從緣坐免法。（卷四名例 32 疏議）

（5）【疏】議曰：稱正贓者，謂盜者自首，不徵倍贓。稱如法者，同未首前法，徵還官、主：枉法之類，彼此俱罪，猶徵沒官；取與不和及乞索之類，猶徵還主。（卷五名例 37 疏議）

第六章
秦漢簡牘法律文獻與《唐律疏議》一般法律用語比較

在秦漢簡牘法律文獻和《唐律疏議》中，有一些一般法律用語，名稱和意義都是相同的；有一些雖然名稱不相同，但含義或表示的內容是差不多的；還有一些是只見於其中一種法律文獻，不見於另一種法律文獻，屬於各自獨有的一般法律用語，這種情況所占比重較大。

第一節　共同具有的一般法律用語

秦漢簡牘法律文獻和《唐律疏議》共同具有的一般法律用語，有的屬於表示犯罪主觀方面故意或過失類用語，有的是訴訟和審判用語，還有的是法律習用語。

一、表示犯罪主觀方面故意或過失類

秦漢簡牘法律文獻和《唐律疏議》這方面共有的一般法律用語主要有如下一些：故、失、誤等。例如：

1. 故

表主觀上故意。見於龍崗秦簡，例如：

(1) ☑租故重☑（龍崗秦簡 170）

(2) ☑故輕故重☑（龍崗秦簡 171）

又見於張家山漢簡，例如：

(1) 鞫（鞫）獄故縱、不直，及診、報、辟故弗窮審者，死罪，斬左止（趾）爲城旦，它各以其罪論之。（二年律令 93）

(2) 劾人不審，爲失；其輕罪也而故以重罪劾之，爲不直。（二年律令 112）

(3) 毋敢以投書者言毄（繫）治人。不從律者，以鞫獄故不直論。（二年律令 118）

(4) 越邑里、官市院垣，若故壞決道出入，及盜啓門户，皆贖黥。其垣壞高不盈五尺者，除。（二年律令 182）

(5) 故毀銷行錢以爲銅、它物者，坐臧（贓）爲盜。（二年律令 199）

以上所舉秦漢簡例句中，"故"都表"故意"之義。

"故"也見於《唐律疏議》中，例如：

(1) 但"御幸舟船"以上三事，皆爲因誤得罪，設未進御，亦同十惡；如其故爲，即從"謀反"科罪。（卷一名例 6 疏議）

(2) 其於期親以上尊長犯過失殺傷應徒，及故毆凡人至廢疾應流，並合官當。（卷二名例 11 疏議）

(3) 或愚癡而犯，或情惡故爲，於律雖得勿論，準禮仍爲不孝。（卷四名例 30 疏議問答）

(4)【疏】議曰：假有縣典，故增囚狀，加徒半年，縣尉知而判入，即以典爲首，合徒半年。（卷六名例 56 疏議）

(5) 即應爲婚，雖已納娉，期要未至而强娶，及期要至而女家故違者，各杖一百。（卷十四户婚 193）

以上所舉各例中，"故"的意思也是"故意"之義。

可見，"故"表"故意"之義，是秦漢簡牘法律文獻和《唐律疏議》所共有的，表現出該法律用語的傳承性和源遠流長。

2. 失

表過失、失誤，非出故意，與"故"相對。

見於龍崗秦簡，例如：

吏論：失者，已坐以論。（龍崗秦簡）

失者，指以往的過失、錯誤。

又見於張家山漢簡，例如：

"劾人不審，爲失"（二年律令 112）

又見於懸泉漢簡，例如：

●囚律：劾人不審爲失，以其贖半論之。（Ⅰ0112①：1）

"失"也見於《唐律疏議》中，例如：

(1) 失者，謂合和皇太子藥誤不如本方及封題誤，并守衛不覺闌入東宮宮殿門，如此之類，謂之爲"失"。（卷六名例 51 疏議）

(2) 諸貢舉非其人及應貢舉而不貢舉者，一人徒一年，二人加一等，罪

止徒三年。若考校、課試而不以實及選官乖於舉狀，以故不稱職者，減一等。失者，各減三等。(卷九職制 92)

(3) 諸放官私畜產，損食官私物者，笞三十；贓重者，坐贓論。失者，減二等。各償所損。若官畜損食官物者，坐而不償。(卷十五廄庫 209)

(4) 諸乏軍興者斬，故、失等。謂臨軍征討，有所調發，而稽廢者。(卷十六擅興 230)

上舉各例中，"失"的意思也是"失誤、過失，非故意"之義。

可見，《唐律疏議》中的"失"和秦漢簡牘法律文獻中的"失"表示的含義是相同的，説明了二者之間有傳承關係，是一脈相承的。

3. 誤

與"失"相近，表示失誤、錯誤，非出故意。

見於張家山漢簡，例如：

(1) 諸上書及有言也而謾，完爲城旦舂。其誤不審，罰金四兩。(二年律令 12)

(2) □□□而誤多少其實，及誤脱字，罰金一兩。誤，其事可行者，勿論。(二年律令 17)

關於例 (1) 中的"誤"，張家山漢簡研讀班認爲：此處"誤"乃指一種過失行爲，非指偶然[①]。例 (2) 中的"誤"，也是指不小心造成的失誤之義。《釋讀本》(95 頁)："誤"，漢律用語，指無意的失誤。

"誤"也見於《唐律疏議》，且出現頻率極高，凡 190 餘見。例如：

(1) 合和御藥，誤不如本方及封題誤；若造御膳，誤犯食禁；御幸舟船，誤不牢固。(卷一名例 6)

(2) 若於陛仗內誤遺兵仗者，杖一百。弓、箭相須，乃坐。(卷七衛禁 65)

(3) 即宿衛人，於御在所誤拔刀子者，絞；左右並立人不即執捉者，流三千里。(卷七衛禁 73)

(4) 其誤殺傷者，不坐，但償其減價。主自殺馬牛者，徒一年。(卷十五廄庫 203)

(5) 注云"此謂因盜而誤殺者"，謂本心只欲規財，因盜而誤殺人者，亦同因盜過失殺人，依鬥殺之罪。不言傷者，爲傷罪稍輕，聽從誤傷之法。但殺人坐重，雖誤，同鬥殺論；若實故殺，自依故殺傷法。(卷二十賊盜 287 疏議)

上舉各例中，"誤"也是因不小心而造成失誤的意思。

---

① 張家山漢簡研讀班：《張家山漢簡〈二年律令〉校讀記》，載《簡帛研究二〇〇二、二〇〇三》，桂林：廣西師范大學出版社，2005 年版，第 178 頁。

可見，《唐律疏議》中的"誤"和張家山漢簡中的"誤"意思是一樣的，它們之間應該存在傳承關係，是一脈相承的，體現了該法律用語的繼承性。

二、表示訴訟和審判用語類

這方面相同的一般法律用語有如下一些：

1. 告

義爲控告，告發。

見於睡虎地秦簡，例如：

（1）百姓不當老，至老時不用請，敢爲酢（詐）偽者，貲二甲；典、老弗告，貲各一甲；伍人，戶一盾，皆罨（遷）之。（秦律雜抄32—33）

（2）告人盜百一十，問盜百，告者可（何）論？當貲二甲。（法律答問38）

（3）甲告乙盜牛，今乙賊傷人，非盜牛殹（也），問甲當論不當？不當論，亦不當購；或曰爲告不審。（法律答問44）

（4）甲盜羊，乙智（知），即端告曰甲盜牛，問乙爲誣人，且爲告不審？當爲告盜駕（加）臧（贓）。（法律答問45）

又見於嶽麓秦簡，例如：

人能捕盜縣官兵兵刃者，以律購之。當坐者，捕；告者，除其罪。【臨3】

又見於張家山漢簡，例如：

（1）諸欲告罪人，及有罪先自告而遠其縣廷者，皆得告所在鄉，鄉官謹聽，書其告，上縣道官。廷士吏亦得聽告。（二年律令101）

（2）子告父母，婦告威公，奴婢告主、主父母妻子，勿聽而棄告者市。（二年律令133）

又見於王杖詔書令冊，例如：

（1）雲陽白水亭長張熬，坐毆捶受王杖主，使治道。男子王湯告之，即棄市。（王杖詔書令冊8—9）

（2）長安東鄉嗇夫田宣，坐毆（繫）鳩杖主。男子金里告之，棄市。（王杖詔書令冊24—25）

還見於額濟納漢簡、敦煌漢簡等，此不贅舉。

"告"也見於《唐律疏議》，且出現頻率很高，例如：

（1）其有堪供而闕者，祖父母、父母告乃坐。（卷一名例6疏議）

（2）告祖父母、父母者絞，從者流。（卷二名例11疏議）

（3）諸知謀反及大逆者，密告隨近官司，不告者，絞。知謀大逆、謀叛不告者，流二千里。知指斥乘輿及妖言不告者，各減本罪五等。官司承告，不即掩捕，經半日者，各與不告罪同；若事須經略，而違時限者，不坐。（卷二十三鬥訟 340）

（4）諸告祖父母、父母者，絞。謂非緣坐之罪及謀叛以上而故告者。下條準此。（卷二十三鬥訟 345）

（5）諸告緦麻、小功卑幼，雖得實，杖八十；大功以上，遞減一等。誣告重者，期親，減所誣罪二等；大功，減一等；小功以下，以凡人論。（卷二十四鬥訟 347）

在以上所舉各例中，"告"的意思也是控告、告發之義。

可見，《唐律疏議》中的"告"和秦漢簡牘法律文獻中的"告"意思是一樣的。這說明二者之間存在一脈相承的傳承關係。

2. 聽

官吏受理告訴案件。見於睡虎地秦簡，例如：

以乞鞫及爲人乞鞫者，獄已斷乃聽，且未斷猶聽殹（也）？獄斷乃聽之。（法律答問 115）

又見於張家山漢簡，例如：

諸欲告罪人，及有罪先自告而遠其縣廷者，皆得告所在鄉，鄉官謹聽，書其告，上縣道官。廷士吏亦得聽告。（二年律令 101）

"聽"也見於《唐律疏議》，且出現頻率很高。例如：

（1）即非相容隱，被告者論如律。若告謀反、逆、叛者，各不坐。其相侵犯，自理訴者，聽。（卷二十四鬥訟 346）

（2）諸被囚禁，不得告舉他事。其爲獄官酷己者，聽之。（卷二十四鬥訟 352）

（3）又準獄官令："囚告密者，禁身領送。"即明知謀叛以上，聽告；餘準律不得告舉。（卷二十四鬥訟 352 疏議）

（4）即年八十以上，十歲以下及篤疾者，聽告謀反、逆、叛、子孫不孝及同居之內爲人侵犯者，餘並不得告。官司受而爲理者，各減所理罪三等。（卷二十四鬥訟 352）

（5）【疏】議曰：老、小及篤疾之輩，犯法既得勿論，唯知謀反、大逆、謀叛，子孫不孝及闕供養，及同居之內爲人侵犯，如此等事，並聽告舉。自餘他事，不得告言。（卷二十四鬥訟 352 疏議）

上舉各例中，"聽"也是指官府受理百姓告訴案件的意思。

可見，《唐律疏議》中的"聽"和秦漢簡牘法律文獻中的"聽"意思是一樣的。這説明二者之間存在着密切的傳承關係，它們是一脈相承的。

3. 論

義爲判處、論處、論罪、定罪。

見於睡虎地秦簡，例如：

（1）甲盜牛，盜牛時高六尺，毄（繫）一歲，復丈，高六尺七寸，問甲可（何）論？當完城旦。（法律答問 6）

（2）或盜采人桑葉，臧（贓）不盈一錢，可（何）論？貲繇（徭）三旬。（法律答問 7）

（3）甲盜不盈一錢，行乙室，乙弗覺，問乙論可（何）殹（也）？毋論。（法律答問 10）

又見於龍崗秦簡，例如：

（1）☐不出者，以盜（盜）入禁苑律論之；伍人弗言者，與同灋（法）。（龍崗秦簡 20—21）

（2）☐罪及稼臧（贓）論之。（龍崗秦簡 161）

又見於龍崗秦簡，例如：

（1）辟死，論不當爲城旦。（辟死爲人名）

（2）失者，已坐以論。

又見於張家山漢簡，例如：

（1）軍吏、緣邊縣道，得和爲毒。毒矢謹臧（藏）。節（即）追外蠻夷盜，以假之，事已輒收臧。匿及弗歸，盈五日，以律論。（二年律令 19）

（2）謀偕盜而各有取也，并直（值）其臧（贓）以論之。（二年律令 58）

（3）人婢清助趙邯鄲城，已即亡，從兄趙地，以亡之諸侯論。（奏讞書 23—24）

（4）有（又）曰：有死父，不祠其家三日，子當何論？廷尉毅等曰：不當論。（奏讞書 190）

"論"還見於里耶秦簡、王杖詔書令册、旱灘坡東漢木簡、懸泉漢簡、居延漢簡、居延新簡等。總之，"論"是一個高頻詞，此不贅舉。

"論"也見於《唐律疏議》，且也是一個高頻詞，例如：

（1）諸五品以上妾，犯非十惡者，流罪以下，聽以贖論。（卷二名例 13）

（2）卑官犯罪，遷官事發；在官犯罪，去官事發；或事發去官：犯公罪流以下各勿論，餘罪論如律。（卷二名例 16）

（3）諸犯罪時雖未老、疾，而事發時老、疾者，依老、疾論。若在徒年限内老、疾，亦如之。犯罪時幼小，事發時長大，依幼小論。（卷四名例 31）

（4）若同職有私，連坐之官不知情者，以失論。（卷五名例40）

（5）諸共犯罪而本罪別者，雖相因為首從，其罪各依本律首從論。（卷五名例43）

（6）諸二罪以上俱發，以重者論；謂非應累者，唯具條其狀，不累輕以加重。若重罪應贖，輕罪應居作、官當者，以居作、官當為重。（卷六名例45）

從以上所舉各例來看，"論"在《唐律疏議》中也有論處、論罪之義。

可見，《唐律疏議》中的"論"和秦漢簡牘法律文獻中的"論"有相同的意思，它們之間應該是有傳承關係，是一脈相承的。

4. 鞫

審訊問罪，窮治罪人。《尚書·呂刑》正義："漢世問罪謂之鞫。"據《史記·酷吏列傳》"（張）湯掘窟得盜鼠及餘肉，劾鼠掠治，傳爰書，訊、鞫、論、報，并取鼠與肉，具獄磔堂下"可知，"鞫"相當於"訊"與"論"之間的階段。

見於睡虎地秦簡，例如：

（1）士五（伍）甲盜，以得時直（值）臧（贓），臧（贓）直（值）過六百六十，吏弗直（值），其獄鞫乃直（值）臧（贓），臧（贓）直（值）百一十，以論耐，問甲及吏可（何）論？（法律答問33）

（2）有鞫　敢告某縣主：男子某有鞫，辭曰："士五（伍），居某里。"（封診式6）

又指對已經判決的案件作重新調查。漢代有"乞鞫"制度，初審判決後犯人可稱冤申訴，要求重審。見於龍崗秦簡，例如：

●鞫之：辟死，論不當為城旦。吏論：失者，已坐以論。九月丙申，沙羨丞甲、史丙，免辟死為庶人。令自尚也。（龍崗秦簡正面一背面）

又見於里耶秦簡，例如：

鞫之：越人以城邑反，蠻、衿、害弗智（知）／（秦始皇二十六年J1（12）10背面）

又見於張家山漢簡，例如：

（1）●鞫之：毋憂變（蠻）夷大男子，歲出賨錢，以當繇（徭）賦，窯遣為屯，去亡，得，皆審。（奏讞書5—6）

（2）●鞫之：媚故點婢，楚時亡，降為漢，不書名數，點得，占數，復婢，賣稼所，媚去亡，年卌歲，得皆審。（奏讞書14—15）

（3）●鞫：闌送南，取（娶）以為妻，與偕歸臨菑（淄），未出關，得，審。（奏讞書2—23）

還見於懸泉漢簡、居延漢簡等，此不贅舉。

里耶秦簡又作"鞫"，通假字。例如：

鞫之：學撟自以五大夫將軍毋擇子，以名爲僞私書詣贈。（奏讞書·馮將軍毋擇）

"鞫"也見於《唐律疏議》，例如：

（1）諸共犯罪而有逃亡，見獲者稱亡者爲首，更無證徒，則決其從罪；後獲亡者，稱前人爲首，鞫問是實，還依首論，通計前罪，以充後數。（卷五名例44）

（2）諸鞫獄官，停囚待對問者，雖職不相管，皆聽直牒追攝。雖下司亦聽。牒至不即遣者，笞五十；三日以上，杖一百。（卷二十九斷獄479）

（3）諸鞫獄者，皆須依所告狀鞫之。若於本狀之外，別求他罪者，以故入人罪論。（卷二十九斷獄480）

（4）【疏】議曰："鞫獄官，囚徒伴在他所者"，假有諸縣相去各百里內，東縣先有繫囚，西縣囚復事發，其事相連，應須對鞫，聽移後發之囚，送先繫之處併論之。（卷二十九斷獄481疏議）

從上述各例可知，"鞫"在《唐律疏議》中也是審訊問罪、窮治罪人之義。

可見，《唐律疏議》中的"鞫"和秦漢簡牘法律文獻中的"鞫"意思是相同的，它們之間存在繼承關係，應是一脈相承的。

三、法律習用語

這方面相同的一般法律用語主要有如下一些：

1. 知/不知/弗知

知，即知情。不知/弗知，即不知情。

見於睡虎地秦簡，知，作"智"，古今字。例如：

（1）夫盜千錢，妻所匿三百，可（何）以論妻？妻智（知）夫盜而匿之，當以三百論爲盜；不智（知），爲收。（法律答問14）

（2）夫盜二百錢，妻所匿百一十，可（何）以論妻？妻智（知）夫盜，以百一十爲盜；弗智（知），爲守臧（贓）。（法律答問15—16）

（3）削（宵）盜，臧（贓）直（值）百一十，其妻、子智（知），與食肉，當同罪。（法律答問17）

（4）甲盜羊，乙智（知），即端告曰甲盜牛，問乙爲誣人，且爲告不審？當爲告盜駕（加）臧（贓）。（法律答問45）

又見於張家山漢簡，知，作"智"。例如：
（1）智（知）人爲群盜而通歈（飲）食餽遺之，與同罪；弗智（知），黥爲城旦舂。（二年律令 63）
（2）諸予劫人者錢財，及爲人劫者，同居智（知）弗告吏，皆與劫人者同罪。（二年律令 72—73）
（3）盜出財物於邊關徼，及吏部主智（知）而出者，皆與盜同法；弗智（知），罰金四兩。使者所以出，必有符致，毋符致，吏智（知）而出之，亦與盜同法。（二年律令 74—75）

也見於《唐律疏議》，例如：
（1）【疏】議曰："故縱者"，謂知其不合入而聽入，或知越垣而不禁，並與犯法者同罪。（卷七衛禁 58 疏議）
（2）守衛不知冒名情，宮門杖八十，殿門以內遞加一等。（卷七衛禁 61 疏議）
（3）將領主司知者，與同罪；不知者，各減一等。（卷七衛禁 65）
（4）主司不覺，減二等；知而聽行，與同罪。（卷七衛禁 62）

上舉各例中，"知"都是知情之義，"不知"都是不知情之義。
可見，《唐律疏議》中的"知/不知"與秦漢簡牘法律文獻中的"知/不知（弗知）"意思是一樣的，説明二者之間具有一脈相承的繼承關係。

2. 知情/不知情
見於張家山漢簡，知，作"智"。例如：
（1）智（知）人略賣人而與賈，與同罪。不當賣而私爲人賣，賣者皆黥爲城旦舂；買者智（知）其請（情），與同罪。（二年律令 67）
（2）取（娶）人妻及亡人以爲妻，及爲亡人妻，取（娶）及所取（娶），爲謀（媒）者，智（知）其請（情），皆黥以爲城旦舂。其眞罪重，以匿罪人律論。弗智（知）者不☐（二年律令 168—169）
（3）智（知）其請（情）而出入之，及假予人符傳，令以闌出入者，與同罪。（二年律令 489）
（4）相國上內史書言，請諸詐（詐）襲人符傳出入塞之津關，未出入而得，皆贖城旦舂；將吏智（知）其請（情），與同罪。（二年律令 496）

也見於《唐律疏議》，例如：
（1）主司及關司知情，各與同罪；不知情者，不坐。（卷八衛禁 83）
（2）諸私度有他罪重者，主司知情，以重者論；不知情者，依常律。（卷八衛禁 85）

（3）諸增乘驛馬者，一疋徒一年，一疋加一等。應乘驛驢而乘馬者減一等。主司知情與同罪，不知情者勿論。（卷十職制127）

（4）諸里正不覺脫漏增減者，一口笞四十，三口加一等；過杖一百，十口加一等，罪止徒三年。不覺脫户者，聽從漏口法。州縣脫户亦準此。若知情者，各同家長法。（卷十二户婚151）

（5）諸相冒合户者，徒二年；無課役者，減二等。（謂以疏爲親及有所規避者。）主司知情，與同罪。（卷十二户婚161）

上舉各例中的"知情/不知情"與張家山漢簡中的"知情/不知情"意思是一樣的。

可見，《唐律疏議》中的"知情/不知情"與張家山漢簡中的"知情/不知情"意思是一樣的，它們之間有繼承關係，是一脈相承的。

3. 同居

即同一户主、没有分家、住在一起的人。秦簡《法律答問》："何爲同居？户爲同居。"《漢書·惠帝紀》注："同居，謂父母、妻子之外，若兄弟及兄弟之子等，見與同居業者。"

見於睡虎地秦簡，例如：

（1）"盜及者（諸）它罪，同居所當坐。"●可（何）謂"同居"？户爲"同居"，坐隸，隸不坐户謂殹（也）。（法律答問22）

（2）律曰"與盜同法"，有（又）曰"與同罪"，此二物其同居、典、伍當坐之。云"與同罪"，云"反其罪"者，弗當坐。●人奴妾盜其主之父母，爲盜主，且不爲？同居者爲盜主，不同居不爲盜主。（法律答問20—21）

（3）●戍律曰：同居毋并行，縣嗇夫、尉及士吏行戍不以律，貲二甲。（秦律雜抄39）

又見於張家山漢簡，例如：

（1）諸予劫人者錢財，及爲人劫者，同居智（知）弗告吏，皆與劫人者同罪。（二年律令72—73）

（2）奴婢亡，自歸主，主親所智（知），及主、主父母、子若同居求自得之，其當論罰主，或欲勿詣吏論者，皆許之。（二年律令160）

（3）盜鑄錢及佐者，棄市。同居不告，贖耐。正典、田典、伍人不告，罰金四兩。（二年律令201）

（4）同產相爲後，先以同居，毋同居乃以不同居，皆先以長者。其或異母，雖長，先以同母者。（二年律令378）

也見於《唐律疏議》，凡59見。《唐律疏議》卷十六："稱同居親屬者，謂同居共財者."卷六《名例》46 疏議："同居，謂同財共居，不限籍之同異，雖無服者，並是."

例如：

（1）諸同居，若大功以上親及外祖父母、外孫，若孫之婦、夫之兄弟及兄弟妻，有罪相爲隱.（卷六名例 46）

（2）諸同居卑幼，私輒用財者，十疋笞十，十疋加一等，罪止杖一百。即同居應分，不均平者，計所侵，坐贓論減三等.（卷十二户婚 162）

（3）諸征人冒名相代者，徒二年；同居親屬代者，減二等.（卷十六擅興 228）

（4）諸造畜蠱毒謂造合成蠱，堪以害人者。及教令者，絞；造畜者同居家口雖不知情，若里正坊正、村正亦同知而不糾者，皆流三千里.（卷十八賊盜 262）

（5）諸同居卑幼，將人盜己家財物者，以私輒用財物論加二等；他人，減常盜罪一等。若有殺傷者，各依本法。他人殺傷，縱卑幼不知情，仍從本殺傷法坐之。（卷二十賊盜 288）

上舉各例中的"同居"，意思也都是指同一户主、没有分家、住在一起的人。

由上比較分析可以看出，《唐律疏議》中的"同居"和秦漢簡牘法律文獻中的"同居"，意思是一樣的。這説明二者之間有繼承關係，是一脈相承的。

4. 與同罪

秦律習語，與罪犯處以相同的罪名和刑罰。《史記·秦始皇本紀》："有敢偶語詩書者棄市，以古非今者族，吏見知不舉者與同罪."

見於睡虎地秦簡，例如：

（1）削（宵）盜，臧（贓）直（值）百五十，告甲，甲與其妻、子智（知），共食肉，甲妻、子與甲同罪.（法律答問 18）

（2）律曰"與盜同法"，有（又）曰"與同罪"，此二物其同居、典、伍當坐之。云"與同罪"，云"反其罪"者，弗當坐.（法律答問 20）

又見於龍崗秦簡，例如：

（1）矯（知）請（情）入之，與同罪.（龍崗秦簡 22）

（2）吏弗劾論，皆與同罪.（龍崗秦簡 45）

（3）盜（盜）牧者與同罪.（龍崗秦簡 114）

又見於張家山漢簡，例如：

（1）智（知）人爲群盜而通歠（飲）食餽遺之，與同罪.（二年律令 63）

（2）智（知）人略賣人而與賈，與同罪。不當賣而私爲人賣，賣者皆黥

爲城旦舂；買者智（知）其請（情），與同罪。（二年律令 67）

（3）匿罪人，死罪，黥爲城旦舂，它各與同罪。其所匿未去而告之，除。諸舍匿罪人，罪人自出，若先自告，罪減，亦減舍匿者罪。（二年律令 167）

（4）智（知）人盜鑄錢，爲買銅、炭，及爲行其新錢，若爲通之，與同罪。（二年律令 203）

"與同罪"也見於《唐律疏議》，凡 60 餘見。例如：

（1）主司不覺，減二等；知而聽行，與同罪。（卷七衛禁 62）

（2）其仗衛主司依上例：故縱與同罪，不覺減二等。（卷七衛禁 74 疏議）

（3）諸增乘驛馬者，一疋徒一年，一疋加一等。應乘驛驢而乘馬者減一等。主司知情與同罪，不知情者勿論。餘條驛司準此。（卷十職制 127）

（4）諸相冒合戶者，徒二年；無課役者，減二等。謂以疏爲親及有所規避者。主司知情，與同罪。（卷十二戶婚 161）

（5）諸娶逃亡婦女爲妻妾，知情者與同罪，至死者減一等。（卷十四戶婚 185）

（6）即奴婢私嫁女與良人爲妻妾者，準盜論；知情娶者，與同罪。各還正之。（卷十四戶婚 192）

上舉各例中，"與同罪"的意思也是與罪犯處以相同的罪名和刑罰之義。

可見，《唐律疏議》中的"與同罪"和秦漢簡牘法律文獻中的"與同罪"意思是一樣的。這說明二者之間存在著密切的傳承關係，它們是一脈相承的。

秦漢簡牘法律文獻與《唐律疏議》共有的一般法律用語還有一些，如：法、律、令、式、得、不得、直、不直、斷、未斷、復除等等，限於篇幅，此不贅舉。

第二節　名稱近似及內容相關的一般法律用語

在秦漢簡牘法律文獻和《唐律疏議》中，有些一般法律用語，雖然在名稱上不盡相同，但其所表示的意義却是相同或近似的。這種一般法律用語主要有以下一些：

（一）睡虎地秦簡中的"癘"與《唐律疏議》中的"惡疾"

1. 癘

麻風病。在古代被稱爲是"惡疾"，不但傳染性強，而且使患者關節皮膚糜爛，眉毛脫落，臉部扭曲變形，面目可憎，不成人形，人人避之唯恐不及；而且古人迷信，認爲該病是由鬼神作祟而引起的。所以，對待患麻風病的罪人的處罰就極其殘忍。

見於睡虎地秦簡，例如：

（1）"癘者有罪，定殺。""定殺"可（何）如？生定殺水中之謂殹（也）。或曰生埋，生埋之異事殹（也）。（法律答問 121）

（2）"甲有完城旦罪，未斷，今甲癘，問甲可（何）以論？當遷（遷）癘所處之；或曰當遷（遷）遷（遷）所定殺。"（法律答問 122）

從上舉兩例可以看出，秦律對待"癘者"（麻風病人）犯罪的處罰是相當殘忍的，多是直接處以定殺，也就是將其固定在水中活活地淹死。

2. 惡疾

古代特指癩病，即麻風病，是一種難以醫治的疾病，且具有極強的傳染性，患者的皮膚和身體會出現嚴重的潰爛和殘疾，面目扭曲變形，猙獰可怕。《史記·仲尼弟子列傳》："伯牛有惡疾。"裴駰《集解》引包氏曰："牛有惡疾，不欲見人，孔子從牖執其手。"

在《唐律疏議》中凡 4 見，例如：

（1）諸妻無七出及義絕之狀，而出之者，徒一年半；雖犯七出，有三不去，而出之者，杖一百。追還合。若犯惡疾及姦者，不用此律。（卷十四戶婚 189）

（2）七出者，依令："一無子，二淫泆，三不事舅姑，四口舌，五盜竊，六妒忌，七惡疾。"（卷十四戶婚 189 疏議）

（3）"若犯惡疾及姦者，不用此律"，謂惡疾及姦，雖有三不去，亦在出限，故云"不用此律"。（卷十四戶婚 189 疏議）

從上舉各例可知，在唐律中，對待惡疾者的態度也是十分冷酷的。女人一旦染上惡疾，就構成了被休棄的充分條件，是所謂"七出"之一。哪怕其他方面做得再好，表現再賢惠，也免不了被逐出夫家的悲慘結局。

通過以上比較分析不難發現：睡虎地秦簡中的"癘"與《唐律疏議》中的"惡疾"實為同種疾病，都是指麻風病。因為在古代醫療水平下成為不治之症，且傳染性強，而成為人人避之不及、談之色變的"惡疾"。秦律和唐律中對待該病患者的態度都是冷酷無情的，犯罪者被活活淹死，不犯罪者也難逃被逐出夫家的悲慘命運。

"癘"與"惡疾"在名稱上雖然不同，但實際上是一回事。"惡疾"從名稱來看本來是泛指兇險難治的疾病，但在這裏已經被特定化，特指麻風病。之所以如此，一方面是因為麻風病在古代根本無法治愈，另一方面則是患者面目醜陋嚇人，第三個方面是其傳染性極強，故被賦予"惡疾"之稱。

可見，在秦律和唐律中都有關於麻風病的特殊規定，説明該法律問題具有連續性和傳承性，也説明了該方面法律用語具有一脈相承的繼承關係。

（二）秦漢簡牘法律文獻中的"瘇（癃）/罷瘇（癃）"與《唐律疏議》中的"廢疾"

1. 瘇（癃）/罷瘇（癃）

意爲廢疾。《説文·疒部》："癃，罷病也。从疒，隆聲。瘇，籀文癃省。"段玉裁注："病當作癈。罷者，廢置之意。凡廢置不能事事曰罷癃。《平原君傳》躄者自言'不幸有罷癃之病'，然則凡廢疾，皆得謂之罷癃也。"

見於睡虎地秦簡，例如：

（1）"匿敖童，及占瘇（癃）不審，典、老贖耐。"（秦律雜抄32）

（隱匿成童，及申報廢疾不確實，里典、伍老應贖耐。占，申報。）

（2）"罷瘇（癃）守官府，亡而得，得比公瘇（癃）不得？得比焉。"（法律答問133）

（公癃，疑指因公殘廢的人。）

又見於張家山漢簡，例如：

（1）"寡夫、寡婦毋子及同居，若有子，子年未盈十四，及寡子年未盈十八，及夫妻皆瘇（癃）病，及老年七十以上，毋異其子；今毋它子，欲令歸户入養，許之。"（二年律令342—343）

（2）"當傅，高不盈六尺二寸以下，及天烏者，以爲罷瘇（癃）。"（二年律令363）

2. 廢疾

謂有殘疾而不能做事。《禮記·禮運》："矜、寡、孤、獨、廢疾者皆有所養。"

在《唐律疏議》中凡42見，例如：

（1）若故毆人至廢疾，應流。（卷二名例11）

（2）諸年七十以上、十五以下及廢疾，犯流罪以下，收贖。犯加役流、反逆緣坐流、會赦猶流者，不用此律；至配所，免居作。（卷四名例30）

（3）【疏】議曰：假有六十九以下犯罪，年七十事發，或無疾時犯罪，廢疾後事發，並依上解"收贖"之法。（卷四名例31 疏議）

"廢疾"更多情況是與"篤疾"同現，篤疾比廢疾更進一步，病情更重。例如：

（1）【疏】議曰：謂緣坐之中，有男夫年八十及篤疾，婦人年六十及廢疾，雖免緣坐之罪，身有官品者，亦各除名。（卷二名例18 疏議）

(2) 諸年七十以上、十五以下及廢疾，犯流罪以下，收贖。犯加役流、反逆緣坐流、會赦猶流者，不用此律；至配所，免居作。八十以上、十歲以下及篤疾，犯反、逆、殺人應死者，上請。(卷四名例 30)

(3) 諸謀反及大逆者，皆斬；父子年十六以上皆絞，十五以下及母女、妻妾子妻妾亦同、祖孫、兄弟、姊妹若部曲、資財、田宅並没官，男夫年八十及篤疾，婦人年六十及廢疾者並免；餘條婦人應緣坐者，準此。伯叔父、兄弟之子皆流三千里，不限籍之同異。(卷十七賊盗 248)

通過以上比較分析不難發現：秦漢簡牘法律文獻中的"瘴（癃）/罷癃癃"與《唐律疏議》中的"廢疾"在名稱上雖然不同，實爲同種疾病，都是指身體殘廢，失去勞動謀生、自食其力的能力，屬於社會上的弱勢群體，應享受法律上的特殊照顧。

在秦漢律和唐律中都有關於身體殘廢者應享受法律上的特殊照顧的規定，說明該法律問題具有連續性和傳承性，也説明了該方面法律用語具有一脈相承的繼承關係。

(三) 秦漢簡牘法律文獻中的"反罪/反其罪"與《唐律疏議》中的"反坐"

1. 反罪/反其罪

按照其判定的罪反坐之，多指誣告反坐，即告他人犯某罪，如屬誣告，則將該罪應受的處罰由告者承受。見於睡虎地秦簡，例如：

律曰"與盜同法"，有（又）曰"與同罪"，此二物其同居、典、伍當坐之。云"與同罪"，云"反其罪"者，弗當坐。(法律答問 20)

（律文説"與盜同法"，又説"與同罪"，這兩類犯罪者的同居、里典和同伍的人都應連坐。律文説"與同罪"，但又説"反其罪"的，犯罪者的同居、里典和同伍的人不應連坐。）

又見於張家山漢簡，例如：

(1) 證不言請（情），以出入罪人者，死罪，黥爲城旦舂；它各以其所出入罪反罪之。獄未鞠而更言請（情）者，除。吏謹先以辨告證。(二年律令 110)

(2) 譯訊人爲詐（詐）僞，以出入罪人，死罪，黥爲城旦舂；它各以其所出入罪反罪之。(二年律令 111)

(3) 誣告人以死罪，黥爲城旦舂；它各反其罪。(二年律令 126)

從上舉 3 例來看，在張家山漢簡中，"反其罪"不僅指誣告反坐［如例（3）］，也指證人作證時弄虛作假［如例（1）］以及譯訊人翻譯時弄虛作假

〔如例（2）〕而導致出入罪人的情況，此時證人或譯訊人也要反坐其罪。

2. 反坐

即把被誣告的罪名所應得的刑罰加在誣告人身上。《後漢書·黨錮傳·李膺》："膺表欲按其罪，（羊）元羣行賂宦豎，膺反坐輸作左校。"

見於《唐律疏議》，凡49見。例如：

（1）諸誣告人者，各反坐。即糾彈之官，挾私彈事不實者，亦如之。反坐致罪，準前人入罪法。至死，而前人未決者，聽減一等。其本應加杖及贖者，止依杖、贖法。即誣官人及有蔭者，依常律。（卷二十三鬥訟342）

（2）唯誣告人流罪以下，前人未加拷掠，而告人自引虛者，得減反坐之罪一等。（卷二十三鬥訟344疏議）

（3）諸告人罪，皆須明注年月，指陳實事，不得稱疑。違者，答五十。官司受而為理者，減所告罪一等。即被殺、被盜及水火損敗者，亦不得稱疑，雖虛，皆不反坐。（卷二十四鬥訟355）

（4）諸教令人告，事虛應反坐，得實應賞，皆以告者為首，教令為從。（卷二十四鬥訟357）

（5）諸應議、請、減，若年七十以上，十五以下及廢疾者，並不合拷訊，皆據眾證定罪，違者以故失論。若證不足，告者不反坐。（卷二十九斷獄474）

（6）若拷過三度及杖外以他法拷掠者，杖一百；杖數過者，反坐所剩；以故致死者，徒二年。（卷二十九斷獄477）

上述各例中，"反坐"的意思主要是針對誣告者說的，誣告者要承受所告罪名應處的刑罰，如例（1）—（5）；也有個別是針對擁有審判權的官吏而言的，對他們的濫施酷刑、過度拷掠，超過應拷杖數的，要"反坐所剩"，如例（6）。

通過上述比較分析可以看出，《唐律疏議》中的"反坐"與秦漢簡牘法律文獻中的"反罪/反其罪"意思基本是一致的。前者應來源於後者，並在後者基礎上發展演變而來，他們之間存在傳承關係，是一脈相承的。

（四）秦漢簡牘法律文獻中的"以辜死"與《唐律疏議》中的"保辜"

1. 以辜死

《急就篇》"疕疻保辜讔呼號"顏師古注："保辜者，各隨其狀輕重，令毆者以日數保之，限內至死，則坐重辜也"。辜，本字當作"嫴"。嫴，《說文·女部》："保任也。從女，辜聲。"桂馥義證："通作辜。"保辜指對傷人罪的後果不是立即顯露的，規定加害方在一定期限內對被害方傷情變化負責的一項特別制度。

見於睡虎地秦簡，例如：

人奴妾治（笞）子，子以肬死，黥顏頯，畀主。（法律答問 74）

（"以肬死"同"以辜死"，意爲在保辜期限内死亡。"肬"通"辜"。以，在……期間。）

又見於張家山漢簡，例如：

（1）父母毆笞子及奴婢，子及奴婢以毆笞辜死，令贖死。（二年律令 39）

（2）諸吏以縣官事笞城旦舂、鬼薪白粲，以辜死，令贖死。（二年律令 48）

（3）•漢中守讞（讞）：公夫＝（大夫）昌苔（笞）奴相如，以辜死，先自告。（二年律令 49）

又見於居延新簡，例如：

（1）以兵刃、索繩它物可以自殺者予囚，囚以自殺、殺人，若自傷、傷人，而以辜二旬中死，予者髡爲城旦舂。及有移人在所縣道官，縣道官獄訊以報之，勿徵逮。徵逮者，以擅移獄論，☐以當謀論。若辟不襓，爰書☐☐之，皆爲不平端。（EPS4T2：100－102）

2. 保辜

指傷害罪在傷情未定時規定期限，負責保養被害人的傷，限滿依受傷者的傷情或死亡，分別定罪。古代刑律規定，凡打人致傷，官府視情節立下期限，責令被告爲傷者治療。如傷者在期限内因傷致死，以死罪論；不死，以傷人論。叫做保辜。

見於《唐律疏議》，凡 6 見。例如：

（1）其畜產殺傷人，仍作他物傷人，保辜二十日，辜内死者，減鬥殺一等；辜外及他故死者，自依以他物傷人法。（卷十五厩庫 207 疏議）

（2）若依胎制刑，或致欺紿，故保辜止保其母，不因數立辜，爲無害子之心也。若毆母罪重，同折傷科之。（卷二十一鬥訟 304 疏議）

（3）諸保辜者，手足毆傷人限十日，以他物毆傷人者二十日，以刃及湯火傷人者三十日，折跌支體及破骨者五十日。毆、傷不相須。餘條毆傷及殺傷，各準此。（卷二十一鬥訟 307）

通過上述比較分析可以看出，《唐律疏議》中的"保辜"與秦漢簡牘法律文獻中的"以辜死"雖然在名稱上有所差別，但實際上它們反映的是一回事——即在傷害罪中，對加害一方規定其在一定期限内對被害方傷情變化負責的一項特別法律制度。

可見，唐律中的"保辜"，應是來源於秦漢律中的"以辜死"，並在其基礎上進一步發展演變，使該項法律制度更趨於豐富完善，二者之間有一脈相承的傳承關係。

（五）秦漢簡牘法律文獻中的"免老"與《唐律疏議》中的"老免"

1. 免老

因年老而免除一些法定義務。按秦漢法律規定，達到一定年齡的老人，可享有免除徭役、兵役等特權。這裏一般指六十歲以上老人。秦制：無爵男子年六十免老，不再服封建政府規定的兵役和徭役。《漢舊儀》："秦制二十爵，男子賜爵一級以上，有罪以減，年五十六免。無爵爲士伍，年六十乃免老。"漢制，民年五十六而免。凡符合規定的老者，本人申報，同伍人證明，並經伍老、里典核實，即可注明於役册，不再服徭役和兵役。桓寬《鹽鐵論·未通》："今陛下哀憐百姓，寬力役之政，二十三始傅，五十六而免，所以輔耆壯而息老艾也。"

可見，免老就是達到一定年齡後依法免除徭役兵役賦稅等義務，是法律賦予的特權，是古代社會尊老的一個體現。

見於睡虎地秦簡，例如：

（1）隸臣欲以人丁粼者二人贖，許之。其老當免老、小高五尺以下及隸妾欲以丁粼者一人贖，許之。（秦律十八種61）

（要求以壯年二人贖一個隸臣，可以允許。要求以壯年一人贖一個已當免老的老年隸臣、身高在五尺以下的小隸臣及隸妾，可以允許。粼疑讀爲齡，丁齡即丁年，丁壯之年也。）

（2）免老告人以爲不孝，謁殺，當三環之不？不當環，亟執勿失。（法律答問102）

（免老的人控告人不孝，要求判以死刑，應否經過三次反復告訴？不應反復，要立即拘捕，勿令逃走。）

又見於張家山漢簡，例如：

（1）大夫以上年五十八，不更六十二，簪裹六十三，上造六十四，公士六十五，公卒以下六十六，皆爲免老。（二年律令356）

（2）免老、小未傅者、女子及諸有除者，縣道勿敢繇（徭）使。（二年律令412）

2. 老免

因年老而免除負擔。唐律規定，年滿六十歲進入老年後可以依法享受免徭役賦稅等照顧。

見於《唐律疏議》，凡2見，例如：

（1）【疏】議曰：襍户者，謂前代以來，配隸諸司職掌，課役不同百姓，

依令"老免、進丁受田，依百姓例"，各於本司上下。(卷三名例20疏議)

(2) 答曰：襍戶及太常音聲人，各附縣貫，受田、進丁、老免與百姓同。其有反、逆及應緣坐，亦與百姓無別。(卷十七賊盜249疏議問答二)

通過上述比較分析可以看出，《唐律疏議》中的"老免"與秦漢簡牘法律文獻中的"免老"雖然在名稱上有所差別，但實際上它們反映的是一回事——即一項特別法律制度：達到一定年齡，即進入老年後，可依法免除徭役、兵役、賦稅等義務。這是法律賦予的特權，是古代社會尊老的一個體現。

可見，唐律中的"老免"，應是來源於秦漢律中的"免老"，二者之間有一脈相承的傳承關係。當然，兩詞在結構上是不同的：都是因老而免，秦漢律中的"免老"是先果後因，唐律中的"老免"則是先因後果。這種變化也體現了漢語構詞邏輯上是趨向於通俗易懂的。

(六) 秦漢簡牘法律文獻中的"行錢"與《唐律疏議》中的"成錢"

1. 行錢

指合法的、在市場上流通的錢。

見於睡虎地秦簡，例如：

賈市居死〈列〉者及官府之吏，毋敢擇行錢、布；擇行錢、布者，列伍長弗告，吏循之不謹，皆有罪。(秦律十八種68)

又見於張家山漢簡，例如：

(1) 錢徑十分寸八以上，雖缺鑠，文章頗可智(知)，而非殊折及鉛錢也，皆爲行錢。金不青赤者，爲行金。敢擇不取行錢、金者，罰金四兩。(二年律令197—198)

(2) 故毀銷行錢以爲銅、它物者，坐臧(贓)爲盜。(二年律令199)

行，流通。李均明認爲，行，通行，此處指可用以買賣支付的貨幣，包括鑄錢與黃金。刑律所見懲罰及獎賞也用黃金與鑄錢。[1] 閆曉君認爲，行錢，指當時通用的錢幣，當爲吕后二年行用的"八銖錢"。[2] 吳榮曾認爲，秦漢律中"行錢"之"行"，表示物之粗惡，濫惡。當時所謂的行錢，實際上是指質次的銅錢。行錢不僅可以流通，而且拒用者還要受重罰。[3] 朱紅林認爲，"行錢""行金"，指法定流通的貨幣。如《居延新簡·候粟君所責寇恩事》中的"恩願沽出時行錢卌萬"。《漢書·食貨志》所謂的"法錢"即《二年律令》所

---

[1] 李均明：《張家山漢簡與漢初貨幣》，《中國文物報》，2002年11月22日第7版。
[2] 閆曉君：《試論張家山漢簡〈錢律〉》，《法律科學》(《西北政法學院學報》) 2004年第1期。
[3] 吳榮曾：《秦漢時的行錢》，《中國錢幣》2003年第3期。

说的"行錢"。與"法錢"相對的又稱"奸錢"。"奸錢"即"不行錢"。①《釋讀本》(169頁)：可參考《漢書·百官公卿表下》"鄲侯周仲居爲太常，坐不收赤側錢收行錢論"師古曰："赤側當收而不收，乃收見行之錢也。"

2. 成錢

意爲時用之錢，即當時社會流通、通用的錢，也即合法使用的錢。

見於《唐律疏議》，例如：

(1) 諸私鑄錢者，流三千里；作具已備，未鑄者，徒二年；作具未備者，杖一百。若磨錯成錢，令薄小，取銅以求利者，徒一年。(卷二十六雜律391)

(2)【疏】議曰：時用之錢，厚薄大小，並依官樣。輒有磨錯成錢，令至薄小，而取其銅，以求利潤者，徒一年。(卷二十六雜律391疏議)

通過以上比較分析可以看出，《唐律疏議》中的"成錢"與秦漢簡牘法律文獻中的"行錢"，其意思基本是相同的，都是指經官方認可、合法在市場上流通的錢。這說明二者之間應該存在傳承關係，是一脈相承的。("成"與"行"是同義詞，都表示得行、可行。)

(七) 張家山漢簡中的"害/不害"與《唐律疏議》中的"有害/無害"

1. 害/不害

害：指造成不良後果。不害：没有造成不良後果。

見於張家山漢簡，例如：

《二年律令》11："撟(矯)制，害者，棄市；不害，罰金四兩。"

《釋讀本》(95頁)：對矯制治罪，以其是否有"害"爲處罰標準。《漢書·灌夫傳》鄭氏注："矯詔有害不害也。"《漢書·景武昭宣元成功臣表》如淳注："律：矯詔大害，要斬。有矯詔害、矯詔不害。"孫家洲指出：同爲"矯制"之罪，只因客觀後果的不同（害與不害），在定罪量刑上就有"棄市"與"罰金四兩"的强烈反差。這體現出漢代立法的理性精神，實際上强調了根據案件的客觀效果來量刑定罪。②

可見，"害"與"不害"在張家山漢簡中形成一對肯定否定形式，表達了犯罪造成的兩種不同的客觀後果。

2. 有害/無害

"有害"指已産生了損害後果，"無害"指没有産生損害後果。

"有害"在《唐律疏議》中凡10見，例如：

---

① 朱紅林：《張家山漢簡〈二年律令〉集釋》，社會科學文獻出版社2005年版，第135頁。
② 孫家洲：《再論"矯制"——讀〈張家山漢墓竹簡〉札記之一》，《秦漢史論叢》(第九輯)，三秦出版社，2004年版。

（1）諸上書……即誤有害者，各加三等。有害，謂當言勿原而言原之，當言千疋而言十疋之類。（卷十職制116）

（2）【疏】議曰：上書、奏事誤有害者，合杖九十。上尚書省誤有害者，合杖七十。餘文書誤有害者，合杖六十。是名"各加三等"。（卷十職制116疏議）

（3）"抗拒將吏者"，謂有將吏追討，仍相抗拒者，以已上道論，並身處斬，妻、子配流。抗拒有害者，父母、妻、子流三千里，並準上文：率部衆百人以上，不須有害；若不滿百人，要須有害，得罪乃與百人以上同。（卷十七賊盜251疏議）

上述例（1）（2）是説，因上書人信息錯誤而必將因此而產生損害後果；例（3）是説，謀叛人員抗拒將吏追捕而致使將吏被傷害，或者率衆嘯聚山林，有所攻擊虜掠而危害國家或百姓，造成嚴重後果等。卷十七賊盜251注："害，謂有所攻擊虜掠者。"

"無害"在《唐律疏議》中凡4見，例如：

（1）諸造祅書及祅言者，絞。傳用以惑衆者，亦如之；傳，謂傳言。用，謂用書。其不滿衆者，流三千里。言理無害者，杖一百。即私有祅書，雖不行用，徒二年；言理無害者，杖六十。（卷十八賊盜268）

（2）其"言理無害者"，謂祅書、祅言，雖説變異，無損於時，謂若豫言水旱之類，合杖一百。"即私有祅書"，謂前人舊作，衷私相傳，非己所制，雖不行用，仍徒二年。其祅書言理無害於時者，杖六十。（卷十八賊盜268疏議）

上述例句中的"無害"，都是表示没有或者不會產生損害後果。

在《唐律疏議》中，"有害"和"無害"也構成了一對肯定否定形式，表達了犯罪造成的兩種不同的客觀後果。

通過上述比較分析可以看出，《唐律疏議》中的"有害"和張家山漢簡中的"害"表意非常接近，"無害"和"不害"表意非常接近。可見二者之間存在密切聯繫，有傳承關係，是一脈相承的，前者應來源於後者。

第三節　各自獨有的一般法律用語

在秦漢簡牘法律文獻中，有一些一般法律用語不見於《唐律疏議》；同樣，在《唐律疏議》中，也有一些一般法律用語不見於秦漢簡牘法律文獻。這些一般法律用語，都是屬於該兩種法律文獻各自獨有的。

一、秦漢簡牘法律文獻獨有的一般法律用語

在秦漢簡牘法律文獻中，有一些一般法律用語不見於《唐律疏議》，是其所獨有的。這些法律用語，有的屬於表示人物法律身份的，有的是表示刑具的，有的是表示犯罪主觀方面故意或過失的，有的是表示與定罪量刑有關或享受法律照顧的疾病及傷殘的，有的是訴訟和審判用語，有的是法律習用語。其中，法律習用語所占比例較大。

（一）表示人物法律身份的

這種身份，是指與法律有關的身份，不是普通身份。例如：

1. 求盜

亭中專司捕"盜"的人員，《漢書·高帝紀》注引應劭云："求盜者，亭卒。舊時亭有兩卒，一爲亭父，掌開閉埽除；一爲求盜，掌逐捕盜賊。"

見於睡虎地秦簡，例如：

（1）●捕盜律曰：捕人相移以受爵者，耐。·求盜勿令送逆爲它，令送逆爲它事者，貲二甲。（秦律雜抄 38—39）

（2）求盜盜，當刑爲城旦，問罪當駕（加）如害盜不當？當。（法律答問 3）

又見於里耶秦簡，例如：

□月癸卯，水十一刻刻下九，求盜簪褭（裊）陽成辰以來。（秦始皇二十七年 J1（16）5 背面 5 行）

又見於張家山漢簡，例如：

盜賊發，士吏、求盜部者，及令、丞、尉弗覺智（知），士吏、求盜皆以卒戍邊二歲，令、丞、尉罰金各四兩。（二年律令 144）

"求盜"不見於《唐律疏議》，是秦漢簡牘法律文獻獨有的表法律身份的一般法律用語。

2. 葆子

葆，通保。葆子疑即任子，《漢書·哀帝紀》："除任子令。"注："應劭曰：任子令者，《漢儀注》：吏二千石以上，視事滿三年，得任同產若子一人爲郎。……師古曰：任者，保也。"秦律對葆子有所優待，見《法律答問》"葆子"各條。

見於睡虎地秦簡，例如：

（1）葆子以上居贖刑以上到贖死，居於官府，皆勿將司。（秦律十八種 135）

（2）葆子以上，未獄而死若已葬，而誧（甫）告之，亦不當聽治，勿收，

皆如家罪。（法律答問 107）

（3）葆子獄未斷而誣告人，其罪當刑爲隸臣，勿刑，行其耐，有（又）毄（繫）城旦六歲。（法律答問 109）

"葆子"不見於《唐律疏議》，是秦漢簡牘法律文獻獨有的表法律身份的一般法律用語。

3. 嗇夫

本義指農夫。嗇，即後之"穡"字古文。後引申指各種具有一定管理職能的小吏。秦漢官吏中有多種嗇夫，是指各行各部門的一些小官吏，其中有一種與法律有關。關於嗇夫的論述，詳參裘錫圭《嗇夫初探》[①]、高敏《論〈秦律〉中的"嗇夫"一官》[②]等文。見於睡虎地秦簡，例如：

（1）贖罪不直，史不與嗇夫和，問史可（何）論？當貲一盾。（《法律答問 94）

（2）過二月弗置嗇夫，令、丞爲不從令。（內史雜 189）

（3）其不可食者不盈百石以下，許官嗇夫。（秦律十八種 164）

又見於張家山漢簡，例如：

（1）其失火延燔之，罰金四兩，責（債）所燔。鄉部、官嗇夫、吏主者弗得，罰金各二兩。（二年律令 4—5）

（2）船人渡人而流殺人，耐之，船嗇夫、吏主者贖耐。（二年律令 6）

"嗇夫"不見於《唐律疏議》，是秦漢簡牘法律文獻獨有的表法律身份的一般法律用語。

4. 校長

校長，古代士卒一隊之長，主管兵戎盜賊等事務。見《續漢書·百官志》注："主兵戎盜賊事。"《封泥彙編》有"校長"半通印封泥。

見於睡虎地秦簡，例如：

爰書：某亭校長甲、求盜才（在）某里曰乙、丙縛詣男子丁，斬首一，具弩二、矢廿。（封診式 25）

又見於張家山漢簡，例如：

（1）縣、道傳馬、候、廐有乘車者，秩各百六十石；毋乘車者，及倉、庫、少內、校長、髳長、發弩、衛（衛）將軍、衛（衛）尉士吏，都市亭厨有秩者及毋乘車之鄉部，秩各百廿石。李公主、申徒公主、榮公主、傅公

[①] 裘錫圭：《嗇夫初探》，《雲夢秦簡研究》，中華書局 1981 年版，第 226—301 頁。
[②] 高敏：《論〈秦律〉中的"嗇夫"一官》，《雲夢秦簡初探》（增訂本），河南人民出版社 1981 年版，第 170—186 頁。

【主】家丞，秩各三百石。（二年律令 471—472）

（2）公梁亭校長丙坐以頌繫（繫），毋繫（繫）牒，弗窮訊。（奏讞書 76）

（3）敢言之：新郪信、擊長蒼謀賊殺獄史武，校長丙、贅捕蒼而縱之，爵皆大庶長。（奏讞書 92）

"校長"不見於《唐律疏議》，是秦漢簡牘法律文獻獨有的表法律身份的一般法律用語。

5. 吏徒

吏徒，押解犯人的吏和徒隸。見於睡虎地秦簡，例如：

今鋈丙足，令吏徒將傳及恒書一封詣令史，可受代吏徒，以縣次傳詣成都，成都上恒書太守處，以律食。法（廢）丘已傳，爲報，敢告主。（封診式 48—49）

"吏徒"不見於《唐律疏議》，是秦漢簡牘法律文獻獨有的表法律身份的一般法律用語。

6. 伍人

古代軍隊以五人爲伍，戶籍以五戶爲伍，編在同伍的人叫伍人。伍伍作保，相互監督，一人有罪，伍人連坐。五家爲伍，同伍者爲伍人。《漢書·尹賞傳》注"五家爲伍，伍人者，各其同伍之人也。"《史記·商君列傳》："令民爲什伍，而相收司連坐。"伍人亦即四鄰，見《法律答問》"何謂四鄰"條。見於睡虎地秦簡，例如：

（1）戰死事不出，論其後。有（又）後察不死，奪後爵，除伍人；不死者歸，以爲隸臣。（秦律雜抄 37）

（2）"伍人相告，且以辟罪，不審，以所辟罪罪之。"有（又）曰："不能定罪人，而告它人，爲告不審。"今甲曰伍人乙賊殺人，即執乙，問不殺人，甲言不審，當以告不審論，且以所辟？以所辟論當殹（也）。（法律答問 96—97）

（3）可（何）謂"四鄰"？"四鄰"即伍人謂殹（也）。（法律答問 99）

又見於龍崗秦簡，例如：

☐☐不出者，以盜（盜）入禁苑律論之；伍人弗言者，與同灋（法）。（龍崗秦簡 20—21）

又見於張家山漢簡，例如：

（1）盜鑄錢及佐者，棄市。同居不告，贖耐。正典、田典、伍人不告，罰金四兩。（二年律令 201）

（2）市販匿不自占租，坐所匿租臧（贓）爲盜，沒入其所販賣及賈錢縣

官，奪之列。列長、伍人弗告，罰金各一斤。嗇夫、吏主者弗得，罰金各二兩。（二年律令 260－261）

"伍人"不見於《唐律疏議》，是秦漢簡牘法律文獻獨有的表法律身份的一般法律用語。

7. 伍老/老

相當後世的保甲長，常簡作"老"，多與"里典"（常簡作"典"）並用。見於睡虎地秦簡，例如：

（1）匿敖童，及占癃（癃）不審，典、老贖耐。（秦律雜抄 32）

（2）賊入甲室，賊傷甲，甲號寇，其四鄰、典、老皆出不存，不聞號寇，問當論不當？審不存，不當論；典、老雖不存，當論。（法律答問 98）

（3）甲誣乙通一錢黥城旦罪，問甲同居、典、老當論不當？不當。（法律答問 183）

"伍老"不見於《唐律疏議》，是秦漢簡牘法律文獻獨有的表法律身份的一般法律用語。

8. 里典/典

相當後世的保甲長，常簡作"典"，多與"伍老"（常簡作"老"）並用。見於睡虎地秦簡，例同上"伍老"。

"里典"不見於《唐律疏議》，是秦漢簡牘法律文獻獨有的表法律身份的一般法律用語。

（二）表示刑具的枸櫝欙杕

枸、櫝、欙、杕，均爲刑具。枸櫝應爲木械，如枷或桎梏之類。欙，讀爲縲（音雷），繫在囚徒頸上的黑索。杕，讀爲鈦（音第），套在囚徒足脛的鐵鉗。

見於睡虎地秦簡，例如：

（1）公士以下居贖刑罪、死罪者，居於城旦舂，皆赤其衣，枸櫝欙杕。（秦律十八種 134）

（2）人奴妾居贖貲責（債）於城旦，皆赤其衣，枸櫝欙杕，將司之。（秦律十八種 134－135）

（3）城旦舂衣赤衣，冒赤氈（氈），枸櫝欙杕之。（秦律十八種 147）

"枸、櫝、欙、杕"不見於《唐律疏議》，是秦漢簡牘法律文獻獨有的表刑具的一般法律用語。

（三）表示犯罪主觀方面故意或過失的

秦漢簡牘法律文獻這方面的一般法律用語主要有"端""不端""故"

"失"等。除了與《唐律疏議》共有的"故""失"以外，其所獨有的還有"端""不端"等。例如：

1. 端

表故意，《墨子・號令》："其端失火以爲亂事者，車裂。"畢沅注："言因事端以害人，若今律故犯。""端"本來多指"事端"，而製造事端是有意的行爲，因而可引申爲"故意"之義。

見於睡虎地秦簡，例如：

(1) 問甲及吏可（何）論？甲當黥爲城旦；吏爲失刑罪，或端爲，爲不直。（法律答問 33—34）

(2) 甲有罪，吏智（知）而端重，若輕之，論可（何）殹（也）？爲不直。（法律答問 36）

（重，重判。輕，輕判。若，或者。）

(3) 盜百，即端盜駕（加）十錢，問告者可（何）論？當貲一盾。（法律答問 38）

(4) 甲告乙盜牛若賊傷人，今乙不盜牛、不傷人，問甲可（何）論？端爲，爲誣人；不端，爲告不審。（法律答問 43）

(5) 甲盜羊，乙智（知），即端告曰甲盜牛，問乙爲誣人，且爲告不審？當爲告盜駕（加）臧（贓）。（法律答問 45）

（告盜加贓，控告盜竊罪而增加贓數。）

(6) 罪當重而端輕之，當輕而端重之，是謂"不直"。當論而端弗論，及??其獄，端令不致，論出之，是謂"縱囚"。（法律答問 93）

（傷，輕。致，讀爲至。不致，達不到判罪標準。）

又見於張家山漢簡，例如：

孔端爲券，賊刺人，盜奪錢，置券其旁，令吏勿智（知），未嘗有。（奏讞書 224—225）

"端"不見於《唐律疏議》，是秦漢簡牘法律文獻獨有的表犯罪主觀方面的一般法律用語。

2. 不端

與"端"相對，表非出故意。

見於睡虎地秦簡，例如：

甲告乙盜牛若賊傷人，今乙不盜牛、不傷人，問甲可（何）論？端爲，爲誣人；不端，爲告不審。（法律答問 43）

"不端"不見於《唐律疏議》，是秦漢簡牘法律文獻獨有的表犯罪主觀方面的一般法律用語。

（四）表示與定罪量刑有關或享受法律照顧的疾病及傷殘的

這方面的法律用語，除了"癘"與《唐律疏議》中的"惡疾"、"癃/罷癃"與《唐律疏議》中的"廢疾"有相關性外，還有秦漢簡牘法律文獻獨有的"大痍""疻痏"等。例如：

1. 大痍

重傷。痍，《說文·疒部》："傷也。从疒，夷聲。"見於睡虎地秦簡，例如：

可（何）如爲"大痍"？"大痍"者，支（肢）或未斷，及將長令二人扶出之，爲"大痍"。（法律答問 208）

（"大痍"就是肢體可能還没有斷，但需要將長叫兩個人扶回來，稱爲"大痍"。）

"大痍"不見於《唐律疏議》，是秦漢簡牘法律文獻獨有的表示特殊傷病的一般法律用語。

2. 疻痏

疻痏，《急就篇》注："毆人皮膚腫起曰疻，毆傷曰痏。"

見於睡虎地秦簡，例如：

（1）或與人鬥，夬（決）人脣，論可（何）殹（也）？比疻痏。（法律答問 87）

（2）或鬥，齧人頰若顏，其大方一寸，深半寸，可（何）論？比疻痏。（法律答問 88）

（3）鬥，爲人毆毃（也），毋（無）疻痏，毆者顧折齒，可（何）論？各以其律論之。（法律答問 89）

又見於張家山漢簡，例如：

其毋傷也，下爵毆上爵，罰金四兩。毆同死〈列〉以下，罰金二兩；其有疻痏及□，罰金四兩。（二年律令 28）

"疻痏"不見於《唐律疏議》，是秦漢簡牘法律文獻獨有的表示特殊傷病情況的一般法律用語。

（五）訴訟和審判用語

這方面的法律用語，除了與《唐律疏議》共有的"論""鞠""與同罪"等外，還有"讞"。

讞，議罪。《說文·水部》："讞，議罪也。从水獻，與法同意。"古書也寫作讞或獻。讞，《漢書·刑法志》："自今以來，縣道官獄疑者，各讞所屬二千石官，二千石官以其罪名當報之。所不能決者，皆移廷尉，廷尉亦當報之。廷尉所不能決，謹具爲奏，傳所當比律令以聞。"王先謙《補注》："讞者，平議其罪而上之。"

見於睡虎地秦簡，例如：

（1）有投書，勿發，見輒燔之；能捕者購臣妾二人，毄（繫）投書者鞠審讞之。（法律答問 53）

（2）擅殺、刑、髡其後子，讞之。（法律答問 72）

又見於張家山漢簡，例如：

（1）縣道官守丞毋得斷獄及讞（讞）。相國、御史及二千石官所置守、叚（假）吏，若丞缺，令一尉爲守丞，皆得斷獄、讞（讞）獄，皆令監臨庳（卑）官，而勿令坐官。（二年律令 102—103）

（2）十一年八月甲申朔己丑，夷道㡭丞嘉敢讞（讞）之。（奏讞書 1）

（3）·十年七月辛卯朔癸巳，胡狀、丞憙敢讞（讞）之。（奏讞書 17）

（4）·廷報曰：取（娶）亡人 34 爲妻論之，律白，不當讞（讞）。（奏讞書 34—35）

又見於王杖十簡，例如：

潁部游徼吴賞，使從者毆擊先，用詑（訴），地太守上讞（讞）。（王杖十簡）

又見於王杖詔書令册，例如：

（1）汝南太守讞（讞）延尉，吏有毆辱王杖主者，罪名明白。（王杖詔書令册 7）

（2）制曰：讞（讞）何，應論棄市。（王杖詔書令册 8）

"讞（讞）"不見於《唐律疏議》，是秦漢簡牘法律文獻獨有的訴訟和審判用語。

（六）法律習語

這方面的法律用語比較多，除了與《唐律疏議》共有的"告""聽""與同罪"等外，秦漢簡牘法律文獻獨有的該方面用語還有如下一些：

1. 課

有兩個法律義位。一義爲考核，見於睡虎地秦簡，例如：

（1）以四月、七月、十月、正月膚田牛。卒歲，以正月大課之。（秦律十八種 13）

（2）今課縣、都官公服牛各一課。（秦律十八種 19）

［例（2）後一"課"字已具有量詞屬性。］

(3) 內史課縣，大（太）倉課都官及受服者。(秦律十八種 20)

(4) 廄吏乘馬篤、胔（胾），及不會廄期，貲各一盾。馬勞課殿，貲厩嗇夫一甲，令、丞、佐、史各一盾。馬勞課殿，貲皂嗇夫一盾。(秦律雜抄 29—30)

（馬勞課殿，馬服役的勞績被評爲下等。）

又見於張家山漢簡，例如：

試史學童以十五篇，能風（諷）書五千字以上，乃得爲史。有（又）以八體（體）試之，郡移其八體（體）課大史，大史誦課，取冣（最）一人以爲其縣令史，殿者勿以爲史。三歲壹並課，取冣（最）一人以爲尚書卒史。(二年律令 475—476)

（其中"大史誦課"的"課"是名詞。）

又見於銀雀山漢簡，例如：

固有歲課，吏嗇夫與爲者有重任。(守法守令等十三篇·庫法 845)

又義爲徵收租賦。

見於懸泉漢簡，例如：

□效穀、遮要、縣（懸）泉、魚離、廣至、冥安、淵泉寫移書到……其課田案劾歲者，白太守府、毋忽。如律令。(Ⅱ0214③：154)

"課"不見於《唐律疏議》，是秦漢簡牘法律文獻獨有的法律習用語。

2. 不從令

秦漢法律習語，義爲不聽從法令，違反法令。《墨子·備城門》："不從令者斬。"見於睡虎地秦簡，例如：

(1) 今且令人案行之，舉劾不從令者，致以律。(语书 7)

(2) 有不從令者有罪。(秦律十八種 12)

(3) 不從令者貲一甲。(秦律十八種 97)

(4) 過二月弗置嗇夫，令、丞爲不從令。(內史雜 189)

(5) 有興，除守嗇夫、叚（假）佐居守者，上造以上不從令，貲二甲。(秦律雜抄 1—2)

又見於龍崗秦簡，例如：

田不從令者，論之如律。(龍崗秦簡 117)

又見於嶽麓秦簡，例如：

(1) 行書律曰：毋敢令年未盈十四歲者行拜官恒書，不從令者，貲一甲。(律令雜抄·行書律 1377)

(2) 田律曰：黔首居田舍者，毋敢酤（酤）酒。有不從令者遷之。田嗇

夫、工吏、吏部弗得，貲二甲。（律令雜抄・田律 0993）

（3）關市律曰：縣官有賣買也，必令令史監，不從令者，貲一甲。（律令雜抄・關市律 1265）

又見於張家山漢簡，例如：

入頃芻稾，頃入芻三石；上郡地惡，頃入二石；稾皆二石。令各入其歲所有，毋入陳，不從令者罰黃金四兩。（二年律令 240）

不從令不見於《唐律疏議》，是秦漢簡牘法律文獻獨有的法律習用語。

3. 以律

按法律規定。見於睡虎地秦簡，例如：

（1）其出入錢以當金、布，以律。（秦律十八種 67）

（2）其免殹（也），令以律居之。（秦律十八種 83）

（3）●戍律曰：同居毋并行，縣嗇夫、尉及士吏行戍不以律，貲二甲。（秦律雜抄 39）

又見於嶽麓秦簡，例如：

人能捕盜縣官兵兵刃者，以律購之。當坐者，捕；告者，除其罪。（臨 3）

又見於懸泉漢簡等，例如：

論以來未嘗有它告劾，繫，當以律減罪□□二歲完城旦。它如爰書，敢言之。（Ⅰ0309③：276）

"以律"不見於《唐律疏議》，是秦漢簡牘法律文獻獨有的法律習用語。

4. 不如令

不按法令規定。見於睡虎地秦簡，例如：

"隃（踰）歲而弗入及不如令者，皆以律論之。"（秦律十八種 81）

"不如令"不見於《唐律疏議》，是秦漢簡牘法律文獻獨有的法律習用語。

5. 不如律

不合法律規定。見於睡虎地秦簡，例如：

（1）●除士吏、發弩嗇夫不如律，及發弩射不中，尉貲二甲。（秦律雜抄 2）

"不如律"不見於《唐律疏議》，是秦漢簡牘法律文獻獨有的法律習用語。

6. 不從律

不遵從法律，不按法律規定去辦。見於龍崗秦簡，例如：

制，所致縣、道官必復請之，不從律者，令、丞☒（龍崗秦簡 8）

又見於張家山漢簡，例如：

其獻酒及乘置乘傳，以節使，救水火，追盜賊，皆得行，不從律，罰金

二兩。(二年律令 306)

"不從律"不見於《唐律疏議》,是秦漢簡牘法律文獻獨有的法律習用語。

7. 同論

同樣論罪。見於睡虎地秦簡,例如:

(1) 甲盜,臧(贓)直(值)千錢,乙智(知)其盜,受分臧(贓)不盈一錢,問乙可(何)論?同論。(法律答問 9)

"同論"不見於《唐律疏議》,是秦漢簡牘法律文獻獨有的法律習用語。

8. 與同法

法律用語,與犯罪者連坐,按同罪處置。見於龍崗秦簡,例如:

(1) ☑☐不出者,以盜(盜)入禁苑律論之;伍人弗言者,與同灋(法)。(龍崗秦簡 20—21)

(2) 人冢,與盜(盜)田同灋(法)。(龍崗秦簡 124)

(3) 程田以爲臧(贓),與同灋(法)。(龍崗秦簡 133)

"與同法"不見於《唐律疏議》,是秦漢簡牘法律文獻獨有的法律習用語。

9. 勿聽

不予受理。見於睡虎地秦簡,例如:

(1) 可(何)謂"州告"?"州告"者,告罪人,其所告且不審,有(又)以它事告之。勿聽,而論其不審。(法律答問 100)

(2) "子告父母,臣妾告主,非公室告,勿聽。"●可(何)謂"非公室告"?●主擅殺、刑、髡其子、臣妾,是謂"非公室告",勿聽。(法律答問 104)

(3) 家人之論,父時家罪殹(也),父死而誧(甫)告之,勿聽。(法律答問 106)

又見於張家山漢簡,例如:

(1) 子告父母,婦告威公,奴婢告主、主父母妻子,勿聽,而棄告者市。(二年律令 133)

(2) 年未盈十歲及轂(繫)者、城旦舂、鬼薪白粲告人,皆勿聽。(二年律令 134)

"勿聽"不見於《唐律疏議》,是秦漢簡牘法律文獻獨有的法律習用語。

10. 告不聽

對控告不予受理。見於睡虎地秦簡,例如:

甲殺人,不覺,今甲病死已葬,人乃後告甲,甲殺人審,問甲當論及收不當?告不聽。(法律答問 68)

"告不聽"不見於《唐律疏議》，是秦漢簡牘法律文獻獨有的法律習用語。

11. 更言

改變口供。見於睡虎地秦簡，例如：

(1) 詰之有（又）盡聽書其解辭，有（又）視其它毋（無）解者以復詰之。詰之極而數謫，更言不服，其律當治（笞）諒（掠）者，乃治（笞）諒（掠）。（封診式 3—4）

(2) 治（笞）諒（掠）之必書曰：爰書：以某數更言，毋（無）解辭，治（笞）訊某。（封診式 4—5）

"更言"不見於《唐律疏議》，是秦漢簡牘法律文獻獨有的法律習用語。

12. 名事邑里／名事里／名事關

睡虎地秦簡《封診式》作名事里，意爲姓名、身份、籍貫，與《漢書·宣帝紀》"名縣爵里"意近。事，《説文·史部》："職也。"名事里，姓名、身份、籍貫。關，讀爲貫，籍貫。居延漢簡 239·46 有"鞠繫，書到，定名縣爵里"。見於睡虎地秦簡，例如：

(1) 而書入禾增積者之名事邑里於會籍。（秦律十八種 25）

(2) 男子某有鞫，辭曰："士五（伍），居某里。"可定名事里。（封診式 6）

(3) 敢告某縣主：男子某辭曰："士五（伍），居某縣某里，去亡。"可定名事里，所坐論云可（何），可（何）罪赦，或覆問毋（無）有。（封診式 13—14）

(4) 即疏書甲等名事關諜（牒）北（背）。（封診式 91—92）

"名事邑里""名事里""名事關"不見於《唐律疏議》，是秦漢簡牘法律文獻獨有的法律習用語。

13. 敢讞之

秦漢法律文書習語，義爲冒昧的請示。見於嶽麓秦簡，例如：

(1) 廿二年八月癸卯朔辛亥，胡陽丞唐敢讞之。（奏讞書·馮將軍毋擇）

(2) 以欲盜去，邦亡，未得，得審□，敢讞之。（奏讞書·馮將軍毋擇）

又見於張家山漢簡（讞作"瀸"），例如：

(1) 十一年八月甲申朔己丑，夷道介丞嘉敢瀸（讞）之。（奏讞書 1）

(2) ·疑毋憂罪，它縣論，敢瀸（讞）之，謁報。署獄史曹發。（奏讞書 6—7）

(3) ·胡丞憙敢瀸（讞）之，十二月壬申，大夫蒜詣女子符，告亡。（奏讞書 28）

"敢讞之"不見於《唐律疏議》，是秦漢簡牘法律文獻獨有的法律習用語。

14. 敢言之

謹告。公文用語，見於上行文書。在此類文書中，通常前後各有一個"敢言之"，用以表示內容主體的起訖。見於睡虎地秦簡，例如：

以甲獻典乙相診，今令乙將之詣論，敢言之。（封診式98正）

又見於張家山漢簡，例如：

（1）八年四月甲辰朔乙巳，南郡守強敢言之，上奏七牒，謁以聞，種縣論，敢言之。（奏讞書68）

（2）敢言之：新郪信、髳長蒼謀賊殺獄史武，校長丙、贅捕蒼而縱之，爵皆大庶長。（奏讞書92）

（3）爲奉〈奏〉當十五牒上謁，請謁報，敢言之。（奏讞書98）

還見於里耶秦簡、懸泉漢簡、長沙東牌樓漢簡、居延漢簡、居延新簡、額濟納漢簡、敦煌漢簡等，此不贅舉。

"敢言之"不見於《唐律疏議》，是秦漢簡牘法律文獻獨有的法律習用語。

15. 敢告主

秦漢文書習語，公文用語，意謂"謹告主管人"。與"敢言之"類似，往往在一段文書前後各用一個"敢告主"，用以表示內容主體的起訖。不過，前一個"敢告主"中間常插入一個"某縣"之類表示管轄範圍的詞語。見於睡虎地秦簡，例如：

（1）敢告某縣主：男子某有鞫，辭曰："士五（伍），居某里。"可定名事里，所坐論云可（何），可（何）罪赦，或覆問毋（無）有，遣識者以律封守，當騰，騰皆爲報，敢告主。（封診式6—7）

（2）敢告某縣主：男子某辭曰："士五（伍），居某縣某里，去亡。"可定名事里，所坐論云可（何），可（何）罪赦，或覆問毋（無）有，幾籍亡，亡及逋事各幾可（何）日，遣識者當騰，騰皆爲報，敢告主。（封診式13—14）

又見於里耶秦簡，例如：

卅二年四月丙午朔甲寅，遷陵守丞色敢告酉陽丞：主令史下絡帬直（值）書已到，敢告主。（秦始皇三十二年J1（8）158正面）

"敢告主"不見於《唐律疏議》，是秦漢簡牘法律文獻獨有的法律習用語。

秦漢簡牘法律文獻中獨有的法律習用語還有很多，限於篇幅，此不一一列舉。

二、《唐律疏議》獨有的一般法律用語

在《唐律疏議》中，有一些一般法律用語，不見於秦漢簡牘法律文獻，

屬於其獨有的法律用語。這些一般法律用語，有的是表示人物法律身份的，有的是表示犯罪主觀方面故意或過失的，有的是表示與定罪量刑有關或享受法律照顧的病殘及老弱的，有的是訴訟和審判用語，有的是法律習用語。其中，以法律習用語爲最多。

（一）表示人物法律身份的

這種身份，是與法律有關的身份，不是指一般的身份。例如：

1. 表示人物户籍性質和政治地位的

《唐律疏議》中這類法律用語主要有：良人、部曲、官户、襍户、太常音聲人、客女等。以下對該類法律用語略作舉例説明。

（1）良人

古代對社會地位高於奴、婢的普通百姓的稱謂。有時稱作百姓、凡人、常人。在與襍户、奴婢等賤人相對稱時多稱作良人。《後漢書・酷吏傳・董宣》：" 陛下聖德中興，而縱奴殺良人，將何以理天下乎？"《三國志・魏書・齊王芳傳》：" 官奴婢六十已上，免爲良人。" 唐白居易《道州民》詩：" 父兄子弟始相保，從此得作良人身。" 唐律規定，良人與賤民（奴、婢等）不得通婚，違者定罪。

在《唐律疏議》中出現頻率很高，凡122見。例如：

（1）諸與奴娶良人女爲妻者，徒一年半；女家，減一等。離之。其奴自娶者，亦如之。主知情者，杖一百；因而上籍爲婢者，流三千里。即妄以奴婢爲良人，而與良人爲夫妻者，徒二年。奴婢自妄者，亦同。各還正之。（卷十四户婚191）

（2）諸襍户不得與良人爲婚，違者，杖一百。官户娶良人女者，亦如之。良人娶官户女者，加二等。即奴婢私嫁女與良人爲妻妾者，準盜論；知情娶者，與同罪。各還正之。（卷十四户婚192）

（3）諸部曲毆傷良人者，官户與部曲同。加凡人一等。加者，加入於死。奴婢，又加一等。若奴婢毆良人折跌支體及瞎其一目者，絞；死者，各斬。其良人毆傷殺他人部曲者，減凡人一等；奴婢，又減一等。（卷二十二鬥訟320）

（4）諸妄認良人爲奴婢、部曲、妻妾、子孫者，以略人論減一等。（卷二十五詐僞375）

（5）諸妄以良人爲奴婢，用質債者，各減自相賣罪三等；知情而取者，又減一等。仍計庸以當債直。（卷二十六雜律400）

（6）諸錯認良人爲奴婢者，徒二年；爲部曲者，減一等。（卷二十六雜律401）

以上所舉例句中，"良人"都是指平民百姓，是與奴婢、部曲、襍户、官户等相並列的一種法律身份，多與奴婢對稱。從上述各例來看，唐律對人物身份的劃分可謂等級森嚴，不同等級的人之間不能通婚，犯同樣的罪所受處罰也差別很大。

"良人"不見於秦漢簡牘法律文獻，是《唐律疏議》新增的表示人物法律身份的一般法律用語。

（2）部曲

古代豪門大族的私人軍隊，帶有人身依附性質。《三國志·魏書·鄧艾傳》："孫權已没，大臣未附，吴名宗大族，皆有部曲。"《南史·張瓌傳》："瓌宅中常有父時舊部曲數百。"《續資治通鑑·宋徽宗政和四年》："遂命諸將傳梃而誓曰：'汝等同心盡力，有功者，奴婢部曲爲良，庶人官之。'"唐時部曲由南北朝發展而來，主要從事農業生産及家内服役。爲私家所有，無人身自由，不得主人允許，不能擅自離開土地，否則以"逃亡"論罪。婚姻亦受主人限制。部曲死後，其妻由主人處置。唐法典明文規定，奴婢、部曲地位低於良人，"部曲殺良人，絞；良人殺部曲，減一等，流三千里"。"部曲殺主，斬；主殺部曲，部曲有罪，勿論，部曲無罪，主徒刑一年"。部曲經主人放免，即成平民，即良人。

在《唐律疏議》中出現頻率很高，凡 300 餘見。例如：

（1）若姦監臨内襍户、官户、部曲妻及婢者：免所居官。（卷三名例 20）

（2）諸同居，若大功以上親及外祖父母、外孫，若孫之婦，夫之兄弟及兄弟妻，有罪相爲隱；部曲、奴婢爲主隱：皆勿論，即漏露其事及擿語消息亦不坐。（卷六名例 46）

（3）諸官户、部曲稱部曲者，部曲妻及客女亦同、官私奴婢有犯，本條無正文者，各準良人。（卷六名例 47）

（4）諸放部曲爲良，已給放書，而壓爲賤者，徒二年；若壓爲部曲及放奴婢爲良，而壓爲賤者，各減一等；即壓爲部曲及放爲部曲，而壓爲賤者，又各減一等。各還正之。（卷十二户婚 160）

（5）諸部曲、奴婢謀殺主者，皆斬。謀殺主之期親及外祖父母者，絞；已傷者，皆斬。（卷十七賊盜 254）

以上各例中，"部曲"都是指一種與奴婢、良人、官户、襍户等相並列的户籍地位身份，實際就是豪門大族的家兵，人身依附於主人，不自由，地位高於奴婢，低於良人。

"部曲"不見於秦漢簡牘法律文獻，是《唐律疏議》新增的表示人物法律身份的一般法律用語。

（3）官户

南朝、隋、唐時的罪役户，因在原州、縣已經沒有户籍，所以稱作"官户"。除没官外，再有因恩赦就免官奴官婢爲官户，亦稱"番户"，或"公廨户"。《唐六典》卷六"刑部"注"諸律令格式有言官户者，是番户之總號，非謂別有一色。""官户"身份地位同於"部曲"，高於"官奴婢"，低於"襍户"，每年服役三番（每番一月）。《唐律釋文》："官户者，亦謂先代配役，及配隸相生者。此等之人，州縣無貫，唯屬本司，故曰'官户'。"《唐律疏議》卷三《名例》20【疏】議曰：官户者，亦謂前代以來，配隸相生，或有今朝配没，州縣無貫，唯屬本司。

在《唐律疏議》中凡53見。例如：

（1）若姦監臨内襍户、官户、部曲妻及婢者：免所居官。（卷三名例20）

（2）諸官户、部曲稱部曲者，部曲妻及客女亦同、官私奴婢有犯，本條無正文者，各準良人。（卷六名例47）

（3）【疏】議曰："其應加杖"，假有官户、奴婢犯流而爲過致資給，捉獲官户、奴婢等，流罪加杖二百，過致資給者並依杖二百罪減之，不從流減。（卷五名例38疏議）

（4）諸養襍户男爲子孫者，徒一年半；養女，杖一百。官户，各加一等。與者，亦如之。（卷十二户婚159）

（5）諸襍户不得與良人爲婚，違者，杖一百。官户娶良人女者，亦如之。良人娶官户女者，加二等。（卷十四户婚192）

從以上各例可以看出，"官户"多與奴婢、部曲、襍户、良人等相並提，是一種體現人物法律地位的身份，其地位與部曲相當，高於奴婢，低於襍户、良人。

"官户"不見於秦漢簡牘法律文獻，是《唐律疏議》新增的表示人物法律身份的一般法律用語。

（4）襍户

北朝至唐因前代犯罪受到株連，在官家服勞役的罪户。唐制：凡反逆相坐，没其家爲官奴婢，男十五以上發配嶺南爲城奴，如有赦宥所及，一免爲番户，再免爲襍户，三免爲良人（見《唐六典》卷六"刑部"）。襍户身份低於一般良民，高於官户、奴婢。每二年服役五番（每番一月）。《唐律疏議》卷十二："襍户者，前代犯罪没官，散配諸司驅使，亦附州縣户貫，賦役不同白丁。"《唐律譯文》："襍户者，爲先代配隸。在諸司課役者，若今不刺面，配在將作監太常院東西庫務者。"《唐律疏議》卷三名例 20 疏議曰：襍戶者，謂前代以來，配隸諸司職掌，課役不同百姓，依令"老免、進丁受田，依百姓例"，各於本司上下。

在《唐律疏議》中凡 37 見，例如：

（1）若姦監臨內襍戶、官戶、部曲妻及婢者：免所居官。（卷三名例 20）

（2）諸養襍戶男爲子孫者，徒一年半；養女，杖一百。官戶，各加一等。與者，亦如之。（卷十二戶婚 159）

（3）諸襍戶不得與良人爲婚，違者，杖一百。官戶娶良人女者，亦如之。良人娶官戶女者，加二等。（卷十四戶婚 192）

（4）諸殺人應死會赦免者，移鄉千里外。其工、樂、襍戶及官戶、奴，并太常音聲人，雖移鄉，各從本色。部曲及奴，出賣及轉配事千里外人。（卷十八賊盜 265）

（5）諸詐自復除，若詐死及詐去工、樂、襍戶名者，徒二年。（卷二十五詐僞 380）

從以上各例可以看出，"襍戶"多與奴婢、部曲、官戶、良人等相並提，是一種體現人物法律地位的身份，其地位高於奴婢、部曲、官戶，低於良人。

"襍戶"不見於秦漢簡牘法律文獻，是《唐律疏議》新增的表示人物法律身份的一般法律用語。

（5）太常音聲人

太常音聲人是中國古代罪役戶，太常寺奏樂的人。多因家人犯罪而緣坐配没官府。同"樂戶"原無區别，隋恭帝義寧年間規定，這些人可以在州縣附籍，但仍隸屬於太常寺，故更名爲"太常音聲人"，以示和"樂戶"有别。其地位相當於襍戶，略低於平民。因這類人有專門技藝在身，故唐代法律規定，犯罪不適用常人法，即犯流罪，實行加杖制，增加決杖數，杖後在本寺服勞役三年，不再遠配；犯徒罪的，以家中無兼丁之例加杖，杖後仍歸本寺做原來的行當，不再居作。《唐律疏議》卷三名例 28 疏議曰："太常音聲人"，謂在太常作樂者，元與工、樂不殊，俱是配隸之色，不屬州縣，唯屬太常，義寧以來，得於州縣附貫，依舊太常上下，别名"太常音聲人"。

在《唐律疏議》中凡 15 見，例如：

（1）諸工、樂、襍戶及太常音聲人，犯流者，二千里決杖一百，一等加三十，留住，俱役三年；犯加役流者，役四年。（卷三名例 28）

（2）【疏】議曰：工、樂及太常音聲人，習業已成，能專其事及習天文，并給使、散使，犯徒者，皆不配役，準無兼丁例加杖。若習業未成，依式配

役。(卷三名例 28 疏議)

(3) 太常音聲人，依令"婚同百姓"，其有雜作婚姻者，並準良人。(卷十四户婚 192 疏議)

(4) 諸殺人應死會赦免者，移鄉千里外。其工、樂、襍户及官户、奴，并太常音聲人，雖移鄉，各從本色。部曲及奴，出賣及轉配事千里外人。(卷十八賊盜 265)

(5) 諸丁夫、雜匠在役及工、樂、襍户亡者，太常音聲人亦同。一日笞三十，十日加一等，罪止徒三年。(卷二十八捕亡 461)

從上述各例可知，"太常音聲人"指一種法律身份，常與工、樂、襍户及官户、奴等相並提，其地位相當於襍户，略低於平民。

"太常音聲人"不見於秦漢簡牘法律文獻，是《唐律疏議》新增的表示人物法律身份的一般法律用語。

(6) 客女

古代身份較婢女略高的婦女。南北朝時已有此稱謂。其社會地位和所受待遇與部曲相同，一經主人放免，即成平民。《周書·武帝紀下》："詔自永熙三年七月已來，去年十月已前，東土之民，被抄略在化内爲奴婢者；及平江陵之後，良人没爲奴婢者：並宜放免。所在附籍，一同民伍。若舊主人猶須共居，聽留爲部曲及客女。"《唐律疏議卷十三户婚 178 疏議曰："客女，謂部曲之女，或有於他處轉得，或放婢爲之。"部曲之女或經赦免的婢是客女的主要來源。

在《唐律疏議》中凡 36 見，例如：

(1) 諸官户、部曲稱部曲者，部曲妻及客女亦同、官私奴婢有犯，本條無正文者，各準良人。(卷六名例 47)

(2) 客女，奴婢爲之，部曲之女亦是：犯罪皆與官户、部曲同。(卷六名例 47 疏議)

(3) 【疏】議曰：監臨之官，私役使所部之人，及從所部借奴婢、牛馬駝騾驢、車船、碾磑、邸店之類，稱奴婢者，部曲、客女亦同，各計庸、賃之價，人、畜、車計庸，船以下準賃，以受所監臨財物論。(卷十一職制 143 疏議)

(4) 若放部曲、客女爲良，壓爲賤者，徒二年。"若壓爲部曲者"，謂放部曲、客女爲良，還壓爲部曲、客女；及放奴婢爲良，還壓爲賤：各減一等，合徒一年半。"即壓爲部曲者"，謂放奴婢爲良，壓爲部曲、客女；"及放爲部曲者"，謂放奴婢爲部曲、客女，而壓爲賤者：又各減一等，合徒一年。(卷

十二户婚 160 疏議）

(5) 諸以妻爲妾，以婢爲妻者，徒二年。以妾及客女爲妻，以婢爲妾者，徒一年半。各還正之。（卷十三户婚 178）

從以上各例可知，"客女"指一種身份，體現其等級地位等，多來源於部曲之女或經赦免的婢，"或有於他處轉得"。

"客女"不見於秦漢簡牘法律文獻，是《唐律疏議》新增的表示人物法律身份的一般法律用語。

2. 表示人物親疏關係的

這方面的法律用語主要有期親、袒免親、斬衰、齊衰、大功、小功、緦麻等。

(1) 期親/期

服喪一周年的親屬。期，也作"朞"，一周年。期親包括兄弟姊妹、伯叔父母、姑母、長子及長子之婦、侄、嫡孫等。此外，還包括祖父母爲嫡孫，出嗣子爲本生父母、繼母，改嫁之子爲同居繼父，妾爲正妻，都是期親。《魏書·廣川王略傳》："欲令諸王有期親者爲之三臨，大功之親者爲之再臨，小功緦麻爲之一臨。"

"期親"在《唐律疏議》中出現頻率很高，凡 120 餘見，有時也簡作"期"。例如：

(1)【疏】議曰：八議之人，蔭及期以上親及孫，入請。期親者，謂伯叔父母、姑、兄弟、姊妹、妻、子及兄弟子之類。（卷二名例 9 疏議）

(2) 諸犯死罪非十惡，而祖父母、父母老疾應侍，家無期親成丁者，上請。（卷三名例 26）

(3) 聞期親尊長喪，匿不舉哀者，徒一年；喪制未終，釋服從吉，杖一百。（卷十職制 120）

(4) 諸謀殺期親尊長、外祖父母、夫、夫之祖父母、父母者，皆斬。（卷十七賊盜 253）

(5) 諸告期親尊長、外祖父母、夫、夫之祖父母，雖得實，徒二年；其告事重者，減所告罪一等。（卷二十四鬥訟 346）

上舉各例中的"期親"和"期"，都是指需要服喪一周年的親屬。

"期親"不見於秦漢簡牘法律文獻，是《唐律疏議》新增的表示人物親疏關係的一般法律用語。

(2) 袒免親

袒免，袒衣免冠。古代喪禮：凡五服以外的遠親，無喪服之制，唯脱上衣，露左臂，脱冠紮髮，用寬一寸布從頸下前部交於額上，又向後繞於髻，以示哀思。《禮記・大傳》："五世祖免，殺同姓也。"孔穎達疏："謂其承高祖之父者也，言服祖免而無正服，減殺同姓也。"《晏子春秋・外篇上十一》："（景公）遒使男子袒免，女子髮笄者以百數，爲開凶門，以迎盆成适。"《舊唐書・孝友傳・崔沔》："堂姨、堂舅、舅母服請加至袒免。"袒免親，指五服以外的遠親，如高祖的親兄弟、曾祖的堂兄弟、祖父的再從兄弟、父親的三從兄弟、自己的四從兄弟及三從侄、再從侄孫等。

在《唐律疏議》中凡 7 見，例如：

（1）諸嘗爲袒免親之妻，而嫁娶者，各杖一百；緦麻及舅甥妻，徒一年；小功以上，以姦論。（卷十四戶婚 183）

（2）【疏】議曰：高祖親兄弟，曾祖堂兄弟，祖再從兄弟，父三從兄弟，身四從兄弟、三從侄、再從侄孫，並緦麻絕服之外，即是"袒免"。既同五代之祖，服制尚異他人，故嘗爲袒免親之妻，不合復相嫁娶。（卷十四戶婚 183 疏議）

（3）諸皇家袒免親而毆之者，徒一年；傷者，徒二年；傷重者，加凡鬥二等。（卷二十一鬥訟 315）

上舉各例中的"袒免親"，都是指五服以外的遠親之義。

"袒免親"不見於秦漢簡牘法律文獻，是《唐律疏議》新增的表示人物親疏關係的一般法律用語。

（3）斬衰

亦作"斬縗"，衰通"縗"（cuī）。舊時五種喪服中最重的一種。用粗麻布製成，左右和下邊不縫。服制三年。子及未嫁女爲父母，媳爲公婆，承重孫爲祖父母，妻妾爲夫，均服斬衰。先秦諸侯爲天子、臣爲君亦服斬衰。《周禮・春官・司服》："凡喪，爲天王斬衰，爲王后齊衰。"《漢書・霍光傳》："昌邑王典喪，服斬縗，亡悲哀之心。"

在《唐律疏議》中凡 2 見，例如：

（1）【疏】議曰：夫者，妻之天也。移父之服而服，爲夫斬衰，恩義既崇，聞喪即須號慟。（卷一名例 6 疏議）

（2）依《禮》："斬衰之哭，往而不返。齊衰之哭，若往而返。大功之哭，三曲而偯。小功、緦麻，哀容可也。"（卷十職制 120 疏議問答）

"斬衰"不見於秦漢簡牘法律文獻，是《唐律疏議》新增的表示人物親疏關係的一般法律用語。

(4) 齊衰

喪服名。爲五服之一。服用粗麻布製成，以其緝邊縫齊，故稱"齊衰"。服期有三年的，爲繼母、慈母；有一年的，爲"齊衰期"，如孫爲祖父母，夫爲妻；有五月的，如爲曾祖父母；有三月的，如爲高祖父母。《儀禮·喪服》："同居，則服齊衰期，異居，則服齊衰三月。"《史記·趙世家》："趙武服齊衰三年，爲之祭邑，春秋祠之，世世勿絕。"

在《唐律疏議》中凡1見，例同上"斬衰"條例（2）。

"齊衰"不見於秦漢簡牘法律文獻，是《唐律疏議》新增的表示人物親疏關係的一般法律用語。

(5) 大功

喪服五服之一，服期九月。其服用熟麻布做成，較齊衰稍細，較小功爲粗，故稱大功。舊時堂兄弟、未婚的堂姊妹、已婚的姑、姊妹、侄女及衆孫、衆子婦、侄婦等之喪，都服大功。已婚女爲伯父、叔父、兄弟、侄、未婚姑、姊妹、侄女等服喪，也服大功。

在《唐律疏議》中出現頻率較高，凡90餘見。例如：

（1）即毆告大功尊長、小功尊屬者，亦不得以蔭論。（卷二名例15）

（2）依《禮》："斬衰之哭，往而不返。齊衰之哭，若往而返。大功之哭，三曲而偯。小功、緦麻，哀容可也。"（卷十職制120疏議問答）

（3）諸盜緦麻、小功親財物者，減凡人一等；大功，減二等；期親，減三等。殺傷者，各依本殺傷論。（卷二十賊盜287）

（4）諸毆緦麻兄姊，杖一百。小功、大功，各遞加一等。尊屬者，又各加一等。（卷二十二鬥訟327）

（5）諸告緦麻、小功卑幼，雖得實，杖八十；大功以上，遞減一等。誣告重者，期親，減所誣罪二等；大功，減一等；小功以下，以凡人論。（卷二十四鬥訟347）

"大功"不見於秦漢簡牘法律文獻，是《唐律疏議》新增的表示人物親疏關係的一般法律用語。

(6) 小功

舊時喪服名，五服之第四等。其服以熟麻布製成，視大功爲細，較緦麻爲粗。服期五月。凡本宗爲曾祖父母、伯叔祖父母、堂伯叔祖父母，未嫁祖姑、堂姑，已嫁堂姊妹，兄弟之妻，從堂兄弟及未嫁從堂姊妹；外親爲外祖父母、母舅、母姨等，均服之。《儀禮·喪服》："小功者，兄弟之服也。"《儀禮·喪服》："小功布衰裳，澡麻帶絰，五月者。"賈公彥疏："但言小功者，對大功是用功粗大，則小功是用功細小精密者也。"《唐律疏議·名例》："小功之親有三：祖之兄弟、父之從父兄弟、身之再從兄弟是也。此數之外，據《禮》，內外諸親，有服同者，並準此。"

在《唐律疏議》中出現頻率較高，凡 90 見左右。例同上"大功"條各例。

"小功"不見於秦漢簡牘法律文獻，是《唐律疏議》新增的表示人物親疏關係的一般法律用語。

(7) 緦麻

古代喪服名。五服中之最輕者，孝服用細麻布製成，服期三月。凡本宗為高祖父母，曾伯叔祖父母，族伯叔父母，族兄弟及未嫁族姊妹，外姓中為表兄弟，岳父母等，均服之。《儀禮·喪服》："緦麻三月者。"《穀梁傳·莊公三年》"改葬之禮緦"唐楊士勛疏："五服者，案喪服有斬衰、齊衰、大功、小功、緦麻是也。"漢賈誼《新書·六術》："喪服稱親疏以為重輕，親者重，疏者輕，故復有麤衰、齊衰、大紅、細紅、緦麻，備六，各服其所當服。"《周書·李穆傳》："兄弟子姪及緦麻以上親並舅氏，皆霑厚賜。"

在《唐律疏議》中出現頻率很高，凡 140 餘見。例同上"大功"條各例。

"緦麻"不見於秦漢簡牘法律文獻，是《唐律疏議》新增的表示人物親疏關係的一般法律用語。

3. 表示可享受特權的

例如下列一些用語：

(1) 八議

"八議"是中國封建刑律規定的對八種人犯罪必須交由皇帝裁決或依法減輕處罰的特權制度。"八議"最早源於西周的八辟，在曹魏的《新律》中首次入律。所謂"八議"是指法律規定的八種特殊人物犯罪（主要是指死罪），不能適用普通訴訟審判程式，司法官員也無權直接審理管轄，必須奏請皇帝裁決，由皇帝根據其身份及具體情況減免刑罰的制度。這八種人是：議親，議故，議賢，議能，議功，議貴，議勤，議賓。《後漢書·應劭傳》："陳忠不詳制刑之本，而信一時之仁，遂廣引八議求生之端。"

"八議"制度的實質是中國古代法律倫理化、儒家化進程的體現，它維護的是封建專制制度和等級制度。

在《唐律疏議》中凡 11 見。例如：

(1) 八議：一曰議親。謂皇帝袒免以上親及太皇太后、皇太后緦麻以上親，皇后小功以上親。二曰議故。謂故舊。三曰議賢。謂有大德行。四曰議能。謂有大才藝。五曰議功。謂有大功勳。六曰議貴。謂職事官三品以上，散官二品以上及爵一品者。七曰議勤。謂有大勤勞。八曰議賓。謂承先代之後爲國賓者。（卷一名例 7）

（2）以此八議之人犯死罪，皆先奏請，議其所犯，故曰"八議"。（卷一名例 7 疏議）

（3）諸八議者，犯死罪，皆條所坐及應議之狀，先奏請議，議定奏裁；議者。原情議罪，稱定刑之律而不正決之。（卷二名例 8）

（4）【疏】議曰：八議之人，蔭及期以上親及孫，入請。期親者，謂伯叔父母、姑、兄弟、姊妹、妻、子及兄弟子之類。（卷二名例 9 疏議）

"八議"不見於秦漢簡牘法律文獻，是《唐律疏議》新增的體現人物特權的一般法律用語。

（2）議親

古刑法八議之一。謂對於皇親國戚進行特別審議，以減免其刑罰。《周禮·秋官·小司寇》："以八辟麗邦灋，附刑罰：一曰議親之辟。"鄭玄注引鄭司農曰："若今時宗室有罪先請是也。"賈公彥疏："親謂五屬之內及外親有服者，皆是議限。"

在《唐律疏議》中凡 3 見。例如：

（1）一曰議親。謂皇帝袒免以上親及太皇太后、皇太后緦麻以上親，皇后小功以上親。（卷一名例 7）

（2）【疏】議曰：義取內睦九族，外協萬邦，布雨露之恩，篤親親之理，故曰"議親"。（卷一名例 7 疏議）

（3）【疏】議曰：假有一人，身是皇后小功親，合議減；又父有三品之官，合請減；又身有七品官，合例減。此雖三處俱合減罪，唯得以一議親高者減之，不得累減。（卷二名例 14 疏議）

"議親"不見於秦漢簡牘法律文獻，是《唐律疏議》新增的體現人物特權的一般法律用語。

（3）議故

古刑法八議之一。謂對皇帝的故交舊友進行特別審議以減免刑罰。《周禮·秋官·小司寇》："以八辟麗邦灋，附刑罰……二曰議故之辟。"鄭玄注："故謂舊知也。鄭司農云：'故舊不遺，則民不偷。'"《漢書·刑法志》："八議：一曰議親，二曰議故……八曰議賓。"顏師古注："王之故舊也。"

在《唐律疏議》中凡 1 見。例如：

二曰議故。謂故舊。（卷一名例 7）

"議故"不見於秦漢簡牘法律文獻，是《唐律疏議》新增的體現人物特權的一般法律用語。

(4) 議賢

古刑法八議之一。謂對於有德行的人進行特別審議，以減免刑罰。《周禮·秋官·小司寇》："以八辟麗邦灋，附刑罰……三曰議賢之辟。"鄭玄注："鄭司農云：'若今時廉吏有罪先請是也。'玄謂賢有德行者。"《唐律疏議》卷一名例 7："三曰議賢。謂有大德行。議曰：謂賢人君子，言行可爲法則者。"

在《唐律疏議》中僅此 1 見。

"議賢"不見於秦漢簡牘法律文獻，是《唐律疏議》新增的體現人物特權的一般法律用語。

(5) 議能

古刑法"八辟"之一。對有奇才異能的人進行特別審議以減免其刑罰。《周禮·秋官·小司寇》："以八辟麗邦灋，附刑罰……四曰議能之辟。"鄭玄注："能，謂有道藝者。"

在《唐律疏議》中凡 1 見。例如：

四曰議能。謂有大才藝。（卷一名例 7）

"議能"不見於秦漢簡牘法律文獻，是《唐律疏議》新增的體現人物特權的一般法律用語。

(6) 議功

古刑法中八議之一。謂對有大功之人，審議其功勳以減免刑罰。《周禮·秋官·小司寇》："以八辟麗邦灋，附刑罰……五曰議功之辟。"鄭玄注："謂有大勳力立功者。"《漢書·刑法志》："八議：一曰議親……五曰議功……"

在《唐律疏議》中凡 1 見。例如：

五曰議功。謂有大功勳。（卷一名例 7）

"議功"不見於秦漢簡牘法律文獻，是《唐律疏議》新增的體現人物特權的一般法律用語。

(7) 議貴

古刑法八議之一。對顯貴進行特別審議以減免刑罰。《周禮·秋官·小司寇》："以八辟麗邦灋，附刑罰……六曰議貴之辟。"鄭玄注引鄭司農曰："若今時吏墨綬有罪，先請是也。"賈公彥疏："先鄭推引漢法，墨綬爲貴，若據周，大夫以上皆貴也。"

在《唐律疏議》中凡 16 見。例如：

(1) 六曰議貴。謂職事官三品以上，散官二品以上及爵一品者。（卷一名例 7）

(2) 府主等祖父母、父母若是議貴，凡毆得徒二年，爲是本屬府主之祖

父母、父母，加一等，得徒二年半。（卷二十一鬥訟314疏議）

(3) 諸流外官以下，毆議貴者，徒二年；傷者，徒三年；折傷者，流二千里。（卷二十一鬥訟316）

(4) 諸流內九品以上毆議貴者，徒一年。傷重及毆傷五品以上，若五品以上毆傷議貴，各加凡鬥傷二等。（卷二十二鬥訟317）

上述各例中，"議貴"的對象都是具有高品級官職的顯貴人物，他們犯罪享有與平民百姓不一樣的特權，可以實行特別審議以減免刑罰。

"議貴"不見於秦漢簡牘法律文獻，是《唐律疏議》新增的體現人物特權的一般法律用語。

(8) 議勤

古刑法八議之一。對勤於國事者進行特別審議以減免刑罰。《周禮·秋官·小司寇》："以八辟麗邦灋，附刑罰……七曰議勤之辟。"鄭玄注："謂憔悴以事國。"《魏書·慕容白曜傳論》："白曜有敦正之風，出當薄伐，席捲三齊，如風靡草，接物有禮，海垂欣慰。其勞固不細矣。功名難處，追猜嬰戮，宥賢議勤，未聞於斯日也。"

在《唐律疏議》中僅1見。例如：

七曰議勤。謂有大勤勞。（卷一名例7）

"議勤"不見於秦漢簡牘法律文獻，是《唐律疏議》新增的體現人物特權的一般法律用語。

(9) 議賓

古刑法八議之一。謂對先朝後裔而享受國賓待遇者進行特別審議，以減免刑罰。《周禮·秋官·小司寇》："以八辟麗邦灋，附刑罰……八曰議賓之辟。"鄭玄注："謂所不臣者，三恪二代之後與？"

在《唐律疏議》中凡1見。例如：

八曰議賓。謂承先代之後爲國賓者。

"議賓"不見於秦漢簡牘法律文獻，是《唐律疏議》新增的體現人物特權的一般法律用語。

(10) 上請

上請又稱"先請"，指皇室宗親、貴族、高官犯法一般司法官吏不得擅自審理，必須奏請皇帝裁決的制度。起源於漢代，範圍逐漸擴大，先由三千石官後下延至六百石官，進而又擴大到公、列侯嗣子犯耐以上的罪。東漢時幾乎所有官員不論犯何種罪行，均可享受此種待遇。南北朝時又規定：凡屬八議範圍的官吏、貴族犯十惡以外之罪，均須"上請"皇帝定奪。唐律專列請章，規定："應請之狀者，謂皇太子妃大功以上親，應議者期以上親及孫，若官爵五品以上，應請之狀。正其刑名者，謂錄請人所犯，準律合絞、合斬。別奏者，不緣門下，別錄奏請，聽敕。流罪以下，減一等。其犯十惡，反逆緣坐，殺人，監守內姦、盜、略人、受財枉法者，不用此律。"（《唐律疏議·名例》）此外，對於事關重大，但情節可以原宥之案件，法官不敢專決，也須上請。

在《唐律疏議》中凡 29 見。例如：

（1）其犯十惡者，死罪不得上請，流罪以下不得減罪，故云"不用此律"。（卷二名例 8 疏議）

（2）若官爵五品以上，犯死罪者，上請。請，謂條其所犯及應請之狀，正其刑名，別奏請。（卷二名例 9）

（3）諸犯死罪非十惡，而祖父母、父母老疾應侍，家無期親成丁者，上請。（卷三名例 26）

（4）八十以上、十歲以下及篤疾，犯反、逆、殺人應死者，上請。（卷四名例 30）

（5）若持仗及至御在所者，斬。迷誤者，上請。（卷七衛禁 59）

上舉各例中，"上請"都是指相關享有特權的人員在犯罪時都可以申請由皇帝裁決。

"上請"不見於秦漢簡牘法律文獻，是《唐律疏議》新增的體現人物特權的一般法律用語。

4. 表示擁有特定職權的公職人員的

例如下列一些用語：

（1）監臨主守/監守

監臨，負有監察臨視責任的官吏。唐薛能《監郡犍爲將歸使府登樓寓題》詩："幾日監臨向蜀春，錯拋歌酒強憂人。"《舊唐書·楊炎傳》："宰臣於庶官，比之監臨，官市賈有羨利，計其利以乞取論罪，當奪官。"

"監臨主守"在《唐律疏議》中凡 34 見，例如：

（1）監臨主守之官，私自借貸及借貸人財物、畜產之類，須徵收。（卷四名例 36 注）

（2）即共監臨主守爲犯，雖造意，仍以監主爲首，凡人以常從論。（卷五名例 42）

（3）諸監臨主守，以官奴婢及畜產私自借，若借人及借之者，笞五十；計庸重者，以受所監臨財物論。驛驢，加一等。（卷十五廄庫 208）

（4）諸監臨主守，以官物私自貸，若貸人及貸之者，無文記，以盜論；有文記，準盜論；文記，謂取抄署之類。立判案，減二等。（卷十五廄庫 212）

（5）諸監臨主守之官，以官物私自借，若借人及借之者，笞五十；過十日，坐贓論減二等。（卷十五廄庫 213）

又簡作"監守"，在《唐律疏議》中凡 17 見，例如：

其犯十惡，反逆緣坐，殺人，監守內姦、盜、略人、受財枉法者，不用此律。（卷二名例 9）

"監臨主守/監守"不見於秦漢簡牘法律文獻，是《唐律疏議》新增的表示特定公職身份的一般法律用語。

與之相類似的還有"監臨官司"（在《唐律疏議》中凡 9 見）、"監臨主司"（在《唐律疏議》中凡 22 見）等，也不見於秦漢簡牘法律文獻，也是《唐律疏議》新增的表示特定公職身份的一般法律用語。

（2）監當官司

監當，掌管稅收、冶鑄等事務的地方官。宋陸游《老學庵筆記》卷一："有蕭守道者，日侍左右，忽得罪，絀爲外郡監當。"《宋史·職官志七》："監當官掌茶、鹽、酒稅場務徵輸及冶鑄之事。"官司，官吏、百官。《左傳·隱公五年》："若夫山林川澤之實，器用之資，皁隸之事，官司之守，非君所及也。"杜預注："小臣有司之職，非諸侯之所親也。"《漢書·王莽傳上》："祝宗卜史，備物典策，官司彝器。"顏師古注："官司，百官也。"司，掌管、執掌。

在《唐律疏議》中凡 18 見，例如：

（1）諸合和御藥，誤不如本方及封題誤者，醫絞。料理簡擇不精者，徒一年。未進御者，各減一等。監當官司，各減醫一等。餘條未進御及監當官司，並準此。（卷九職制 102）

（2）諸監當官司及主食之人，誤將雜藥至御膳所者，絞。所，謂監當之人應到之處。（卷九職制 107）

（3）諸工作有不如法者，笞四十；不任用及應更作者，併計所不任贓、庸，坐贓論減一等。其供奉作者，加二等。工匠各以所由爲罪。監當官司，各減三等。（卷十六擅興 242）

（4）諸丁夫、雜匠在役，而監當官司私使及主司於職掌之所，私使兵防者，各計庸準盜論；即私使兵防出城、鎮者，加一等。（卷十六擅興 247）

（5）主守不覺失囚，減囚罪三等；即不滿半年徒者，一人笞三十，三人加一等，罪止杖一百。監當官司，又減三等。故縱者，各與同罪。（卷二十八

捕亡 459）

"監當官司"不見於秦漢簡牘法律文獻，是《唐律疏議》新增的表示特定公職身份的一般法律用語。

與之相類似的還有"監當主司"（在《唐律疏議》中凡 7 見）等，也不見於秦漢簡牘法律文獻，也是《唐律疏議》新增的表示特定公職身份的一般法律用語。

（二）表示犯罪主觀方面故意或過失的

在《唐律疏議》中，這類法律用語主要有如下一些：故、故爲、誤、失、故失等。除了與秦漢簡牘法律文獻共有的"故""失""誤"等外，《唐律疏議》獨有的該類用語還有"故爲""故失"等。

1. 故爲

意爲故意干某事。

在《唐律疏議》中凡 6 見，例如：

（1）但"御幸舟船"以上三事，皆爲因誤得罪，設未進御，亦同十惡；如其故爲，即從"謀反"科罪。（卷一名例 6 疏議）

（2）或愚癡而犯，或情惡故爲，於律雖得勿論，準禮仍爲不孝。老小重疾，上請聽裁。（卷四名例 30 疏議）

（3）"知而共爲婚姻者"，謂妻父稱婚，婿父稱姻，二家相知是服制之內，故爲婚姻者，各減罪五等，得杖一百。（卷十三戶婚 179 疏議）

（4）【疏】議曰：依律不許爲婚，其有故爲之者，是名"違律爲婚"。（卷十四戶婚 193 疏議）

（5）"詐，謂知而隱欺"，謂知事不實，故爲隱欺。（卷二十五詐偽 368 疏議）

上舉各例中，"故爲"都是故意幹某事之義。

2. 故失

意爲故意或過失，是對兩種情況的合稱。

在《唐律疏議》中凡 14 見，例如：

（1）諸一人兼有議、請、減，各應得減者，唯得以一高者減之，不得累減。若從坐減、自首減、故失減、公坐相承減，又以議、請、減之類，得累減。（卷二名例 14）

（2）故失減者，謂判官故出人罪，放而還獲，減一等；通判之官不知情，以失論，失出減判官之罪五等。（卷二名例 14 疏議）

（3）諸應議、請、減，若年七十以上，十五以下及廢疾者，並不合拷訊，

皆據衆證定罪，違者以故失論。若證不足，告者不反坐。（卷二十九斷獄 474）

（4）"違者，以故失論"，謂不合拷訊而故拷訊，致罪有出入者，即依下條故出入人及失出入人罪法。（卷二十九斷獄 474 疏議）

（5）諸拷囚限滿而不首者，反拷告人。其被殺、被盜家人及親屬告者，不反拷。被水火損敗者，亦同。拷滿不首，取保並放。違者，以故失論。（卷二十九斷獄 478）

上舉各例中，"故失"都是故意或過失之義，包含了故意和過失兩種情況，是對這兩種情形的並稱。

（三）表示與定罪量刑有關或享受法律照顧的病殘及老弱的

這類疾病不是普通疾病，而是與法律有關的某些疾病，包括應享受法律照顧或影響定罪量刑的特殊疾病。老弱，指因年老體弱而享受法律上的照顧。在《唐律疏議》中，這類用語主要有"篤疾""廢疾""惡疾""老免"等。其中，"廢疾"與秦漢簡牘法律文獻中的"癃/罷癃"相關相似，"惡疾"與其"癘"相關相似，"老免"與其"免老"相關相似，前已論述，此不贅論。以下對《唐律疏議》獨有的"篤疾"略作闡述。

篤疾，意思是重病。篤，其本義是馬行走緩慢，即《説文解字》所謂的"馬行頓遲"，後引申指忠實專一、深厚、厚重、加厚等。《後漢書·張楷傳》："建和三年，詔安車備禮聘之，（張楷）辭以篤疾不行。"《太平廣記》卷七引晉葛洪《神仙傳·李八百》："卿爲吾家使者，勤苦歷年，常得篤疾，吾取醫欲令卿愈。"在唐律中指患有惡疾、兩肢殘廢、兩目失明等有嚴重疾病的人。《唐令拾遺·户令》："惡疾、癲狂、兩肢廢、兩目盲，如此之類，皆爲篤疾。"

在《唐律疏議》中凡 43 見，例如：

（1）【疏】議曰：謂緣坐之中，有男夫年八十及篤疾，婦人年六十及廢疾，雖免緣坐之罪，身有官品者，亦各除名。（卷二名例 18 疏議）

（2）【疏】議曰：老謂八十以上，疾謂篤疾，並依令合侍。（卷三名例 20 疏議）

（3）諸年七十以上、十五以下及廢疾，犯流罪以下，收贖。犯加役流、反逆緣坐流、會赦猶流者，不用此律；至配所，免居作。八十以上、十歲以下及篤疾，犯反、逆、殺人應死者，上請。（卷四名例 30）

（4）諸謀反及大逆者，皆斬；父子年十六以上皆絞，十五以下及母女、妻妾子妻妾亦同、祖孫、兄弟、姊妹若部曲、資財、田宅並没官，男夫年八十及篤疾、婦人年六十及廢疾者並免；餘條婦人應緣坐者，準此。伯叔父、兄弟之子皆流三千里，不限籍之同異。（卷十七賊盜 248）

（5）諸被囚禁，不得告舉他事。其爲獄官酷己者，聽之。即年八十以上，十歲以下及篤疾者，聽告謀反、逆、叛、子孫不孝及同居之内爲人侵犯者，餘並不得告。官司受而爲理者，各減所理罪三等。（卷二十四鬥訟 352）

"篤疾"不見於秦漢簡牘法律文獻，是《唐律疏議》新增的表示與法律有關的特殊疾病的一般法律用語。

（四）訴訟和審判用語

《唐律疏議》中這類法律用語比較多，主要有如下一些：

以……論、聽、聽贖、聽以贖論、論、勿論、論如律、聽……論、累科、累而科之、告、首、自首、告言、言告、科決、累決、倍贓、倍論、倍並、並倍、累論、奏劾、告劾、從重論、以其罪罪之、鞠問、勾問、斷、未斷、科斷、處決、劾、推鞠、聽減、與同罪、舉劾、推劾、科、科罪、坐贓論、告不審、決、決罪、翻異、訊囚、訊問、拷訊、拷掠、首實、承引、取保、未決、除其罪、引虛、斷罪、免罪、免其罪、同罪而科、拷囚、拷鞠、拷決、鞠獄、鞠、對問、推問、反拷、搥拷、服辯、斷案、聽告、聽受、受而爲理、自理訴、告舉、告發、相爲訴、越訴、對鞠、併論、聽理、推科、決斷、自訴、案問、準枉法論、準盜論、以盜論等。

其中，與秦漢簡牘法律文獻共有的有聽、論、告、鞠、自首、與同罪、坐贓論、告不審等，前已論述，此不贅論。

以下僅就《唐律疏議》獨有的其中部分用語舉例說明。例如：

1. 聽贖/聽以贖論

允許拿贖金抵罪。多指九品以上官員及其近親屬犯罪可享有的待遇。

"聽贖"在《唐律疏議》中凡 12 見，例如：

（1）諸應議、請、減及九品以上之官，若官品得減者之祖父母、父母、妻、子孫，犯流罪以下，聽贖。（卷二名例 11）

（2）答曰：五流，除名、配流，會降至徒以下，有蔭、應贖之色，更無配役之文，即有聽贖者，有不聽贖者。（卷二名例 11 疏議問答）

（3）"無蔭犯罪，有蔭事發"，謂父祖無官時子孫犯罪，父祖得七品官事發，聽贖。（16 疏議）

（4）【疏】議曰：謂甲過失折人二支應流，依法聽贖。（卷六名例 45 疏議）

（5）其因驚駭，力不能制，而殺傷人者，減過失二等，聽贖，其銅各入被傷殺家。（卷二十六雜律 392 疏議）

"聽以贖論"在《唐律疏議》中凡 7 見，例如：

(1) 諸五品以上妾，犯非十惡者，流罪以下，聽以贖論。(卷二名例 13)

(2) 其假版官犯流罪以下，聽以贖論。(卷二名例 15)

(3) 若官盡未敘，更犯流以下罪者，聽以贖論。敘限各從後犯計年。(卷三名例 21)

(4)【疏】議曰：謂用官當、免並盡，未到敘日，更犯流罪以下者，聽以贖論。以其年限未充，必有敘法，故免決配，聽依贖論。(卷三名例 21 疏議)

(5) 答曰：律以老、疾不堪受刑，故節級優異。七十衰老，不能徒役，聽以贖論。(卷三名例 31 疏議問答)

聽以贖論，意思是允許用交贖金抵罪來論處，跟"聽贖"基本是一樣的。

"聽贖""聽以贖論"不見於秦漢簡牘法律文獻，是《唐律疏議》新增的表示訴訟和審判的一般法律用語。

2. 累科/累而科之

累加科斷。累，累加。科，科處、科斷。也就是把犯罪所得贓物或應處罰刑期等累加在一起處刑，或以各罪中的重罪論刑，或以刑罰的最高刑期論刑。

"累科"在《唐律疏議》中凡 7 見，例如：

(1)【疏】議曰：已發者，謂已被告言；其依令應三審者，初告亦是發訖。及已配者，謂犯徒已配。而更爲笞罪以上者，各重其後犯之事而累科之。(卷四名例 29 疏議)

(2) 諸二罪以上俱發，以重者論；等者，從一……即以贓致罪，頻犯者並累科；若罪法不等者，即以重贓併滿輕贓，各倍論。(卷六名例 45)

(3)【疏】議曰：假有受所監臨，一日之中，三處受絹一十八疋，或三人共出一十八疋，同時送者，各倍爲九疋而斷，此名"以贓致罪，頻犯者並累科"。(卷六名例 45 疏議)

(4) 其典吏及主司匿脫多者，依律既準里正脫漏，合從累科。(卷二十五詐偽 376 疏議)

(5) 其有從軍征討而亡，未滿十五日軍還者，未還以前依征亡之法；征還之後從軍還亡罪而斷，將未還之日，並滿軍還之日累科。(卷二十八捕亡 457 疏議)

從上舉例 (5) 來看，累科還包括對逃亡日數的累加科斷。

"累而科之"在《唐律疏議》中凡 2 見，例如：

(1) 諸略奴婢者，以強盜論；和誘者，以竊盜論。各罪止流三千里。雖監臨主守亦同。即奴婢別齎財物者，自從強、竊法，不得累而科之。(卷二十賊盜

293）

（2）各從一重科之，並不得將奴婢之身，累併財物同斷，故云"自從強、竊法，不得累而科之"。（卷二十賊盜 293 疏議）

上舉兩例中，"累而科之"的意思也是累加而科斷之義，與"累科"基本是相同的。

"累科""累而科之"不見於秦漢簡牘法律文獻，是《唐律疏議》新增的表示訴訟和審判的一般法律用語。

3. 倍贓

唐律規定，盜人財物者，須以加倍財物償還失主，稱倍備，此贓即稱倍贓。也就是以贓物價值的雙倍進行償還。

在《唐律疏議》中凡 25 見，例如：

（1）諸彼此俱罪之贓謂計贓爲罪者。及犯禁之物，則没官。若盜人所盜之物，倍贓亦没官。（卷四名例 32）

（2）【疏】議曰：假有乙盜甲物，丙轉盜之，彼此各有倍贓，依法並應還主。甲既取乙倍備，不合更得丙贓；乙即元是盜人，不可以贓資盜，故倍贓亦没官。（卷四名例 32 疏議）

（3）【疏】議曰：謂會赦及降，唯盜、詐、枉法三色，正贓猶徵，各還官、主，盜者免倍贓。故云"猶徵正贓"。（卷四名例 33 疏議）

（4）今直言正贓，不言倍贓者，正贓無財，猶許加杖放免；倍贓無財，理然不坐。（卷六名例 47 疏議）

上舉各例中，"倍贓"的意思都是以贓物價值的雙倍進行償還之義。

"倍贓"不見於秦漢簡牘法律文獻，是《唐律疏議》新增的表示訴訟和審判的一般法律用語。

4. 倍論

犯罪人頻犯贓罪，如所犯罪法不等，即以重贓之數併入輕贓，然後折半論罪，稱爲倍論。

在《唐律疏議》中凡 18 見，例如：

（1）若罪法不等者，即以重贓併滿輕贓，各倍論。（卷六名例 45）

（2）假如強盜併從竊盜者，謂如有人諸處頻犯竊盜，已得八十二疋，累贓倍論，得四十一疋，罪合流三千里。（卷六名例 45 疏議）

（3）"即同事共與者"，謂數人同犯一事，斂財共與，元謀斂者，併贓爲首，仍倍論；其從而出財者，各依己分爲從。（卷十一職制 137 疏議）

（4）其有於一家頻盜及一時而盜數家者，並累而倍論。（卷十九賊盜 282

疏議)

從上述各例來看,倍論不僅適用於官吏犯贓罪,也適用於普通人犯盜竊等罪行。

"倍論"不見於秦漢簡牘法律文獻,是《唐律疏議》新增的表示訴訟和審判的一般法律用語。

5. 勾問

提審訊問犯人。勾,傳呼,招來。

在《唐律疏議》中凡1見,例如:

或事發去官者,謂事發勾問未斷,便即去職。(卷二名例16疏議)

"勾問"不見於秦漢簡牘法律文獻,是《唐律疏議》新增的表示訴訟和審判的一般法律用語。

6. 推鞫

推究審問。《爾雅·釋言》:"鞫,窮也。"郭璞注:"窮盡也。"亦作"推鞫"。鞫,通假字。《隋書·裴蘊傳》:"蘊知上意,遣張行本奏威罪惡,帝付蘊推鞫之,乃處其死。"唐陸贄《商量處置竇參事體狀》:"若不付外推鞫,則恐難定罪名。"

在《唐律疏議》中凡6見,例如:

(1)【疏】議曰:劾者,推鞫之別名。假有已被推鞫,因問,乃更別言餘事,亦得免其餘罪,同"因首重罪"之義。(卷五名例37疏議)

(2)長官及諸使人於使處有犯者,所部次官以下及使人所詣之司官屬,並不得輒即推鞫。(卷十職制130疏議)

(3)【疏】議曰:"鞫獄官",謂推鞫主司。(卷二十九斷獄479疏議)

(4)其監臨主司,於所部告狀之外,知有別罪者,即須舉牒,別更糾論,不得因前告狀而輒推鞫。(卷二十九斷獄480疏議)

上舉各例中,"推鞫"的意思都是推究審問之義。

"推鞫"不見於秦漢簡牘法律文獻,是《唐律疏議》新增的表示訴訟和審判的一般法律用語。

7. 翻異

事後推翻口供。翻,翻供。異,指與前面説的不一致。

在《唐律疏議》中凡4見,例如:

(1)諸主守受囚財物,導令翻異;及與通傳言語,有所增減者:以枉法論,十五疋加役流,三十疋絞。(卷二十九斷獄472)

(2)受囚財物,導引其囚,令翻異文辯;及得官司若文證外人言語,爲

報告通傳，有所增減其罪者：以枉法論。（卷二十九斷獄 472 疏議）

（3）"減故出入人罪一等"，謂導令翻異及通傳言語，出入囚死罪者，處流三千里；出入流罪以下，各減本罪一等之類。（卷二十九斷獄 472 疏議）

（4）"其非主守而犯者"，謂非監當囚人，而有外人導囚翻異，有所增減，各減主守罪一等。（卷二十九斷獄 472 疏議）

上述各例中的"翻異"，都是指囚犯在他人誘導下，推翻前面的口供之義。

"翻異"不見於秦漢簡牘法律文獻，是《唐律疏議》新增的表示訴訟和審判的一般法律用語。

8. 承引

招認罪行。《魏書·刑罰志》："或拷不承引，依證而科；或有私嫌，強逼成罪。"《唐律·斷獄一·訊囚察辭理》："若贓狀露驗，理不可疑，雖不承引，即據狀斷之。"

在《唐律疏議》中凡 1 見，例如：

諸應訊囚者，必先以情，審察辭理，反覆參驗；猶未能決，事須訊問者，立案同判，然後拷訊。違者，杖六十。若贓狀露驗，理不可疑，雖不承引，即據狀斷之。若事已經赦，雖須追究，並不合拷。（謂會赦移鄉及除、免之類。）（卷二十九斷獄 476）

據該例可知，在贓物證據確實充分的情況下，哪怕囚犯拒不招認罪行，也可依據證據科斷。

"承引"不見於秦漢簡牘法律文獻，是《唐律疏議》新增的表示訴訟和審判的一般法律用語。

9. 引虛

引：自承。虛：虛妄不實。告發人自己承認所告的事實屬虛構，指誣告人在被誣告人未受拷訊前，向審判官吏申述其所告事實虛假，撤回誣告，誣告人雖須負"誣告反坐"的法律責任，但可依律減等。如唐律規定，除誣告他人死罪者外，誣告他人流罪以下罪，在被誣告人或者有關證人未被拷掠前承認虛假的，可以減反坐罪一等。如已加拷掠者，不減。但"誣告期親尊長以下及奴婢、部曲誣告主之外祖父母以上，雖即引虛，各不合減'。自唐始，各代相沿不變。

在《唐律疏議》中凡 10 見，例如：

（1）若誣人反、逆，雖復未決引虛，不合減罪。（卷二十三鬥訟 342 疏議）

（2）諸誣告人流罪以下，前人未加拷掠，而告人引虛者，減一等；若前人已拷者，不減。即拷證人，亦是。誣告期親尊長、外祖父母、夫、夫之祖父母，及奴婢、部曲誣告主之期親、外祖父母者，雖引虛，各不減。（卷二十三鬥訟344）

（3）【疏】議曰：誣告死罪，自有別制。唯誣告人流罪以下，前人未加拷掠，而告人自引虛者，得減反坐之罪一等。若前人已拷者，無問杖數多少，然後引虛，即不合減。"即拷證人亦是"，謂雖不拷被告之人，拷傍證之者，雖自引虛，亦同已拷，不減。其誣告期親尊長以下，及奴婢、部曲誣告主之外祖父母以上，雖即引虛，各不合減。（卷二十三鬥訟344疏議）

上舉各例中，"引虛"的意思都是告發人自己承認所告事實為虛之義。

"引虛"不見於秦漢簡牘法律文獻，是《唐律疏議》新增的表示訴訟和審判的一般法律用語。

10. 服辯

認罪供狀；認罪文據。犯人對判決所做的服與不服的表示。若罪犯對判決不服，司法官應依其不服之狀，重新審理。《清會典事例・刑名・刑律斷獄》："獄囚取服辯。"魯迅《吶喊・孔乙己》："怎麼樣？先寫服辯，後來是打，打了大半夜，再打折了腿。"

在《唐律疏議》中凡3見，例如：

（1）諸獄結竟，徒以上，各呼囚及其家屬，具告罪名，仍取囚服辯。若不服者，聽其自理，更為審詳。違者，笞五十；死罪，杖一百。（卷三十斷獄490）

（2）【疏】議曰："獄結竟"，謂徒以上刑名，長官同斷案已判訖，徒、流及死罪，各呼囚及其家屬，具告所斷之罪名，仍取囚服辯。（卷三十斷獄490疏議）

（3）若不告家屬罪名，或不取囚服辯及不為審詳，流、徒罪並笞五十，死罪杖一百。（卷三十斷獄490疏議）

上舉各例中，"服辯"都是指囚犯本人對判決結果所做的服與不服的書面意思表示。

"服辯"不見於秦漢簡牘法律文獻，是《唐律疏議》新增的表示訴訟和審判的一般法律用語。

（五）法律習語

《唐律疏議》中這類法律用語比較多，主要有如下一些：

動事、刑法、品式、刑憲、罪、法、律、令、式、殺罰、得罪、告、強、教、教令不覺、減科、不相須、坐、不坐、減、減罪、誣告反坐、反坐、連坐、緣坐、反逆緣坐、不用此律、如法、從坐、公坐、公坐相承、造意、法式、出、蔭、私罪、公罪、準、準此、告身、獄成、疑罪、責保、參對、推勘、進丁、受田、附籍、重犯、赦原、復、復除、原、原罪、自新、追身不赴、捕首、首露、覺舉、舉稽、累輕以加重、正贓、同居、有罪相爲隱、籍、舉重以明輕、舉輕以明重、統攝、案驗、籍禁、得、不得、知、知情、不知、不知情、執捉、具狀申訴、合、不合、罪止、放免、免放、制書、有害、無害、情理切害、首、從、坐、附貫、勘檢、立案、以法、擅、違期、已成、未成、依法、離、和、和娶、和離、違、違者、七出、三不去、義絕、妄還正、不充、重法並滿輕法、保辜、辜內、辜外、贓、報、節級爲坐、節級連坐、不拘此律、依律、推對、犯法、留住、已上道、加功、知見、同籍、會赦、重害、累加、並贓、贓重、別居、過失、勘詰、和同、首告、受分、行、不行、專進止、降慮、追減、結正、奏決、絕時、登時、同謀、元謀、謀首、無辜、追攝、禁錄、傷重、掩捕、聽敕、常律、緣坐、規求、相容隱、爲⋯⋯隱、準律、自陳首、首陳、申牒、承告、彈舉、不應爲輕、不應爲重、不應爲從重、不應得爲從重、受、不受、應合、依令、勘當、監受、檢校、捕逐、追捕、推避、告報、糾、糾彈、施行、直、不直、避稽、申答、收捕、對制、關由所司、規避、不應、捕攝、保任、以故、出舉、未得、行濫、較固、參市、市券、損害、損敗、拘執、捕繫、捕格、言請、自殺、自傷、勘驗、直牒、搜檢、舉牒、移囚、決罰、臨統、監臨、監當、覆審、駁正、鍛鍊、案省、主守、主司、摘語、過所、留難、稽廢、稽乏、廢闕、（追）還合、通計爲罪、言上、盜不計贓、成錢、不平、闌遺（物）、推事、常赦所不免、常赦所不原、非法、疑獄，等等。

其中，與秦漢簡牘法律文獻共有的有：罪、法、律、令、得、不得、直、不直、知、知情、不知、不知情等，相關相似的有：反坐（與"反其罪"）、保辜（與"以辜死"）、成錢（與"行錢"）等，前已論述，此不贅論。

以下僅就《唐律疏議》獨有的當中部分用語舉例說明。例如：

1. 動事

擅自改動文書、制書、敕語等內容，改變了原意，影響到事情結果，特別是案件判決結果。

在《唐律疏議》中凡 10 見，例如：

（1）輒飾文字者，"各加二等"，謂非動事，修飾其文，制書合杖一百，官文書合杖六十。若動事，自從"詐增減"法。（卷十職制 114 疏議）

（2）注云"口詐傳及口增減，亦是"，謂詐傳敕語及奉敕宣傳，口中詐有

增減動事者,並與增減制書同。(卷二十五詐偽367疏議)

(3)【疏】議曰:"詐爲官文書",謂詐爲文案及符、移、解牒、鈔券之類,或增減以動事者,杖一百。(卷二十五詐偽369疏議)

(4)諸棄毀制書及官文書者,準盜論;亡失及誤毀者,各減二等。毀,須失文字。若欲動事者,從詐增減法。(卷二十七雜律438)

(5)諸官司入人罪者,謂故增減情狀足以動事者,若聞知有恩赦而故論決,及示導令失實辭之類。若入全罪,以全罪論;雖入罪,但本應收贖及加杖者,止從收贖、加杖之法。(卷三十斷獄487)

以上各例,其中的"動事"都是指擅自改動文書或制書或敕語的內容,改變原意,影響到事情結果,特別是案件判決結果。

"動事"不見於秦漢簡牘法律文獻,是《唐律疏議》新增的法律習用語。

2. 造意

共同犯罪中的倡導、首倡,爲首倡導犯罪的主謀。《漢書·孫寶傳》:"親入山谷,諭告群盜,非本造意,渠率皆得悔過自出,遣歸田里。"《晉書·刑法志》:"唱首先言謂之造意。"

在《唐律疏議》中凡38見,例如:

(1)諸共犯罪者,以造意爲首,隨從者減一等。若家人共犯,止坐尊長。(卷五名例42)

(2)即共監臨主守爲犯,雖造意,仍以監主爲首,凡人以常從論。(卷五名例42)

(3)諸謀殺人者,徒三年;已傷者,絞;已殺者,斬。從而加功者,絞;不加功者,流三千里。造意者,雖不行仍爲首。雇人殺者,亦同。(卷十七賊盜256)

(4)諸共盜者,併贓論。造意及從,行而不受分,即受分而不行,各依本首從法。(卷二十賊盜297)

(5)諸共謀強盜,臨時不行,而行者竊盜,共謀者受分,造意者爲竊盜首,餘並爲竊盜從;若不受分,造意者爲竊盜從,餘並笞五十。(卷二十賊盜298)

以上各例中,"造意"的意思都是爲首倡導犯罪的主謀之義。

"造意"不見於秦漢簡牘法律文獻,是《唐律疏議》新增的法律習用語。

3. 七出

也稱"七去"。中國封建社會休棄妻子的七種理由。《孔子家語·本命解》:"婦有七出三不去。七出者:不順父母者,無子者,淫僻者,嫉妒者,惡疾者，多口舌者，竊盜者。"《儀禮·喪服》"出妻之子爲母"唐賈公彥疏："七出者：無子，一也；淫佚，二也；不事舅姑，三也；口舌，四也；盜竊，五也；妒忌，六也；惡疾，七也。"又《大戴禮記·本命》："婦有七去：不順父母去，無子去，淫去，妒去，有惡疾去，多言去，竊盜去。不順父母去，爲其逆德也；無子，爲其絕世也；淫，爲其亂族也；妒，爲其亂家也；有惡疾，爲其不可與共粢盛也；口多言，爲其離親也；盜竊，爲其反義也。"唐律規定，妻無七出及義絕之狀而出之者，處徒一年半；雖犯七出而有三不去的情況而出之者，杖一百，追還合。但如犯惡疾及姦者，即使有三不去的條件，仍可徑行出之，不受上面規定的限制。①

在《唐律疏議》中凡9見，例如：

（1）問曰：妻有"七出"及"義絕"之狀，合放以否？答曰：犯"七出"者，夫若不放，於夫無罪。若犯流聽放，即假僞者多，依令不放，於理爲允。犯"義絕"者，官遣離之，違法不離，合得徒罪。"義絕"者離之，"七出"者不放。（卷三名例24疏議問答）

（2）諸妻無七出及義絕之狀，而出之者，徒一年半；雖犯七出，有三不去，而出之者，杖一百。追還合。若犯惡疾及姦者，不用此律。（卷十四戶婚189）

（3）故妻無七出及義絕之狀，不合出之。七出者，依令："一無子，二淫佚，三不事舅姑，四口舌，五盜竊，六妒忌，七惡疾。"（卷十四戶婚189疏議）

從上舉各例可見，"七出"指的是封建社會夫家休棄妻子的七種借口，體現了封建社會的倫理法則，反映了古代社會是一個男權社會，婦女社會地位低下，男女之間地位很不平等。

"七出"不見於秦漢簡牘法律文獻，是《唐律疏議》新增的法律習用語。

4. 三不去

又稱"三不出"。中國古代法律規定的不能休棄妻子的三種情況。《大戴禮記·本命》："婦有三不去：有所娶無所歸，不去；與更三年喪，不去；前貧賤後富貴，不去。"《公羊傳·莊公二十七年》"大歸曰來歸"漢何休注："婦人有七棄、五不娶、三不去。嘗更三年喪不去，不忘恩也；賤取貴不去，不背德也；有所受無所歸不去，不窮窮也。"《唐律疏議·戶婚》規定："有三不去而出之者，杖一百，追還合。若犯惡疾及姦者，不用此律。"

---

① 鄒瑜：《法學大辭典》"七出"條，中國政法大學出版社1991年版。

在《唐律疏議》中凡4見，例如：

（1）諸妻無七出及義絕之狀，而出之者，徒一年半；雖犯七出，有三不去，而出之者，杖一百。追還合。若犯惡疾及姦者，不用此律。（卷十四户婚189）

（2）"雖犯七出，有三不去"，三不去者，謂：一，經持舅姑之喪；二，娶時賤後貴；三，有所受無所歸。而出之者，杖一百。並追還合。"若犯惡疾及姦者，不用此律"，謂惡疾及姦，雖有三不去，亦在出限，故云"不用此律"。（卷十四户婚189疏議）

從上舉兩例可知，"三不去"列舉了已婚婦女不被休棄的三種情況，只要具備其中之一，夫家就不能隨意休棄。這是對處於弱勢地位的婦女的合法權益的保護，限制了夫權的濫用，平衡了社會關係。

"三不去"不見於秦漢簡牘法律文獻，是《唐律疏議》新增的法律習用語。

5. 義絕

中國封建法律規定的一種強制離婚的條件。按唐律規定，所謂義絕，指夫妻任何一方，對另一方一定範圍内的親屬有毆、殺等情事者，必須強制離異，違者判處徒刑。唐律中列舉了義絕的種種情況，包括夫毆妻之祖父母、父母及殺妻外祖父母、伯叔父母、兄弟、姑、姐妹；或者夫妻的祖父母、父母、外祖父母、伯叔父母、兄弟、姑、姐妹自相殺；及妻毆詈夫的祖父毋、父母，殺傷夫外祖父母、伯叔父母、兄弟、姑、姐妹；妻與夫的緦麻以上親姦，夫與妻母姦；及妻欲害丈夫，等等，都稱作"義絕"。

在《唐律疏議》中凡18見，例如：

（1）其婦人犯夫及義絕者，得以子蔭。雖出，亦同。（卷二名例15）

（2）【疏】議曰：婦人犯夫，及與夫家義絕，並夫在被出，並得以子蔭者，爲"母子無絕道"故也。（卷二名例15疏議）

（3）問曰：妻有"七出"及"義絕"之狀，合放以否？答曰：犯"七出"者，夫若不放，於夫無罪。若犯流聽放，即假僞者多，依令不放，於理爲允。犯"義絕"者，官遣離之，違法不離，合得徒罪。"義絕"者離之，"七出"者不放。（卷三名例24疏議問答）

（4）諸妻無七出及義絕之狀，而出之者，徒一年半；雖犯七出，有三不去，而出之者，杖一百。追還合。若犯惡疾及姦者，不用此律。（卷十四户婚189）

（5）【疏】議曰：伉儷之道，義期同穴，一與之齊，終身不改。故妻無七

出及義絶之狀，不合出之。（卷十四户婚189疏議）

（6）義絶，謂"毆妻之祖父母、父母及殺妻外祖父母、伯叔父母、兄弟、姑、姊妹，若夫妻祖父母、父母、外祖父母、伯叔父母、兄弟、姑、姊妹自相殺及妻毆詈夫之祖父母、父母，殺傷夫外祖父母、伯叔父母、兄弟、姑、姊妹及與夫之緦麻以上親、若妻母姦及欲害夫者，雖會赦，皆爲義絶。"（卷十四户婚189疏議）

（7）諸犯義絶者離之，違者，徒一年。若夫妻不相安諧而和離者，不坐。（卷十四户婚190）

從上述各例可以看出，"義絶"是指夫妻之間，或雙方親屬之間，發生了嚴重的傷害事件，嚴重影響了雙方和睦關係，無法取得對方原諒的情況。既包括一方對另一方的傷害，也包括雙方的相互傷害行爲。

"義絶"不見於秦漢簡牘法律文獻，是《唐律疏議》新增的法律習用語。

6. 罪止

對某犯罪處罰的最高限度，到此爲止，到此封頂。劉曉林認爲：唐律中大量出現的"罪止"一詞直接指示着立法針對具體犯罪行爲設置的量刑上限，其作爲立法語言，凝結着特定的技術策略。律設"罪止"，旨在通過限制定罪量刑過程中的死刑適用與刑等加重，表現出明顯的慎刑理念；但此種設置又使得司法官吏沒有任何裁判"餘地"，只能機械地選擇確定的刑種、刑等與制定法所列舉的具體犯罪行爲及不同情節一一對應。[①]

在《唐律疏議》中出現頻率極高，凡230餘見。例如：

（1）諸宿衛人，應上番不到及因假而違者，一日笞四十，三日加一等；滿十九日合杖一百，若過杖一百，五日加一等，罪止徒二年。（卷七衛禁75）

（2）諸關、津度人，無故留難者，一日主司笞四十，一日加一等，罪止杖一百。（卷八衛禁84）

（3）諸貢舉非其人及應貢舉而不貢舉者，一人徒一年，二人加一等，罪止徒三年。（卷九職制92）

（4）諸之官限滿不赴者，一日笞十，十日加一等，罪止徒一年。即代到不還，減二等。（卷九職制96）

（5）諸里正不覺脱漏增減者，一口笞四十，三口加一等；過杖一百，十口加一等，罪止徒三年。（卷十二户婚151）

（6）諸驗畜產不以實者，一笞四十，三加一等，罪止杖一百。若以故價

[①] 劉曉林：《唐律中的"罪止"：通過立法技術表現的慎刑與官吏控制》，《法律科學》（西北政法大學學報）2020年第4期。

有增減，贓重者，計所增減坐贓論；入己者，以盜論。（卷十五廄庫197）

上舉各例中，"罪止"的意思都是指對某罪實施刑罰的最高限度。

"罪止"不見於秦漢簡牘法律文獻，是《唐律疏議》新增的法律習用語。

7. 疑獄

疑難案件。獄，案件。《禮記·王制》："疑獄，氾與衆共之，衆疑赦之。"孔穎達疏："疑獄，謂事可疑難斷者也。"《晉書·姚興載記上》："興常臨諮議堂聽斷疑獄，於時號無冤滯。"《魏書·刑罰志》："六年春，以有司斷法不平，詔諸疑獄皆付中書，依古經義論決之。"

在《唐律疏議》中凡2見，例如：

（1）諸疑罪，各依所犯，以贖論。疑，謂虛實之證等，是非之理均；或事涉疑似，傍無證見；或傍有聞證，事非疑似之類。即疑獄，法官執見不同者，得爲異議，議不得過三。（卷三十斷獄502）

（2）"即疑獄"，謂獄有所疑，法官執見不同，議律論情，各申異見，"得爲異議"，聽作異同。（卷三十斷獄502疏議）

從上舉兩例可以看出，"疑獄"和"疑罪"基本是一回事，都是指因爲犯罪事實不清，證據不夠確鑿充分而存疑的罪行或案件。正因如此，法官們之間意見難以統一，各執己見，不能達成共識。

"疑獄"不見於秦漢簡牘法律文獻，是《唐律疏議》新增的法律習用語。

8. 鍛鍊

玩弄法律，錘煉字句，羅織罪名，陷人於罪。《後漢書·韋彪傳》："鍛鍊之吏，持心近薄。"李賢注："言深文之吏，入人之罪，猶工冶陶鑄鍛鍊，使之成孰也。"後多作"鍛煉"，逐漸演變爲一個褒義詞。

在《唐律疏議》中凡1見，例如：

【疏】議曰："官司入人罪者"，謂或虛立證據，或妄構異端，捨法用情，鍛鍊成罪。故注云，謂故增減情狀足以動事者，若聞知國家將有恩赦，而故論決囚罪及示導教令，而使詞狀乖異。（卷三十斷獄487疏議）

從上例可知，"鍛鍊"是指官吏想方設法地使無罪之人變成有罪，爲達此目的不擇手段，"或虛立證據，或妄構異端，捨法用情，鍛鍊成罪。"

"鍛鍊"不見於秦漢簡牘法律文獻，是《唐律疏議》新增的法律習用語。

9. 自新

自己改正錯誤，重新做人。《史記·孝文本紀》："妾願沒入爲官婢，贖父刑罪，使得自新。"

在《唐律疏議》中凡4見，例如：

（1）若有文牒言告，官司判令三審，牒雖未入曹局，即是其事已彰，雖欲自新，不得成首。（卷五名例37疏議）

（2）答曰：犯罪首免，本許自新。蠱毒已成，自新難雪，比之會赦，仍並從流。（卷十八賊盜262疏議問答）

（3）【疏】議曰：犯罪未發，皆許自新。其有犯罪欲自陳首者，皆經所在官司申牒。（卷二十四鬥訟353疏議）

從上舉3例來看，"自新"往往是指罪犯在自己的罪行尚未被發覺前主動認識到自己的錯誤，主動投案自首，交代自己的罪行，並表示自己改正錯誤，重新做人。

"自新"不見於秦漢簡牘法律文獻，是《唐律疏議》新增的法律習用語。

10. 登時、絕時

"登時"表示不法侵害正在進行中，"絕時"表示不法侵害已經結束後。

"登時"在《唐律疏議》中凡8見，例如：

（1）諸官私畜產，毀食官私之物，登時殺傷者，各減故殺傷三等，償所減價；畜主備所毀。臨時專制亦爲主。餘條準此。其畜產欲觝齧人而殺傷者，不坐、不償。亦謂登時殺傷者。即絕時，皆爲故殺傷。（卷十五廄庫204）

（2）諸夜無故入人家者，笞四十。主人登時殺者，勿論；若知非侵犯而殺傷者，減鬥殺傷二等。（卷十八賊盜269）

上述兩例中，例（1）中的"登時"是說牲畜毀食官私之物正在進行中，例（2）中的"登時"是說主人及時發現有人夜闖其家當場殺傷，而不是闖入者離開後追殺。

"絕時"在《唐律疏議》中凡8見，例如：

（1）同上"登時"例（1）。

（2）注云"謂殺人而支解者"，或殺時即支解，或先支解而後殺之，皆同支解，併入"不道"。若殺訖，絕時後更支解者，非。（卷十七賊盜259疏議）

（3）不因鬥，故毆傷人者，加鬥毆傷罪一等。雖因鬥，但絕時而殺傷者，從故殺傷法。（卷二十賊盜306）

（4）"雖因鬥，但絕時而殺傷者"，謂忿競之後，各已分散，聲不相接，去而又來殺傷者，是名"絕時"，從故殺傷法。（卷二十賊盜306疏議）

上舉各例中的"絕時"，多表示不法行爲已經結束後，受害者又對加害者追加的傷害行爲，類似於現今法律中的"防衛過當"。而例（2）還表現了另一種情況：即殺人者先將人殺死，過了一段時間後再將尸體支解，就不算"不道"中所謂的"支解人"。

總之，"絕時"與"登時"相對，是指某行爲已經結束後，而"登時"指某行爲正在進行中。

"登時""絕時"不見於秦漢簡牘法律文獻，是《唐律疏議》新增的法律習用語。

11. 爲隱/相隱/相爲隱

是唐律的重要刑法原則。凡同財共居者犯罪，可隱瞞而不告發，這就叫"同居相爲隱"。即同財共居之人及一定範圍的親屬之間，互相容隱犯罪者，可以減免刑事責任。其具體規定，一是同居者和大功以上親及部分近親屬相隱不負刑事責任；二是小功以下親屬相隱，減凡人三等論處；三是謀反、謀大逆、謀叛一類重大犯罪，不適用相隱之律。它是繼承漢律"親親得相首匿"原則並進一步完備化和制度化的產物。這個原則是封建社會儒家文化和道德建設被法律化的一種體現，主要是爲了家庭穩定、社會和睦。

在《唐律疏議》中，"爲隱"凡2見，"相隱"凡12見，"相爲隱"凡2見，它們往往同時出現，相互照應。例如：

（1）其小功、緦麻相隱，既減凡人三等，若其爲首，亦得減三等。（卷五名例37疏議）

（2）諸同居，若大功以上親及外祖父母、外孫，若孫之婦、夫之兄弟及兄弟妻，有罪相爲隱；部曲、奴婢爲主隱：皆勿論，即漏露其事及擿語消息亦不坐。其小功以下相隱，減凡人三等。（卷六名例46）

（3）【疏】議曰：部曲、奴婢，主不爲隱，聽爲主隱。非"謀叛"以上，並不坐。（卷六名例46疏議）

（4）【疏】議曰：謂謀反、謀大逆、謀叛，此等三事，並不得相隱，故不用相隱之律，各從本條科斷。（卷六名例46疏議）

在以上各例中，"相隱""爲隱""相爲隱"的意思都是相互爲對方隱瞞犯罪事實、不向官府告發之義。

"相隱""爲隱""相爲隱"不見於秦漢簡牘法律文獻，是《唐律疏議》新增的法律習用語。

12. 不相須

二者不必要同時具備，只要具有其中之一即滿足條件。

在《唐律疏議》中凡15見，例如：

（1）【疏】議曰：居喪未滿二十七月，兄弟別籍、異財，其別籍、異財不相須。（卷三名例20疏議）

（2）諸祖父母、父母在，而子孫別籍、異財者，徒三年。別籍、異財不相須，

下條準此。（卷十二戶婚155）

（3）諸盜毀天尊像、佛像者，徒三年。即道士、女冠盜毀天尊像，僧、尼盜毀佛像者，加役流。真人、菩薩，各減一等。盜而供養者，杖一百。盜、毀不相須。（卷十九賊盜276）

（4）諸保辜者，手足毆傷人限十日，以他物毆傷人者二十日，以刃及湯火傷人者三十日，折跌支體及破骨者五十日。毆、傷不相須。餘條毆傷及殺傷，各準此。（卷二十賊盜307）

（5）【疏】議曰："棄毀制書"，棄、毀不相須。毀者，須失文字。（卷二十七雜律438疏議）

上舉各例中，"不相須"都是指二者不需要同時具備、只需其中之一即可之義。

"不相須"不見於秦漢簡牘法律文獻，是《唐律疏議》新增的法律習用語。

13. 情理切害

意爲嚴重損害了情理。

在《唐律疏議》中凡5見，例如：

（1）六曰大不敬。謂盜大祀神御之物、乘輿服御物；盜及僞造御寶；合和御藥，誤不如本方及封題誤；若造御膳，誤犯食禁；御幸舟船，誤不牢固；指斥乘輿，情理切害及對捍制使，而無人臣之禮。（卷一名例6）

（2）舊律云"言理切害"，今改爲"情理切害"者，蓋欲原其本情，廣恩慎罰故也。（卷一名例6疏議）

（3）諸指斥乘輿，情理切害者，斬；言議政事乖失而涉乘輿者，上請。非切害者，徒二年。（卷十職制122）

上舉各例中，"情理切害"都是指嚴重損害了情理，對君主大不敬重，失却人臣之禮。

"情理切害"不見於秦漢簡牘法律文獻，是《唐律疏議》新增的法律習用語。

14. 不應爲輕、不應爲重

"不應爲輕"意爲按《雜律・不應得爲》條從輕論處；"不應爲重"意爲按《雜律・不應得爲》條從重論處。

不應得爲，《唐律疏議》卷二十七《雜律》450條："諸不應得爲而爲之者笞四十，謂律、令無條，理不可爲者。事理重者，杖八十。"

岳純之認爲："不應得爲"條是《唐律》爲懲治"雜犯輕罪"，彌補成文法規不足而在《雜律》篇中專門設立的一個概括性條款。從各種記載來看，這種條款早在漢朝就已經存在，唐朝應是繼承自前朝。"不應得爲"條的適用須具備兩個條件：一是律令無條，一是理不可爲。律令無條是指對某種行爲律、令、格、式均無規定，同時也無法適用"舉輕以明重"的入罪方法。理不可爲則是指按照法律的精神不應該做。"不應得爲"條規定了笞四十和杖八十兩種輕重不同的刑度，但這兩種刑度僅是量刑的兩個基本刑罰標準，執法者可以酌情據理適當下調。在確定不應得爲刑罰的輕重時，一個負責任的執法者應該會有所參照，這個基本的參照物就是法律或刑法。"不應得爲"條擴大了《唐律》的打擊範圍，使一些在統治者看來不當却没有具體法律規定的行爲也有可能受到刑事制裁，但對這一作用不宜過分誇大。①

"不應爲輕"在《唐律疏議》中凡5見。可以單現，例如：

若養客女及婢爲女者，從"不應爲輕"法，笞四十，仍準養子法聽從良。（卷十二户婚159疏議）

"不應爲重"在《唐律疏議》中凡18見。可以單現，例如：

（1）若居夫喪，而與應嫁娶人主婚者，律雖無文，從"不應爲重"，合杖八十。其父母喪内，爲應嫁娶人媒合，從"不應爲重"，杖八十。（卷十三户婚181疏議）

（2）兩主放畜產，而鬥有殺傷者，從"不應爲重"，杖八十，各償所減價。（卷十五廐庫206疏議）

（3）其旌旗、幡幟及儀仗，並私家不得輒有，違者從"不應爲重"，杖八十。（卷十六擅興243疏議）

而更多情況下是"不應爲輕"與"不應爲重"兩者並現，例如：

（1）如未入宫門事發，律無正條，宜依"不應爲重"，杖八十。其在宫外諸處冒代，未至職掌處，從"不應爲輕"，笞四十。（卷八衛禁80疏議問答）

（2）教人部曲、奴婢告主期親以下，雖無别理，亦合有罪：教告主期親及外祖父母者，科"不應爲重"；教告主大功以下、緦麻以上，科"不應爲輕"。（卷二十四鬥訟357疏議）

（3）其錯認良人以下爲子孫，律既無文，量情依"不應爲輕"；若錯認他人妻妾及女爲己妻妾者，情理俱重，依"不應爲重"科。（卷二十六雜律401疏議）

上舉各例中，"不應爲輕"都是按《雜律·不應得爲》條從輕論處之義，

---

① 岳純之：《論唐律"不應得爲"條》，《北京聯合大學學報（人文社會科學版）》2015年第4期。

"不應爲重"都是按《雜律·不應得爲》條從重論處之義。

"不應爲輕""不應爲重"不見於秦漢簡牘法律文獻，是《唐律疏議》新增的法律習用語。

15. 舉輕以明重、舉重以明輕

唐律中對法律没有明文規定的行爲，採用比附參照的方式，裁定其是否構成犯罪。

所謂"舉輕以明重"，是指當一個比它社會危害更輕的行爲在刑法中都規定爲犯罪，這個行爲當然更應該作爲犯罪來處理。"入罪，則舉輕以明重"，是指一個行爲在刑法中没有規定，但比它輕的行爲在刑法中有規定，可以采取"舉輕明重"的方法來適用法律。

所謂"舉重以明輕"，是指當一個比它社會危害更重的行爲在刑法中都不規定爲犯罪，這個行爲當然更不應該是犯罪。"出罪，則舉重以明輕"，是指一個行爲在刑法中没有明文規定不是犯罪，要想不作爲犯罪來處理，就可以采取"舉重明輕"的方法來適用法律。

例如：

諸斷罪而無正條，其應出罪者，則舉重以明輕；其應入罪者，則舉輕以明重。（卷六名例 50）

該條意思是說，法官在審理案件過程中，如遇法律無明文規定的情況，可以采取比附參照的方式判處。構不成犯罪的，就參照"舉重以明輕"的原則處理；構成犯罪的，就參照"舉輕以明重"的原則判處。

"舉重以明輕""舉輕以明重"不見於秦漢簡牘法律文獻，是《唐律疏議》新增的法律習用語。

16. 常赦所不免／常赦所不原

中國封建法律所規定的對某些犯罪雖遇常赦但不予赦免或不完全赦免的制度。隋唐時已成制度。即性質特别嚴重不在一般赦免範圍內的犯罪。免，免除、免罪。原，原諒、寬恕。二者在此意義上成爲同義詞。唐代以後該制度成爲對十惡等重罪的處理原則。法律規定"十惡不原"，但十惡中的謀反、大逆、惡逆尤重，與其他重罪又有所區別。除以上三罪屬常赦所不原，十惡中的其他罪根據情況可得到不同程度的赦原。此制一直持續至明清，但常赦不原的範圍時有擴大。

"常赦所不免"在《唐律疏議》中凡 9 見，例如：

（1）會赦者，免所居官。此是赦後仍免所居之一官，亦爲常赦所不免。（卷二名例 18 疏議）

(2) 答曰：會赦猶流，常赦所不免，雖會赦、降，仍依前除名、配流。（卷二名例 18 疏議問答）

(3) 諸赦前斷罪不當者，若處輕爲重，宜改從輕；處重爲輕，即依輕法。其常赦所不免者依常律；常赦所不免者，謂雖會赦，猶處死及流，若除名、免所居官及移鄉者。（卷三十斷獄 488）

(4) 其"處重爲輕，即依輕法"，假令犯十惡，非常赦所不免者，當時斷爲輕罪及全放，並依赦前斷定。（卷三十斷獄 488 疏議）

(5)【疏】議曰："常赦所不免者"，赦書云"罪無輕重，皆赦除之"，不言常赦所不免者，亦不在免限，故云"依常律"。即：犯惡逆，仍處死；反、逆及殺從父兄姊、小功尊屬、造畜蠱毒，仍流；十惡、故殺人、反逆緣坐，獄成者，猶除名；監守內姦、盜、略人、受財枉法，獄成會赦，免所居官；殺人應死，會赦移鄉等是。（卷三十斷獄 488 疏議）

"常赦所不原"在《唐律疏議》中凡 2 見，例如：

(1) 諸犯罪共亡，輕罪能捕重罪首，重者應死，殺而首者，亦同。及輕重等，獲半以上首者，皆除其罪。常赦所不原者，依常法。（卷五名例 38）

(2)【疏】議曰：常赦所不原者，謂雖會大赦，猶處死及流，若除名、免所居官及移鄉之類。此等既赦所不原，故雖捕首，亦不合免。（卷五名例 38 疏議）

上舉各例中，"常赦所不免""常赦所不原"的意思都是性質特別嚴重不在一般赦免範圍內的犯罪，尤指"十惡"中的重罪。

"常赦所不免""常赦所不原"不見於秦漢簡牘法律文獻，是《唐律疏議》新增的法律習用語。

17. 重法併滿輕法

唐律中對遇到二罪以上罪刑不等情況時如何進行處斷的指導原則，類似於現今刑法中的"重罪吸收輕罪"的原則。意思是當一人同時犯兩種以上罪行而各罪輕重不等時，要將輕罪吸收、合併到重罪中去判處，而不是分別處斷。當然，準確地說，應當是現今刑法學習借鑒並保留了唐律的科學做法，因爲是唐律在前，現今刑法在後。《唐律疏議》卷六名例 45："諸二罪以上俱發，以重者論；等者，從一。……即以贓致罪，頻犯者並累科；……其一事分爲二罪，罪法若等，則累論；罪法不等者，則以重法併滿輕法。"

在《唐律疏議》中凡 6 見，例如：

(1) 罪法不等者，則以重法併滿輕法。罪法等者，謂若貿易官物，計其等准盜論，計所利以盜論之類。罪法不等者，謂若請官器仗，以亡失併從毀傷，以考校不實併從失不實之類。

（卷六名例 45）

（2）以威若力强乞取者，準枉法論，有禄、無禄各依本法。其因得餉送而更强乞取者，既是一事分爲二罪，以重法併滿輕法。（卷十一職制 140 疏議）

（3）其盜耕人田，有荒有熟，或竊或强，一家之中罪名不等者，並依例"以重法併滿輕法"爲坐。（卷十三户婚 165 疏議）

（4）其中有增減不平之贓，有入己、不入己者，若一處犯，便是"一事分爲二罪，罪法不等，即以重法併滿輕法"，須將以盜之贓累於坐贓之上科之，其應除、免、倍贓，各盡本法。（卷十五廐庫 197 疏議）

（5）"儀仗，各減二等"，儀仗謂非兵器，若有亡失、誤毀，各依十分之法，各減軍器罪二等。若亡失、毀傷罪名不等者，即以重法併滿輕法。（卷二十七雜律 444 疏議）

以上所舉各例中，"重法併滿輕法"的意思都是將輕罪吸收、合併到重罪中去判處之義。

"重法併滿輕法"不見於秦漢簡牘法律文獻，是《唐律疏議》新增的法律習用語。

第七章

秦漢至唐法律用語的發展演變研究

從前面的比較分析可以看出，從秦漢至唐代，法律用語的面貌發生了不少的變化。這些變化可以體現出法律用語系統調整的規律和特點，反映出法律用語發展演變的機制和動因，折射出法律思想及文化的演變軌跡。

第一節　法律用語的沿用、棄用和新增

從秦漢至唐代，法律用語既有繼承，也有革新。有的還在繼續沿用，有的在原有用語的基礎上加以改造，有的被棄用了，還有的則是重新創造的新詞語。

一、法律用語的沿用

秦漢簡牘法律文獻中，有一些法律用語在《唐律疏議》中繼續使用，而且名稱相同，意義基本未變。包括律令名、罪名、刑罰用語、一般法律用語中都有這種情況。

（一）沿用的律令名

《唐律疏議》中的律名，相比秦漢律中的律名，已大爲簡化、減少，只有名例律、衛禁律、職制律、戶婚律、廄庫律、擅興律、賊盜律、鬥訟律、詐僞律、雜律、捕亡律、斷獄律等 12 個，而秦漢簡牘法律文獻中的律名有 55 個。相同的律名只有一個"雜律"。

張家山漢簡和《唐律疏議》中均有《雜律》。

張家山漢簡中作"襍律"，"雜""襍"爲異體字。張家山漢簡《雜律》內容見於《二年律令》簡 182—196，標題"襍律"二字寫在 196 簡上。內容較龐雜，例如越院垣、擅賦斂、博戲相奪錢財、有債強質，等等，均在其列。

其中較集中的是奸罪,對强奸、和奸、强略人妻之類都有專條。

《雜律》亦爲唐律第十篇名。雜,指"班雜不同",是各式各樣不一致的意思,指不便歸爲一個類型的犯罪行爲。如國忌作樂,私鑄錢幣,城内走馬,負債不償,賭博,錯認良人爲奴婢,侵街巷道路,犯夜,奸罪,私造度量衡器,決堤和度量不公等,皆受相應刑罰。包括第二十六卷和第二十七卷2卷62條。

綜合比較二者的内容,可見它們之間雖然内容並不完全相同,但有一點是共同的——那就是内容比較雜,都是不便歸於其他某類犯罪的犯罪行爲。這説明二者之間有繼承關係,《唐律疏議》中的"雜律"應來源於張家山漢簡中的"襍律"。

秦漢簡牘法律文獻中的令名有津關令、廄令、兵令、卒令、内史郡二千石官共令、内史官共令、内史倉曹令、内史户曹令、内史旁金布令、四謁者令、四司空共令、四司空卒令、安台居室共令、卜祝酎及它祠令、辭式令、尉郡卒令、郡卒令、廷卒令、縣官田令、食官共令、給共令、遷吏令、捕盗賊令、黔首挾兵令等24個,而《唐律疏議》中却有祠令、公式令、獄官令、封爵令、選舉令、官品令、户令、田令、賦役令、軍防令、假寧令、雜令、捕亡令、關市令、職員令、宫衛令、三師三公台省職令、考課令、醫疾令、儀制令、廄牧令、禄令、喪葬令、營繕令、鹵簿令、衣服令、宫衛令等27個。① 《唐律疏議》中的令名,跟秦漢簡牘法律文獻中的令名,從數量上來説,相差不多,僅增加了3個。兩者之間除了一個共有的"祠令"外,没有其他相同的令名。當然,也可能是由於出土材料殘缺不全,且這些出土文獻中記録的也不是秦漢律的全部内容,不能反映全貌,這難免會影響到統計數據的準確性和研究結論的可靠性。

值得一提的是,秦漢簡牘法律文獻中"廄令"與《唐律疏議》中的"廄牧令"非常相似。《廄令》見於懸泉漢簡,"廄"亦作"廐",異體字。其内容是有關廄苑養馬及傳置的律令。敦煌懸泉漢簡記有兩條"廄令",其中一條在簡文之後冠以"廄令"之名,内容都與馬政有關。《廄牧令》是唐時關於官家牲畜管理的法令,牲畜包括象、馬、駝、牛、騾、羊等,對牲畜的飼養、繁殖、死耗、使用等有詳細的規定。

可見,《唐律疏議》中的"廄牧令"與漢簡中的"廄令"内容上有密切聯繫,二者名稱雖不全同,不能算是嚴格的沿用,但它們之間的傳承關係還是

---

① 有一些令名,在《唐律疏議》中被引用時並未明確説明名稱,但據其所引内容,並結合參照日本學者仁井田陞輯録的《唐令拾遺》相關内容,可以明確確定其名稱。

顯見的，可以算作間接沿用。

（二）沿用的罪名

《唐律疏議》中，保留了一些與秦漢簡牘法律文獻中完全相同的罪名，表示的意思也基本一樣，體現出這些罪名的繼承和沿用。除此之外，還有一些罪名，儘管名稱上並不完全相同，但十分近似，意義也非常相近，它們之間也應該有繼承關係，不過是名稱稍有變動而已。

1. 全同的罪名

這些罪名，與秦漢簡牘法律文獻中的一些罪名完全相同。主要有如下一些：

（1）危害中央集權、侵犯皇帝尊嚴類犯罪：主要有謀反、矯制等。（2）侵犯人身安全罪：主要有殺人、格殺、鬥殺、殺傷、殺傷、鬥傷、恐喝、強姦、毆、毆擊、略、略賣等。（3）侵犯財產罪：主要有盜、強盜、失火、坐贓等。（4）官吏瀆職類犯罪：主要有不直、縱囚、不覺、擅賦斂等。（5）妨害婚姻家庭秩序類犯罪：主要有和姦、不孝等。（6）誣告類犯罪：主要有誣人、誣告、告不審等。（7）詐偽類犯罪：主要有偽寫、不以實、證不言情等。（8）賄賂類犯罪：主要有行賕等。

2. 近似的罪名

這些罪名在名稱上十分近似，表意也非常相近。主要有如下一些：

（1）漢簡中的"爲閒"與《唐律疏議》中的"爲間諜""作間諜"；（2）秦漢簡中的"投書""縣（懸）人書"與《唐律疏議》中的"投匿名書"；（3）漢簡中的"逆不道、大逆不道、大逆無道"與《唐律疏議》中的"謀大逆"；（4）漢簡中的"不敬"與《唐律疏議》中的"大不敬"；（5）張家山漢簡中的"戲而殺人"與《唐律疏議》中的"戲殺"；（6）睡虎地秦簡中的"匿戶""匿敖童""敖童弗傅"與《唐律疏議》中的"匿脫"；（7）秦漢簡中的"盜鑄錢""私鑄作錢"與《唐律疏議》中的"私鑄錢"；（8）漢簡中的"闌（蘭）出入"與《唐律疏議》中的"闌入"；（9）漢簡中的"盜發冢（冢）"與《唐律疏議》中的"發冢"；（10）漢簡中的"越塞"與《唐律疏議》中的"越度"；（11）秦簡中的"越院"與《唐律疏議》中的"越垣"；（12）漢簡中的"出入罪人"與《唐律疏議》中的"出入人罪"；（13）秦漢簡牘法律文獻中的"爲詐偽""詐偽"與《唐律疏議》中的"詐偽"；（14）漢簡中的"爲偽書"與《唐律疏議》中的"詐爲官文書"；（15）漢簡中的"逗留畏愞"與《唐律疏議》中的"逗留"；（16）漢簡中的"不憂事邊"與《唐律疏議》中的"不憂軍事"；（17）漢簡中的"不堅守而棄去"與《唐律疏議》中的"不固守而棄去"；（18）漢簡中的"不當得爲"與《唐律疏議》中的"不應得爲"，等。

這類罪名雖不全同，但它們之間的密切關係是顯而易見的，它們之間的繼承關係也是相當明顯的，雖不算完全的繼承沿用，也能算得上是間接沿用。

（三）沿用的刑罰名

相比前代，唐律的刑罰體系已大爲簡化，只保留了笞、杖、徒、流、死五等刑罰。其中，也有一些刑罰名與秦漢簡牘法律文獻中的完全相同，表示的意思也基本一樣，體現出這些刑罰名的繼承和沿用。

這些繼承沿用的刑罰名主要有：

1. 死刑類：絞、斬。

"絞"見於額濟納漢簡，意爲勒死、吊死，即以繩帶之物將人縊死的刑罰。絞刑也是唐律中死刑之一，"絞"在《唐律疏議》中出現頻率極高，凡270餘見，意思也沒什麼差別。可見，《唐律疏議》中的"絞"繼承沿用了漢簡中的"絞"。

"斬"見於睡虎地秦簡，也作"斬首"；見於銀雀山漢簡《守法守令等十三篇》。《説文·車部》："斬，截也。從車從斤。"《正字通·斤部》："斬，斷首也。"通俗地講，斬就是砍頭。斬刑也是唐律中死刑之一，"斬"在《唐律疏議》中出現頻率也極高，凡170餘見，表意也跟秦漢簡中的意思基本一致。可見，《唐律疏議》中的"斬"也是繼承沿用了秦漢簡中的"斬"。

2. 肉刑類：笞

見於睡虎地秦簡，作"治"，通"笞"。又見於張家山漢簡，徑作"笞"。笞，用竹木板責打背部。《説文·竹部》："笞，擊也。从竹台聲。"漢景帝時定箠令，始改爲笞臀。

笞刑也是唐律中五等刑之一，用竹板或荊條拷打犯人脊背或臀腿的刑罰，是五刑中最輕的一種刑罰。"笞"在《唐律疏議》中出現頻率極高，凡470見左右，意思和秦漢簡中的"笞"也沒多大差別。可見，《唐律疏議》中的"笞"也是繼承沿用了秦漢簡中的"笞"。

3. 經濟刑類：贖、償

贖，繳納一定數額的錢財來抵消刑罰。見於張家山漢簡、懸泉漢簡、居延新簡等。贖刑包括很多種類，如贖死、贖耐、贖（遷）、贖黥、贖鬼薪鋈足、贖宮、贖斬、贖城旦舂、贖斬宮、贖劓黥、贖刑，等等，在秦漢簡牘法律文獻，特別是張家山漢簡中是習見的。《唐律疏議》中也有贖刑，"贖"在《唐律疏議》中出現頻率極高，凡280餘見，意思也是用錢財抵免刑罰。可見，《唐律疏議》中的"贖"與漢簡中的"贖"是一脈相承的，是對漢簡中的

"贖"的繼承沿用。

償，義爲賠償。見於睡虎地秦簡，作"賞"，通假字；又見於張家山漢簡，作"賞"，通假字；還見於龍崗秦簡、居延漢簡等。《唐律疏議》中也有表示"賠償"義的刑罰用語，如"償""備償""徵償""償所減價"等。"償"在《唐律疏議》中出現頻率很高，凡110餘見，意思也是賠償。可見，《唐律疏議》中的"償"與秦漢簡中的"償"是一脈相承的，是對漢簡中的"贖"的繼承沿用。

（四）沿用的一般法律用語

沿用的一般法律用語，包括共有的一般法律用語和相似的一般法律用語。有些一般法律用語，在《唐律疏議》和秦漢簡牘法律文獻中名稱完全相同，意義也基本一樣，繼承關係明顯。在該兩種文獻中，還有一些一般法律用語，名稱儘管不盡相同，但十分相似，意義也極其相近，它們之間也應有繼承關係，雖不算直接沿用，也應算是間接沿用。

1. 全同的一般法律用語

這類一般法律用語主要有：（1）表示人物法律身份的：奴婢等；（2）表示犯罪主觀方面的：故、失、誤等；（3）表示訴訟和審判用語類的：告、聽、論、鞫、斷、未斷、舉劾等；（4）法律習用語：法、律、令、式、得、不得、直、不直、知、不知、知情、不知情、自殺、同居、復除、與同罪等。

2. 相似的一般法律用語

這類一般法律用語主要有：（1）秦漢簡牘法律文獻中的"反罪/反其罪"與《唐律疏議》中的"反坐"；（2）秦漢簡牘法律文獻中的"以辜死"與《唐律疏議》中的"保辜"；（3）秦漢簡牘法律文獻中的"免老"與《唐律疏議》中的"老免"；（4）秦漢簡牘法律文獻中的"行錢"與《唐律疏議》中的"成錢"；（5）張家山漢簡中的"害/不害"與《唐律疏議》中的"有害/無害"，等等。

此外，還有這樣一種情況：就是《唐律疏議》中的名稱與秦漢簡牘法律文獻中的名稱已完全不同，但在意義上却有着密切聯繫。這種情況應該說，它們之間在意義方面有繼承沿用，但在名稱方面却是放棄了前面的叫法，另用了新詞語。這種情況可能不算真正的沿用，但其繼承關係却不可否認。比如睡虎地秦簡中的"癘"與《唐律疏議》中的"惡疾"，秦漢簡牘法律文獻中的"癃/罷癃"與《唐律疏議》中的"廢疾"，等等。

二、法律用語的棄用

由於時代發展或其他原因，秦漢簡牘法律文獻中也有不少的法律用語，在《唐律疏議》中已不再使用。這些被棄用的法律用語，包括律令名、罪名、刑罰名、一般法律用語幾類。

（一）棄用的律令名

1. 棄用的律名

秦漢簡牘法律文獻中的律名很多，有 50 多個，但除了"雜律"在《唐律疏議》中繼續使用外，其他律名都不再被使用。這些被棄用的律名包括如下一些：田律、厩苑律、倉律、金布律、關市律、工律、工人程律、均工律、繇（徭）律、興律、司空律、軍爵律、置吏律、效律、傳食律、行書律、內史雜律、尉雜律、辟律、屬邦律、除吏律、游士律、除弟子律、中勞律、臧（藏）律、公車司馬獵律、牛羊課律、傅律、敦（屯）表律、捕盜律、戍律、魏户律、魏奔命律、爲田律、奉（奔）敬（警）律、賊律、盜律、具律、告律、捕律、亡律、收律、錢律、均輸律、□市律、復律、賜律、户律、置後律、爵律、秩律、史律、囚律、祠律，共計 54 個。

當然，這些被棄用的律名，實際上並不是完全被棄用，有的是稍微換了一下名稱，但内容還有關聯，比如秦漢簡牘中的《魏户律》《户律》與《唐律疏議》中的《户婚律》，在内容上是有聯繫的，其中都涉及到户籍、土地、賦役等方面的法律規定，不同之處是，唐律中增加了有關婚姻家庭關係等方面的内容，這從一個方面説明唐律對秦漢律既有傳承又有發展；睡虎地秦簡中的《厩苑律》與《唐律疏議》中的《厩庫律》，都涉及到官署牲畜的飼養使用及管理等方面的法律規定，不同之處是，唐律中增加了有關倉庫管理、官物保管等方面的内容，這從一個方面説明唐律對秦漢律既有傳承又有發展；秦漢簡牘中的《興律》與《唐律疏議》中的《擅興律》，都涉及到戍守及徵發徭役等方面的法律規定，不同之處是，唐律中增加了有關擅權發兵、擅自興建等方面的内容，這從一個方面説明唐律對秦漢律既有傳承又有發展；張家山漢簡中的《賊律》《盜律》與《唐律疏議》中的《賊盜律》，唐律是將秦漢律《賊律》《盜律》合二爲一，即《賊盜律》。秦漢簡牘中的《捕盜律》《捕律》《亡律》與《唐律疏議》中的《捕亡律》，唐律將秦漢律《捕律》《亡律》合二爲一，即《捕亡律》。當然，這種合併並非簡單相加，其具體内容也不完全相同，這從一個方面説明唐律對秦漢律既有傳承又有發展。

2. 棄用的令名

秦漢簡牘法律文獻中的令名僅見津關令、厩令、兵令、卒令、内史郡二千石官共令、内史官共令、内史倉曹令、内史户曹令、内史旁金布令、四謁者令、四司空共令、四司空卒令、安台居室共令、卜祝酎及它祠令、辭式令、尉郡卒令、郡卒令、廷卒令、縣官田令、食官共令、給共令、遷吏令、捕盜賊令、黔首挾兵令等 24 個。其中的"祠令"是與《唐律疏議》共有的，可算作直接沿用；"厩令"與《唐律疏議》中的"厩牧令"名稱相似內容相關，可以算作間接沿用。除此以外的津關令、兵令、卒令、內史郡二千石官共令、內史官共令、內史倉曹令、內史戶曹令、內史旁金布令、四謁者令、四司空共令、四司空卒令、安台居室共令、辭式令、尉郡卒令、郡卒令、廷卒令、縣官田令、食官共令、給共令、遷吏令、捕盜賊令、黔首挾兵令等 22 個不見於《唐律疏議》，是被棄用的令名。

3. 棄用的式名

秦漢簡牘法律文獻獨有的式名較少，僅有一個"封診式"，見於睡虎地秦簡。《封診式》竹簡共有 98 枚，標題寫在最後一支簡的背面。簡文分 25 節，每節第一簡簡首寫有小標題。《封診式》是關於審判原則及對案件進行調查、勘驗、審訊、查封等方面的規定和案例。"封"即查封，"診"是勘查、檢驗，"式"就是司法規範，如驗屍即屬於"診"的一部分。《封診式》的內容與活檢和屍檢相關。

《唐律疏議》中不見有"封診式"，說明其已被棄用。

（二）棄用的罪名

秦漢簡牘法律文獻中有些罪名，在《唐律疏議》中已不再見到，說明它們已被棄用。這些被棄用的罪名，主要有以下一些：

（1）危害中央集權、侵犯皇帝尊嚴類犯罪，主要有反、降諸侯、矯令、來誘、逆亂等；（2）侵犯人身安全類犯罪，主要有賊傷人、賊殺人、賊殺傷、殺子、強與主奸、強與奸、毆治（笞）、毆辱、牧殺、伐殺、盜殺、流殺、擅殺、捶殺人、毆詈、奊詢詈、劫人、賊刺、盜奪、盜傷、盜殺傷等；（3）侵犯財產類犯罪，主要有盜主、被盜、盜垯垠、群盜、奪錢、燔、奪、穴盜、攻盜、盜奪、強奪、縱火等；（4）妨害社會管理秩序類犯罪，主要有盜徙封、履錦履、逋事、乏繇、匿田、毀封、闌亡、去亡、邦亡、逋亡、舍匿、匿租、乏事、亡從群盜等；（5）官吏瀆職類犯罪，主要有失刑、擅移獄、去署、鞫獄故不直、鞫獄故縱等；（6）妨害婚姻家庭秩序類犯罪，主要有棄妻不書、教人不孝、相與奸等；（7）誣告類犯罪，主要有誣言、賊人、告盜加賊等；（8）詐偽類犯罪，主要有詑上、詐紿等；（9）賄賂類犯罪，主要有受賕、受賕以枉法、通錢等；（10）軍職人員犯罪，主要有譽敵、儋乏不鬬、畏耎等；（11）其他犯罪，主要有不仁邑里、毒言、寧毒言、驕悍、悍、失期等。

（三）棄用的刑罰名

秦漢簡牘法律文獻的刑罰種類繁多，體系龐雜；而到了唐代，刑罰體系已大大簡化，刑罰種類也大爲減少，只保留了笞、杖、徒、流、死五等級，故有許多秦漢律中的刑罰名已不見於《唐律疏議》，也即它們已被棄用。這些棄用的刑罰名主要包括如下一些：

（1）死刑類，主要有戮、磔、定殺、生埋、棄市、腰斬、梟首等；（2）肉刑類，主要有斬左止（趾）、斬右止（趾）、斧足、黥、黥頞、黥顔頞、劓、腐（宮）、刑等；（3）勞役刑（徒刑）類，主要有城旦、舂、鬼薪、白粲、白徒、從事公/從事官府、隸臣、隸妾、冗隸妾、更隸妾、隱官工、處隱官、司寇、作如司寇、城旦司寇、舂司寇、城旦舂之司寇、居、作、復作、候等；（4）身份刑類，主要有諦、奪爵、法（廢）、收（孥）等；（5）恥辱刑類，主要有髡、耐、完等；（6）經濟刑類，主要有罰金、沒入公、貲、貲徭、責（債）、負、贖死、贖罷（遷）、贖黥、贖劓黥、贖宮、贖斬、贖城旦舂等；（7）流放刑類類，主要有罷（遷）、適（謫）、冗邊、繇（徭）戍、戍/戍邊等；（8）拘禁刑類，主要有毄（繫）、錮等；（9）複合刑類，主要有斬左止爲城旦、黥（以）爲城旦、黥爲城旦、黥城旦、黥爲城旦舂、黥以爲城旦舂、刑爲城旦、刑城旦、刑爲隸臣、刑隸臣、刑鬼薪、刑爲鬼薪；髡鉗、耐爲侯（候）、耐爲隸臣、耐隸臣、耐爲隸妾、耐爲隸臣妾、耐爲鬼薪、耐以爲鬼薪白粲、耐爲司寇、耐司寇、完城旦、完爲城旦、完爲城旦舂、完城旦舂、完以爲城旦舂；毄（繫）城旦舂、毄（繫）城旦六歲、毄（繫）城旦舂六歲，等等。

（四）棄用的一般法律用語

秦漢簡牘法律文獻中有些一般法律用語，已不見於《唐律疏議》中，説明它們已不再使用，即已被棄用。這些棄用的一般法律用語主要有如下一些：

（1）表示人物法律身份的，如求盜、葆子、嗇夫、校長、吏徒、伍人、伍老、里典、上造、曹人、曹長、更人、甸人、爨人、集人、人貉、署人、旅人、室人、宮均人、宮更人、宮狡士、外狡士、宦者顯大夫/顯大夫等；（2）表示刑具的，如枸、櫝、欙、杕等；（3）表示犯罪主觀方面的，如端、不端等；（4）表示與定罪量刑有關或享受法律照顧的疾病及傷殘的，如大痍、疕痛等；（5）訴訟和審判用語，如瀸、同論、縣論、它縣論、詰問、詰訊、獄訊、訊磔、奏讞、與同法、勿聽、告不聽等；（6）法律習語，如課、不從令、以律、不如令、不如律、不從律、更言、名事邑里、名事里、名事關、久書、葆繕、作務、公事、代賞（償）、有劾、命書、削籍、除籍、四鄰、州告、家罪、僞使、貿傷（易）、覆玉、医面、介人、劾論、弗得、捕詞〈訽〉、爲户、毋（勿）敢、毋得、符傳、自尚、踐更、同産、同牲（生）、奇祠、爰書、期會、代户、貿賣、占年、完封、計讎、辇子、縣料、出實、脱實、睆老、死事、任占、貰賣、品約、如品、如約、狀辭、作錢、如比、異居、敢讞之、敢言之、敢告主、王室祠、廷行事、公室告、非公室告、聽書從事、以律令從事、爰書自證、自證爰書等。

三、法律用語的新增

《唐律疏議》中有一些法律用語，不見於秦漢簡牘法律文獻中，屬於新增的法律用語。這些新增的法律用語，包括了律令名、罪名、刑罰名、一般法律用語各個方面中都有一些。

（一）新增的律令名

《唐律疏議》新增的律令名，也包括式名。

《唐律疏議》新增的律名，主要有名例律、衛禁律、職制律、户婚律、厩庫律、擅興律、賊盗律、鬥訟律、詐僞律、捕亡律、斷獄律等11個。當然這些律名雖然與秦漢簡牘法律文獻中的律名不相同，但在内容上還是有聯繫的，比如《户婚律》與秦漢律中的《户律》部分内容相關，《厩庫律》與秦漢律中的《厩苑律》内容相關，《擅興律》與秦漢律中的《興律》有關，《賊盗律》與秦漢簡中的《賊律》和《盗律》有關，《捕亡律》與秦漢律中的《捕律》和《亡律》有關，等等。

可見，説它們是新增的律名，僅僅是就形式上來説的，它們在内容上還是有聯繫的，只不過換了一下名稱而已。

《唐律疏議》的令名，除了"祠令"是與秦漢簡牘法律文獻共有的、"厩牧令"與秦漢簡中的"厩令"名稱相似内容相關外，其皆不見於秦漢簡牘法律文獻中。可見，它們屬於新增的令名。前文法律用語的沿用已有詳細説明，兹不贅述。

《唐律疏議》新增的式名，主要有刑部式、門下省式、宿衛式、監門式、主客式、職方式、庫部式、駕部式、太僕式、兵部式、禮部式等11個。這些式名，不見於秦漢簡牘法律文獻中，應是新增的式名。

（二）新增的罪名

《唐律疏議》中有一些罪名，不見於秦漢簡牘法律文獻中，屬於新增的罪名。這些新增的罪名，主要有如下一些：

（1）危害中央集權、侵犯皇帝尊嚴類犯罪，主要有謀叛、指斥乘輿、對捍制使、拒捍等；(2) 侵犯人身安全罪，主要有支解人、故殺、故殺傷、戲殺傷、折傷、毆傷、毆殺、毆告、恐迫、迫脅、謀殺、誤殺、誤殺傷、殘害死屍、燒屍、鬥毆、忿爭、凡鬥、強娶、和誘、和賣、不道等；(3) 侵犯公私財產罪，主要有竊盜、強取監臨財物、盜耕種公私田、盜貿賣、侵奪、盜耕人墓田、自盜、凡盜、常盜、共盜、盜官文書印、盜制書、盜符、盜鑰、盜禁兵器、盜毀天尊像佛像、亡失、公取、竊取、侵、侵犯、侵損、盜決堤防、毀害、故決堤防、毀、棄毀、誤毀、故燒、損毀、毀損等；(4) 妨害社會管理秩序罪，主要有首匿、藏匿罪人、過致資給、劫囚、竊囚、稽違、稽緩制書、稽程、稽留、稽期、蔽匿、逃亡、脫漏、脫户、脱口、漏口、相冒合户、還壓爲賤、賣口分田、浮遊、浮浪、違限、違法、違律、違令、違實、犯夜、增減年狀、私發印封、造畜蠱毒、厭魅、造厭魅、造符書、造袄書、造袄言、妖言等；(5) 官吏及公職人員瀆職罪：知而聽行、在直而亡、曲判、曲法、無故不上、失囚、違式、別式、率斂、應言而不言、應言上不言上等；(6) 詐偽類犯罪：偽造、詐不實、詐不以實、上書詐不實、不實、欺妄、矯詐、詐稱、詐欺、詐匿、巧僞、妄認、妄言、妄冒、誆誘、欺紿、詐妄、詐爲制書、詐爲瑞應、詐取、詐死、詐冒官司等；(7) 妨害婚姻家庭秩序罪：不睦、不義、内亂、匿不舉哀、釋服從吉、冒榮遷任、冒榮居之、冒哀求仕、有妻更娶妻、違犯教令、供養有闕、別籍、異財、惡逆、詛罵、告言、言告、呪詛等；(8) 誣告類犯罪，主要有誣搆人罪、誣罔等；(9) 賄賂類犯罪：受所監臨財物等；(10) 其他類犯罪：十惡、教誘、失時、不應得爲、拒毆等。

(三) 新增的刑罰名

如前所述，唐律的刑罰體系已大爲簡化，刑罰種類也大大減少，但在《唐律疏議》中，仍有一些刑罰名，不見於秦漢簡牘法律文獻，屬於新增的刑罰名。這些新增的刑罰名，有的並不屬於唐律的刑罰體系，僅是在疏議中提到，見於《唐律疏議》中，被納入了我們的收集範圍。

《唐律疏議》中新增的刑罰名主要有如下一些：

1. 肉刑類：杖、斷趾

杖刑，隋唐以來五刑之一。杖刑是指用荊條或大竹板拷打犯人的一種刑罰，杖作爲刑種始自東漢。"杖"在《唐律疏議》中出現頻率極高，凡 1000 餘見，而不見於秦漢簡牘法律文獻。

斷趾，即斬斷足趾，實際是砍掉一脚或雙脚，古代的一种肉刑。斷左趾者輕，斷右趾者重，斷右趾一般是在先斷左趾的基礎上進行，即在前面犯罪被斷左趾後，再次犯應處斷趾的罪行，即斷右趾。該刑不屬唐律五刑之一，僅在《唐律疏議》中提到，僅出現一次，講的是唐律定五刑之前的一種刑罰。"斷趾"與漢簡中的"斬左止（趾）""斬右止（趾）"類似，表達的意思相近，在内容和意義上是有密切關係的，也應該是一脈相承的；但名稱與之不同，應屬於一個新詞語、新命名。

2. 勞役刑（徒刑）類：徒、居作

徒刑，是指剥奪犯罪人的人身自由，監禁於一定的場所並强制勞動的刑罰方法，自由刑的一種。徒刑是唐律的五刑之一，在《唐律疏議》中也十分常見，凡 1600 餘見。需要指出的是，秦漢簡牘法律文獻中雖然還没有"徒"這種名稱的刑罰，但其中的城旦、舂、鬼薪、白粲、隸臣、隸妾、司寇、作如司寇、城旦司寇、舂司寇、城旦舂之司寇、居、作、復作、候，等等，實際就是屬於徒刑類的刑罰，與唐律中的徒刑有着一脈相承的傳承關係，只不過唐律將前代此類刑罰加以合併簡化，總稱爲徒刑，並附加刑期加以區别罷了。就内容而言，徒刑並非新創；但就名稱而言，"徒"也算是一個新詞語、新命名。

居作，罰令囚犯服勞役。在《唐律疏議》中凡 32 見。此前"居"和"作"已見於秦漢簡牘法律文獻。居，即居作，罰服勞役。見於睡虎地秦簡、張家山漢簡等。作，即勞作，服役。見於睡虎地秦簡。《唐律疏議》中的"居作"與秦漢簡牘法律文獻中的"居""作"雖然名稱並不完全相同，但在表達内容意義方面，却有着緊密聯繫，具有一脈相承的源流關係。不過從名稱上看，可算一個新詞語、新命名。

3. 流刑類：流、加役流、反逆緣坐流、過失流、不孝流、會赦猶流、配流、流配

流刑，古時的一種刑罰，是把犯人遣送到邊遠地方服勞役的刑罰。此刑始於秦漢，秦漢時期的遷刑、徙刑與流刑類似，但其適用對象比較特定，也比較狹窄，並非廣泛使用的刑種。流刑上升爲法定刑，首次用於對普通人犯罪進行處罰是在南北朝時期。之後，隋定爲五刑之一，沿至清。流刑是唐律五刑之一，在《唐律疏議》中十分常見。

加役流是死刑的減刑，即流三千里，勞役三年，它是唐太宗貞觀時期增加的刑種，作爲對某些死刑的寬宥處理。一般流刑，到配所皆服勞役一年，而加役流則增加服役兩年，故稱"加役流"，即加長流刑犯人的勞役時間。加役流在《唐律疏議》中也很常見，凡 110 餘見。

反逆罪，指造反，謀毁皇帝家宗廟、山陵及宫闕等。緣坐，亦稱"從坐""隨坐"，即一人犯罪而株連其親屬家屬。唐律規定，謀反及謀大逆者皆斬，

其父及十六歲以上之子皆絞。十五歲以下之子及母、女、妻、妾（子之妻妾亦同）、祖、孫、兄弟、姊妹及其部曲與資財田宅並没官。其伯叔父及兄弟之子，不問同居或別籍，皆流三千里。此刑總稱反逆緣坐，流刑稱反逆緣坐流。反逆緣坐流在《唐律疏議》中凡 8 見。

過失流，又稱"子孫犯過失流"，即犯罪主體特定爲子孫。指因"耳目所不及，思慮所不到之類"而誤殺祖父母、父母被判刑之人，須受流刑，且不得減、贖。在《唐律疏議》中凡 3 見。

不孝流，唐律規定，聞父母喪匿不舉哀，告發祖父母、父母的從犯（主犯處絞），咒詛祖父母、父母，用迷信邪道之類手段，求祖父母、父母愛媚者，皆處流刑，稱不孝流。在《唐律疏議》中凡 5 見。

會赦猶流，造畜蛊毒及教令者处以绞刑，虽遇赦书仍与其家口处流刑三千里。又杀小功（同曾祖者）尊属、从父兄姊及谋反大逆者，虽遇赦，犹流二千里，故称"會赦猶流"。在《唐律疏議》中凡 10 見。

配流，是指把罪人發配、流放到遠地。又作"流配"，同素異序詞，也是同義詞的一種。配流和流配在《唐律疏議》中也非常常見，"配流"凡 20 餘見，"流配"凡 15 見。

以上諸種流刑，均不見於秦漢簡牘法律文獻，應是《唐律疏議》新增的刑罰名。

需要指出的是，秦漢簡牘法律文獻中雖然還没有"流"這種名稱的刑罰，但其中的罷（遷）、適（謫）、冗邊、繇（徭）戍、戍/戍邊等，實際就是屬於流放刑類的刑罰，與唐律中的流刑非常相似，有密切的傳承關係，只不過唐律將前代此類刑罰加以合併簡化，總稱爲流刑，並附加流放里程加以區別罷了。所以，就其內容來看，流刑並非新創；但就其名稱來看，各種流刑都是一種新稱呼，也算是新刑罰名。

4. 身份刑類：免官、除名、除爵、官當、以官當流、以官當徒、用官當徒

這一類處罰本應該屬於行政處罰，但是中國古代諸法合體、刑民不分，故可籠統稱之爲刑罰。

免官，免去官職。"免官"在《唐律疏議》中也非常常見，凡 60 餘見。

除名，是指中國封建時代對官吏犯罪的一種處罰方法，即開除官籍。"除名"在《唐律疏議》中使用頻率較高，凡 90 餘見。

除爵，除去爵位。與秦漢簡中的"奪爵"相似，但名稱不同，也可算作新名稱。

官當是指官吏犯罪可以官品抵擋刑罪。這是古代官吏享有的特權，在他們犯罪時可以用自己的官品抵擋徒刑，是封建等級特權原則在法律中的又一具體體現。

以官當流，指有品位的官員如犯流罪，允許以官位抵罪。《唐律疏議》中凡2見。

以官當徒，職官犯罪應徒者，以其所任職官高低級別折抵徒刑年限。《唐律疏議》中凡7見。

用官當徒，義同"以官當徒"，即職官犯罪應徒者，以其所任職官高低級別折抵徒刑年限。《唐律疏議》中凡2見。

以上表身份刑的各個刑罰名，除了"除爵"與秦漢簡中的"奪爵"相似相關外，其他均不見於秦漢簡牘法律文獻，故它們都是新增的刑罰名。

5. 經濟刑類：備償、徵償、償所減價、收贖、留爵收贖、留官收贖、徵贖、没官

備償，對不法行爲造成損害的全數賠償。備，足額。《唐律疏議》中凡33見。

徵償，由官府強制徵收賠償。在《唐律疏議》中凡9見。

償所減價，賠償財物減少的價值。所謂償所減價制度，是指原物受損後，以其物的全價扣除所殘存價值的差額，作爲賠償數額。當時適用的範圍主要是牛馬等畜產類的損害賠償。在《唐律疏議》中凡8見。

收贖，凡老幼、廢疾、篤疾、婦人犯徒流等刑者，准其以銀贖罪，謂之收贖。收贖在《唐律疏議》中很多見，凡60見。

留爵收贖，保留爵位用錢財贖罪。在《唐律疏議》中僅見一例。

留官收贖，保留官職用錢財贖罪。在《唐律疏議》凡4見。

徵贖，徵收贖金抵罪。在《唐律疏議》中凡7見。

没官，没收入官。這是一種類似收歸國有的刑罰。没收對象主要是財產，除了財產以外還有田宅和奴婢。"没官"在《唐律疏議》中出現頻次較高，凡30餘見。

以上表經濟刑類的各個刑罰名，均不見於秦漢簡牘法律文獻，應屬《唐律疏議》新增的刑罰名。雖然"備償""徵償""償所減價"等與秦漢簡中的"賞（償）"相似相關，"收贖""留爵收贖""留官收贖""徵贖"與秦漢律中的贖刑有關，但在名稱上都與之不盡相同，都應看作新詞語、新命名。

除以上各類新增刑罰名外，還有諸如反坐、誣告反坐、連坐、緣坐、反

逆緣坐等，也是《唐律疏議》新增的刑罰名。

（四）新增的一般法律用語

1. 表示人物法律身份的

（1）表示人物戶籍性質和政治地位的，主要有：良人、部曲、官戶、襍戶、太常音聲人、客女等；（2）表示人物親疏關係的，主要有：期、期親、祖免親、斬衰、齊衰、大功、小功、緦麻等；（3）表示可享受特權的，主要有：八議、議親、議故、議賢、議能、議功、議貴、議勤、議賓、上請等；（4）表示擁有特定職權的公職人員的，主要有：監臨主守、監守、監臨官司、監臨主司、監當官司、監當主司等。

2. 表示犯罪主觀方面故意或過失的

這方面的一般法律用語主要有：故爲、故失等。

故爲，斡在《唐律疏議》中凡6見。

故失，在《唐律疏議》中凡14見。

3. 表示與定罪量刑有關或享受法律照顧的病殘及老弱的

這方面的一般法律用語主要有：篤疾、廢疾、惡疾、老免等。

篤疾，篤，其本義是馬行走緩慢，即《説文解字》所謂的"馬行頓遲"，後引申指忠實專一、深厚、厚重、加厚等。在《唐律疏議》中凡43見。

廢疾。在《唐律疏議》中凡42見。

惡疾，在《唐律疏議》中凡4見。

老免，因年老而免除負擔。唐律規定，年滿六十歲進入老年後可以依法享受免徭役賦稅等照顧。在《唐律疏議》中凡2見。

以上幾個法律用語，儘管有的與秦漢簡中的某些法律用語意義上有聯繫，指的是一回事，比如"惡疾"與"癘"都指麻風病，"廢疾"與"癃/罷癃"都指身體殘廢，失去勞動謀生、自食其力的能力，"老免"和"免老"都指因年老而免除一些法定義務；但在名稱上都與之不同，都是一種新名稱，故應算是新增的一般法律用語。而至於"篤疾"，則不見於秦漢簡牘法律文獻，更無疑是新增的一般法律用語。

4. 訴訟和審判用語

這方面的法律用語較多，主要有：

以……論、聽贖、聽以贖論、勿論、論如律、聽……論、累科、累而科之、首、告言、言告、科決、累決、倍贓、倍論、倍並、並倍、累論、奏劾、告劾、從重論、以其罪罪之、鞫問、勾問、科斷、處決、劾、推鞫、聽減、舉劾、推劾、科、科罪、決、決罪、翻異、訊囚、訊問、拷訊、拷掠、首實、承引、取保、未決、除其罪、引虛、斷罪、免罪、免其罪、同罪而科、拷囚、拷鞫、拷決、鞫獄、對問、推問、反拷、搥拷、服辯、斷案、聽告、聽受、受而爲理、自理訴、告舉、告發、相爲訴、越訴、對鞫、併論、聽理、推科、決斷、自訴、案問、準枉法論、准盜論、以盜論等。

5. 法律習語

這方面的法律用語特別多，主要有：

動事、刑法、品式、刑憲、殺罰、得罪、教令不覺、減科、不相須、坐、不坐、不用此律、如法、從坐、公坐、公坐相承、造意、法式、出、蔭、私罪、公罪、準、準此、告身、獄成、疑罪、責保、參對、推勘、進丁、受田、附籍、重犯、赦原、原、原罪、自新、追身不赴、捕首、首露、覺舉、舉稽、累輕以加重、正贓、有罪相爲隱、舉重以明輕、舉輕以明重、統攝、案驗、籍禁、執捉、具狀申訴、合、不合、罪止、放免、免放、制書、有害、無害、情理切害、首、從、坐、附貫、勘檢、立案、以法、違期、已成、未成、依法、離、和、和娶、和離、違、違者、七出、三不去、義絕、妄、還正、不充、重法併滿輕法、保辜、辜內、辜外、贓、報、節級爲坐、節級連坐、不拘此律、依律、推對、犯法、留住、已上道、加功、知見、同籍、會赦、重害、累加、併贓、贓重、別居、過失、勘詰、和同、首告、受分、行、不行、專進止、降慮、追減、結正、奏決、絕時、登時、同謀、元謀、謀首、無辜、追攝、禁錄、傷重、掩捕、聽救、常律、規求、相容隱、爲……隱、準律、自陳首、首陳、申牒、承告、彈舉、不應爲輕、不應爲重、不應爲從重、不應得爲從重、受、不受、應合、依令、勘當、監受、檢校、捕逐、追捕、推避、告報、糾、糾彈、施行、避稽、申答、收捕、對制、關由所司、規避、不應、捕攝、保任、以故、出舉、未得、行濫、較固、參市、市券、損害、損敗、拘執、捕繫、捕格、言請、自傷、勘驗、直牒、搜檢、舉牒、移囚、決罰、臨統、監臨、監當、覆審、駁正、鍛鍊、案省、主守、主司、摘語、過所、留難、稽廢、稽乏、廢闕、（追）還合、通計爲罪、言上、盜不計贓、成錢、不平、闌遺（物）、推事、常赦所不免、常赦所不原、非法、疑獄，等等。

第二節　法律用語發展演變的特點和動因

從前面的比較分析中我們看到，從秦漢簡牘法律文獻到《唐律疏議》，其中的法律用語面貌發生了一些明顯的變化。那麼，這些發展變化有什麼規律和特點？法律用語發展演變的機制動因是什麼？以下我們對這些問題試做粗淺的分析探討。

一、法律用語發展演變的規律特點

通過前面對秦漢簡牘法律用語與《唐律疏議》法律用語的比較分析，可以看出，從秦漢至唐代法律用語的發展演變有如下一些規律和特點：

（一）詞語的書寫形式更加規範

在秦漢簡牘法律文獻中，字詞書寫形式還比較混亂、比較隨意，古今字、通假字、訛誤字等大量存在；而到了《唐律疏議》，詞語的書寫形式已比較規範，詞語多用本字，古今字、通假字、訛誤字等已很少見。

比如"恐喝"一詞，意爲恫嚇威脅。在張家山漢簡中作"恐猲"，例如：《二年律令》65-66："群盜及亡從群盜，毆折人枳（肢）、胅體及令跛（跛）（蹇），若縛守將人而強盜之，及投書、縣（懸）人書恐猲人以求錢財，盜殺傷人，盜發冢，略賣人若已略未賣，橋（矯）相以爲吏，自以爲吏以盜，皆磔。"而在《唐律疏議》中作"恐喝"，例如：卷十四《户婚》193："諸違律爲婚，雖有媒娉，而恐喝娶者，加本罪一等；強娶者，又加一等。被強者，止依未成法。"

猲，《説文·犬部》："短喙犬也。从犬曷聲。《詩》曰：'載獫猲獢。'《爾雅》曰：'短喙犬謂之猲獢。'"可見，"猲"的本義指短嘴巴的犬。喝，《説文·口部》："潵也。从口，曷聲。"又，《説文·欠部》："潵，欲歠歠。"（下歠字爲"也"之誤）可見，"喝"之本義就是口渴，後被"渴"取代。由此看來，"猲"與"喝"的本義都與"恐喝"一詞的意思無關，都不是本字，都是假借字，本字應爲"嚇"，"嚇"是嚇唬之義。"猲"與"喝"雖然都是通假字，但"喝"比"猲"更接近了一步。

該詞書寫形式演變的綫索應該是這樣的：恐猲（愒/喝/曷）→恐喝→恐嚇（簡體爲"吓"）。

又如"鬥殺"一詞，睡虎地秦簡作"斲殺"。斲，通"鬭"；鬭，同"鬥"。例如：《法律答問》66："求盜追捕罪人，罪人挌（格）殺求盜，問殺人者爲賊殺人，且斲（鬭）殺？斲（鬭）殺人，廷行事爲賊。"張家山漢簡作"鬭殺"，例如：《二年律令》147："□□□□發及鬭殺人而不得，官嗇夫、士吏、吏部主者，罰金各二兩，尉、尉史各一兩。"《唐律疏議》作"鬥殺"，例如卷十八賊盜266："諸殘害死屍，（謂焚燒、支解之類。）及棄屍水中者，各減鬥殺罪一等。總麻以上尊長不減。""斲""鬭"，後世寫作"鬥"，所以《唐律疏議》中的寫法更趨規範。

再如"知情"一詞中的"知",睡虎地秦簡中作"智"。例如:《法律答問》14:"夫盜千錢,妻所匿三百,可(何)以論妻?妻智(知)夫盜而匿之,當以三百論爲盜;不智(知),爲收。"張家山漢簡中"知"也作"智"。例如:《二年律令》72—73:"諸予劫人者錢財,及爲人劫者,同居智(知)弗告吏,皆與劫人者同罪。"《唐律疏議》作"知",例如:卷七衛禁65:"將領主司知者,與同罪;不知者,各減一等。""知""智",古今字。在表示"知情"這個意義上,後世寫作"知"。可見,《唐律疏議》的寫法更規範了。

再如表示"賠償"義的"償",睡虎地秦簡作"賞",例如:《秦律十八種》16:"將牧公馬牛,馬【牛】死者,亟謁死所縣,縣亟診而入之,其入之其弗亟而令敗者,令以其未敗直(值)賞(償)之。"張家山漢簡也有作"賞",例如:《二年律令》50:"犬殺傷人畜產,犬主賞(償)之。"《唐律疏議》中作"償",例如:卷十五廐庫209:"諸放官私畜產,損食官私物者,笞三十;贓重者,坐贓論。失者,減二等。各償所損。若官畜損食官物者,坐而不償。"表"賠償"義,後世寫作"償",《唐律疏議》的寫法更規範。

再如表示"結束"義的"闋",在睡虎地秦簡中作"鬨"。例如:《法律答問》25:"公祠未鬨,盜其具,當貲以下耐爲隸臣。"《唐律疏議》作"闋",例如:卷十九賊盜270:"諸盜大祀神御之物者,流二千五百里。謂供神御者,帷帳几杖亦同。其擬供神御,謂營造未成者。及供而廢闋,若饗薦之具已饌呈者,徒二年;未饌呈者,徒一年半。已闋者,杖一百。已闋,謂接神禮畢。"闋,《說文·門部》:"事已,閉門也。从門癸聲。"鬨,不見於《說文》,《集韻·蕭韻》:"鬨,門大開貌。"可見,"闋"與"鬨"意義不同,不是同義詞;二字讀音上也不相近,不是通假字。二字因形近而訛,實屬訛誤字。上述各例中,都應該用"闋"字,因爲都表示祭祀結束,即"事已"。《唐律疏議》沒有用訛誤字,寫法規範。

類似以上這種詞語寫法更趨規範的例子還有很多,例如"撟制→矯制""坐臧→坐贓""挌殺→格殺",等等,限於篇幅,此不贅舉。

(二)詞的雙音化趨勢更加明顯

如前所述,在我們所收集到的《唐律疏議》680餘個法律用語中,單音節法律用語共約70個,約占總數的10.3%;雙音節法律用語共440餘個,約占總數的64.7%;多音節法律用語共有170餘個,約占總數的25%。這些數據充分說明,在《唐律疏議》法律用語中,雙音節結構占了絕對優勢,幾近三分之二。

在《唐律疏議》中，雙音節法律用語是最多的，僅一般法律用語即達270餘個。

回頭再看一下秦漢簡牘法律文獻的情況，在我們收集到的共約1020個法律用語中，雙音節結構占絕大多數，共約572個，約占總數的56.1%，而單音節的共約218個，僅占21.4%左右，多音節法律用語共有230個左右，也不過22.5%左右。雖然也是以雙音節結構占絕對優勢，但所占比重明顯少於《唐律疏議》中的占比，僅有一半多，未接近三分之二。而其中的單音節法律用語占比遠高於《唐律疏議》的同類占比，說明在那個時代，單音節詞還比較多。

通過上述比較不難看出，從秦漢至唐，法律用語的雙音化趨勢更加明顯。

（三）律名減少，令名增多，法律形式更加全面

《唐律疏議》中的律名，只有12個。而秦漢簡牘法律文獻中，律名有55個。

這足以說明，從秦漢至唐，律名明顯減少了。當然，前已分析，這種減少不是簡單的減少，而是將前代的許多種律進行了合併或調整，內容更科學、更集中、更精煉了。

律名減少的同時，令名卻在增多。秦漢簡牘法律文獻中有24種令名。而《唐律疏議》中，卻有27個。

可見，從秦漢至唐，令名略有增多，且大多是與秦漢簡牘法律文獻不同的令名。

唐代的法律形式承自隋代。隋代雖然是律、令、格、式四者並行的開始，但隋律（有《開皇律》《大業律》兩種）及其令、格、式沒有完整保存下來。唐代有完整的律及其律疏保存到現在，令、格、式原本也不傳，只是還可以從古籍中搜集到相當數量的佚文，並且在敦煌文書中也保存有部分殘卷。

《唐律疏議》中引格的內容很少，僅提到一個"別格"，例如：卷八《衛禁》88疏議："又，準別格：'諸蕃人所娶得漢婦女為妻妾，並不得將還蕃內。'"但"別格"可能不是一個專名，而是一個偏正短語，意思是"別的格""其他的格""另有格（可供參照）"。儘管如此，它還是清楚地告訴了我們一個信息——那就是在唐代法律中，的確存在"格"這種法律形式。而在秦漢簡牘法律文獻中，我們沒有發現有"格"這種法律形式。

《唐律疏議》中的式名，共計11個。而在秦漢簡牘法律文獻中，僅見到睡虎地秦簡中有一個"封診式"，後來也未能流傳沿用下來。可見，唐律的式名是遠多於秦漢律的。

通過上述比較分析可知，相較於秦漢律，唐律的律名減少了，令名增多了，且還有格、式等，法律形式更加全面了。①

（四）罪名相對增多

在我們所收集到的 680 餘個《唐律疏議》法律用語中，罪名有大約 226 個，占比約 33.2%。這些罪名很多，而在秦漢簡牘法律文獻中，我們總共收集到 1000 餘個法律用語，罪名大約有 157 個，占比 15.7%。

兩相比較，可以明顯看出，唐律的罪名比秦漢律有增多趨勢，說明對各種犯罪的定性更加精細化了。

（五）刑罰體系簡化，刑種減少

秦漢簡牘法律用語中的刑罰名可分為八大類：（一）死刑；（二）肉刑；（三）徒刑（勞役刑）；（四）恥辱刑；（五）經濟刑；（六）身份刑；（七）流放刑；（八）拘禁刑。另外還有一種複合刑，可算作第九類。刑罰名大約 128 個，分屬於該九大類。可謂名目繁多，複雜多樣。

而《唐律疏議》中的刑罰就簡單多了，只有笞、杖、徒、流、死五等刑罰。出現在《唐律疏議》中的刑罰名，包括不在五刑內者也只有 36 個。具體如下：（1）死刑類：主要有絞、斬兩種。（2）流刑類：主要有流、加役流、反逆緣坐流、過失流、不孝流、會赦猶流、配流、流配等 8 個。（3）勞役刑（徒刑）類：主要有徒、居作兩種。（4）肉刑類：主要有笞捶、鞭撲、笞、杖、斷趾等 5 個。（5）身份刑類：主要有除、除名、免、免官、除爵、官當、以官當流、以官當徒、用官當徒等 9 個。（6）經濟刑類：主要有償、備償、徵償、償所減價、贖、收贖、留爵收贖、留官收贖、徵贖、沒官等 10 個。

如此一比不難看出，唐律的刑罰體系大為簡化，刑種大大減少。

二、法律用語發展演變的機制動因

從秦漢至唐，法律用語面貌發生了很大變化。這種發展演變的動因，有外部的，也有內在的。外部動因主要表現在社會發展引發的變化，內在的動因主要由語言發展演變引起和法律思想文化的發展演變引起。

（一）社會發展引發的變化

人類社會是不斷向前發展的，社會從不停止其發展的腳步，任何人都無法阻擋社會發展的滾滾車輪。社會發展引發了很多變化，當然也包括了法律

---

① 據傳世文獻可知，漢代也有律、令、科、比等法律形式，也比較多樣化。額濟納漢簡中有"購賞科條"，居延新簡有"購賞科別"，有觀點認為，這些應是漢律中的"科"。但其中的"比"這種形式，在秦漢簡牘法律文獻中未有見到。

用語的變化。

　　1. 社會向前發展，產生了許多新事物或新現象，由此產生出許多新的法律用語。

　　比如"良人""部曲""官戶""襍戶""太常音聲人""客女"等，是由於封建等級觀念加強而出現的一批對不同階層人物的新稱呼，也可算是新事物；"還壓爲賤"也是封建等級觀念下產生的一種新現象；"犯夜"也是賦予新現象的一種法律名稱；"詐爲瑞應"是對新出現的一種行爲的法律用語；"十惡"是對十種犯罪行爲的新概括、新稱謂；"期親""袒免親""斬衰""齊衰""大功""小功""緦麻"等反映了對親屬關係的一種新定義；"監臨主守""監守""監臨官司""監臨主司""監當官司""監當主司"等是一種新的官職稱謂；"篤疾"是對一些重病的新稱謂。

　　2. 社會向前發展，消亡了許多舊事物，由此廢棄了一些法律用語。

　　比如屬邦律、游士律、除弟子律、中勞律、臧（藏）律、公車司馬獵律等律名，因爲相應的規範對象不復存在而被廢棄；求盜、葆子、嗇夫、校長、吏徒、伍人、伍老、里典、上造、曹人、曹長、更人、旬人、爨人、集人、人貉、署人、旅人、室人、宮均人、宮更人、宮狡士、外狡士等表人物身份的一般法律用語，因該類人物在社會上的消失而不再使用；大瘨、疕痏等表與法律有關的疾病的一般法律用語，因不再有這樣的稱謂而被棄用；名事邑里、名事里、名事關等法律習用語，因換了名稱而被棄用；爰書、品約等法律習用語，因該事物消亡而被棄用；降諸侯、來誘、通錢等罪名，因諸侯的消失而不再被使用；屨錦屨等罪名，因該種現象的消失或已不被重視而被棄用；不仁邑里、毒言、寧毒言等罪名，因該種行爲已被定性爲別的稱謂而被棄用；腐（宮）這種刑罰因被廢棄而該刑罰名被棄用；城旦、舂、鬼薪、白粲、白徒、隸臣、隸妾、冗隸妾、更隸妾、隱官工、處隱官、司寇、作如司寇、城旦司寇、舂司寇、城旦舂之司寇、黥（以）爲城旦、黥爲城旦、黥城旦、黥爲城旦舂、黥以爲城旦舂、刑爲城旦、刑城旦、刑爲隸臣、刑隸臣、刑鬼薪、刑爲鬼薪以及髡鉗、耐爲侯（候）、耐爲隸臣、耐隸臣、耐爲隸妾、耐爲隸臣妾、耐爲鬼薪、耐以爲鬼薪白粲、耐爲司寇、耐司寇、完城旦、完爲城旦、完爲城旦舂、完城旦舂、完以爲城旦舂，等等刑罰名，因相應事物的不存在而被棄用。

　　（二）語言發展演變引起法律用語的變化

　　首先是漢語詞語複音化趨勢導致單音詞越來越少，複音詞，特別是雙音節詞越來越多。法律用語是漢語詞語系統的一個重要組成部分，自然也難以避免這種發展趨勢。如前所述，在我們所收集到的《唐律疏議》680 餘個法律用語中，單音節法律用語共約 70 個，約占總數的 10.3%；雙音節法律用語共約 440 個，約占總數的 64.7%，雙音節占比接近三分之二。而在秦漢簡牘法律文獻中，在我們收集到的共約 1020 個法律用語中，而單音節的共約 218 個，僅占 21.4%左右；雙音節結構共約 572 個，約占總數的 56.1%。這樣一比較，體現出漢語詞語複音化的趨勢是十分顯著的。

複音化是漢語詞彙發展的方向和規律。商代只有少數複音詞，周秦複音詞已有很大發展，總數約五千個，占整個詞彙的百分之三十。中古以複音詞爲主的格局逐漸形成，近代進一步發展，到現代複音詞占了絕對多數。複音詞中，雙音詞又占絕大部分。

王力先生在其《漢語史稿》中提道："漢語構詞法的發展是循著單音詞到複音詞的道路前進的。歷代複音詞都有增加。""上古漢語是以單音詞爲主的。""單音詞的情況如果不改變，同音詞大量增加，勢必大大妨礙語言作爲交際工具的作用。漢語的詞逐步複音化，成爲語音簡化的平衡錘。"[1]

可見，漢語詞彙的複音化，特別是雙音化，是漢語發展的必然趨勢。從秦漢至唐法律用語雙音化顯著增強，也恰恰從一個側面印證了這種發展趨勢。

其次，語言表意越來越精密準確的發展要求，也促使法律用語表意越來越準確。

比如《唐律疏議》中的"老免"與秦漢簡牘法律文獻中的"免老"指的是一回事——即一項特別法律制度：達到一定年齡，即進入老年後，可依法免除徭役兵役賦稅等義務。這是法律賦予的特權，是古代社會尊老的一個體現。唐律中的"老免"，應是來源於秦漢律中的"免老"，二者之間有一脈相承的傳承關係。但兩詞在結構上是不同的：都是因老而免，秦漢律中的"免老"是先果後因，唐律中的"老免"則是先因後果。這種變化體現了漢語構詞邏輯上更加合理，更符合人們的思維習慣，因爲中國人思考問題一般習慣於先因後果，"老免"這樣的結構是趨向於通俗易懂的。

再如《唐律疏議》中的"投匿名書"與秦漢簡中的"投書"，表示的是一回事，都是指投放匿名書信，唐律中的"投匿名書"應該是來源於秦漢律中的"投書"。但"投書"表意含糊，不明確投的是什麼書；而"投匿名書"因在"書"字前加了"匿名"一詞來加以限定，遂使表意十分明白。

這樣的例子還有不少，限於篇幅，此不贅舉。

---

[1] 王力：《漢語史稿》，中華書局，1980 年版，第 340—341 頁。

可見，從秦漢至唐，隨著漢語表意的準確性不斷增強，法律用語的表意也越來越準確，越來越清楚明白。

（三）法律本身的發展完善及思想文化的發展演變引起法律用語的變化

比如前面提到，唐律中新增了許多的令名和式名（見上文），這是法律本身追求完善、全面、嚴密而創設的。增加這些令和式，使得法律形式更加多樣化，從而形成更加完整、相互補充、相輔相成的嚴密的法律體系。

又如造畜蠱毒、厭魅、造厭魅、造符書、造袄書、造袄言、妖言等這些罪名，在秦漢簡牘法律文獻還見不到，說明在秦代和漢初，人們在思想觀念方面還沒有這種意識，包括統治階級也還沒想到這些，所以也就沒有體現到當時的法律中。

再比如到唐代，封建特權思想入法，從而產生了諸如"八議""上請""官當"這些新的法律用語。所謂"八議"是指法律規定了有八種特殊人物犯罪，不能適用普通訴訟審判程式，司法官員也無權直接審理管轄，必須奏請皇帝裁決，由皇帝根據其身份及具體情況減免刑罰的制度。包括：議親，議故，議賢，議能，議功，議貴，議勤，議賓。這也都是一些新法律用語。"上請"指皇室宗親、貴族、高官犯法一般司法官吏不得擅自審理，必須奏請皇帝裁決的制度。所謂"官當"是法律允許貴族官僚用官品和爵位抵擋徒流罪的一項法律制度，是封建等級特權原則在法律中的又一具體體現。詳參下文第三節。

再比如男權社會的制度文化，產生了"七出"之類的新法律用語。"七出"指封建社會丈夫休棄妻子的七種理由。《唐律疏議》卷十四《户婚》189疏議："七出者，依令：'一無子，二淫泆，三不事舅姑，四口舌，五盜竊，六妒忌，七惡疾。'"這是封建社會夫權特權的生動體現。詳參下文第三節。

此外，儒家倫理道德入法產生了諸如"義絕""三不去"之類新法律用語。

"義絕"是封建法律規定的一種強制離婚的條件，是儒家倫理道德滲透進法律的一個表現。"三不去"指古代法律規定的不能休棄妻子的三種情況，也是儒家對弱勢婦女的一種憐憫同情的表現。詳參下文第三節。

第三節　秦漢至唐法律思想及文化的演變

與秦漢時期相比，到了唐代，法律思想及文化都發生了很多變化。這些變化主要體現在以下幾個方面：

一、立法指导思想的變化

唐代立法指导思想上的變化主要表現在如下兩方面：

（一）更加强調德禮作用

《唐律疏議》在一開篇《名例》中即有言曰："德禮爲政教之本，刑罰爲政教之用，猶昏曉陽秋相須而成者也。"也就是説，德禮纔是治國的基本方略，而刑罰祇是實現治國目的的一種手段，起輔助的作用，如同一天之中有早有晚、一年之中有春秋四季，不可或缺。此即所謂"德主刑輔"。這説明，在實施政教中，德禮和刑罰之間的關係，是根本的、主導的與輔助的、派生的關係。這與儒家精神是一致的，儒家認爲，刑罰不是目的，它不過是教化失敗後的補救措施，對人民施行"德禮"教育纔是最重要的，刑罰的目的是"以刑止刑，以殺止殺"。

《論語·爲政》："道之以德，齊之以禮。"朱熹集注："愚謂政者，爲治之具。刑者，輔治之法。德禮則所以出治之本，而德又禮之本也。"

儒家認爲，德不僅是上天的至善本性，也是人對天意的遵從。《詩·大雅·烝民》："天生烝民，有物有則。民之秉彝，好是懿德。天監有周，昭假於下。"君主要知稼穡之艱難，要聞小民之勞，民衆纔能安居樂業，政治秩序纔能安定。

禮是治理天下的重要手段，祭祀神祇、孝敬祖先、劃分等級、區别尊親，就可以判别是非、端正人倫。用禮進行教化，可以達到君臣和敬、長幼和順、父子兄弟和親，整個社會和睦，民風敦厚。知禮則不驕、不諂、不淫、不貪、不嗔、不癡、不慢、不疑。在禮的秩序中，自謙並尊重别人，講究施惠與報答，無論富貴貧賤，都互相尊重。

儒家特别强調，統治者本身先要修德，要以德服人，這樣纔能獲得人民的敬愛和信服以及擁護，國家纔會安定繁榮，這比用嚴刑峻法去懲治人民好得多。德治是正面的引導和感化，法治是反面的懲罰。兩相比較，足見前者的優勢。

至於禮，儒家認爲，不僅統治者要知禮用禮，還要教育引導人民群衆都知禮用禮，這樣大家都以禮行事，就没有人去做違法犯罪的事了，也就不需要刑罰了。

所以，儒家主張，不要過分依賴和看重刑罰，要把它擺在次要位置上，修德明禮纔是統治者的首要任務、頭等大事。

(二) 更加注重輕刑寬罰

如前所述，唐律的刑罰體系已大爲簡化，刑罰種類已大大減少。這實際是一種輕刑立法精神的體現。

各種刑罰中，最重、最嚴厲的是死刑。我們不妨就以死刑爲例，將《唐律疏議》中的死刑與秦漢簡牘法律文獻中的死刑作一比較，從中可以看出從秦漢至唐，在死刑方面發生的變化，從而揭示其中反映的立法指導思想即法律精神的變化。

秦漢簡牘法律文獻中死刑主要有：戮、斬、磔、絞、定殺、生埋、棄市、腰斬、梟首等。

戮，見於睡虎地秦簡，《說文·戈部》："殺也。從戈，翏聲。"《國語·晉語九》："三奸同罪，請殺其生者，而戮其死者。"韋昭注："陳屍爲戮。"可見，戮是將人殺死後，還要暴屍示衆羞辱。

斬，見於睡虎地秦簡。斬，《說文·車部》："截也。從車從斤。"《爾雅·釋詁上》："斬，殺也。"《釋名·釋喪制》："斫頭曰斬，斬腰曰腰斬。"《正字通·斤部》："斬，斷首也。"通俗地講，斬就是砍頭。

磔，見於睡虎地秦簡，又見於張家山漢簡。《字彙·石部》："磔，裂也。"《後漢書·董卓傳》："恨不得磔裂奸賊於都市，以謝天地！"李賢注："磔，車裂之也。"可見，磔乃車裂之刑，也就是通俗所謂五馬分屍。

絞，見於額濟納漢簡。《說文·交部》："縊也，從交從糸。"可見"絞"與"縊"是同義詞，都是用繩子或帶子將人勒死。

定殺，見於睡虎地秦簡，"生定殺水中之謂殹（也）"。從簡文來看，這種刑罰的適用對象僅限於"癘者"，即麻風病患者。

生埋，見於睡虎地秦簡。生埋，就是活埋，"生"與"活"是同義詞。

棄市，在秦漢簡牘法律文獻中也是一個高頻出現的法律用語，睡虎地秦簡、龍崗秦簡、張家山漢簡、王杖十簡、王杖詔書令冊中都很多見。棄市，"棄之（人）於市"的緊縮形式，意謂殺於市，即在市場中當衆處死。

腰斬，見於張家山漢簡。腰斬，即處刑時斬腰，將死刑犯攔腰斬斷爲兩截。

梟首，見於張家山漢簡，梟首就是將犯人的頭顱砍下，懸於木杆或樹上或城牆上示衆的刑罰。

《唐律疏議》一開篇便在其《名例》中明確地列出其刑罰體系。其中的死刑只有兩種：絞和斬。這兩種死刑在《唐律疏議》中很多見，且多是二者並現。

秦漢簡牘法律文獻中所見死刑和《唐律疏議》中的死刑，都有絞刑和斬刑，這充分體現出兩者之間存在着明顯的繼承關係，是一脈相承的。

將兩者比較可以看出，秦漢律中的死刑種類繁多，手段殘酷；唐律在死刑的種類上比秦漢律大爲減少，僅保留了其中的絞、斬兩種，而廢除了其他幾種。再看被廢棄掉的那幾種死刑，包括戮、磔、定殺、生埋、棄市、腰斬、梟首，都十分殘忍、很不人道，其殘忍程度都高於絞、斬之刑。這充分說明了唐代立法思想相比前代更趨人性化，更多人文關懷，社會更加文明進步。

唐代統治者無疑深受儒家傳統文化影響，其立法思想也充分體現了這一點。儒家主張行仁政、做明君，而歷代統治者也都希望自己被稱爲明君，而非暴君，甚至要自我標榜爲明君。

古代刑罰産生之初，往往帶有同態復仇的功能。人們，尤其是犯罪行爲的受害者（或其親屬），對於罪大惡極、犯下滔天罪行的犯罪分子，恨之入骨，恨不得將其千刀萬剮、碎屍萬段，食其肉，寢其皮，在此種情緒驅使下，於是出現了對罪犯處死的種種極端殘忍的行刑方式，諸如炮烙、車裂、腰斬、梟首、淩遲，等等，極盡折磨羞辱，令其"不得好死"。統治階級爲了打擊犯罪，維護社會秩序，從而鞏固自己的統治，以圖長治久安，也順水推舟地認可並采納了這些刑罰方式，寫進法條，上升爲國家意志，於是這些刑罰就成爲國家法律中的正式刑罰種類。應該説，這其實是遠古社會的一種原始的落後意識、落後觀念。隨着社會的發展，文明的進化，在儒家思想影響下，人們的思想觀念開始逐步改變，逐漸認識到：即使罪犯罪大惡極、罪該萬死，只需剝奪了其生命，也便一死百了，足以結束其罪行，起到懲戒和警示作用了，用不着花樣百出。隋文帝就曾下詔曰："帝王作法，沿革不同，取適於時，故有損益。夫絞以致斃，斬則殊形，除惡之體，於斯已極。梟首轘身，義無所取，不益懲肅之理，徒表安忍之懷。"[1] 即絞和斬足以從肉體上消滅惡人，無須使用梟首、轘身這樣的酷刑。法律制度應該文明理性，要去情緒化。所以時至今日，我國現行刑法中的死刑更加簡單明了，甚至逐漸採用更加寬緩的注射死刑，這其實體現了我們今天的社會是更加文明進步的。

總之，通過比較，可以看出：唐律的死刑刑罰體系比秦漢律大爲簡化，種類減少，更加簡明扼要；唐律對犯罪行爲的處罰比秦漢律減輕，較爲寬和。這些都説明了唐代立法思想深受儒家"德主刑輔，以德去刑"思想影響，刑罰制度趨於寬緩。

---

[1] ［唐］魏徵等：《隋書》卷二十五《刑法志》，中華書局1973年版，第711頁。

二、制度文化的變化

唐律反映的法律制度文化的變化主要體現在以下幾個方面：

（一）法律制度更不平等

1. 身份的不平等

比如"八議""上請""官當"這些新的法律用語，體現了一些人身上享有的特權。

"八議"是指法律規定了有八種特殊人物犯罪，不能適用普通訴訟審判程式，司法官員也無權直接審理管轄，必須奏請皇帝裁決，由皇帝根據其身份及具體情況減免刑罰的制度。包括：議親，議故，議賢，議能，議功，議貴，議勤，議賓。這也都是一些新法律用語。議親，即皇親國戚；議故，即皇帝的故舊；議賢，即德行修養高的人；議能，即才能卓越的人；議功，即功勳卓著的人；議貴，即三品以上的官員和有一品爵位的人；議勤，即勤謹辛勞的人；議賓，即前朝國君的後裔被尊爲國賓的。這些特殊人物在法律面前高人一等。

"上請"指皇室宗親、貴族、高官犯法一般司法官吏不得擅自審理，必須奏請皇帝裁決的制度。唐律專列請章，規定："應請之狀者，謂皇太子妃大功以上親，應議者期以上親及孫，若官爵五品以上，應請之狀。正其刑名者，謂錄請人所犯，準律合絞、合斬。別奏者，不緣門下，別錄奏請，聽敕。流罪以下，減一等。其犯十惡，反逆緣坐，殺人，監守內姦、盜、略人、受財枉法者，不用此律。"（《唐律疏議·名例》）此外，對於事關重大，但情節可以原宥之案件，法官不敢專決，也須上請。

所謂"官當"是法律允許貴族官僚用官品和爵位抵擋徒流罪的一項法律制度，是封建等級特權原則在法律中的又一具體體現。"官當"成爲保護犯罪的貴族官僚地主逃脫刑罰制裁的手段。官當現象在中國的出現和發展決不是歷史的偶然，而是有其深厚的文化根源的，是歷史文化的必然。它因儒家"親親尊尊""君君臣臣"的等級觀念而生，同時也爲維護社會等級秩序，宣揚和發展儒家等級文化起到了重要作用。可以説，官當等官吏特權現象本身就是儒家文化的組成部分。官當與"禮不下庶人、刑不上大夫"的禮法等級觀念有着密切的歷史淵源。禮和刑是古代中國法制的兩大組成部分，它們所強調的就是人的貴賤尊卑的差等。《禮記》有云："夫禮者所以章疑別微以爲民坊者也，故貴賤有等，衣服有別，朝廷有位，則民有所讓。"官當是儒家思想影響法律的直接產物。官當是中國傳統文化的重要組成部分。儒家文化是中國傳統文化的主流，是長期占據統治地位、廣爲流傳的主導型文化。在國際上，儒家文化就是中國傳統文化。儒家文化講究等級特權，坐在等級特權頂峰的就是皇帝。官吏是天上的星宿下凡，他們是聖人，是立法者、司法者，即或有罪，也可以教化明理，而不必加於刑。這種觀念本身就是儒學所宣導的。官吏受儒學庇護，勢必竭力鼓吹維護儒學，儒家文化自然久盛不衰。在這種相互作用中，逐漸形成了官僚吏制與儒家文化千絲萬縷的聯繫，議請、當贖、減免自當是儒家文化的"精髓"所在。

身份的不平等還體現在家庭内部的關係上，如是家庭成員間的相互侵害，犯同樣的罪行，尊長所受處罰輕，卑幼所受處罰重。

2. 性別的不平等

比如"七出"指封建社會丈夫休棄妻子的七種理由。《唐律疏議》卷十四《户婚》189疏議："七出者，依令：'一無子，二淫泆，三不事舅姑，四口舌，五盜竊，六妒忌，七惡疾。'"這是封建社會夫權特權的生動體現，反映了古代社會是一個男權社會，婦女社會地位低下，男女之間地位很不平等。

與"七出"相對應的是還有一個"三不去"。"三不去"指古代法律規定的不能休棄妻子的三種情況。《唐律疏議》卷十四《户婚》189疏議："'雖犯七出，有三不去'，三不去者，謂：一，經持舅姑之喪；二，娶時賤後貴；三，有所受無所歸。而出之者，杖一百。並追還合。"這也是儒家對弱勢婦女的一種憐憫同情的表現。

"三不去"是作爲"七出"規定的補充規範，用以限制夫權的濫用，保護婦女的合法權益，起到了平衡和調節作用。

儘管有"三不去"與"七出"相抗衡，但綜合比較雙方的實力，男強女弱的局面依然不能改變。況且，從具備條件的數量來看也是明顯不平衡。所以，在唐代，男女之間地位是不平等的。

（二）家族意識和孝道文化被強調

比如"別籍"意思是另立户籍、另立門户，也即是分家。祖父母父母在，應保持大家族的團結和諧、繁榮穩定，此時另立門户就是屬於"十惡"中的不孝罪之一種表現。犯該罪一般要被處以徒一至三年的刑罰。跟"別籍"一樣，"異財"也是在祖父母、父母尚健在時要分割財產鬧分家，也是屬於"十惡"中的不孝罪之一種表現。犯該罪一般要被處與"別籍"相同的刑罰。

比如"供養有闕"，隋、唐"十惡"之中"不孝"内容之一，是指子女對父母的供養有所短缺。闕，通"缺"。犯該罪一般要被處以徒二年的刑罰。

比如"冒榮居官"，是指因貪圖榮華富貴而去擔任有犯父祖名諱的官職。

又如"冒哀求仕",是指在居父母喪二十七月喪期中,二十五月外,二十七月內,因禫制未除,而求取官職。《唐律疏議》卷十職制 121 疏議曰:"及冒哀求仕者",謂父母之喪,二十五月大祥後,未滿二十七月,而預選求仕。這也屬於"十惡"罪中的不孝之罪。

比如"匿不舉哀",即子孫於家父母、祖父母喪故時,或妻子於丈夫喪故時,隱匿死訊不告官、不告親屬鄰里,不及時舉行送葬的行爲。前者屬於不孝,後者屬於不義,都是"十惡"重罪中的具體表現。犯該罪一般要被處流二千里。

比如"釋服從吉",指晚輩爲長輩、妻子爲丈夫守喪期間,如脫掉喪服、穿上平常的喜慶服裝,就分別犯了"十惡"罪中的不孝、不義罪。《唐律疏議》卷一名例 6 疏議:"釋服從吉",謂喪制未終,而在二十七月之內,釋去衰裳而著吉服者。犯該罪一般要據情節被處以杖一百到流二千里不等的刑罰。

比如"惡逆",唐律"十惡"之第四,指毆打及謀殺祖父母、父母,殺死伯叔父母、姑、兄、姊、外祖父母、夫、夫之祖父母、父母的人。唐代對於謀殺其親尊長、外祖父母、夫、夫之祖父母、父母者,皆斬。謀殺緦麻以上尊長者,流二千里,已傷者絞,已殺者皆斬。毆祖父母者斬。此種影響延及後世:明清對於謀殺祖父母、父母及期親尊長、外祖父母、夫、夫之祖父母、父母,已行者杖一百,流二千里,已傷者絞,已殺者皆斬。

以上所舉諸種罪行,雖然犯罪情節各有不同,但它們都有一個共同點:那就是破壞了和諧穩定的家庭關係,同時也違背了爲人孝道的倫理道德準則。

另外,"十惡"中還有好幾條款的犯罪也都屬於破壞家庭和諧關係和違背孝道的罪行。

(三)倫理道德思想嵌入法律制度

比如"義絕"是封建法律規定的一種強制離婚的條件。按唐律規定,所謂義絕,指夫妻任何一方,對另一方一定範圍內的親屬有毆、殺等情事者,必須強制離異,違者判處徒刑。《唐律疏議》卷十四《户婚》189 疏議:"義絕,謂'毆妻之祖父母、父母及殺妻外祖父母、伯叔父母、兄弟、姑、姊妹,若夫妻祖父母、父母、外祖父母、伯叔父母、兄弟、姑、姊妹自相殺及妻毆詈夫之祖父母、父母,殺傷夫外祖父母、伯叔父母、兄弟、姑、姊妹及與夫之緦麻以上親、若妻母姦及欲害夫者,雖會赦,皆爲義絕。'"這裏用列舉的方式説明了"義絕"包括的大致範圍。

"義絕"是儒家倫理道德滲透進法律的一個表現。儒家認爲,既然一方對另一方或雙方之間實施了不可原諒的傷害,已恩斷義絕,該婚姻即無法維持下去，就必須離異。可以説，本來是個倫理道德問題，現在却上升到法律的高度，不管夫妻雙方是否還願意一起生活，法律都要强制其離婚，否則即被判處徒刑。可見，在這裏，倫理道德已入法，成爲法律制度，具有强制性。

以上種種情況，概而言之，都是儒家思想文化更加强烈地滲透到唐律中的充分體現。也即是説，在唐律中，儒家思想文化的影響更深入、更廣泛、更濃烈了。

主要參考文獻

一、材料類

[1] 睡虎地秦墓竹簡整理小組：《睡虎地秦墓竹簡》，北京：文物出版社，1990年。

[2] 張家山二四七號漢墓竹簡整理小組：《張家山漢墓竹簡》［二四七號墓］（釋文修訂本），北京：文物出版社，2006年。

[3] 中國文物研究所、湖北省文物考古研究所：《龍崗秦簡》，北京：中華書局，2001年。

[4] 中國科學院考古研究所：《居延漢簡甲編》，北京：科學出版社，1959年。

[5] 中國社會科學院考古研究所：《居延漢簡甲乙編》，北京：中華書局，1980年。

[6] 謝桂華、李均明、朱國炤：《居延漢簡釋文合校》，北京：文物出版社，1987年版。

[7] 甘肅省文物考古研究所等編著：《居延新簡》，北京：文物出版社，1990年。

[8] 肅省文物考古研究所等編著：《敦煌漢簡》，北京：中華書局，1991年。

[9] ［唐］長孫無忌等：《唐律疏議》，劉俊文點校，北京：中華書局，1983年。

二、工具書類

[1] 《中國大百科全書·語言文字》，北京：中國大百科全書出版社，1988年。

[2] 《大辭海·法學卷》，上海：上海辭書出版社，2003年。

[3] 高潮、馬建石主編：《中國古代法學辭典》，天津：南開大學出版社，1989年。

[4] 華東政法學院編：《簡明法制史詞典》，鄭州：河南人民出版社，1987年。

[5] 鄒瑜：《法學大辭典》，北京：中國政法大學出版社，1991年。

[6] ［東漢］許慎撰、［宋］徐鉉校定：《說文解字》，北京：中華書局影印，1963年。

[7] ［清］段玉裁：《說文解字注》，上海：上海古籍出版社影印經韻樓藏本，2003年。

[8] 《漢語大字典》，成都：四川辭書出版社；武漢：湖北辭書出版社，1990年。

[9] 《漢語大詞典》，上海：上海辭書出版社，1986—1994年。

[10] 王輝編著：《古文字通假字典》，北京：中華書局，2008年。

[11] 張桁、許夢麟主編：《通假大字典》，哈爾濱：黑龍江人民出版社，1993年。

[12] 馮其庸、鄧安生：《通假字彙釋》，北京：北京大學出版社，2006年。

三、著作類

[1] ［清］沈家本：《歷代刑法考》，鄧經元、駢宇騫點校，北京：中華書局，1985 年。
[2] 程樹德：《九朝律考》，北京：中華書局，2003 年。
[3] 張顯成：《簡帛文獻學通論》，北京：中華書局，2004 年。
[4] 張顯成：《先秦兩漢醫學用語研究》，成都：巴蜀書社，2000 年。
[5] 趙超：《簡牘帛書發現與研究》，福州：福建人民出版社，2005 年。
[6] 徐富昌：《睡虎地秦簡研究》，臺北：文史哲出版社，1993 年。
[7] 傅榮珂：《睡虎地秦簡刑律研究》，臺北：商鼎文化出版社，1992 年。
[8] 吳福助：《睡虎地秦簡論考》，臺北：文津出版社，1994 年。
[9] 高敏：《雲夢秦簡初探》（增訂本），鄭州：河南人民出版社，1981 年。
[10] 栗勁：《秦律通論》，濟南：山東人民出版社，1985 年。
[11] 孔慶明：《秦漢法律史》，西安：陝西人民出版社，1992 年。
[12] 曹旅寧：《秦律新探》，北京：中國社會科學出版社，2002 年。
[13] 曹旅寧：《張家山漢律研究》，北京：中華書局，2005 年。
[14] 魏德勝：《〈睡虎地秦墓竹簡〉詞彙研究》，北京：華夏出版社，2003 年。
[15] 張伯元：《出土法律文獻研究》，北京：商務印書館，2005 年。
[16] 蔡萬進：《張家山漢簡〈奏讞書〉研究》，桂林：廣西師範大學出版社，2006 年。
[17] 曾加：《張家山漢簡法律思想研究》，北京：商務印書館，2008 年。
[18] 高恒：《秦漢簡牘中法制文書輯考》，北京：社會科學文獻出版社，2008 年。
[19] 朱紅林：《張家山漢簡〈二年律令〉集釋》，北京：社會科學文獻出版社，2005 年。
[20] 中華書局編輯部編：《雲夢秦簡研究》，北京：中華書局，1981 年。
[21] 中國社會科學院簡帛研究中心編：《張家山漢簡〈二年律令〉研究文集》，桂林：廣西師範大學出版社，2007 年。
[22] 劉俊文：《唐律疏議箋解》，北京：中華書局，1996 年。
[23] 喬偉：《唐律研究》，濟南：山東人民出版社，1985 年。
[24] 楊廷福：《唐律研究》，上海：上海古籍出版社，2012 年。
[25] 錢大群：《唐律研究》，北京：法律出版社，2000 年。
[26] 錢大群、錢元凱等：《唐律論析》，南京：南京大學出版社，1989 年。
[27] 錢大群、夏錦文：《唐律與中國現行刑法比較論》，南京：江蘇人民出版社，1991 年。
[28] 錢大群：《唐律與唐代法律體系研究》南京：南京大學出版社，1996 年。
[29] 錢大群：《唐律疏義新注》南京：南京師範大學出版，2007 年。
[30] 曹漫之主編：《唐律疏議譯注》長春：吉林人民出版社，1989 年。
[31] （日）仁井田陞輯錄，栗勁等編譯：《唐令拾遺》，長春：長春出版社，1989 年。
[32] 王立民：《唐律新探》，北京：北京大學出版社，2010 年。

［33］王東海：《古代法律詞彙語義系統研究》，北京：中國社會科學出版社，2007年。

［34］曹小雲：《〈唐律疏議〉詞彙研究》，合肥：安徽大學出版社，2014年。

［35］董志翹：《〈入唐求法巡禮行記〉詞彙研究》，北京：中國社會科學出版社，2000年。

［36］葉孝信主編：《中國法制史》（新編本），北京：北京大學出版社，1996年。

［37］郭成偉主編：《中國法制史》，北京：中國法制出版社，2007年。

［38］占茂華主編：《中國法制史》，北京：中國政法大學出版社，2009年。

［39］張晉藩：《中國古代法律制度》，北京：中國廣播電視出版社，1992年。

［40］高銘暄、馬克昌主編：《刑法學》，北京：中國法制出版社，1999年。

［41］彭浩、陳偉、工藤元男主編：《二年律令與奏讞書》（張家山二四七號漢墓出土法律文獻釋讀），上海：上海古籍出版社，2007年。

［42］王力：《漢語史稿》，北京：中華書局，1980年。

［43］蔣紹愚：《古漢語詞彙綱要》，北京：商務印書館，2005年。

［44］趙克勤：《古代漢語詞彙學》，北京：商務印書館，1994年。

［45］杜金榜：《法律語言學》，上海：上海外語教育出版社，2004年。

［46］劉紅嬰：《法律語言學》，北京：北京大學出版社，2007年。

［47］曹先擢：《通假字例釋》，鄭州：河南人民出版社，1985年。

［48］（日）大庭修：《漢簡研究》，徐世虹譯，桂林：廣西師範大學出版社，2001年。

［49］李學勤、謝桂華主編《簡帛研究》第三輯，南寧：廣西教育出版社，1998年。

［50］［唐］魏徵等：《隋書》卷25《刑法志》，北京：中华书局，1973年。

［51］李明曉、趙久湘：《散見戰國秦漢簡帛法律文獻整理與研究》，重慶：西南師範大學出版社，2011年。

［52］趙久湘：《秦漢簡牘法律用語研究》，北京：人民出版社，2017年。

四、學位論文類

［1］周波：《從三種律文的頒行年代談〈二年律令〉的"二年"問題》，《二年律令錢、田、□市、賜、金布、秩律諸篇集釋》，武漢大學碩士學位論文，2005年。

［2］吳昊：《睡虎地秦簡法律文化研究》，華東師範大學博士學位論文，2006年。

［3］李明曉：《〈睡虎地秦墓竹簡〉法律用語研究》，西南師範大學碩士學位論文，2003年。

［4］王甜：《龍崗秦簡辭彙語法研究》，天津師範大學碩士學位論文，2007年。

［5］于青明：《龍崗秦簡禁苑律研究》，上海師範大學碩士學位論文，2007年。

［6］趙科學：《張家山漢簡〈奏讞書〉研究》，安徽大學碩士學位論文，2005年。

［7］肖輝：《青川木牘輯考》，安徽大學碩士學位論文，2007年。

［8］牟玉華：《先秦儒家法律用語研究》，西南師範大學碩士學位論文，2005年。

［9］馮紅：《唐代刑法原則考論——以〈唐律疏議〉爲中心》，河北大學博士學位論文，2010年。

〔10〕連宏：《漢唐刑罰比較研究》，東北師範大學博士學位論文，2012年。

〔11〕吳玉龍：《〈唐律疏議〉的特權法探析》，中南民族大學碩士學位論文，2013年。

〔12〕冉啟斌：《〈唐律疏議〉詞彙研究》，四川大學碩士學位論文，2002年。

〔13〕馮煒：《〈唐律疏議〉問答體疏證研究》，吉林大學博士學位論文，2011年。

〔14〕賈麗蕊：《〈唐律疏議〉法律詞彙同義詞研究》，河北師範大學碩士學位論文，2013年。

五、期刊、報紙、網絡類

〔1〕陳偉：《簡牘再現秦至西漢早期的律典》，載《光明日報》2022年12月11日5版。

〔2〕陳偉：《張家山漢簡雜識》，載單周堯、陸鏡光主編《語言文字學研究》，北京：中國社會科學出版社，2005年。

〔3〕陳松長：《嶽麓秦簡〈亡律〉初論》，中研院史語所《古文字與古代史》（第五輯），2017年4月。

〔4〕陳松長：《嶽麓秦簡與秦代法制史的研究價值》，光明網2023—06—17。

〔5〕陳松長：《新見秦代吏治律令探論——基於〈岳麓書院藏秦簡〉（陸）的秦令考察》，《政法論壇》2020年第1期。

〔6〕陳偉武：《睡虎地秦簡核詁》，《中國語文》1998年第2期。

〔7〕裘錫圭：《嗇夫初探》，載中華書局編輯部編：《雲夢秦簡研究》，中華書局1981年版。

〔8〕丁勉哉：《同素詞的結構形式和意義的關係》，載《學術月刊》1957年第2期。

〔9〕伍宗文：《先秦漢語中字序對換的雙音詞》，載《漢語史研究集刊》（第三輯），成都：巴蜀書社，2000年。

〔10〕任亞愛：《〈囚律〉篇存亡考》，《法制博覽》2018年第34期。

〔11〕周海鋒：《嶽麓秦簡〈戍律〉及相關問題研究》，刊於《簡牘學國際學術研討會論文集》，上海古籍出版社，2017年。

〔12〕王東海：《〈唐律疏議〉的同義詞譜系分析》，《南開語言學刊》2008年第1期。

〔13〕齊棟：《〈唐律疏議〉中體現的儒家法律思想探析》，《法制博覽》2017年第9期。

〔14〕尚宇昌：《"故塞""故徼"的由來與秦并天下》，《中國邊疆史地研究》2022年第1期。

〔15〕高敏：《〈張家山漢墓竹簡·二年律令〉中諸律的制作年代試探》，《史學月刊》2003年第9期。

〔16〕高敏：《論〈秦律〉中的"嗇夫"一官》，載高敏：《雲夢秦簡初探》（增訂本），河南人民出版社1981年版。

〔17〕吉仕梅：《〈睡虎地秦墓竹簡〉中的詞語訓釋》，《中國語文》2003年第5期。

〔18〕崔永東：《〈王杖十簡〉與〈王杖詔書令冊〉法律思想研究》，《法學研究》1999年第2期。

［19］陸錫興：《睡虎地秦簡合成詞研究》，《江西社會科學》2004 年第 10 期。

［20］馬怡：《里耶秦简选校》，《中國社會科學院歷史研究所學刊》第四集，北京：商務印書館，2007 年。

［21］李學勤：《〈奏讞書〉解說（上）》，《文物》1993 年第 8 期。

［22］李學勤：《論張家山 247 號墓漢律竹簡》，（日）大庭修編《'92 年漢簡研究國際討論會報告書：漢簡研究的現狀與展望》，（日）關西大學出版部，1993 年。

［23］李學勤：《試說張家山簡〈史律〉》，《文物》2002 年第 4 期。

［24］李均明：《中國古代法典的重大發現——談江陵張家山 247 號漢墓出土〈二年律令〉簡》，《中國文物報》2002 年 5 月 3 日第 7 版。

［25］李均明：《張家山漢簡〈行書律〉考》，《中國古代法律文獻研究》第二輯，北京：中國政法大學出版社，2004 年。

［26］李均明：《簡牘所反映的漢代文書犯罪》，《出土文獻研究》第六輯，北京：中華書局，2004 年。

［27］李均明：《張家山漢簡所見刑罰等序及相關問題》，《華學》第六輯，北京：紫禁城出版社，2003 年。

［28］李均明：《張家山漢簡與漢初貨幣》，《中國文物報》2002 年 11 月 22 日第 7 版。

［29］李均明：《張家山漢簡所反映的二十等爵制》，《中國史研究》2002 年第 2 期。

［30］李均明：《〈二年律令·具律〉中應分出〈囚律〉條款》，《鄭州大學學報》2002 年第 3 期。

［31］劉曉林：《唐律"謀殺"考》，載霍存富編《中國法律傳統與法律精神：中國法律史學會成立 30 周年紀念大會暨 2009 年會會議論文集》，山東人民出版社，2010 年。

［32］劉曉林：《唐律"誤殺"考》，《法學研究》2012 年第 5 期。

［33］劉曉林：《唐律中的"罪止"：通過立法技術表現的慎刑與官吏控制》，《法律科學》（西北政法大學學報）2020 年第 4 期。

［34］王偉：《〈秦律十八種·徭律〉應析出一條〈興律〉說》，《文物》2005 年第 10 期。

［35］王偉：《張家山漢簡〈二年律令〉編聯初探——以竹簡出土位置爲綫索》，簡帛研究網 2003 年 12 月 21 日（http：//www.bamboosilk.org/admin3/html/wangwei01.htm）。

［36］亦捷：《西漢均輸官確有經商職能——與王子今同志商榷》，《首都師範大學學報》1994 年第 3 期。

［37］胡平生：《阜陽雙古堆漢簡數術書簡論》，《出土文獻研究》第四輯，北京：中華書局，1998 年。

［38］彭浩：《談〈二年律令〉中幾種律的分類與編連》，《出土文獻研究》第六輯，上海：上海古籍出版社，2004 年。

［39］彭浩：《談〈奏讞書〉中的西漢案例》，《文物》1993 年第 8 期。

［40］孫家洲：《再論"矯制"——讀〈張家山漢墓竹簡〉札記之一》，載《張家山漢

簡〈二年律令〉研究文集》，桂林：廣西師范大學出版社，2007年。

［41］湖南省文物考古研究所等：《湖南張家界古人堤簡牘釋文與簡注》，《中國歷史文物》2003年第2期。

［42］徐世虹：《張家山二年律令簡中的損害賠償之規定》，《華學》第六輯，北京：紫禁城出版社，2003年。

［43］楊建：《張家山漢簡〈二年律令・津關令〉簡釋》，《楚地出土簡帛思想研究（一）》，武漢：湖北教育出版社，2002年。

［44］許道勝：《張家山漢簡〈二年律令・賊律〉補釋》，《江漢考古》2004年第4期。

［45］劉釗：《張家山漢墓竹簡》釋文注釋商榷（一），《古籍整理研究學刊》2003年第3期。

［46］林文慶：《張家山漢簡〈二年律令・捕律〉初探》，第三屆簡帛學術討論會論文集，臺北：中國文化大學出版，2005年。

［47］劉海年：《秦律刑罰考析》，載《雲夢秦簡研究》，北京：中華書局，1981年7月版。本文亦收入劉海年《戰國秦代法制管窺》，北京：法律出版社，2006年。

［48］萬榮：《淺析張家山漢簡〈二年律令・賊律〉所見刑名的刑等》，《江漢考古》2006年第3期。

［49］張建國：《漢簡〈奏讞書〉和秦漢刑事訴訟程序初探》，《中外法學》1997年第2期。

［50］張建國：《漢代的罰作、復作與弛刑》，《中外法學》2006年第5期。

［51］張建國：《論西漢初期的贖》，《政法論壇》（中國政法大學學報）2002年第5期。

［52］張建國：《秦漢棄市非斬刑辨》，《北京大學學報》1996年第5期。

［53］張伯元：《漢簡法律術語零拾（四則）》，見《出土法律文獻研究》，北京：商務印書館，2005年。

［54］張伯元：《〈漢律摭遺〉與〈二年律令〉比勘記》，《出土法律文獻研究》，北京：商務印書館，2005年。

［55］張世超、張玉春：《"通錢解"——秦簡整理札記之二》，《古籍整理研究學刊》1986年第4期。

［56］張家山漢簡研讀班：《張家山漢簡〈二年律令〉校讀記》，載《簡帛研究二〇〇二、二〇〇三》，桂林：廣西師范大學出版社，2005年。

［57］廣瀨薰雄：《〈二年律令・史律〉札記》，《楚地簡帛思想研究（二）》，武漢：湖北教育出版社，2005年。

［58］曹旅寧：《從天水放馬灘秦簡看秦代的棄市》，《廣東社會科學》2000年第5期。

［59］曹旅寧：《里耶秦簡〈祠律〉考述》，《史學月刊》2008年第8期。

［60］于洪濤：《論敦煌懸泉漢簡中的"厩令"——兼談漢代"詔""令""律"的轉化》，《華東政法大學學報》2015年第4期。

［61］閆曉君：《試論張家山漢簡〈錢律〉》，《法律科學》（西北政法學院學報）2004

年第 1 期。

[62] 吳榮曾：《秦漢時的行錢》，《中國錢幣》2003 年第 3 期。

[63] 鄒歡艷：《秦律"非公室告"述評》，《法制與社會》2009 年 7 月（下）。

[64] 張家山漢簡研讀班：《張家山漢簡〈二年律令〉校讀記》，《簡帛研究二〇〇二、二〇〇三》，桂林：廣西師範大學出版社，2005 年。

[65] 韓樹峰：《秦漢律令中的完刑》，《中國史研究》2003 年第 4 期。

[66] 岳純之：《論唐律"不應得爲"條》，《北京聯合大學學報（人文社會科學版）》2015 年第 4 期。

[67] ［日］大庭修：《簡牘中の漢律令佚文》，見《秦漢法制史の研究》，［日］創文社，1982 年。

[68] 黃留珠：《秦簡"敖童"解》，《歷史研究》1997 年第 5 期。

[69] 王立民：《中國唐律研究三十年》，《法學研究》2014 年第 5 期。

[70] 岳純之：《關於〈唐律疏議〉的幾個問題》，《史學月刊》2015 年第 9 期。

[71] 閆曉君：《竹簡秦漢律與唐律》，《學術月刊》，2005 年第 9 期。

[72] 閆曉君：《秦漢時期的捕律》，《華東政法大學學報》2009 年第 2 期。

[73] 閆曉君：《論張家山漢簡〈收律〉》，《華東政法學院學報》2006 年第 3 期。

[74] 閆曉君：《試論張家山漢簡〈錢律〉》，《法律科學》（西北政法學院學報）2004 年第 1 期。

[75] 南玉泉：《青川秦牘〈爲田律〉釋義及戰國秦土地性質檢討》，《中國古代法律文獻研究》2016 年第 1 期。

後　記

　　本書係本人所主持完成的國家社科基金規劃西部項目"秦漢簡牘法律用語與《唐律疏議》法律用語之比較研究"（編號 18XFX003）的結題成果。

　　在課題結項時，鑒定專家們給提出了一些中肯的意見，其中也不乏一些尖鋭的批評。比較集中的一點，就是批評該成果對秦漢簡牘法律文獻的材料收集不够全面完整，漏收了一些後來公布的重要文獻，如岳麓秦簡［肆］［伍］［陸］、睡虎地 77 號漢墓竹簡、荆州胡家草場 12 號漢墓竹簡、江陵張家山 336 號漢墓竹簡等，這些竹簡裏面有比較集中、數量可觀的法律文獻，而且有許多法律用語，特别是一些律令名，是不見於前此各種已公布的簡牘文獻的，缺少該部分材料，無疑會影響到某些結論的可靠性和可信度。

　　專家所言極是，的確會有這種情况。

　　然本課題所研究的法律用語中，律令名所占比重甚微，一般法律用語所占比重最大。而簡牘法律文獻中，睡虎地秦簡可以説幾乎已囊括了秦簡的一般法律用語，其他秦簡所見一般法律用語很少有不見其中的；同樣，張家山漢簡［二四七號墓］也可以説幾乎已囊括了漢簡的一般法律用語，其他漢簡所見一般法律用語很少有不見於其中的。罪名、刑罰用語的情况也基本如此。從這一點來看，除了律令名方面的結論有所不確外，其他主要法律用語的研究結論並無受多大影響。

　　且辯證唯物主義告訴我們：運動是絶對的，静止是相對的；既要承認絶對的運動，也不能否認相對静止的存在。如果否認相對静止，就會導致不可知論，認為世界時刻處於運動變化之中，是不可捉摸的。

　　當今世界，信息瞬息萬變、不斷更新，令人應接不暇、難以同步，若是一味跟踪新動態、新信息，則始終是没完没了。如此，對於完善書稿來説，就可能出現遲遲不能定稿的局面。

　　有鑒於此，抱着"醜媳婦終究要見公婆"的忐忑心理，本書稿姑且先行付梓。而對其中存在的不確當和滯後性的説法，筆者願誠懇接受一切正確的意見和批評，並在後續研究中繼續深入完善。本書如能起到拋磚引玉之作用，筆者心願亦足矣。

感謝巴蜀書社領導和編輯老師對本書出版的支持和幫助！王群栗總編對書名的確定提了很好的建議，並持續關心本書的出版進程；責任編輯黃鳳嬌老師做了大量艱苦細緻的校對排版工作，一絲不苟，任勞任怨，耗費了很多心血。對他們的辛勤付出，本人再次表示崇高的敬意和衷心的感謝！

趙久湘

2025 年 1 月